Menschenrechte im Weltkontext

Hamid Reza Yousefi (Hrsg.)

Menschenrechte im Weltkontext

Geschichten – Erscheinungsformen – Neuere Entwicklungen

Springer VS

Herausgeber
PD Dr. Hamid Reza Yousefi
Universität Koblenz-Landau
Koblenz, Deutschland

ISBN 978-3-658-01069-0 ISBN 978-3-658-01070-6 (eBook)
DOI 10.1007/978-3-658-01070-6

Die Deutsche Nationalbibliothek verzeichnet diese Publikation in der Deutschen Nationalbibliografie; detaillierte bibliografische Daten sind im Internet über http://dnb.d-nb.de abrufbar.

Springer VS

Gedruckt auf säurefreiem und chlorfrei gebleichtem Papier

Springer VS ist eine Marke von Springer DE. Springer DE ist Teil der Fachverlagsgruppe Springer Science+Business Media.
www.springer-vs.de

Inhalt

Teil 4.
Menschenrechte und ihre Handlungsbereiche

Einleitung des Herausgebers

Weltweit gehört die Frage nach dem Menschenrecht neben der Debatte um die Freiheit, Toleranz und Diskriminierung zu den wichtigsten Themen der Philosophie, Theologie und Politik. Der Forderung nach den Menschenrechten kommt eine grundlegende Rolle zu, weil diese Rechte für Verständigung und friedliche Koexistenz konstitutiv sind. Aber was sind die Menschenrechte? Die Beantwortung dieser Frage verweist, wie die folgende Abbildung zeigt, auf die Komplexität von Strukturen und Dimensionen der Menschenrechte:

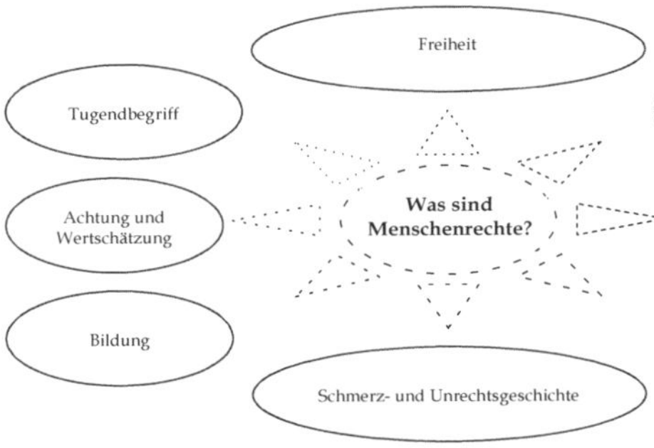

Der Anspruch, welchen Gesellschaften der Konstitution von Menschenrechten zugrunde liegen, gilt der gegenseitigen Achtung und der individuellen Freiheit. Als Tugendbegriff ist dieses Recht eine Eigenschaft, die es sich lohnt, angestrebt zu werden. Die Entstehung von Menschenrechten ist zumeist die Folge eines Schmerzprozesses. In Bezug auf den Umgang mit der eigenen Wertvorstellung und der Möglichkeit der Reflexion über die Moral versteht sich das Menschenrecht als ein ethisches Prinzip und somit ein Prinzip der Rechtstaatlichkeit.

Auch die Beantwortung der Frage: ›Warum Menschenrechte überhaupt zu beachten sind?‹, scheint ebenfalls komplex zu sein, weil es in unterschiedlichen Traditionen verschiedene Vorstellungen davon gibt, die wir weder vernachlässigen noch marginalisieren dürfen. Die folgende Abbildung demonstriert einige Aspekte und Begründungsmöglichkeiten der Menschenrechte:

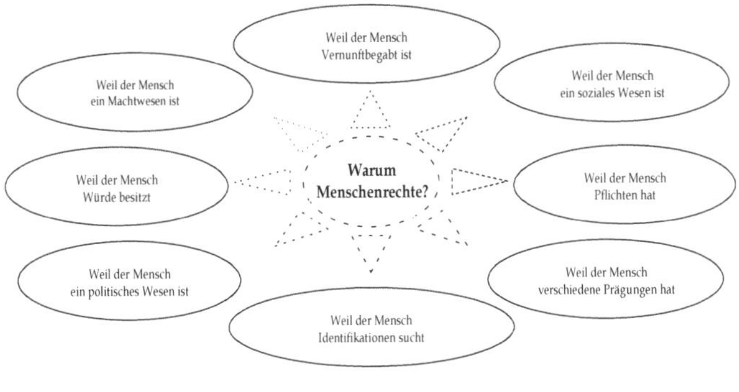

Im Zentrum der Menschenrechte steht zweifelsohne die universelle Würde des Menschen, die sich philosophisch, theologisch und politisch begründen lässt. Die Beantwortung der Frage: ›Was Menschenrechte bedeuten und wie deren Geschichte ihren Anfang genommen hat‹, lässt sich in zwei Traditionslinien unterteilen, die Alleingültigkeit beanspruchen. Theoretiker beider Linien reduzieren die Menschenrechte ideen- und entwicklungsgeschichtlich jeweils auf die eigene Tradition.

Das vorliegende Sammelwerk will diese differenzorientierten Traditionslinien miteinander versöhnen und einen dialogischen Weg der Mitte aufzeigen. Die Frage nach Menschenrechten wird im Kontext sowohl der Gegenwart als auch der Geschichte in einer völkerübergreifenden Dimension betrachtet. Es wird herausgearbeitet, dass die Geschichte der Menschenrechte genauso alt ist wie die Menschheit selbst.

Es wäre ahistorisch anzunehmen, dass eine bestimmte Tradition im Weltkontext die einzige Wiege der Menschenrechte, die einzige Erfinderin der Menschenwürde und ihre ausschließliche Hüterin sei. Wer die Fähigkeit zur Entwicklung dieser Werte auf die eigene Tradition reduziert, muss andere Traditionen entweder verschweigen oder im besten Falle marginalisieren. Beschäftigen wir uns mit den bestehenden Nachschlagewerken wie dem ›Historischen Wörterbuch der Philosophie‹, dem ›Handbuch der Kulturwissenschaften‹, den ›Geschichtlichen Grundbegriffen‹, der ›Encyclopedia Britannica‹ oder kleinerer Fachlexika und Fachwörterbücher, so wird uns dargelegt, dass die Menschenrechte *ausschließlich* im Westen ausgebreitet, entwickelt, revidiert, korrigiert und erweitert worden seien.

Eine systematische Beschäftigung mit der Menschenrechtsgeschichte zeigt jedoch, dass die Thematik nicht auf eine einzige Dimension beschränkt ist, sondern mehrdimensional beschaffen ist. Die Reduzierung auf eine einzige Traditionslinie erschafft eine bloß scheinbare Faktizität, deren Vorzug zwar ihre Einfachheit ist, doch es handelt sich lediglich um ein historisch gewachsenes Vorurteil, mit einem Defizit an interkultureller und interreligiöser Sensibilität.

Die einseitige Darstellungsform der Menschenrechte in Lehre und Forschung mit dem Anspruch für die gesamte Welt gültig zu sein, hat bis heute viele Generationen im Westen geprägt. Es ist an der Zeit unterschiedliche Traditionen mit ihren jeweils eigenen Terminologien, Fragestellungen und Lösungsansätzen als gleichberechtigte Diskursbeiträge zur Sprache kommen zu lassen. Berücksichtigen wir die Wertesysteme verschiedener Traditionen innerhalb der fünf Kontinente, lassen sich erstmals gemeinsame Perspektiven entwickeln, die auf eine gemeinsame Wurzel unseres Humanitätsanspruchs verweisen.

In diesem Sinne beschreibt der Titel des vorliegenden Handbuches ›Menschenrechte im Weltkontext‹ eine anthropologisch verankerte und dialogische Vision, um eine völkerübergreifende Verständigung in Gang zu bringen. Dies impliziert, dass wir es mit einer Pluralität von Geschichts- und Entwicklungsformen sowie diversen kulturellen Kontexten der Menschenrechte zu tun haben, die wir nicht gegeneinander ausspielen oder aufeinander reduzieren dürfen. Nach dieser Erkenntnis bietet das vorliegende Kompendium der Menschenrechte die Grundlage für eine kritische Erweiterung der bestehenden Menschenrechtstheorien. Es geht im Endziel darum, das geistige Vermächtnis der Menschheit dialogisch aufzuarbeiten und für gegenwärtige Frage- und Problemstellungen fruchtbar zu machen.

›Menschenrechte im Weltkontext‹ artikuliert zugleich eine Einladung, die Frage nach der Entstehung und den Erscheinungsformen der Menschenrechte auch für lateinamerikanische, afrikanische, europäisch-westliche, asiatische und orientalische Traditionen neu zu stellen. Es geht in der Hauptsache darum, die geschichtliche Entwicklung von Menschenrechten und ihre Interdependenz mit traditionellen Werten und kulturellen Eigenarten interkulturell und interreligiös neu zu durchdenken.

›Menschenrechte im Weltkontext‹ will den hegemonialen Anspruch einer sich verabsolutierenden Menschenrechtshistoriographie kritisch würdigen. Denn in der Tiefe dieser Überlegung, die jede Vielfalt gefährdet, liegt der Gedanke: wer die Vergangenheit beherrsche, bestimme die Zukunft; wer die Gegenwart diktiere, besäße die Vergangenheit.

›Menschenrechte im Weltkontext‹ identifiziert diese und ähnliche Weltsichten als ein Hindernis völkerübergreifender Verständigung. Bei weiterer Betrachtung lassen sich die Wurzeln dieser Sicht bis tief in den Kolonialismus verfolgen.

Es ist nur verständlich, dass das vorliegende Handbuch keinen Anspruch auf Vollständigkeit erhebt, sondern versteht sich als Anfang eines langen und womöglich mühsamen Weges in Lehre und Forschung, in Politik und Gesellschaft. Das Sammelwerk besteht aus vier Teilen, die aufeinander aufbauen und sich wechselseitig vertiefen. Im Folgenden demonstrieren die Abbildungen Vielfalt und Verschränkung dieser Traditionen, Religionen und Theorien, deren Inhalte überblickartig erläutert werden.

1. Entstehungsorte der Menschenrechte

Die Beiträge von Daniela Hrzán, Jing-Jong Luh, Rabeya Müller und Hamid Reza Yousefi, Marie-Luisa Frick sowie Josef Estermann stellen die Ideen- und Entwicklungsgeschichte der Menschenrechte in unterschiedlichen Traditionen dar. Die folgende Abbildung visualisiert die einzelnen Aufsätze dieser Abteilung:

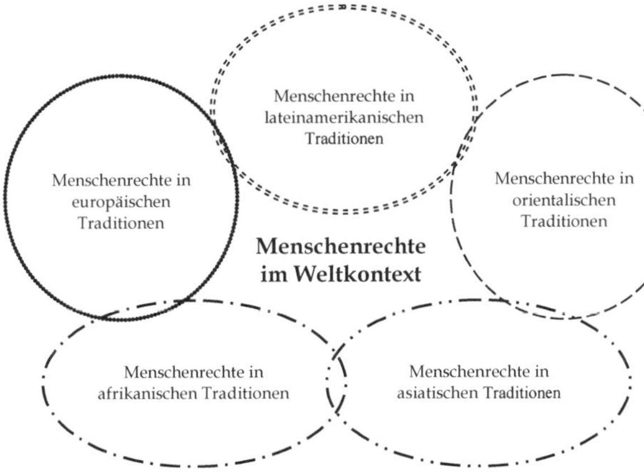

Daniela Hrzán thematisiert die Frage nach den Menschenrechten in afrikanischen Traditionen. Dabei geht es um die Konzeptionen von Menschsein, Menschenwürde und Menschenrechten. Die Tatsache, dass der afrikanische Kontinent in westlicher Berichterstattung, insbesondere auch in Deutschland, oft nur als problematischer Ort von Menschenrechtsverletzungen gezeichnet wird, darf nach Hrzán nicht darüber hinwegtäuschen, dass es auch dort über einen sehr langen Zeitraum gewachsene menschenrechtsrelevante Traditionen gibt. Am Beispiel der Akan ›Ghana‹ und Ngwa-Igbo ›Nigeria‹ stellt Hrzán zwei Konzeptionen von Menschsein und damit verbundenen Rechten und Pflichten exemplarisch vor, wie sie typisch für viele durch das Prinzip der Gemeinschaft geprägte afrikanische Gesellschaften waren und sind. Darüber hinaus spricht sie mit der aus dem 13. Jahrhundert stammenden ›Verfassung von Mandén‹ auch eine Menschenrechtstradition an, im Rahmen derer individuelle Freiheitsrechte formuliert werden. Hrzán beendet den Beitrag mit einer Diskussion afrikaspezifischer Menschenrechtsinstrumente und den mit ihrer Umsetzung verbundenen Herausforderungen, insbesondere für die Rechte von Frauen, und verweist auf afrikanische Literatur als eine weitere Quelle, aus der sich Wissen über afrikanische Menschenrechtstraditionen gewinnen lässt.

Jing-Jong Luh stellt von dem fraternité bzw. der Liebe her den Ansatzpunkt der Menschenrechte der asiatischen Traditionen dar. Dabei ist die Person im Kontext bzw. ihr Lebensweg in der Welt die Präzedenz solcher Kulturgüter. Nach dem systemischen Ideal des trinitarischen Weges von Himmel, Menschen und Erde im Yì, hebt Konfuzius die Person im interpersonalen Kontext und somit den Menschenweg hervor und setzt bei der Karitativität ein, die Mèngzǐ durch moralisches Gefühl bezeugt und als Gewissen bzw. Universalität des guten Wesens der Humanität begründet. Darauf ist einerseits die ethische Egalität aller Menschen und soziale Rechte als deren Rahmenbedingung, andererseits Freiheit des moralischen Subjekts und seiner Bildung begründet. Daraus soll fundamental das Recht des Familienlebens, und diesbezüglich ökonomische, soziale und schließlich kulturelle Rechte, in erster Linie das Recht auf moralische Bildung erwachsen. Der Daoismus geht von der Person in Naturkontext aus und favorisiert den Erdenweg als Pradigma, daß die mütterliche Liebe die Egalität aller ihrer Kreaturen und deren Umwelt symbolisiert, wodurch sowohl politische und ökologische Rechte als auch künstlerische Freiheit der ästhetischen Menschen unterstrichen werden. Der Buddhismus entspringt dem Mitleid der Person im Lebenskontext und betont Rechte auf Leben im Sinne von biozentrischem Egalitarismus und die spirituelle Freiheit jedes religiösen Menschen.

Rabeya Müller und Hamid Reza Yousefi behandeln die Fragen nach den Menschenrechten in orientalischen Traditionen. Dabei zeigen sie, ohne Anspruch auf Vollständigkeit, dass in diesen Traditionen reichhaltige ideen- und entwicklungsgeschichtlich relevante Entwürfe der Menschenrechte verankert sind, die zum großen Teil in den modernen Menschenrechten ihren Niederschlag gefunden haben. Yousefi und Müller stellen dar, dass die modernen Menschenrechtsideen nicht das Ergebnis der europäisch-westlichen Hemisphären sind, wie oft behauptet wird, sondern eine kulturübergreifende Basis haben. Wer, nach den Autoren, diese historische Tatsache nicht ernst nimmt, wird keinen echten Beitrag für eine Verständigung leisten können.

Marie-Luisa Frick thematisiert die Frage nach den Menschenrechten in europäischen Traditionen. Die im 17. Jahrhundert in Europa entstandenen Sozialkontraktstheorien öffnen nach Frick einen Argumentationshorizont, der dem Staat durch die Bestimmung seines Endzweckes Pflichten im Umgang mit den einzelnen Subjekten auferlegt. In den Menschenrechtserklärungen kommt diese naturrechtliche Perspektive deutlich zum Ausdruck. Frick schlägt vor, zwischen der Idee der Menschenrechte als solcher sowie diese Idee befruchtenden bzw. stabilisierenden Werten zu differenzieren, um auf diese Weise nicht zuletzt auch die Verdienste außereuropäischer Traditionen adäquat einschätzen zu können. In einem weiteren Schritt zeigt sie einige Widersprüche und auch die Diskontinuitäten, welche die europäischen Traditionen der Menschenrechte seit ihren Anfängen begleiten.

Josef Estermann analysiert die spezifische Situation Lateinamerikas in der Frage der Menschenrechte sowie dessen genuine Beiträge für eine interkulturelle Erweiterung und Vertiefung. Dabei moniert er, dass die meisten Arbeiten zur Geschichte der Menschenrechte in Lateinamerika die vorkoloniale Zeit völlig ausblenden und damit der eurozentrischen Auffassung Vorschub leisten, die Menschenrechte seien eine genuin abendländische Errungenschaft. Die Geschichte Lateinamerikas ist nach Estermann eine eigentliche Geschichte der Menschenrechte, sei es bezüglich deren Konzipierung und Anwendung auf einen nichtabendländischen Kontext, sei es in Hinsicht auf deren systematische Verletzung und Nichtbeachtung. Dies zeigt sich nach Estermann in den Debatten um das ›Menschsein‹ der indigenen Bevölkerung, der Versklavung von Millionen von Afrikanern, der Reduzierung der politischen und sozialen Rechte bis in die zweite Hälfte des 20. Jahrhunderts auf eine weiße Minderheit, sowie den brutalen Militärdiktaturen, den blutigen Bürgerkriegen und dem Kampf um den Drogenhandel. Lateinamerika hat nach Estermann zumindest zwei entscheidende Neuerungen in die Menschenrechtsdebatte eingebracht, die eine interkulturelle Transformation bewirken: die kollektiven Rechte der indigenen Völker, sowie die Rechte der Mutter Erde.

2. Menschenrechte in größeren Religionsgemeinschaften

Die Beiträge von Götz König, Martin Mittwede, Eiko Hanaoka, Sabine Sander, Mathias Victorien Ntep und Yavuz Özoguz stellen Menschenrechte in einigen Weltreligionen vor. Die folgende Abbildung zeigt die einzelnen Aufsätze dieser Abteilung:

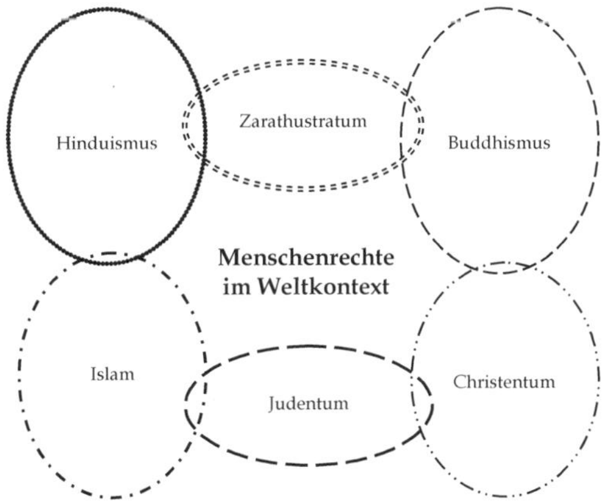

Götz König erläutert die Idee der Menschenrechte im Denken des altpersischen Philosophen und Aufklärers Sartoscht, der im Westen hinlänglich bekannt ist – man nennt ihn Zarathustra, Zoroaster, Zoroastra, Zoroastre oder auch Sarastro. Nach Götz gehört die Lehre des Sartoscht zu den weltweit ältesten kontinuierlich praktizierten Kultformen bzw. Religionen, dessen Gathas, die einen Einblick in seine Philosophie geben, vor ca. 3000-3500 Jahren in Ostpersien entstanden sind. Die altpersischen Könige, die Anhänger des Sartoscht waren, ließen das Menschsein nicht von der Religionszugehörigkeit abhängen und schon Mitte des 1. Jahrhunderts vor unserer Zeit den Gedanken einer Rechtsgleichheit formulieren.

Martin Mittwede diskutiert die Licht- und Schattenseiten der Hindu-Kultur im Verlauf der Zeit. Gleichzeitig zeigen sich viele Facetten, die rückständig sind und auf dem alten Standesdenken beruhen und andererseits bietet diese Kultur universalistische und toleranzorientierte Konzepte und Modelle, die für eine weitere Verwirklichung der Menschenrechte hilfreich sein können. Die traditionelle Hindu-Kultur kann nach Mittwede nur angemessen verstanden werden, wenn zwei Faktoren in den Mittelpunkt gestellt werden: 1. Menschenrechte sind ohne Menschenpflichten nicht wirklich zu denken und zu verwirklichen. 2. Der Mensch ist eingebunden in ein komplexes Geflecht von Bezügen, die letztlich seine Position und Identität bestimmen. Dharma, das universelle Natur- und Menschengesetz, bestimmt nach wie vor das Ordnungsempfinden vieler Hindus. Entgegen der Wahrnehmung, die Religion eher als hinderlich für die Verwirklichung von Menschenrechten betrachtet, bietet die indische Spiritualität in ihren vielfältigen Ausprägungen zahlreiche Ansätze, die konstruktiv für eine weitere Universalisierung der Menschenrechte genutzt werden können. Die Befreiung des Geistes (moksha), wie sie bereits im alten Indien angestrebt wird, kann nach Mittwede in bestimmten Aspekten als eine frühe Form der Aufklärung verstanden werden, die die Würde des Menschen in umfassender Form verwirklicht.

Eiko Hanaoka stellt die Menschenrechte im Buddhismus dar. Es geht hier nicht um Rituale, sondern um religiöse Übungen, die auf Menschenrechte basieren. Es geht vorwiegend um zwei Schwerpunkte. Zum einen geht es um das Gewahrwerden des wahren Selbst, zum anderen um die praktische Spannweite dieses Gewahrwerdens. Diese Hauptanliegen sind mit lebensechten Lehrsituationen anschaulich illustriert und dargestellt. Menschenrechte im

Buddhismus bedeuten nicht nur die Sicherheit in dieser Welt, also dass kein Mensch durch verschiedene Situationen und Bedingungen diskriminiert werden darf, sondern sie bedeuten die religiöse Übung des wahren Selbst gewahr werden zu lassen und die Möglichkeit der Ausdehnung des Gewahrwerdens, das keinem Menschen verwehrt oder von keinem gestört werden darf, und dass der Umgang miteinander und Versammlungen mit jedem wahren Selbst und damit der Schritt zum Weltfrieden gesichert sind. In diesem Sinne kann der Weg der religiösen Übungen den Vorrang gewinnen, dass nur ethisch aufgefasste Menschenrechte in der säkularen Welt existieren. Deswegen werden in Hanaokas Beitrag die Menschenrechte im Buddhismus (hauptsächlich im Zen-Buddhimus) auf Grund verschiedener Darlegungen von Zen-Buddhisten in Rinyai-roku vorgestellt.

Der Beitrag von Sabine Sander begibt sich auf Spurensuche nach Wurzeln der Menschenrechte im Judentum. Zwar gab es im Altertum weder ein hebräisches Begriffspendant noch eine formale Erklärung der Menschenrechte; auch ist keine genealogische Linie von den mosaischen Geboten zu den Menschenrechtsartikeln nachweisbar. Doch lassen sich nach Sander Kultur- und Glaubenstraditionen aus jüdischen Quellen ermitteln, die im Zusammenhang mit den politischen und sozialen Vorstellungen der modernen Menschenrechte stehen. Die *Achsenzeit*, im Judentum repräsentiert durch die Propheten, erweist sich Sander zufolge als kulturelle Tiefengrammatik: Voneinander unabhängig konfrontierten verschiedene Kulturen politische Herrschaft mit höherer Gerechtigkeit, reale Ordnung mit einer idealen. Die Propheten waren Hüter der Freiheitsrechte, indem sie die monarchische Macht durch ein theokratisches Recht definierten und begrenzten. Die kollektive Erinnerung an das Exodusgeschehen sensibilisierte den Blick für Fremde und Diskriminierte und katalysierte sozialethische Grundsätze wie das Gebot der Nächstenliebe, das auch auf Fremde ausgedehnt wurde. Kontrastiert man die normativen Ideen des mosaischen Gesetzes und der Propheten mit der sozialen, wirtschaftlichen und politischen Realität, ähnelt die Situation im antiken Israel unserer Zeit, in der Menschenrechte oft nur idealiter bestehen, von der soziokulturellen Lebenspraxis aber nicht eingeholt werden. Abschließend erörtert Sander, wie das Humanitätsideal der Menschenrechte im ›responsiven Ethos‹ des Handelns verankert werden könnte.

Mathias Victorien Ntep beleuchtet die Frage nach dem früheren Vorhandensein der Menschenrechte im Christentum und dem biblisch-christlichen Fundament der ›Allgemeinen Erklärung der Menschenrechte‹ (AEMR) der Vereinten Nationen vom 10. Dezember 1948. Er stellt Ähnlichkeiten zwischen Textstellen aus der Bibel und den wichtigsten Artikeln der (AEMR) über einen genetischen Vergleich heraus, um nicht zuletzt aufzuzeigen, dass es im Christentum – insbesondere im ›bibelfesten Christentum‹ – immer Menschenrechte gegeben hatte, welche später sinngemäß in die (AEMR) aufgenommen wurden. Ein wichtiger und maßgeblicher Beitrag des ›bibelfesten Christentums‹ zu den Menschenrechten ist nach Ntep das Gebot der Nächstenliebe aus dem Alten Testament, das später in negativer Form formuliert wurde, welche heute als ›Goldene Regel‹ in der Moralphilosophie gilt, während Jesus die positive Form veranschaulichend im Neuen Testament vorbringt und auf das Gebot der Nächstenliebe aus dem Alten Testament hinweist. Das ›bibelfeste Christentum‹ oder das ›Urchristentum von heute‹ unterscheidet sich nach Ntep von den anderen etablierten kirchlichen Konfessionen christlicher Färbung dadurch, dass es die Gebote und Anordnungen Gottes in der Bibel als verbindlich betrachtet und dieselben jederzeit in die Praxis umsetzt. Die ›bibelfesten Christen‹ bemühen sich, in die Fußstapfen der Urchristen zu treten.

Yavuz Özoguz thematisiert die Frage nach den Menschenrechten im Islam. Dabei begründet er die unterschiedlichen Betrachtungsweisen vor allem mit unterschiedlichen Rand- und Rahmenbedingungen und versucht diese im Sinn einer gemeinsamen Ausgangsbasis zu definieren. Im Vordergrund stehen dabei das Menschenbild des Islam und die daran gekoppelte Verwirklichung der auf Gott zielgerichteten Entfaltung des Menschen als ein Geschöpf, welches als Liebesempfänger Gottes konzipiert wurde. So können im Islam die Menschenrechte weder entkoppelt von Pflichten noch getrennt vom Schöpfungsziel betrachtet werden. Im

Rahmen dieses in sich ganzheitlichen Systems werden an exemplarischen Beispielen die Freiheitsrechte im Islam, das Recht nicht unterdrückt zu werden sowie das Menschenrecht auf Nächstenliebe vorgestellt. Auch auf die geschlechterspezifischen Menschenrechte wird eingegangen, wobei die Befähigung des Menschen zur Erfüllung der ihm im Rahmen der Menschenrechte obliegenden Aufgaben durch seine Schöpfung als Statthalter Gottes gewährleistet ist. Am exemplarischen Beispiel der demokratischen Rechte wird erläutert, wie der Missbrauch der Rechte zu Schaden für den Menschen führen kann. Abgerundet wird die Abhandlung durch den Hinweis, dass die dem Menschen auferlegten Pflichten ein Spiegelbild seiner Freiheiten sind.

3. Menschenrechte in kleineren Religionsgemeinschaften

Die Beiträge von Khushwant Singh, Kikuko Yoshida, Klaus-Jürgen Grün, Farah Dustar, Khola Maryam Hübsch und Ilhan Jan Kizilhan stellen Menschenrechte in einigen kleineren Religionsgemeinschaften vor. Die folgende Abbildung veranschaulicht die einzelnen Aufsätze dieser Abteilung:

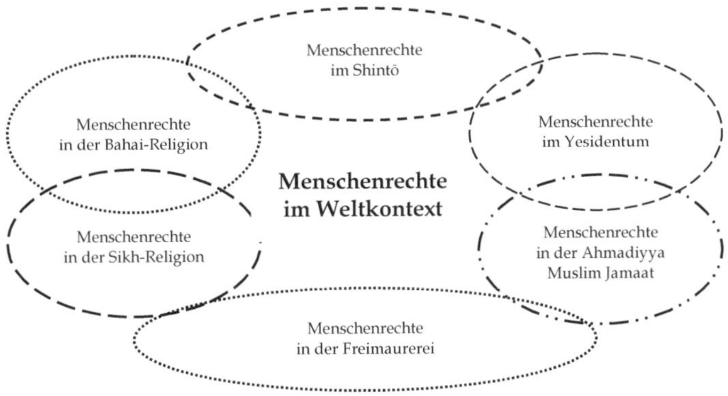

Dharam Singh Nihang Singh und Khushwant Singh thematisieren die Frage nach dem Urgrund von Menschenrechtsverletzungen. Ausgehend von den zentralen Einsichten der Sikh-Religion (Sikhi) stellen sie fest, dass die Naturrechtsverletzung der Menschenrechtsverletzung vorangeht. Während die Schöpfung konditionslos alles Lebensnotwendige bereitstellt, fordert der Mensch Gegenleistungen an seine Mitmenschen, wenn diese natürliche Güter wie etwa Wasser nutzen möchten. Als Ursache für diese Entwicklung führen die Autoren komplexe, geistig verortete Zusammenhänge an. Der *Geist*, Metapher für weltliche Verhaftung, vermag es, die Stimme des namen- und formlosen Schöpfers zu überlagern. Dies führt dazu, dass das Leben auf weltliche und somit flüchtige Erscheinungen reduziert wird. Die Unersättlichkeit des Ichs nach Geltung, Macht, Reichtum und Sinneserfahrungen bringt Egoismus hervor, der wiederum zu Natur- und Menschenrechtsverletzungen führt. Als Ausweg sieht die Sikh-Religion die Hingabe an spiritueller Weisheit. Mit ihrer Hilfe können Tugenden gelebt und die Identifikation mit dem *Ich* und der Welt dekonstruiert werden. Die Erkenntnis um den eigenen seelischen Ursprung ermöglicht es, bewusst mit der ursprünglichen Schlichtheit und damit im Einklang mit sich, der Schöpfung und den Mitmenschen zu leben.

Kikuko Yoshida behandelt die Idee des Menschenrechts im Shintō. Sie formuliert zwei Antithesen. Die erste Antithese widersetzt sich dem Anthropozentrismus, der in der Idee des abendländischen Menschenrechts verborgen ist. Im Weltbild des Shintō werden nach Yoshida anders als in der mittelalterlich-abendländischen, nämlich christlichen Weltanschauung

Mensch und Natur nicht als etwas qualitativ Getrenntes gesehen. Auch der Mensch ist ein Mitglied der werdenden Natur, und die Natur, die den Menschen in sich einschließt, ist an sich ein Hervortretendes der Lebenskraft. Folglich sind in der Weltsicht des Shintō die Anrechte des Menschen nichts Herausstehendes und Selbstverständliches, sondern bei allem Seienden ist dessen Existenzrecht zu achten. Und aus diesem Menschenbild des Shintō, dass auch der Mensch ein Mitglied der werdenden, lebendigen Natur ist, ergibt sich auch die zweite Antithese des Shintō gegenüber der abendländischen Menschenrechtsidee. Nämlich eine Antithese gegenüber dem Konflikt zwischen der Durchsetzung der Selbstbestimmung des Individuums, das eine Voraussetzung der abendländischen Menschenrechtsidee bildet, und der – vergangenen und gegenwärtigen – Gemeinschaft. Yoshida geht es insgesamt darum, wie ein Menschenrecht zu denken sei, das zu achten ist, sofern der Mensch Mensch ist. Diskutiert wird in diesem Geiste, wie im Shintō das Problem des ›Individuums‹, das eine der Voraussetzungen des abendländischen Menschenrechtsbegriffs ist, zu denken ist.

Klaus-Jürgen Grün thematisiert einen bislang wenig beachteten Zusammenhang zwischen Freimaurerei und der Wandlung des Verständnisses von Menschenrechten. Von Menschenrechten erwarten wir, dass sie dasjenige schützen, was wir als das spezifisch Menschliche erachten. In der Freimaurerei nennen wir dieses ›Humanität‹. Nicht immer war es das allen Menschen Gemäße, was unter dem Begriff der Menschenrechte geschützt werden sollte. Gerade in der Epoche ihres Entstehens, hatten die Begründer eigentlich die Interessen ihrer eigenen Klasse vor Augen, als sie von Menschenrechten sprachen. Frauen und Farbige waren darunter nicht gefasst. In dem Maße aber, wie dieser Mangel zu Bewusstsein kommt, setzt sich der Gedanke der Humanität in den Menschenrechten durch. Innerhalb der Freimaurerei herrscht eine Praxis vor, die daran erinnert, dass zur Pflege der Humanität kein Bekenntnis nötig ist. Vielmehr bedarf es der Einübung in den Umgang mit Humanem. Wenn wir uns mit Menschlichem umgeben, werden wir menschlich. Darin liegt der Sinn freimaurerischer Rituale, deren einziges Ziel es ist, dem Menschen im Symbol und in der szenischen Darstellung eine Wahrnehmung zu vermitteln, für das spezifisch Menschliche.

Farah Dustdar behandelt die Menschenrechte in der Bahai-Religion. Das Menschenbild hat die zentrale Bedeutung und bildet die Grundlage von Rechten und Pflichten der Gläubigen. Der Mensch sei nach der Bahai-Lehre mit Vernunft, freiem Willen, einer unsterblichen Seele und der Fähigkeit ausgestattet, sich ständig zu entwickeln und zu verbessern. In ihrem Wesen tragen die Menschen keine trennenden Merkmale der Rasse, der Klasse oder des Geschlechts. Ferner verweist Dustdar auf einige Prinzipien und Gebote, die zur Sicherung der fundamentalen Rechte der Menschen – Gläubige und Nichtgläubige – beitragen, unter anderem: Das Recht auf Religions- und Glaubensfreiheit; Ablegung von Vorurteilen jeglicher Art; Gleichwertigkeit aller Menschen; Gleichberechtigung von Mann und Frau; Religion soll mit Vernunft und Wissenschaft im Einklang stehen; Abschaffung des Klerus; Regulierung der sozialen Fragen; die Verwirklichung des Weltfriedens. Abschließend setzt sich Dustdar mit den Aktivitäten der internationalen Bahai-Gemeinde und ihrer Zusammenarbeit mit den Vereinten Nationen auseinander, vor allem im Bereich der Förderung der Menschenrechte.

Khola Maryam Hübsch skizziert, wie sich die Ahmadiyya Muslim Jamaat (AMJ) hinsichtlich der Frage der Vereinbarkeit zwischen Islam und Menschenrechte positioniert. Der Beitrag gibt einen kurzen Überblick über die Vergleichsstudie des Ahmadi-Muslims Sir Muhammad Zafrullah Khan, der Präsident der UN-Generalversammlung war und die UN-Menschrechtserklärung mit der Lehre des Islams verglich. Der Beitrag konzentriert sich ferner auf die Interpretation der AMJ bezüglich derjenigen UN-Menschenrechtsartikel, die gemäß dem klassischen islamischen Rechtsverständnis als unvereinbar mit dem modernen Menschenrechtsbegriff gelten. Dabei handelt es sich um die Religions- und Meinungsfreiheit, um Körperstrafen, die Sklaverei und die Gleichberechtigung von Mann und Frau. Der Beitrag kommt zu dem Ergebnis, dass gemäß der auf theologische Argumentation aufbauenden Interpretation der islamischen Quellen (Koran, Hadith, Sunna) durch die AMJ die UN-Menschenrechte mit der Lehre des Islam zu vereinbaren sind. Insbesondere hinsichtlich der Frage der absoluten Glaubens-, Gewissens- und Religionsfreiheit argumentiert die AMJ anhand von Koran und Hadith, dass es keinerlei weltliche Strafe auf Apostasie und Blasphemie geben dürfe und eine islamische Regierung eine säkulare Staatsform haben müsse, die auf den Prinzipien absoluter Gerechtigkeit basiert. Damit bietet die AMJ schon früh einen theologisch begründeten, alternativen Zugang zu einem Islamverständnis, das sich mit den Zielen der UN-Menschenrechtserklärung vereinbaren lässt.

Jan Ilhan Kizilhan thematisiert das Thema ›Yezidentum und Menschenrechte‹. Nach ihm kennt das Yezidentum keine verbindliche religiöse Schrift, wie es vergleichbar die Bibel für Christen ist. Religiöse Traditionen und Glaubensvorstellungen wurden bisher vorwiegend mündlich überliefert. Dennoch gibt es allgemein verbindliche Glaubensanschauungen. Die Menschenrechte und ihr religiöses Verständnis sind nach Kizilhan geprägt vom kulturellen, politischen und gesellschaftlichen Gedächtnis, das bis heute einhergeht mit Verfolgung, Flucht, Unterdrückung und Massaker. Eine Mischung kollektiv-patriarchalischer Werte und Normen mit universellen religiösen Vorstellungen prägt das Leben der Yeziden sowohl im Nahen und Mittleren Osten als auch in der Migration. Ihre Spuren lassen sich nach Kizilhan bis ins 14. Jahrhundert vor Christus verfolgen. Um ihre Religion und die Gemeinschaft zu schützen, lebten sie bis zum Ende des 19. Jahrhunderts komplett isoliert in den kurdischen Bergen. Heute im Zeitalter der Globalisierungen und ihrer Migration vor allem nach Europa stehen sie nach Kizilhan vor einer enormen Herausforderung, die kulturelle und religiöse Veränderungen und damit auch einen neuen Umgang mit den Menschenrechten einschließt.

4. Menschenrechte und ihre Handlungsbereiche

Die Beiträge von Josef Bordat, Hamid Reza Yousefi, Peter Strutynski, Harald Seubert, Peter Gerdsen, Peter Gerdsen, Bernd Hamm, Oliver Bruns, Dieter Senghaas, Daniela Busse, Yahya Hassan Bajwa, Elisabeth Zissler, Heiner Bielefeld und Peter Kirchschläger stellen neuere Theorien der Menschenrechte aus unterschiedlichen Gebieten der Gesellschaft vor. Die folgende Abbildung zeigt die einzelnen Aufsätze dieser Abteilung:

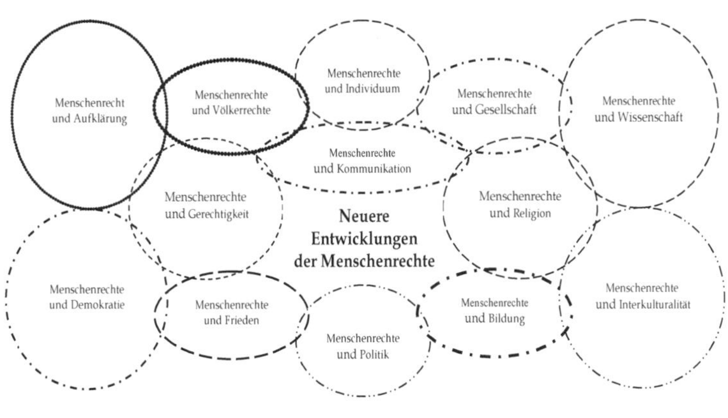

Josef Bordat thematisiert in seinem Beitrag die Frage nach dem Wechselverhältnis des Individuums und der Menschenrechte. Nach Bordat wird das Individuum im Kontext rechtlicher Verbindlichkeit zur Person, Personalität als die Fähigkeit zur Aufrechterhaltung normierter Beziehungen hebt den Menschen aus der Schöpfung heraus - eine Ausweitung des Konzepts auf Tiere hat negative Konsequenzen für den Status bestimmter Menschen, denen aktual die

Fähigkeit fehlt, Schmerzen zu empfinden, Interessen zu vertreten und/oder Präferenzen zu entwickeln. Der Mensch ist nach Bordat als ›heilige Person‹ unabhängig von solchen Fähigkeiten Rechtssubjekt. Bordat versteht die Entstehung und Entwicklung der Menschenrechte in Anlehnung an Hans Joas als Ausdruck eines ›Sakralisierungsprozesses des menschlichen Wesens‹. Charakteristisch dafür ist für Bordat das Naturrecht des Menschen auf Leben, Freiheit und Besitz, mit dem bei John Locke ein Gesellschaftsvertrag zum Schutz des Individuums *vor* dem Staat und seinen Gewalten begründet wird. Bordat weist darauf hin, dass dieser Gedanke in aktuellen völkerrechtlichen Reformbemühungen (Schutzverantwortung, Internationale Strafgerichtsbarkeit) seinen Ausdruck findet, was, so Bordat, die Möglichkeit schaffe, den individuellen Menschenrechten mit ihrer christlichhumanistischen Genesis zur einer globalen Geltung zu verhelfen.

Hamid Reza Yousefi stellt das Konzept eines kontextuellen Menschenrechtsmodells vor, um die Realität des Begriffs und den damit verbundenen hegemonialen Kampf um die Begriffe ›Menschenwürde‹ und ›Menschenrechte‹ aufzuzeigen. In seinem interkulturellen Ansatz geht er von der Universalität der Menschenwürde sowie der Partikularität der Menschenrechte aus. In seinem Beitrag unterscheidet er nicht zwischen einem traditionellen und einem modernen Menschenrechtssystem, weil beide letzten Endes die Unterschiedlichkeit suchen und zur Grundlage des Dialogs erheben. Yousefi zeigt, dass die Scharia nicht in Strafvollzügen wie der Steinigung aufgeht, sondern eine Rechtsprechung darstellt, in der Sakralität und Säkularität ineinandergreifen. Am Beispiel von Anders Breivik erläutert er Sinn und Zweck der Scharia. Es handelt sich letztlich um die Beantwortung der Frage, ob und inwieweit Menschrechte als Staats- und Bürgerrechte existieren.

Peter Strutynski thematisiert das Verhältnis von Menschenrechten und Völkerrecht. Die Universalität der Menschenrechte gehört zu den anerkannten Prinzipien des modernen Völkerrechts, deren Schutz nicht mehr nur eine ›innere Angelegenheit‹ der Staaten, sondern auch eine Aufgabe des internationalen Staatensystems ist. Umstritten ist nach Strutynski, wie weit dieser internationale Schutz reicht und welche Implikationen sich daraus für die Gestaltung der internationalen Beziehungen ergeben. Undenkbar war noch bis vor wenigen Jahren, dass Menschenrechte zu einem ›Exportartikel‹ werden könnten, der sich mit militärischen Mitteln von einem souveränen Staat in einen anderen souveränen Staat transferieren ließe. Gleichwohl scheint diese Vorstellung zu einem festen Bestandteil der Außenpolitik führender westlicher Staaten geworden zu sein. Dies belegen nach Strutynski der Libyen-Diskurs im vergangenen Jahr und die aktuelle Auseinandersetzung um Syrien oder Iran. Damit tut sich ein Widerspruch auf zu den Grundsätzen des Gewaltverbots und der ›Nichteinmischung‹ in die Angelegenheiten gleichberechtigter und souveräner Staaten. Strutynski vertritt den Standpunkt, dass es keinen wirklichen Widerspruch zwischen Menschenrechten und Völkerrecht gibt, sondern dass der Krieg selbst zu beidem im Widerspruch steht.

Harald Seubert analysiert die Frage nach Menschenrechte und Religion, die mindestens zwei Aspekte umfasst. Auf der einen Seite ist zu fragen, inwieweit die unteilbaren, universalen und unbestreitbaren Menschenrechte auf religiösem Fundament entstanden sind. Dabei ist die jüdisch-christliche Berufung auf die Gottebenbildlichkeit des Menschen besonders prominent geworden. Es zeigt sich nach Seubert aber, dass der systematische Ort und der Status von Menschenwürde und Menschenrechten in verschiedenen Religionstraditionen zwar vorhanden, in seiner Symbolik und seinem Rang aber unterschiedlich ausgeprägt ist. Deshalb empfiehlt es sich, die religiöse Genealogie nicht zu überstrapazieren, sondern die Begründung aus dem Sittengesetz, wie sie exemplarisch von Kant geleistet wurde, zu ihrem Recht zu bringen, und ansonsten einem ›Kosmopolitismus der Differenz‹ das Wort zu reden. Auf der anderen Seite ist nach Seubert die Frage von Religionsfreiheit als Menschenrecht zu diskutieren. Dabei ist zu verdeutlichen, dass Religionsfreiheit nicht durch ›antiliberales Recht‹ implementiert werden darf, und dass Religionsfreiheit gleichwohl in die Gesamtsystematik der Menschenrechte einzufügen bleibt. Unbestritten entstehen aus ihrer Applikation Konflikte. Doch gerade sie sind nach Seubert kontrafaktisch als Möglichkeit eines freien gesellschaftlichen Grundlagendisputes zu rekonstruieren.

Peter Gerdsen setzt in zwei Beiträge das Thema ›Menschenrechte‹ mit dem der Aufklärung und Wissenschaft in Beziehung. Im seinem ersten Beitrag unternimmt er eine gründliche und tiefgreifende Analyse des gegenwärtigen Menschenrechtsbegriffs, indem er dessen Prägung durch die europäische Aufklärungsepoche aufzeigt und eine Reihe innerer Widersprüche offenlegt. Nicht nur angesichts der Tatsache, dass die Menschenrechtsideologie eine weltweite Verbreitung gefunden hat, sondern auch weil diese Ideologie den Weg in eine übernationale Gesetzesherrschaft eröffnet, führt ein gerader Weg zu dem Begriff der Weltherrschaft. Der Beitrag zeigt auf, dass sich die Menschenrechtsideologie mit einem ethisch-moralischen Glanz umgibt, der ihre Kritiker weitgehend entwaffnet und der seine Ursache in der für diese Ideologie eigentümlichen Mischung aus moralischen, juridischen und politischen Komponenten hat.

Im zweiten Beitrag verweist Gerdsen darauf, dass Menschenrechte und Wissenschaft Schlüsselbegriffe der europäischen Aufklärung sind. Zudem weisen beide ausgeprägte Herrschafts- und Machtaspekte auf. Gerdsen arbeitet heraus, wie es hinsichtlich der Machtaspekte zu einer Kollision zwischen den so auf zweifache Weise begrifflich verbundenen Begriffen kommt. So ist es kein Zufall, dass freie wissenschaftliche Betätigung von Menschen und Völkern keine Berücksichtigung in den Menschenrechtskatalogen findet, obwohl es einen Grundtrieb zur Wissenschaft als anthropologische Konstante gibt und somit eine Aufnahme in den Katalog der Menschenrechte naheliegt.

Bernd Hamm definiert Demokratie als den Prozess, der zur Verwirklichung der Menschenrechte für alle Menschen hinführen soll. Darin besteht die hervorragende Aufgabe des Staates. Empirisch beobachtet er freilich das Gegenteil: Die Staaten verhindern es weitgehend, Verletzungen der Menschenrechte einklagbar zu machen; die weitaus meisten Verletzungen von Menschenrechten geschehen indirekt, die Fortentwicklung von Menschenrechten wird aus ideologischen Gründen verweigert; der Terroranschlag vom 11. September 2001 ist von vielen Regierungen zum Vorwand genommen worden, Menschenrechte massiv einzuschränken. Insbesondere die westlich-kapitalistischen Länder beharren nach Hamm auf ihrem moralischen Führungsanspruch, während sie in Wirklichkeit am meisten zur Verletzung von Menschenrechten beitragen. Anti-demokratische Entwicklungen sind für Hamm unübersehbar, die Kriegsgefahr wächst.

Oliver Bruns erläutert zunächst, dass der Menschenrechtsbegriff eine moralische, rechtliche und politische Dimension hat und dass diese ›Mehrdimensionalität‹ nicht zugunsten einer Auslegungsweise eingeebnet werden kann. Anhand einer Auseinandersetzung mit der Gerechtigkeitstheorie von John Rawls wird dargestellt, dass dieser moralische und juristische Menschenrechte als Teilaspekt der Gerechtigkeit sozialer Institutionen berücksichtigt. Da Rawls, so Bruns, die Politik aber nur als Mittel zur Umsetzung der Gerechtigkeitsgrundsätze thematisiert, wird die genuin politische Dimension der Menschenrechte übersehen. Dies sei auch daran zu erkennen, dass der Vertrag bei Rawls prinzipiell nichts zur Legitimierung der Gerechtigkeitsgrundsätze beitrage. Der Vertrag selbst könne nur dann verpflichtend sein, wenn von der Einhaltung bestimmter vertragsexterner Grundsätze, die durch den Vertrag folglich nicht erst begründet werden, ausgegangen werden könne. Worin die politische Dimension der Menschenrechte besteht, wird vom Autor anhand der politischen Theorie Hannah Arendts gezeigt.

Dieter Senghaas skizziert die Frage nach Menschenrechte und Frieden. Er ist der Ansicht, dass die Menschenrechte nicht ohne die Geschichte derjenigen tiefgründigen politischen Konflikte zu verstehen sind, die in den vergangenen Jahrhunderten zu ihrer allmählichen Herausbildung geführt haben. Anders als heute manche Interpretationen suggerieren, sind sie nicht das finale Ergebnis schon anfänglich angelegter ›Kulturgene‹ westlich-abendländischer

Kultur. Vielmehr mußten sie auf programmatischer, insbesondere philosophischer sowie institutionell-verfassungsrechtlicher Ebene gegen die alteuropäische Tradition durchgesetzt werden. Sie sind das Ergebnis eines Zivilisierungsprozesses wider den Willen vormoderner Status quo-Mächte. Wo immer traditionale Gesellschaften sozial mobil werden und in allen sich neu herausbildenden Sozialschichten politisieren, wird nach Senghaas dieser Prozeß sich wiederholen. Dieser Konflikt gleicht dann einem ›clash within civilizations‹ – im glücklichen Fall mit dem Ergebnis einer soliden politischen Ordnung, in der sich nachhaltig bewährende Spielregeln für friedliche Koexistenz institutionalisiert haben.

Daniela Busse untersucht den Zusammenhang von Menschenrechten und Bildung (=MRB). Ausgehend von einem Überblick über die geschichtliche Entwicklung der MRB in der Welt und in Deutschland wird der Blick auf die schulische Bildung fokussiert. Diese hat die drei Teilaufgaben der Wissensvermittlung, des Erreichens eines Problembewusstseins sowie der Handlungsmotivation. Hier plädiert die Autorin für ein weites Verständnis des Begriffs MRB, da sie davon ausgeht, dass auch der Umgang miteinander an der Schule schon von den Menschenrechten geprägt sein muss, um erfolgreiches Vermitteln der Menschenrechte in der Welt zu ermöglichen. Dies erfordert demokratische Strukturen an der Schule und ein faires Miteinander von Lehrern und Schülern sowie der Schüler untereinander. Es werden verschiedene Projekte vorgestellt, die dazu beitragen können, das Schulklima zu verbessern und ein Bewusstsein für die Menschenrechtsproblematik in der Welt zu erhöhen. Ein Blick auf verschiedene Studien zeigt, dass Deutschland zwar auf einem guten Weg ist, dennoch aber bildungspolitische ›Hausaufgaben‹ erledigt werden müssen, um MRB noch erfolgreicher durchsetzen zu können.

Yahya Hassan Bajwa behandelt in seinem Beitrag das Spannungsfeld zwischen Menschenrechten und Gesellschaft am Fallbeispiel von Pakistan und Bangladesch. Der Beitrag skizziert anhand der Entstehungsgeschichte der Anti-Ahmadiyya- und der Blasphemie-Gesetzgebung in Pakistan, wie das Land sich nach seiner Gründung sukzessive zu einer zunehmend intoleranten Gesellschaft wandelte und der Umgang mit religiösen Minderheiten sich drastisch verschärfte. Bajwa beschreibt den Einfluss von Islamisten, die im Namen der Religion politische Konflikte auf dem Rücken von Minderheiten austragen und dadurch die pakistanische Gesellschaft systematisch aushöhlen. Der Beitrag macht deutlich, dass der demokratische Prozess durch die zunehmende Macht von radikalen Kräften, denen es gelingt, die Regierung immer wieder unter Druck zu setzten, stagniert. Abweichende Meinungen werden durch Gewaltandrohung zum Verstummen gebracht, wodurch ein gesellschaftliches Klima der Intertoleranz gedeiht. Der Autor stellt dar, wie es in Bangladesch bisher gelungen ist, sich vor diesem wachsenden Einfluss zu bewahren und beschreibt dabei Bildung als Schlüsselfaktor auf dem Weg zu einer demokratischen Gesellschaft.

Elisabeth Zissler behandelt das Thema Menschenrechte und Kommunikation. Menschenrechtsdiskurse sind nach Zissler stets auf gelingende interkulturelle Verständigungsprozesse angewiesen. Vor diesem Hintergrund untersucht sie Faktoren, die sich innerhalb der globalen Menschenrechtsdebatte negativ auf die Völkerverständigung auswirken. Ihre These ist, dass bestimmte kulturelle Einflüsse den internationalen Menschenrechtsdiskurs daran hindern, sein Potential – einen positiven Beitrag zur Völkerverständigung zu leisten – voll zu entfalten. Dieser Ansatz wird anhand von zwei Problemhorizonten exemplarisch aufgezeigt: Analysiert wird zum einen die weitgehende Ausblendung außereuropäischer Entstehungsorte der Menschenrechte, obwohl diese nachweislich existieren und zum anderen das Problem kulturalistischer Vereinnahmungsversuche der Menschenrechtsidee. Der Beitrag versteht sich als Plädoyer für eine stärkere Berücksichtigung nicht-europäischer Entstehungsorte und Diskurse innerhalb der internationalen Menschenrechtsdebatte. Darüber hinaus soll zu einer Sensibilisierung hinsichtlich imperialistischer Vereinnahmungen der Menschenrechtsidee, wie sie den internationalen Menschenrechtsdiskurs immer wieder kennzeichnen, beigetragen werden.

Heiner Bielefeldt diskutiert die Frage nach dem Universalitätsanspruch der Menschenrechte angesichts des kulturellen Pluralismus. Dabei geht es unter anderem um die Frage, ob und inwieweit die Menschenrechte aus der ›Perspektive unterschiedlicher Kulturen‹ anerkannt werden können oder exklusiver Ausdruck einer bestimmten, ›westlichen‹ Kulturentwicklung seien. Der Anspruch universaler Menschenrechte in einem solchen Sinne könnte in den Verdacht geraten, ein illegitimes ›kulturimperialistisches‹ Projekt oder ein Versuch leitkultureller Hegemonie darzustellen. Bielefeldt zeigt Probleme und gleichsam Wege, um eine mögliche interkulturelle bzw. interreligiöse Rezeption der Menschenrechtsidee zu formulieren.

Peter G. Kirchschläger greift die Frage nach dem Verhältnis zwischen Menschenrechten und Politik auf. Vier Dimensionen spielen hierbei eine zentrale Rolle. Erstens sind alle Menschen Trägerinnen und Träger von Menschenrechten, die politische Teilnahmerechte beinhalten und demokratische Meinungsbildungs- und Entscheidungsfindungsprozesse konstituieren. Menschenrechte entstehen zweitens durch politischen Diskurs und bilden einen politischen Konsens. Drittens können Menschenrechte politisch begründet werden, auch wenn diese Begründung aus der Perspektive der moralischen Dimension der Menschenrechte hinsichtlich ihrer Geltung und Wirkung Grenzen kennt. Viertens bilden die Menschenrechte den Referenzrahmen für politisches Handeln und Entscheiden: Menschenrechte müssen, nach Kirchschläger, in demokratischen Meinungsbildungs- und Entscheidungsprozessen und in der Umsetzung von politischen Strategien und Programmen geachtet werden. Die Achtung von Menschenrechten kann so, nach Kirchschläger, eine friedliche Koexistenz von Traditionen, Kulturen, Religionen, Weltanschauungen und -vorstellungen ermöglichen, alle Menschen dazu befähigen und darin ermutigen und bestärken, sich in den politischen Diskurs einzubringen, und Minderheiten vor menschenrechtsverletzenden Mehrheitsentscheidungen schützen.

Redaktionelle Anmerkungen

Auf vielfältige Weise zeigen die verschiedenen Beiträge, die natürlich nicht immer mit der Meinung des Herausgebers übereinstimmen müssen, wie facettenreich die Weltgeschichte der Menschenrechte ist. Dieser erste Versuch möge mit allen seinen Unzulänglichkeiten eine Grundlage für weitere systematische und ideengeschichtliche Forschungen bieten, um den kritischen Dialog zwischen den Kulturen, Religionen und Traditionen voranzutreiben.

Dieses Handbuch ist im Rahmen der Tätigkeiten des ›Instituts zur Förderung der Interkulturalität‹ in Trier entstanden. Auf diesem Wege möchte ich mich bei einigen Kollegen, Freunden und Studierenden sowie bei dem Kuratorium des Instituts bedanken, die uns bei der Durchsicht der Texte mit Rat und Tat zur Seite gestanden haben. Mein besonderer Dank gilt vor allem Ina Braun, Peter Gerdsen, Jürgen Pferdekamp, Frank Weiland und insbesondere Hans-Gerd Hamacher. Nicht zuletzt geht mein Dank auch an den Springer-Verlag für die Aufnahme dieses Handbuches in sein Verlagsprogramm.

Hamid Reza Yousefi
Trier im Frühjahr 2013

Teil 1.

Entstehungsorte der Menschenrechte

Daniela Hrzán

Menschenrechte in afrikanischen Traditionen

In westlicher medialer Berichterstattung über den afrikanischen Kontinent, und dies schließt Deutschland explizit ein, erscheint Afrika in der Regel als ein Ort, an dem Menschenrechte verletzt werden.[1] Hungernde Menschen, ethnische Auseinandersetzungen, die Auswirkungen von AIDS, homophobe Übergriffe auf Schwule und Lesben, Zerstörung der Umwelt und natürlicher Ressourcen – all dies sind Beispiele für Bilder und Geschichten, die uns täglich begegnen.

Die Tatsache, dass mit Desmond Tutu (1984), Nelson Mandela (1993), Wangari Maathai (2004) sowie Ellen Johnson Sirleaf, Leymah Gbowee und Tawakkol Karman (2011) schon eine ganze Reihe afrikanischer MenschenrechtsaktivistInnen mit dem Friedensnobelpreis ausgezeichnet wurden, mag einen Beginn des Umdenkens andeuten, kann aber nicht darüber hinwegtäuschen, dass der Menschenrechtsdiskurs über Afrika den Kontinent in der Regel als Opfer, nicht aber als Ort von Wissensproduktion zeichnet. Vor diesem Erfahrungshintergrund mag es nicht verwundern, dass afrikanische WissenschaftlerInnen Versuche unternommen haben, die zeigen sollen, dass auch der afrikanische Kontinent eine Geschichte der Auseinandersetzung mit Menschenrechten kennt, also keineswegs nur der unzivilisierte und unterentwickelte Ort ist, für den der ›Westen‹ ihn vielfach noch hält.

Konzeptionen von Menschsein und Menschenwürde in afrikanischen Gesellschaften: Das Beispiel der Akan in Ghana und der Ngwa-Igbo in Nigeria[2]

Afrikanische PhilosophInnen und EthnologInnen haben sich primär zweier Herangehensweisen bedient, um nachzuweisen, dass das westliche Verständnis von Menschenrechten auch in afrikanischen Gesellschaften existiert.[3] Nach der ersten Auffassung existierten Menschenrechte nach unserem heutigen Verständnis universeller Normen bereits im traditionellen Afrika. Die zweite Sichtweise dagegen betont, dass in der Tat Menschenrechte in Afrika anerkannt und geschützt wurden, diese Rechte aber Bestandteil eines einzigartigen afrikanischen Konzepts von Menschenrechten seien.[4]

1 Gerade ist ein Werk erschienen, in dem Anke Graneß die Frage nach Toleranz in afrikanischen Traditionen eingehend untersucht. Vgl. Anke Graneß, ›Toleranz in afrikanischen Traditionen‹, in: Hamid Reza Yousefi und Harald Seubert, Hrsg., *Toleranz im Weltkontext: Geschichten – Entstehungsorte – Neuere Entwicklungen,* Wiesbaden 2013, S. 23-31.

2 Die Akan und die Igbo sind bei weitem nicht die einzigen ethnischen Gruppen in Afrika, die Konzepte von Menschsein und Menschenwürde entwickelt haben, sondern werden hier beispielhaft diskutiert. Genannt werden kann an dieser Stelle auch Francis Dengs Arbeit zum Wertesystem der im Gebiet des heutigen Sudan lebenden Dinka und dessen Implikation für ein Verständnis von Menschenrechten. Siehe dazu: Francis M. Deng, ›A Cultural Approach to Human Rights Among the Dinka‹, in: Abdullahi Ahmed An-Na'im und Francis Deng, Hrsg., *Human Rights in Africa: Cross-Cultural Perspectives*, Washington, D.C.: The Brookings Institution, 1990, S. 261-289.

3 Verschiedene WissenschaftlerInnen, allen voran Jack Donnelly, haben wiederholt darauf hingewiesen, dass der afrikanische Diskurs über Menschenrechte kritisch zu betrachten sei. Zwar gäbe es in afrikanischen Gesellschaften Vorstellungen über Menschenwürde und moralisches Handeln, dies seien aber keine Konzeptionen von ›Recht‹ im Sinne, wie ›Menschenrechte‹ in der westlichen philosophischen Diskussion verstanden werden – als etwas dem Menschen nur aufgrund seines Menschsein Zustehendes, das nicht durch Handlungen verdient werden oder vom Staat verliehen werden muss. Vgl. dazu: Jack Donnelly, ›Human Rights and Human Dignity: An Analytic Critique of Non-Western Conceptions of Human Rights‹, *The American Political Science Review* 76, no. 2 (June 1982): 303-316, hier vor allem S. 303 und S. 305.

4 James Silk, ›Traditional Culture and the Prospect for Human Rights in Africa‹, in: Abdullahi Ahmed An-Na'im und Francis Deng, Hrsg., *Human Rights in Africa: Cross-Cultural Perspectives*, Washington, D.C.: The Brookings Institution, 1990, S. 304.

Häufig wird dabei eine afrozentristische Herangehensweise gewählt, von der sich die AutorInnen erhoffen, dass sie positive Effekte auf eine kulturübergreifende Diskussion zu Menschenrechtskonzepten haben könnte.[5] Während einige Beiträge detailreich ein Bild vorkolonialer Gesellschaften entwerfen, bleiben viele dieser Bemühungen oberflächlich oder gleiten in Darstellungen ab, die den Kontinent unkritisch verherrlichen.[6]

Einer der bedeutendsten afrikanischen Philosophen[7] der Gegenwart, Kwasi Wiredu, ist insbesondere auch für seine Arbeiten zu den Akan bekannt geworden, deren politisches System als eines der am höchsten entwickelten Afrikas gilt. In seinem Aufsatzband ›Cultural Universals and Particulars: An African Perspective‹ (1996)[8] beschreibt er das Verständnis der Akan hinsichtlich Definitionen von Menschsein, Menschenwürde und Menschenrechten. Zentral für seine Ausführungen ist eine Vorstellung von Menschsein, die deskriptive und normative Aspekte miteinander verbindet.

Der deskriptive Aspekt äußert sich vor allem im Glaube an das göttliche Lebensprinzip *okra*, das jeder Mensch von Anfang an besitzt. Zwei weitere Prinzipien, ›mogya‹ (das Prinzip des Blutes und der Verbindung zu den Vorfahren mütterlicherseits) und ›sumsun‹ (das Prinzip des Vaters) markieren dagegen die normativen Aspekte des Menschseins (onipa), da sich beide auf den Status und die Rolle eines Individuums in Verwandtschafts- und Gemeinschaftsbeziehungen beziehen und mit Rechten als auch Pflichten einhergehen.

Zu den Pflichten gehören bspw. die produktive Arbeit zum Wohlergehen aller Mitglieder der Gemeinschaft als auch die Bereitschaft, die eigene Lebensform im Fall eines kriegerischen Konfliktes zu verteidigen. Aus diesen Pflichten, so Wiredu, ergeben sich wiederum Rechte, die eine Person allein deshalb in einer Gemeinschaft besitzt, weil sie diese Pflichten ausübt. Zu den Rechten gehören das Recht auf Nutzung von Land, das Recht auf freie Meinungsäußerung und politische Mitbestimmung, das Recht auf eine faire Gerichtsverhandlung sowie Religionsfreiheit.[9]

Was Wiredus Darstellung von vielen anderen unterscheidet, ist sein distanziert-selbstkritischer Blick auf die eigene ethnische Gruppe und ihre Wertvorstellungen. So betont er, dass er Prinzipien der Lebensführung der Akan beschreibt, nicht aber deren gelebte Praxis, die von den Idealvorstellungen durchaus abweichen könne. Darüber hinaus benennt er auch negative Aspekte der Traditionen der Akan, die den von ihm skizzierten Menschenrechtskonzeptionen widersprüchlich gegenüberstehen, bspw. die Tradition des Menschenopfers oder die Tatsache, dass Rede- und Meinungsfreiheit sehr stark vom Senioritätsprinzip abhängig ist, was die Rechte von Nicht-Erwachsenen enorm einschränkt.[10]

Während sich Wiredu eines wertenden Vergleichs zwischen Menschenrechtskonzeptionen der Akan und denen westlicher Staaten weitestgehend enthält, vertreten AutorInnen wie bspw. Josiah Cobbah die Auffassung, dass der Westen durchaus von Afrika lernen könnte. Er sieht den afrikanischen Weg mit seiner Verknüpfung der Rechte von Individuen und Gemein-

5 Beispielhaft dazu: Josiah A. M. Cobbah, ›African Values and the Human Rights Debate: An African Perspective‹, *Human Rights Quarterly* 9 (1987): 309-331.

6 Rhoda E. Howard, ›Group Versus Individual Identity in the African Debate on Human Rights‹, in: Abdullahi Ahmed An-Na'im und Francis Deng, Hrsg., *Human Rights in Africa: Cross-Cultural Perspectives*, Washington, D.C.: 1990, S. 160.

7 Die Bezeichnung ›afrikanische Philosophie‹ und was sich dahinter verbirgt, ist umstritten. Während es Philosophen gibt, die dafür plädieren, dass der afrikanische Kontinent besondere Beiträge leistet, die in einer spezifisch ›afrikanischen Philosophie‹ (geografisch verstanden) münden, stellen andere dies vor dem Hintergrund der Heterogenität Afrikas strikt in Frage. Afrikanische Philosophie wäre demnach die Diskussion und mögliche Anwendung westlicher philosophischer Konzepte auf die Besonderheiten des afrikanischen Kontinents. Für eine differenzierte Darstellung dieser Debatte siehe Anthony Kwame Appiah, *In My Father's House: Africa in the Philosophy of Culture*, New York und Oxford: Oxford University Press, 1992, S. 85ff.

8 Kwasi Wiredu, *Cultural Universals and Particulars: An African Perspective*, Bloomington und Indianapolis: Indiana University Press, 1996.

9 Ebenda, S. 160 und 163-167.

10 Ebenda, S. 169-170.

schaften als einen Schritt hin zu einer Gesellschaft, die sich als komplexes und interdependentes Kollektiv versteht – ein Gesellschaftsentwurf, den er dem individualistisch geprägten westlichen Lebensmodell vorzieht. So betont er die Bedeutung des Überlebens der gesamten Gemeinde sowie die gegenseitige Abhängigkeit und kollektive Verantwortung: Jeder Mensch sei Mitglied der Familie und weiterführenden Verwandtschaftssysteme und funktioniere in diesem Rahmen als reproduktive, ökonomische und sozialisierende Einheit, die Bedürftigen besonderen Schutz entgegenbringt.[11] Darüber hinaus besitzt jeder Mensch zwei Rollen: Er ist Inhaber von Rechten, die jedem Gemeinschaftsmitglied gewohnheitsmäßig zukommen und Inhaber von Pflichten, die jedes Mitglied gegenüber den anderen Angehörigen der Gemeinschaft zu erfüllen hat.[12]

Die Pflichten beschreiben angemessenes Verhalten und unterliegen den Prinzipien Seniorität (Respekt für die jeweils Älteren); Zurückhaltung und Beherrschung (keine Person hat absolute Freiheit), Verantwortung (soziale und ökonomische Absicherung von Verwandten, insbesondere auch Fürsorge für Kinder und Alte) und Reziprozität (Akte der Generosität werden früher oder später erwidert).[13] Der grundsätzliche Unterschied zwischen den afrikanischen, gemeinschaftlich orientierten Konzeptionen von Menschenwürde und den westlichen, an den Rechten des Individuums orientierten Entwürfen besteht also darin, dass in afrikanischen Gesellschaften Individuen ihren vollen Status als Personen nur im Rahmen der Solidarität ihrer Gemeinschaft erreichen. Individuen entwickeln sich zu Personen mit Rechten und Privilegien, weil die Gemeinschaft sie als solche anerkennt.[14]

Nun zum zweiten Beispiel. Anhand von Körperkonzeptionen bei den Ngwa-Igbo, einer im Südosten Nigerias lebenden ethnischen Gemeinschaft, soll das Verhältnis von Individuum, Gemeinschaft und Rechten illustriert und die sich daraus ergebenen Konsequenzen für eine Diskussion sexueller und reproduktiver Rechte dargestellt werden. Wie Chimaraoke Izugbara und Chi-Chi Undie betonen, geht das allgemeingültige Verständnis sexueller Rechte davon aus, dass der Körper als physische Entität allein dem Individuum gehört. Der Körper eines Menschen erscheint dabei als das ultimative Maß, anhand dessen die Umsetzung von Rechten bewertet wird. Dem gegenüber steht ein Verständnis des Körpers als Eigentum der Gemeinschaft und nicht dem Individuum gehörend. Rechte sind demnach Rechte der Gemeinschaft, die zur Einforderung eben dieser auf ihre einzelnen Mitglieder und deren Körper zugreifen kann.[15]

Diese Auffassung von Körperlichkeit geht weit über das auch in afrikanischen Gesellschaften gängige Verständnis von Körpern als Symbole der jeweiligen Kultur hinaus und betrifft primär auch den Aspekt der Kontrolle über den eigenen Körper. Wird bei den Ngwa-Igbo eine Frau vergewaltigt, so ist dies ein Verbrechen, das eine Gemeinschaft gegen eine andere Gemeinschaft begeht – Vergewaltigung ist hier also kein Verbrechen, das ein Individuum gegen ein anderes begeht, auch wenn die Verwundung der von der Vergewaltigung betroffenen Person in ihrer Individualität anerkannt und teilweise auch materiell kompensiert wird. Daraus ergibt sich, dass auch der Täter oder die Täter nicht als Individuen in die Pflicht genommen werden, sondern dass deren Gemeinschaften für die Straftat aufkommen und die geschädigte Gemeinschaft kompensieren müssen. An diesem Beispiel wird deutlich, dass

11 Josiah A. M. Cobbah, ›African Values and the Human Rights Debate: An African Perspective‹, *Human Rights Quarterly* 9 (1987): S. 309-331, hier: S. 319-320 und S. 311.

12 Ebenda, S. 321.

13 Niara Sudarkasa, ›African and Afro-American Family Structure: A Comparison‹, *Black Scholar* 11 (November/December 1980), S. 37-60, hier S. 50.

14 Chimaraoke O. Izugbara und Chi-Chi Undie, ›Who Owns the Body? Indigenous African Discourses of the Body and Contemporary Sexual Rights Rhetoric‹, *Reproductive Health Matters* 16, no. 31 (May 2008): S. 159-167, hier S. 162.

15 Ebenda, S. 160.

die Gemeinschaft der Ort ist, über den die Rechte des individuellen Opfers realisiert werden und wo dieses eine Form von Gerechtigkeit erfahren kann, die ihm über formale, u.U. nicht akzeptierte juristische Wege, möglicherweise nicht zugänglich ist.[16]

Die älteste Verfassung der Welt? Ein Blick auf die ›Kurukan Fuga‹ und den Eid von Mandén

Im Kontrast zu den gerade skizzierten gemeinschaftlich ausgerichteten Konzeptionen von Menschenwürde steht die Anfang des 13. Jahrhunderts entwickelte Verfassung von Mandén, die nach dem Ort ihrer Entstehung auch als ›Kurukan Fuga‹ bezeichnet wird und sich klar individuellen Menschenrechten verschreibt, wie sie dem westlichen historisch gewachsenen Verständnis entsprechen. Im Jahr 2009 von der UNESCO zum Weltkulturerbe erklärt, geht die Geschichte der Verfassung von Mandén auf den Herrscher Soundiata Keita aus Mali zurück. Sie wurde bisher ausschließlich mündlich überliefert, weshalb es auch schwierig ist, eine zuverlässige Datierung des Textes zu erhalten.[17]

Die Verfassung von Mandén wurde vom ›Eid von Mandén‹ begleitet, der in seinen Inhalten noch radikaler ist. Persönliche Freiheitsrechte, inklusive des ausdrücklichen Verbots von Sklaverei, werden genauso postuliert (›Jeder ist fortan sein eigener Herr. Jeder ist frei.‹) wie der Schutz eines jeden menschlichen Lebens.[18] Afrikanische WissenschaftlerInnen differieren in ihrer Interpretation der Verfassung von Mandén. Während Souleymane Bachir Diagne die Verfassung von Mandén als Beweis dafür liest, demnach afrikanische Philosophie, die sich mit der Bedeutung des Menschseins auseinandersetzt, nicht zwangsläufig im Diskurs der Gemeinschaftlichkeit aufgehen müsse[19], argumentiert Ajume Wingo für eine Lesart der Verfassung von Mandén als historisch und regional kontingent. Vermutlich habe zur Zeit der Entstehung der Verfassung relativer Wohlstand geherrscht, so dass die Gemeinschaft versorgt und daher größere Aufmerksamkeit für individuelle Rechte möglich war.[20]

Afrikaspezifische Menschenrechtsinstrumente und ihre Herausforderungen

Die Frage danach, wie Ideen über Menschsein und Menschenwürde und damit verbundene Rechte und Pflichten in die Sprache heutiger Menschenrechte übersetzt werden können, stellt eine der großen Herausforderungen der Gegenwart da. Damit verbunden ist stets die Frage nach der ›kulturellen Legitimität‹ von Menschenrechten für den jeweiligen spezifischen afrikanischen Kontext, wie sie vor allem durch den sudanesischen Rechtswissenschaftlicher und Menschenrechtsaktivist Abdullahi An Na'im immer wieder betont worden ist. Laut An Na'im begründet die formelle Anerkennung internationaler Menschenrechtsnormen durch afrikanische Regierungen noch keine kulturelle Legitimität dieser Normen. Er betont in diesem Zusammenhang, dass über Kultur und kulturrelativistische Argumentationen Machtverhältnisse verhandelt werden und dass Kultur als ein Rahmen fungiert, in dem sich unterschiedliche Interessenslagen innerhalb afrikanischer Gemeinschaften realisieren.[21]

16 Ebenda, S. 162-163.

17 Arno Widmann, ›Charta von Mandén – Kein Mensch soll Sklave sein‹, *Frankfurter Rundschau*, 26. Oktober 2009, S. 22.

18 Andrian Widmann, ›Der Eid von Mandén.‹ *Frankfurter Rundschau*, 26. Oktober 2009, S. 22.

19 Souleymane Bachir Diagne, ›Individual, Community, and Human Rights‹, Transition 101 (2009): 8-15.

20 Ajume Wingo, ›The Odyssey of Human Rights. A Reply to Souleymane Bachir Diagne‹, *Transition* 102 (2010): S. 120-138, hier S. 134.

21 Abdullahi Ahmed An-Na'im, ›Problems of Universal Cultural Legitimacy for Human Rights‹, in: Abdullahi Ahmed An-Na'im und Francis Deng, Hrsg., *Human Rights in Africa: Cross-Cultural Perspectives*, Washington, D.C.: The Brookings Institution, 1990, S. 331-367, hier S. 333.

An-Na'ims Anmerkungen erscheinen insbesondere mit Bezug auf aktuelle Herausforderungen an den Schutz von Menschenrechten in Afrika von großer Bedeutung. Dank verschiedenster, auch regionaler Menschenrechtsbewegungen haben die Bemühungen um eine Übertragbarkeit westlicher Konzepte auf den afrikanischen Kontinent in den vergangenen Jahren in einem regionalen afrikaspezifischen Menschenrechtssystem mit eigenen Instrumenten Niederschlag gefunden. Das zentrale Basisdokument bildet die ›Afrikanische Charta der Menschenrechte und der Rechte der Völker‹, die so genannte ›Banjul Charta‹, 1981 verabschiedet und 1986 in Kraft getreten. Wichtige Zusatzdokumente sind das 2003 verabschiedete ›Protokoll zum Schutz der Rechte der Frauen in Afrika‹ (›Maputo Protokoll‹) sowie die bereits 1999 in Kraft getretene Afrikanische Kinderrechtscharta.

Allen diesen Dokumenten ist gemeinsam, dass darin der Versuch unternommen wird, spezifische Besonderheiten afrikanischer Kulturgeschichte und afrikanischen Miteinanders aufzunehmen. Dies betrifft vor allem die Beziehung zwischen dem Individuum und der Gemeinschaft als Basis rechtlicher Normen. So legt die Charta zum einen den Fokus auf die besonderen Traditionen und Werte ›afrikanischer Zivilisationen‹ und betont zum anderen die bereits beschriebene Dialektik von Rechten und Pflichten.[22] Neben individuellen Rechten werden daher auch kollektive und kulturelle Rechte formuliert, u.a. das Recht afrikanischer Völker auf kulturelle Entwicklung.

Mit ihrem Anspruch einer Integration von westlich geprägten Freiheitsrechten und afrikanischen Vorstellungen zu Menschenwürde, stellt die ›Banjul Charta‹ zweifelsohne einen wichtigen Schritt in Richtung einer Pluralisierung von Menschenrechten dar, hat aber auch unterschiedlichste Kritik auf sich gezogen. Diese betrifft vor allem Herausforderungen, die sich für den Schutz insbesondere von Frauen und Mädchen ergeben. Dass Frauenrechte in der sehr allgemein gehaltenen Charter als solche kaum vorkommen, wurde ebenso kritisch angemerkt wie die Tatsache, dass Rechte vor allem im Kontext der Familie und traditioneller Werte diskutiert werden, es aber gerade der private Raum z.B. in Form der Familien- und Verwandtschaftsstrukturen ist, in der Menschenrechtsverletzungen an Frauen typischerweise stattfinden.[23]

Ebenfalls zu nennen sind Konflikte zwischen der verfassungsrechtlichen Garantie auf Gleichberechtigung der Geschlechter in nationalen Verfassungen und dem traditionellen Status von Frauen in afrikanischen Kulturen. Fareda Banda verweist in diesem Zusammenhang auf das bekannte Beispiel des Landes Ägypten, das die Afrikanische Charta zwar unterzeichnet, sich aber den Vorbehalt reserviert hat, einzelne Artikel den Regeln islamischen Rechts, also denen der Sharia, zu unterwerfen.[24] Das 2003 verabschiedete ›Protokoll zum Schutz der Rechte der Frauen in Afrika‹, das sich vor allem durch seine offensive Ausgestaltung reproduktiver Rechte sowie durch das Verbot traditioneller kultureller Praktiken wie ›weibliche Genitalverstümmelung‹ auszeichnet, wurde daher insbesondere auch geschaffen, um einigen der gerade skizzierten Konflikte zu begegnen, wurde bisher aber nur von etwas mehr als der Hälfte afrikanischer Staaten ratifiziert.

22 Henry Onoria, ›Introduction to the African System of Protection of Human Rights and the Draft Protocol‹, in: Wolfgang Benedek und Esther M. Kisaakye (Hrsg.), *The Human Rights of Women: International Instruments and African Experiences*, London und New York: Zed Books, 2002, S. 231-242, hier S. 231.

23 Ebenda, S. 235.

24 Fareda Banda, *Women, Law and Human Rights: An African Perspective*, Oxford und Portland, Oregon: Hart Publishing, 2005, S. 48.

›Inseln der Ermächtigung‹ –
Perspektiven afrikanischer Literatur zu Menschenrechten in Afrika

Die afrikanisch amerikanische Rechtswissenschaftlerin Patricia Williams hat einmal geschrieben: »Im Gesetz sind Rechte wie Inseln der Ermächtigung. Kein Recht zu haben, bedeutet entmachtet zu sein, und die Grenze zwischen Recht und keinem Recht ist meistens auch die Grenze zwischen Herrschern und Unterdrückern.«[25] Damit Menschen ihre Rechte einfordern können, müssen sie allerdings über diese Rechte in Kenntnis sein und ihre Bedeutung und praktische Relevanz für das eigene Leben erkennen können. Entsprechend muss der Bereich der Menschenrechtsbildung aktiv gefördert und vorangetrieben werden.

Auch für Personen, die nicht notwendigerweise juristisch gebildet oder interessiert sind, gibt es in diesem Zusammenhang vielversprechende Möglichkeiten, sich der Problematik afrikanischer Menschenrechtstraditionen zu nähern. Romane von afrikanischen AutorInnen, wie sie z.B. von Chinua Achebe und Buchi Emecheta (Nigeria) oder Ngugi wa Thiong'o (Kenia) geschrieben wurden, können ein Einstieg sein um sich dem Thema Menschenrechte in Afrika zu nähern. So kann man von Achebes ›Alles zerfällt‹ (2012)[26] viel über die Aushandlungsprozesse rund um Recht und Gerechtigkeit innerhalb vorkolonialer afrikanischer Gesellschaften lernen, wie er sie fiktional am Beispiel der Igbo darstellt. Ngugi wa Thiong'o dagegen erlaubt in ›Der Fluß dazwischen (1970)‹[27] einen detaillierten Einblick in den Konflikt zwischen kulturellen Traditionen und den von britischen MissionarInnen propagierten Werten, der schließlich eine Gemeinde in BefürworterInnen und GegnerInnen weiblicher Beschneidung spaltet – symbolisch durch den Fluss als Grenzmetapher gekennzeichnet.

Hier wird die Bedeutung von Kultur, und die Frage danach, wer wann was und zu welchem Zweck als ›Kultur‹ definiert, als umkämpfte Ressource offensichtlich. Schriftstellerinnen dagegen thematisieren häufig geschlechtsspezifische Benachteiligungen von Frauen und Erfahrungen physischer und emotionaler Gewalt. So beschreibt Buchi Emecheta[28] eindrücklich ein Verständnis von weiblichen Körpern als ›gemeinschaftliches Eigentum‹ und die Konsequenzen die Kinderlosigkeit für den Status von Frauen in der traditionellen afrikanischen Gemeinde mit sich bringt. Was sich auf jeden Fall von afrikanischer Literatur lernen lässt – egal aus welcher Region Afrikas sie stammen mag – ist ein Gespür für die Bedeutung der Gemeinschaft und der Übernahme von Verantwortung für einander, wie sie sich auch im Prinzip des ›ubuntu‹ niederschlägt: ›Umuntu ngumuntu ngabantu.‹ (›Ich bin, wer ich bin – aufgrund dessen, was wir alle gemeinsam sind.‹)

Weiterführende Literatur der Autorin:

Hrzán, Daniela. *TOSTAN:* Eine Herausforderung für die Entwicklungstheorie? Weibliche Genitalverstümmelung im Kontext von Gender, Kultur und postkolonialer Kritik, in: Eine Frage des Geschlechts. Ein Gender-Reader, hrsg. v. Michael Ruf und Bettina Boekle, Wiesbaden 2004 (167-178).

—: *Sind alternative ›Erzählungen‹ über Female Genital Cutting (FGC) möglich?* Erste Schritte auf dem Weg zu kritischen Weißen Perspektiven, in: Female Genital Cutting. Die Schwierigkeit, sich zu positionieren (HU Gender Bulletin Texte Nr. 28). Berlin 2005 (57-64).

25 Patricia Williams, ›Besessen – Vom Dasein als Gegenstand des Besitzes‹, in: Barbara Duden und Dorothee Noeres (Hrsg.), *Auf den Spuren des Körpers in einer technogenen Welt*, Opladen: Leske + Budrich, 2002. S. 26.

26 Achebe, Chinua, *Alles zerfällt*, Frankfurt/Main: S. Fischer, 2012 [Original: *Things Fall Apart*, 1958].

27 wa Thiong'o, Ngugi, *Der Fluß dazwischen*, Berlin 1970 [Original: *The River Between*, 1961].

28 Emecheta, Buchi, *Nnu Ego – Zwanzig Säcke Muschelgeld. Eine Mutter in Afrika*, München 1983 [Original: *The Joys of Motherhood*, 1979].

Jing-Jong Luh[1]

Menschenrechte in asiatischen Traditionen

I. Menschenwege: Asiatische Traditionen als globale Idee der Menschenrechte

Die neuzeitliche Aufklärung und folglich der moderne Gedanke der Menschenrechte war sehr wohl von der chinesischen bzw. konfuzianistischen Autonomie der moralischen Vernünftigkeit begeistert.[2] Es liegt nahe, gemäß dem Gedankengut der Achsenzeit Jaspers darüber nachzudenken, ob sich in alten Kulturen wie China, Indien, Persien, Israel und Griechenland ein gemeinsames Erwachen des menschlichen Geistes ereignet hat, wo die universale Idee der Menschenrechte ihren Ursprung finden kann.[3] Daher ist der Sinn dieser Idee vorerst, dass allen Menschen gleiche Rechte allein aufgrund ihres Menschseins zukommen[4] und sie als eine noch global zu entwickelnde Idee ihre geistigen Ansätze in anderen Kulturkreisen entdecken oder wiederfinden soll, so dass sie sich realiter in der ganzen Welt verwurzeln kann.

In der Tat ist die asiatische, ja konfuzianistische Tradition ein wesentlicher Ursprung, Baustein bzw. Tatbestand der ARMR gewesen.[5] Sonach werden hier in erster Linie den Menschenrechten gemäße Notionen, bzw. deren ursprüngliche Keime in diesem ethisch, politisch und philosophisch signifikanten asiatischen Kulturgut dargestellt. Danach werden essentiale Ressourcen im Daoismus gezeigt. Schließlich sollen diese primären Wurzeln auch im Buddhismus ansatzweise indiziert werden. Methodisch-schematisch werden hier die sogenannten drei Generationen der Menschenrechte als Archetypen eingeführt, vulgo die Freiheit vorwiegend die politische, die Gleichheit speziell die wirtschaftliche, soziale und kulturelle, und die Brüderlichkeit bzw. die Allliebe, im Besonderen die kollektiven und die ökologischen Rechte,[6] wobei die historische Sicht und Reihenfolge dieser Archetypen gewiss wesentlich westlich orientiert sind. Es sollen hier auch deren andersartige Prioritäten bzw. Potentialitäten im asiatischen Kontext reflektiert werden.

Das ursprüngliche Ideal für Menschenrechte in Asien ist in der Karitativität bzw. Egalität der Menschheit bzw. Menschlichkeit zu suchen, das praktisch auch eine grundlegend kritische Reflexion über das jahrtausende alte äußerst stabile Hierarchiesystem der asiatischen Agrar-Zivilisationen in Indien und China ausdrückt.[7] Da von der Liebe des Menschen bzw.

1 Dieser Aufsatz gehört zu den Forschungsergebnissen eines Forschungsprogramms (NSC101-2410-H-033-032-) des Autors beim NSC in Taiwan.

2 Vgl. H. Roetz, *Confucian Ethics of the Axial Age: A Reconstruction under the Aspect of the Breakthrough toward Postconventional Thinking*, Albany, N. Y.: 1993, 8-10. Der Artikel 4 d*er französischen Erklärung der Menschen- und Bürgerrechte* 1789 könnte von Konfuzius Goldener Regel inspiriert sein, vgl. *Analekten (Lùn [Lún] Yǔ)* Yán Yuān, 2, Wèi Líng Gōng, 24. S. B. Twiss hat aufgezeigt, dass die *Allgemeine Erklärung der Menschenrechte* 1948 von den Sprüchen Konfuzius in Yáng Huò 2 beeinflusst wurde, vgl. Twiss, A Constructive Framework for Discussing Confucianism and Human Rights, in: *Confucianism and Human Right,* hrsg. von Wm. Theodore de Bary und Tu Weiming, New York 1998, 41.

3 Vgl. H. Roetz, a.a.O., 2-6; vgl. Yu Ying-Shih, Rén Wén Yì Lǐ Xìng De Zhōng Guó, Shanghai 2007, 4-19.

4 Vgl. Präambel und Art. 1 in: *Allgemeine Erklärung der Menschenrechte* (ARMR)10. Dezember 1948.

5 Vgl. Wm. Theodore De Bary, *Asian Values and Human Rights: A Confucian communitarian perspective, Cambridge,* 2000, 7; vgl. ders., Preface, in: *Confucianism and Human Right;* vgl. Sumner B. Twiss, a.a.O., 27-53; vgl. Lǐ Míng-Huī, Rú Jiā Chuán Tǒng Yǔ Rén Quán, in: *Chuán Tǒng Zhōng Huá Wén Huà Yǔ Xiàn Dài Jià Zhí De Jī Dàng Yǔ Diào Róng* I, hrsg. von Huáng Jùn-Jié, Taipeh 1992, 229-256.

6 Vgl. Karel Vasak, Human Rights: A Thirty-Year Struggle, UNESCO Courier 30:11, Paris: November 1977, 29.

7 Vgl. Donald J. Munro pointiert vorzugsweise die Idee der Egalität in der chinesischen Kultur, vgl. D. J. Munro, *The Concept of Man in Early China,* Stanford 2001, v.a. 4-11.

Lebens ausgegangen wird, zieht es dessen Weg dem Gedanken des Rechts vor. Im Folgenden wird gezeigt, dass die asiatischen Traditionen den Menschenweg im Leben als Ausgangspunkt der Zivilisation priorisieren, wofür mindestens drei Paradigmen aufzustellen sind. Während sich der in Indien aufkeimende und in China ausbreitende Mahāyāna-Buddhismus von der Liebe zum Leben zur geistigen Gleichheit und religiösen Freiheit entfaltet, erwächst im Konfuzianismus aus der Liebe zum Menschen ethische Egalität und moralische Freiheit, im Daoismus aus der Liebe zur Natur ökologische Egalität und kosmologische Freiheit, wobei die beiden chinesischen Modelle auf die antike Klassik bzw. Zhōu-Zeit, vor allem auf das Yì Jīng zurückgeführt werden können.

II. Der antik-klassische Anfang der chinesischen Menschenwege

Im Vergleich zur *religiösen* Reformation des Buddhismus gegenüber dem Hinduismus entsteht solches chinesische *humanistische* Gedankengut zuerst aus der sozial-politischen Revolution des Zhōu-Volkes gegen die Shāng-Dynastie bzw. die ›Kulturrevolution‹ des Herzogs von Zhōu (Zhōugōng, ca. ab 1085 v.Chr.) gegen deren korrupte Theokratie.

Der Tradition nach vertritt er anstelle schamanistischen Aberglaubens, mantischer Wahrsagerei und kannibalischer Menschenopfer eine neue moralisch-humane Weltanschauung, in der die menschliche Moral mit dem Himmel (Yǐ Dé Pèi Tiān) korrespondiert, der Herrscher sie dem Behüten des Menschenvolkes widmet (Jìng Dé Bǎo Mín), exponiert und gleichzeitig Strafe reduziert (Míng Dé Shèn Fá).[8] Im ›Tài Shì‹ (›der Große Eid‹), das tradierte Revolutionsstatement, steht als Vorwort wörtlich: »Nur Himmel und Erde sind die Eltern aller Wesen, nur der Mensch ist der Geist aller Wesen«, was nicht nur auf den Ursprung der Menschheit in der kosmologischen Liebe hinweist, sondern auch auf ihre Würde als Kern des Kosmos, gerade weil sie die himmlische Moral repräsentieren kann.[9]

Es besteht dann ein holistisches Weltgebilde von Himmel als Transzendenz, Erde als Natur, Mensch als Mitte von Himmel umd Erde bzw. Herrscher als dessen Repräsentant, und Moral als Wertesystem. Diese zentrale Position des Menschen in der Welt und seine einzigartige Dignität ist namentlich im systemischen Ideal des trinitarischen Weges (Sān Cái Zhī Dào) von Yì impliziert. Yì projiziert die Quelle bzw. Synthese der holistischen Weltanschauung von Konfuzianismus und Daoismus.[10]

Was die Menschenrechte betrifft, so hebt daraufhin die chinesische Tradition den Menschenweg (Réndào, was heutzutage auch als Übersetzung von ›Humanität‹ gilt) hervor, welcher ausdrücklich die Moralität von Himmel und Erde repräsentiert und mit dem Himmelsweg (Tiāndào) bzw. Erdenweg (Dìdào) in Einklang gebracht werden soll. Dies bedeutet im Konfuzianismus den Weg der Menschlichkeit oder Humanität bzw. Mitmenschlichkeit oder Karitativität (Réndào), im Daoismus den Weg der Natur bzw. des Grand-Extremums (Tàijí) oder gar Nicht-Extremums (Wújí)[11] zu befolgen. Weil die Zhōu-Klassik hauptsächlich vom Konfuzianismus gepflegt und ausgelegt ist, legt sie einen Fond für das chinesische Weltbild zugrunde: der Himmel als transzendente Dimension spendet der Natur mit allen ihren Wesen bzw. dem Menschen das Leben kraft seiner Liebe, was seine Moralität aufweist. Der Mensch ist das Herz(stück) der Welt und demgemäß soll der moralisch tugendhafte Herrscher sein Menschenvolk (künstliche Übersetzung von Mín, bzw. vom modern ausgedrückten Rénmín) soignieren.

8 Vgl. *Shàng Shū (Buch der Urkunden)* , *Zhōu Shū (das Buch von Zhōu)* , Jiǔ Gào (Ankundigung über Drunkenheit), 7; Zhào Gào (Ankündigung des Herzogs von Shao), 10; Kāng Gào (Ankündigung für den Prinzen von Kāng), 2, 3.

9 *Shàng Shū, Zhōu Shū,* Tài Shì I. Vgl. auch Shī (Buch der Poetrie), Zhēng Mín, 1. Vgl. Auch Shàng Shū, Zhào Gào, 6. Über den chinesischen Humanismus, vgl. Chan Ring-Tist, A Source Book in *Chinese Philosophy,* Princeton: Princeton University Press, 1973, 3-4.

10 Vgl. *Yì Chuán(Kommentare zum Yì),* Shuō Gu, 2.

11 Vgl. *Nánhuájīng,* Dà Zōng Shī, 6; Dàodéjīng, 28.

III. Der konfuzianistische Menschenweg

III. 1. Konfuzius

Im antiken klassischen Kontext geht Konfuzius (551-479 v.Chr.) anthropologisch-ontologisch davon aus, dass die menschliche Natur (Xìng) dem himmlischen Leben bzw. dessen Moral entspringt, und in allen Menschen ähnlich oder gleich ist: Rén. Es bildet die Basis für die Moral bzw. das gesamte Ritten- und Bildungssystem.[12] Die Keimidee des Konfuzianismus ist also dieses Rén, und zwar als ethisch mitmenschliche Essenz oder Karitativität, die vom Zeichen 仁 als zwischen zwei Menschen versinnbildlicht ist, und auch als deren moralische Substanz oder Humanität in der allgemein-humanen Liebe selbst, die im Zeichen 忎 als tausende Herzen symbolisiert ist. Konfuzius gestaltet Rén einerseits subjektstheoretisch als geistige Grundemotion bzw. -emanation, als Sympathie oder inneren Grund der universal-inhärenten Menschlichkeit überhaupt, andere ›Menschen zu lieben‹ (*Analekten*, ›Yán Yuān‹, 22), andererseits praktisch-philosophisch als Kernmotivation oder -tugend aller anderen ethischen Tugenden im interpersonalen Kontext. Hiernach stellt Rén als das Wesen der Menschlichkeit genau den Ausgangspunkt der Praxis des zwischenmenschlichen Lǐ als das Ritual-, Riten- und Sittensystem dar, was den Menschen bzw. dessen Weg als moralische Person im ethisch interpersonalen Kontext begreift. Diese zwei Seiten von Rén werden in der berühmten goldenen Regel synthetisiert, was wiederum negativ und positiv ausgedrückt werden kann.[13]

In beiden Sprüchen reflektiert eine Person sich selbst und erweitert ihre Eigenliebe zu anderen. Daher expliziert Zēngzǐ (505–436 v.Chr.) Rén Dào zu zwei Vorgangsweisen: Zhōng (Treue, Wahrhaftigkeit, Selbstlosigkeit) und Shù (Mitgefühl, Empathie)[14], welche Mèngzǐ (ca. 370–290 v.Chr.) überdies als das Herz oder Geist-Bewahren (Cúnxīn) bzw. Selbstreflexion zur Aufrichtigkeit (Fǎn Shēn Ér Chéng) und als Extendieren der Güte (Tuīēn) bzw. Transponieren des eigenen Herzens in die Anderen (Jǔ Sī Xīn Jiā Zhū Bǐ) versteht[15] und später Zhū Xī (1130–1200 n.Chr.) als Sich-Selbst-Verwirklichen (Jìnjǐ) und als Sich-in-den-Anderen-Verfremden (Tuījǐ) auslegt.[16] Dies macht in der Tat bei Konfuzius den Menschen- bzw. Karitativitätsweg als alles durchdringende Einheit aus. Rén als Grundidee der konfuzianistischen Menschenrechte signalisiert einerseits die allgemeine Humanität als auf dem sich sittlich reflektierenden Selbstbewusstsein gegründete, das die moralische Autonomie bzw. Freiheit der Person beanspruchen soll, andererseits die dieser Humanität inbegriffene universale Karitativität als ethische Gleichheit aller Menschen, welche auf einen konfuzianistischen Grundansatz für Menschenrechte hindeuten kann.

Es bedeutet aber einesteils, dass die moralische Persönlichkeit und deren Freiheit der politischen Freiheit vorgezogen wird, andernteils immerhin dass das Menschen-zentrierte bzw. auf den Volksmassen fundierte Denken (Mínběn) als Grundlage der sozial-politischen Verwirklichung der moralischen Idee eingesetzt wird. Deshalb bevorzugt der Konfuzianismus eine Art moralische Elitepolitik oder ethische Aristokratie und kreiert nicht die Idee der Demokratie, wobei unter solcher Moral-Regierung (Dézhì) mit Sicherheit manche elementaren sozialen sogar politischen Menschenrechte bereits vorgedacht wurden.[17]

12 Vgl. *Analekten*, Yáng Huò, 2; vgl. Shù Ér, 23; Shù Ér, 6; Shù Ér, 30; Bā Yì, 3.l. Vgl. Zōng Yōng, 1.

13 Vgl. *Analekten*, Yán Yuān, 2 und Wèi Líng Gōng,15. Vgl. *Analekten*, Yōng Yě, 30.

14 Vgl. *Analekten*, Lǐ Rén, 15; vgl. Yán Yuān, 1.

15 Vgl. Mèngzǐ, Jìn Xīn I, 4; Liáng Huì Wáng I, 7; Lí Lóu II, 56.

16 Vgl. Zhū Xī, *Lún* Yǔ Jí Zhù, Lǐ Rén 4.

17 Über das Mínběn-Denken, vgl. *Shàng Shū*, Xià Shū, Wǔ Zǐ Zhī Gē; Shàn Shū, Duō Fāng2; Tài Shì I. Über Dézhì, vgl. *Analekten*, Wéi Zhèng, 1, 7; Über die ethische Aristokratie, vgl. D. J. Munro, a.a.O., 14.

III. 2. Mèngzǐ

Diese Rén-Moral bzw. -Politik wird vornehmlich von Mèngzǐ weiter systematisch entwickelt. Erstens wird hinsichtlich der sich moralisch reflektierenden Person die Rén-Idee idealistisch-transzendental-ontologisch auf das Herz (Xīn) oder das moralisch instinktiv gute Gewissen und Vermögen (Liángzhī Liángnéng) des Menschen rekurriert. Zweitens erzeigt sich Rén allgemein intuitiv durch eine Lehre vom moralischen Gefühl oder Sinn ursprünglich als ein jedem Menschen innewohnend, den anderen Menschen bemitleidendes Herz (bù rěn rén zhī xīn) bzw. die sogenannten Sì Duān als vier Ansätze vom moralischen Gefühl. Weil drittens solch ein gutes Herz jedem Menschen apriorisch und wesentlich innewohnt, ist dessen Wesen genuin gut. Diese Lehre vom *guten* Wesen (Xìngshàn) der Menschlichkeit, das die Würde des Menschen bestimmt, ist dann das ontologische Fundament der Moral und Ethik und eine das Rén fundierende Entwicklung, demnach ein weiterer, *moralistischer* Grundsatz der Menschenrechte.[18]

Da hier eine Unterscheidung zwischen guten und bösen Wesen auftritt, unterstreicht Mèngzǐ zum anderen praktisch-philosophisch die Unterscheidung zwischen deontologischer Gerechtigkeit und utilitaristischer Nützlichkeit (Yì Lì Zhī Biàn). Er pointiert das Yì als aufrichtigen Weg des Menschen bzw. als Realisierungsprozess von Rén, dass nämlich Yì Rén praktisch als persönliche moralische Pflicht und gleichzeitig als interpersonale ethische Gerechtigkeit weiterhin entfaltet.[19] Da die Pflicht einer Person gegenüber der anderen im interpersonalen Kontext eben das Recht dieser bedeutet, ist hier auch ein theoretisches Potential der Menschenrechte angedeutet.[20]

Schon Konfuzius hat aus humanistischem Grund bezüglich des Mín Běn z.B. das Vermehren, Bereichern und die anschließende Edukation des Volkes als drei Phasen der politischen Strategie von Dé Zhì betont, was sich als Ansätze für Menschenrechte im Leben bzw. Familienleben, in Wirtschaft und Gesellschaft, in Bildung und Kultur entfalten lässt.[21] Im Hinblick auf das gute Wesen des Menschen asseriert Mèngzǐ das Menschenvolk als wichtigste Substanz der Politik, vor Nation und Herrscher. Mèngzǐ wie auch Konfuzius erwarten die Identität des politisch und moralisch Edlen Mannes (Jūnzǐ), der infolge des moralischen Geistes bzw. des mitleidvollen Herzens als Regierender eine humane karitative Politik ausüben soll.

Darunter versteht Mèngzǐ folgendes politische Programm: Um das moralische Bewusstsein aller Menschen herauszubilden müssen dafür wirtschaftliche, soziale, politische und kulturelle Bedingungen geschaffen werden. Um das moralische Herz bzw. das Familienleben als soziales Nest moralischer Personalität und ethischer Tugenden zu bewahren, sollen sozial-wirtschaftliche Rahmenbedingung gestaltet werden, z.B. ein beständiger Lebensunterhalt des einfachen Volkes durch das Brunnenfeldsystem (Jǐngtián Zhìdù) und das Reduzieren der Agrar- und Gewerbesteuern. Um das politische System als Unterbau des moralischen Bildungssystems zu errichten, soll der Herrscher nur moralisch Tugendhafte und administrativ Fähige zu Rat und Amt heranziehen, Strafen und Bußgelder vermindern und ungerechte Kriege vermeiden. Verfolgt ein Herrscher diese Rén-Politik so geht er auf dem Königsweg. Andernfalls stampft der Herrscher auf dem Tyrannenweg (Bàdào), der gegen Rénzhèng verstößt und gegen den sogar Revolution gerechtfertigt werden kann, die durch die ethische Aristokratie ausgeführt wird, welche auf diese Weise das gerechte Rénzhèng erfüllt, und es

18 Über die Lehre vom Herz, vgl. z.B. *Mèngzǐ*, Jìn Xīn, 1, Gào Zǐ I, 1, 6. Über das den anderen Menschen bemitleidende Herz und die vier Ansätze, Gōng Sūn Chǒu I, 6. Über das gute Wesen des Menschen und die vier Ansätze, vgl. Gào Zǐ I; Über das gute Gewissen und Vermögen, Jìn Xīn I, 1. Über die Lehre des genuin guten Wesens der Menschlichkeit, vgl. Téng Wén Gōng I, 1; Gào Zǐ I, 6. Über die Würde des Menschen, vgl. Gào Zǐ I, 16, 17; Lí Lóu II, 47. Vgl. auch Lǐ Míng-Huī, a.a.O., 238-247.

19 Über Yì-Lì-Zhī-Biàn, vgl. Mèngzǐ, Liáng Huì Wáng I, 1; Gào Zǐ I, 10.

20 Vgl. Yu Ying-Shih, a.a.O., 328.

21 Vgl. Analekten, Zǐ Lù, 9; *Mèngzǐ*, Liáng Huì Wáng I, 3; vgl. Theodore De Bery (1998), Preface.

als Yì bzw. moralische Pflicht durchsetzen soll.[22] Endlich hat die konfuzianistische Notion der Rén-Moral bzw. Moral-Regierung ein Idealbild der Welt als Grand-Union oder Große Gemeinschaft (Dà Tóng) projiziert, in der alle Menschen in ökonomischer Zufriedenheit, sozialer Ausgeglichenheit, politischer Gerechtigkeit und kultureller Vollkommenheit sich gegenseitig liebend zusammenleben.

IV. Der daoistische Menschenweg

Der Daoismus geht von der Person im *naturhaft-umweltlichen* Kontext aus. Der Leitgedanke von Lǎozǐ (der Legende nach ca. 600–470 v.Chr.) liegt im Dào als universal-kosmologisch-metaphysischem Grundprinzip, das nicht nur ontologischer Urgrund und Ursprung aller Wesen ist und diese ins Leben ruft, sondern sie mit Dé als deren jeweilige Essentia aucham Leben erhält, was dann auf der kongruenten Wesenheit aller Wesen und deshalb auf deren substantieller Gleichheit besteht, obwohl der Mensch die allerletzte Wesensart ist, die der Rangfolge nach der Erde, diese dem Himmel, dieser dem Dao, und dieses der Natur als Sich-Ereignen (Zì Rán) grundsätzlich folgen soll.

Folglich ist der Erdenweg das Paradigma und die Natur der höchste Kanon des Menschenweges. Dementsprechend ist das Prinzip des Yīn, des Weiblichen (Mú) und Weichen (Róu) der Ausgangspunkt und das Nicht-Handeln (Wú Wéi) der Dreh- und Angelpunkt des Daoismus. Die Mutter (Mú) -Idee aus dem Erdenweg als Metapher von Dao deutet auf die mütterliche Liebe zu allen aus ihr Geborenen, die sich ausgewogen in der Harmonie, stark in Sanftmütigkeit und großzügig in Fürsorge und Opfersinn zeigt. Dieses im matriarchalischen Kulturkontext Südchinas entstandene Gedankengut beinhaltet auch einen ökologischen Grundzug, da die sich erweiternde mütterliche Liebe als nachhaltige Entwicklung für ihre Nachkommen auf die Umwelt, ihre Lebenswelt, einwirkt, um sie zu verschönern.

Das Zì Rán bzw. Wú Wéi soll sich in allen Dimensionen des Lebens entfalten: Anthropologisch wird die Person gegenüber dem konfuzianistischen ethischen Kommunitarismus in der Natur eine Art ästhetischen Individualismus finden, der denjenigen Intellektuellen, die nicht mit dem Mandarinsystem saturiert sind, ein Refugium bietet. Praktisch-philosophisch ist ein radikaler, kritischer Liberalismus zu entwerfen, der die Intervention minimalisiert und die Autonomie und Selbstverwirklichung jedes Individuums favorisiert. Metaphysisch konzeptualisiert der Daoismus als Substrat der vorigen Dimensionen eine Geschehen-Ontologie, auf deren Hintergrund Lǎozǐ die Dialektik von gegenseitigen Prinzipien wie Yīn and Yáng und Zhuāngzǐ (ca. 365–290 v. Chr.) die Identität bzw. Gleichsetzung aller Dinge bzw. Differenzen und Diskrepanzen (Qí Wù) spekuliert.[23]

Insofern lassen sich aus dem Daoismus folgende Resourcen für Menschenrechte apostrophieren:

Erstens kann die Grundvoraussetzung der Menschenrechte in der kosmologischen Grundidee der mütterlichen Liebe zu allen natürlichen Wesen liegen und daraufhin die Egalität jedes Menschen ontologisch begründen.

22 Über den Mín-Běn Gedanken von Mèngzô, vgl. *Mèngzî*, Jìn Xīn II, 60; Wàn Zhāng I, 5. Über die moralische Aristokratie, vgl. Téng Wén Gōng I, 4. Über Rén-Zhèng-Idee, vgl. Gōng Sūn Chôu I, 6. Über das sozialwirtschaftliche Konzept von Rén Zhèng, vgl. Liáng Huì Wáng I, 7. Über das Brunnenfeldsystem vgl. Téng Wén Gōng I, 3; Über das politische System, Gōng Sūn Chôu I 5; vgl. Liáng Huì Wáng I. Gegen Kriege, vgl. Jìn Xīn II, 48; Lí Lóu I, 14. Über die Revolution gegen Tyrannei, vgl. Liáng Huì Wáng II, 5, Lí Lóu I, 9. Über den Königsweg, z.B. Lí Lóu I, 1, 9.

23 Über Dao und Zì Rán usw., vgl. *Dàodéjīng*, 1, 25, 42, 51, 52. Über Mǔ, vgl. *Dàodéjīng*, 1, 20, 25, 52, 59. Über Wú Wéi, vgl. z.B. *Dàodéjīng*, 2, 3, 37, 38, 43, 47, 58, 63, 64. Über den daoistischen Indívidualismus, vgl. Yu Ying-Shih, a.a.O., 20-49. Über gegenseitge Dialektik, vgl. *Dàodéjīng*, 1, 25, 40, 42. Über Qí Wù, vgl. *Nánhuájīng, Nèi Piān, ‚Gí Wù Lù;* Dà Zōng Shī' 1; Dé Chōng Fú' 1.

Zweitens kann der Daoismus in Anbetracht des implizierten Individualismus und Liberalismus den politischen Menschenrechten völlig zustimmen. Tatsächlich bildet das *Dàodéjīng* und das *Nánhuájīng* ein sozial-politisches Idealbild eines kleinen Landes mit geringer Bevölkerung (Xiǎo Guó Guǎ Mín) bzw. einer Ära der perfekten Moral (Zhì Dé Zhī Shì) ab, in dem das politische Nicht-Handeln nicht nur der Einzelperson private Freiheit zugesteht, existenzsichernde Ökonomie zulässt und eine klassenlose Gesellschaft zustande bringt, sondern auch die Autarkie zum wahren Menschsein (Zhēn Rén, 真人) sich ereignen lässt.[24]

Drittens werden Zustand und Eigenschaft bzw. Rechte des Schwachen in solcher Idealwelt gemäß dem Erdenweg bzw. Prinzip des Yīn besonders geflegt, gefördert und geschützt, indem nur das Grundbedürfnis aller Menschen befriedigt bzw. Besonnenheit und Mäßigkeit bevorzugt wird, so dass zwischen Menschen, Ländern und Natur kein Kampf um Resourcen entsteht.[25]

Viertens wird insbesondere von der daoistischen Naturliebe das ökologische Recht der Umwelt auch als Menschenrechte der kommenden Generationen privilegiert und eine ökozentrische Weltanschauung gefördert.

Fünftens kann der Daoimus, da er bzw. Zhuāngzǐ die anthropozentrische Philosophie ablehnt und eine durch das Dao interessenfreie, allem Wesen transzendente Denkweise nachvollzieht, einen ästhetischen Anstand gegenüber allen gewinnen und ein künstlerisches Leben in der Welt genießen. Die kulturellen Rechte auf Bildung sollen diesbezüglich dafür sorgen, dass der Horizont der Ästhetik für alle Menschen frei zugänglich und formell gleichberechtigt ist, wobei deren Pluralität durch kulturelle Gleichheit und künstlerische Freiheit gewahrt wird.

V. Der buddhistische Menschenweg

Es wurden schon verschiedene Versuche unternommen, systematisch von den Drei Juwelen (*triratna*) – Buddha, Dharma (Lehre) und Sangha (Gemeinschaft) – her gesehen, die Menschenrechte im Buddhismus zu fundieren. Hier handelt es sich zuerst um die Urmotivation Buddhas, *Karunā*, genauer gesagt um sein Mitleid zu leidenden Menschen und darüber hinaus seine Liebe zu allen lebenden Wesen. Soziologisch verkündet er eine Lehre der materiellen, vor allen Dingen ideellen und spirituellen Erlösung bzw. eine sozial-politische Befreiung vom gesellschaftlich ungerechten, gleichwohl religiös bedingten Kasten-System im Hinduismus und begründet sie kosmologisch-ontologisch auf der Gleichheit aller Lebewesen, was auch durch die erste Tugendregel der Fünf Silas (*pañcaśīla*) der Sangha zum Ausdruck kommt und von allen praktizierenden Buddhisten befolgt wird: kein Lebewesen zu töten.

Solche Lebensliebe soll sich als *Prajñā*, als das wahre Selbstbewußtsein, die vollkommende Weisheit aufklären bzw. illuminieren: Die menschliche Person soll sich im dynamischen Kontext des bedingten Entstehens bzw. Lebensbandes mit allen anderen Wesen verstehen. Das egozentrische Leben bzw. Bewusstsein jedoch leidet durch die egoistischen Drei Geistesgifte bzw. -verschmutzungen (*trivisa*) – Gier, Hass und Verblendung – im Zyklus von Leben und Tod. Durch die Dreifache Praxis (*sikkhā*), Übung für höhere *Sila* (adhisīla-sikkhā), Meditation für höheren Geist (adhicitta-sikkhā) und dann auch für höhere *Prajñā* (adhipaññā-sikkhā), werden diese Zustände durchschaut. In der Befreiung davon kann das Nirvana erreicht werden. Die Egalität allen Wesens aber wird in der Idee von deren Buddha-Natur weiter untermauert. Darum kann sich die *Triratna* in *Karunā* und *Prajñā* bzw. im Weg des Buddha von *Karunā* durch *Prajñā* zum *Nirvana* vereinigen, was sich auch in den Edlen Achtfachen Pfad (*ariya-atthangika-magga*) differenzieren lässt.[26]

24 Vgl. *Dàodéjīng*, 80. Vgl. *Nánhuájīng, Wài Piān, Mǎ Tí 2; ‚Qū Qiè' 3; Tiān Dì', 13.*

25 Vgl. *Dàodéjīng*, 3, 10, 36, 40, 43, 52, 55, 76, 78.

26 Über *triratna*, vgl. saMyuktAgama, Bd.1. Über *triratna*; über *Karunā*, vgl. madhyamAgama, Bd.3.2. Über

Infolgedessen ist nicht nur die Gleichheit aller Menschheit als Fundament der Menschenrechte substanziert, sondern auch die Rechte aller Lebewesen als Menschenrechte der Nachkommenschaft, was auch dem bio-zentrischen Egalitarismus von A. Schweitzer entsprechen könnte.[27] Daraus ist das Grundrecht auf Leben und damit z.B. auch die Chancengleichheit in allen öffentlichen und privaten Bereichen des Lebens zu unterstreichen. Nachfolgend sind soziale, politische, vor allen Dingen religiöse Gleichheit bzw. Rechte herauszubilden. Weil Buddha die geistig-geistliche Liberalität akzentuiert, soll der religiös-spirituellen Freiheit als Menschenrecht auf Kultur und Bildung ein besonderes Primat zuerkannt werden.

Weiterführende Literatur des Autors:

Luh, Jing-Jong: *Hermeneutic Turn: Systemic, Praxis, Perfect Integration.* Western Hermeneutics and Sino-Philosophy III – hrsg. v. Jing-Jong Luh, Taipeh 2012.

—: *Toleranz in asiatischen Traditionen,* in: Toleranz im Weltkontext: Geschichten – Erscheinungsformen – Neue Entwicklungen, hrsg. v. Hamid Reza Yousefi und und Harald Seubert, Wiesbaden 2013 (33-40).

pañcaśīla, vgl. saMyuktAgama, Bd.31. Über *Prajñā*, vgl. mahA-prajJAparamitA-sUtra. Über *trivisa*, vgl. saMyuktAgama, Bd.9. Über *sikkhā*, vgl. saMyuktAgama, Bd.29. Über *Nirvana*, vgl. dirghAgama, Bd.1. Über *ariya-atthangika-magga,* saMyuktAgama, Bd.6.

27 Vgl. A. Schweitzer, *Kulturphilosophie* Bd.2.: *Kultur und Ethik,* 1923; *Die Ehrfurcht vor dem Leben – Grundtexte aus fünf Jahrzehnten,* München 61991.

Rabeya Müller und Hamid Reza Yousefi

Menschenrechte in orientalischen Traditionen

Einleitende Gedanken

In der Auseinandersetzung mit dem Orient gilt es, zunächst überhaupt zur Kenntnis zu nehmen, dass es im orientalischen Kontext eine ganze Reihe unterschiedlicher Ansätze und Abhandlungen zu Menschenrechten gegeben hat und gibt. Das Thema Menschenrechte kann von unterschiedlichen Aspekten abgeleitet werden. Demzufolge wäre es nicht legitim von rein oxzidentalischen oder rein orientalischen Positionen hinsichtlich der Menschenrechte zu sprechen.

Warum gibt es Menschenrechte? Sie sind zunächst eine Reaktion auf den stetigen Versuch der Priviligierung einzelner Menschen und Gruppen aufgrund von Geschlecht, Rasse, Stand und Religion. Sie sind häufig die Möglichkeit die gleichen Rechte der Bürgerinnen und Bürger zu garantieren. Gerade im nicht säkularisierten orientalischen Gesellschaften gilt bis heute, dass der Mensch als Geschöpf einer höheren Macht gilt und als solcher respektiert werden sollte. Die gemeinsame Basis der Geschöpflichkeit ist auch ein Hinweis auf die gleichen Rechte als Mensch.

Den jeweiligen Gesellschaften und Gruppen geht es hierbei auch um das Festschreiben der Vorstellungen und die Manifestierung des göttlichen Willens in diesen eigenen Ideen, meist abgeleitet bzw. im Einklang mit den sogenannten Heiligen Schriften. Die Universalität der Menschenrechte steht also meist im unmittelbaren Zusammenhang von Unrechtserfahrungen und nicht mit der Erhaltung genereller Kulturwerte.

Historische Entwicklungen

Im Folgenden werden einige herausragende Beispiele aus der orientalischen Welt aufgeführt. Eine der weltweit bekannten Strömungen findet sich in der ethischen Triade der Vernunft bei Sartoscht (etwa 2000 v. u. Z.) Sartoscht, der aiwi-vashti (Aufklärer), ist bekannt unter den Namen Zarathustra, Zoroaster oder Sarastro. Seine Lehre umfasst vielfältige Bereiche wie z.B. Kosmologie, Ontologie, das Vernunftproblem, Dualismusfragen und Religionsverständnis, Polytheismus-Monotheismus-Relation, Wahrheits- und Absolutheitsanspruch sowie Philosophie der Gewaltlosigkeit und Bordbari (s.u.).[1]

Sartoschts Schrift, die Gatha, gilt als die älteste, die in altiranischer Sprache niedergeschrieben wurde. Die Gatha des Sartoscht fusst auf einer anthropologischen Grundkomposition des guten Denkens, des guten Redens und des guten Handelns. Mit dieser Triade lädt er zum vernünftigen Handeln mit guten Absichten ein, die auf Wahrhaftigkeit beruhen. Jedem Menschen steht es frei, sein Leben nach dieser Triade auszurichten. Dabei müssen »die Taten eines jeden in dieser Welt [...] auf dem Boden der Wahrhaftigkeit« aufgebaut sein, »welche das Fundament des Lebens überhaupt ist.«[2] Auf diesem Wege gelangen »Freundschaft und

1 Vgl. Yousefi, Hamid Reza: *Zarathustra neu entdeckt.* Theoretische und praktische Grundlegung einer verkannten Philosophie, Münster 2010.
2 Gatha, 33/1.

Geschwisterlichkeit« zu uns, die »unser aller Wunsch sind.«[3] Diese und ähnliche Überlegungen markieren die Geburtstunde von Bordbari, die auf einer fröhlichen Vernunft fußt, die gute Ansichten hervorbringt.

Der Lehre des Sartoscht wohnt eine praktische Ethik inne, eine ›Lehre der Tat‹. Konstitutiv für seine Bordbari ist ein »Nachdenken in Frieden.«[4] Der Ausdruck ›Bordbari‹ geht auf das Wort ›barana‹ zurück, das Nachsichtigsein bedeutet. Um dieses Ziel bei einem Volk bzw. einer Gruppe zu erreichen, muss zunächst der Regent ›bordbar‹ sein. Zu Sartoschts Lebzeiten repräsentiert ein solches Staatsoberhaupt der König Goschtassb, der »mit gutem Leumund jedem bekannt ist.«[5] Die Lehre der Tat entspricht auch der Lebensphilosophie der späteren Perserkönige. Hier sind insbesondere die Großkönige Kyros und Dareios (sein Name bedeutet: ›Das Gute aufrecht erhalten‹) zu nennen, wobei letzterer neben der Erneuerung der Reichsstrukturen auch die die Politik fortführte, die allen Einwohnern die freie Religionsausübung garantierte, allerdings unter der Maßgabe, dass Ahuramazda als oberste Gottheit akzeptiert wurde.

Zu erwähnen ist auch Hammurabi (1728-1686 v. u. Z.): Der sechste König der ersten babylonischen Herrscherdynastie gilt als einer der bedeutendsten altorientalischen Herrscher. Er regierte einen großen Teil Mesopotamiens, war König von Sumer und Akad und hinterließ den nach ihm benannten Kodex. Diese älteste bis heute vollständig überlieferte Gesetzessammlung ist ein Zeugnis für Menschenrechte und friedliche Koexistenz. Dem Kodex Hammurabis kann durchaus ein gewisser Einfluss auf das altrömische Zwölftafelgesetz nicht abgesprochen werden.

Zu Beginn des 20. Jahrhunderts stoßen Archäologen bei Ausgrabungen in der alten Stadt Susa im westlichen Persien auf den Kodex Hammurabis, die zu den ersten Kodifizierungen von Menschenrechten und Menschenpflichten in der Menschheitsgeschichte gehört. Er ist festgehalten auf der in Babylon aufgestellten Dioritstele und umfasst 280 Paragraphen aus dem Straf-, Zivil- und Handelsrecht. Ein Relief zeigt den König in Gebetshaltung vor dem Gott Schamasch, dem Garanten der Gesetze.

Hammurabis bedeutendste Leistung liegt in der innenpolitischen Ausgestaltung seines Reiches: die Gleichbehandlung der Menschen vor dem Gesetz auf der Grundlage seines Menschenrechtskodex.[6] Er beinhaltet die Rechte zwischen Bürgern und ihren Untergebenen, die Achtung der Menschenrechte und rechtstaatliche Grundfreiheiten. Hammurabi steht den sozial Schwachen und Entrechteten zur Seite. Toleranz und Intoleranz gehen bisweilen allerdings Hand in Hand: Er reformiert einerseits den religiösen Kult, erhebt andererseits den Stadtgott Marduk von Babylon anstelle des sumerischen Sonnengottes zur höchsten Gottheit des babylonischen Reichs.

Der Kodex Hammurabi wird oft als eine erste ›Erkenntnisquelle‹ für diejenigen gewertet, die nach dem Recht suchen, was aber nicht bedeutet ihn gleichzeitig als Rechtsquelle zu bezeichnen. Mitte des 6. Jahrhunderts v.u.Z. findet sich die so genannte Priesterschrift, die als Grundlagenschrift des Pentateuch gilt, die aber in diesem Buch an anderer Stelle bearbeitet wird. 1971 feierten die Vereinten Nationen die Erklärung des persischen Reichsgründers Kyros II. in Babylon aus dem Jahr 539 v. u. Z. als die erste Charta der Menschenrechte.

Die Verantwortungsethik von König Kyros (559-529 v.u.Z.) zeigt sich in der Umsetzung seiner Staatsführung.[7] *Kyros regierte über zahlreiche Völker, unter denen neben den Syrern, Assyrern, Arabern, Kappadokiern auch die Einwohner beider Phrygien, Lyder, Karier, Phö-*

3 Gatha, 54/1
4 Gatha, 29/1 und 43/15.
5 Gatha, 46/14.
6 Eine Übersetzung der Gesetzesstele Hammurabis liegt von Wilhelm Eilers vor. Vgl. Eilers, Wilhelm: *Die Gesetzesstele Chammurabis* (Der Alte Orient), Bd. 31, Heft 34, Leipzig 1933.
7 Vgl. hierzu Ashtiani, Djalaleddin: *Sartoscht, Mazdisna wa hokumat* (Sartoscht, Mazdisna und Regierung), Teheran 1978.

nikier, Babylonier, die Baktrier, Inder, Kelikier, Saken, Paphlagonier, Magadider und andere Völker zu finden waren, sowie auch die Hellenen in Kleinasien und später die Kyprier und Ägypter. Den Völkern gewährt er insbesondere die freie Ausübung ihrer Glaubensriten.

Aus der Zeit des Kyros wurde 1789 in Babylon ein Keilschriftzylinder gefunden, der heute im Britischen Museum aufbewahrt ist. Die Inschrift verdeutlicht dessen Verantwortungsethos: »Ich bin [...], der große und gerechte Kyros. Als ich mit geläutertem Sinn nach Babylon kam und [...] die Macht übernahm, herrschte größte Zufriedenheit und wieder aufkeimende Freude. [...] Ich gedachte stets der Bedürfnisse Babylons und seiner zahlreichen Kultorte, um den Bewohnern ein friedliches Leben zu sichern. [...] Überall führte ich die Gottheiten wieder ein, deren Verehrung man [...] abgeschafft hatte. [...] Gemäß dem Wunsch Marduks, des mächtigen Gottes, beließ ich die Gottheiten von Sumer und Akkad [...] in ihren Tempeln, so dass sie keine Sorge hatten.«[8]

Kyros war stets bemüht, die Völker seines Reiches im sartoschtischen Sinne des guten Denkens, Redens und Handelns zusammenzuführen. Um seine Völker für die Bordbari unterschiedlicher Riten und Bestattungen zu sensibilisieren, erkannte er unterschiedliche Bestattungsriten an. Dadurch gelang es ihm, religiöse Bordbari in seinem Reich zu institutionalisieren.[9] Er befreite die Juden aus der babylonischen Gefangenschaft, stattete sie mit finanziellen Mitteln aus und motivierte sie, nach Jerusalem zurückzukehren und dort den zerstörten Tempel wieder aufzubauen. Deshalb wird er im Alten Testament als der Retter gewürdigt.

Abu Nasr Mohammad Farabi (870-950), auch als Avenassar bekannt, gilt in der islamischen Geistesgeschichte nach Aristoteles als der 2. Lehrer. In seinem Werk bildete er eine Achse der politischen Philosophie, deren zentraler Dreh- und Angelpunkt die Idee eines Musterstaates war. Dieser sollte das Glück und friedliche Zusammenleben der Menschen nach der Maxime ›Einheit angesichts der Vielfalt‹ garantieren. In seiner Schrift ›Madinatolfazele‹[10], ›Ansichten der Bewohner eines vortrefflichen Staates‹, definiert Farabi Struktur, Aufgabe und Funktion einer Zivilgesellschaft.

Farabi beschreibt die Konsequenzen unterschiedlicher Umgangsformen mit Divergenzen und Konvergenzen in den Ansichten der Bewohner einer solchen Gesellschaft. Menschen setzen sich an dieser Stelle dafür ein, auf unterschiedlichem Wege ihre Stellung im dialogischen Miteinander zu realisieren, um das Glück der Gemeinschaft und damit der Gesellschaft als Ganzes zu fördern. Er verband die sachlich-logische Disposition der Realität nach Aristoteles mit den daraus folgenden Wissenschaften. Seine daraus entwickelten eigenen Ansätze finden sich in dem Grundlagenwerk ›Über die Einteilung der Wissenschaften‹.

Farabi weist auf menschliche Unterschiede hin, die sich auf das Zusammenleben unmittelbar auswirken. In diesen internen Differenzen sieht er unterschiedliche Formen von Wahrnehmen, Glückempfinden und Lebensentwürfen. Er unterscheidet zwischen einer ›argumentativen‹ und einer ›nachahmenden‹ Erkenntnisgewinnung, um einen dialogischen Weg zwischen der Vielfalt von Denkformen zu zeigen.[11] Während die argumentative Erkenntnisgewinnung darauf ausgerichtet ist, alles auf der Grundlage von Erfahrung anzunehmen, abzulehnen oder zuzulassen, ist bei der nachahmenden Erkenntnisgewinnung ein Konflikt vorprogrammiert, weil nicht Argumente als vielmehr Interpretation und Nachahmung die Verhältnisse bestimmen. Farabi versöhnt diese beiden Denk- und Wahrnehmungskulturen miteinander. Darin

8 *Cyrus*, in: Ancient near eastern texts. Relating to the Old Testament, hrsg. v. James B. Pritchard, Princeton 1969 S. 315 f.

9 Vgl. Shabani, Reza: *Kuroshe kabir* (Großkönig Kyros), Teheran 2003 S. 54.

10 Vgl. Farabi: *Arae ahle Madinatolfazele* (Ansichten der Bewohner eines vortrefflichen Staates), Teheran 2003.

11 Vgl. Farzaneh Poor, Hossein: *Tasahol wa Modara dar andishe-je sijasi-je Eslam* (Tasahol und Modara im politischen Denken des Islam), 2007 S. 199.

liegt für ihn die Tugend der Tasahol (Toleranz) als eine ethisch-moralische Pflicht gegenüber unterschiedlichen Denkformen innerhalb der Zivilgesellschaft. Moral ist im politischen Denken Fārābīs die Basis der Politik.

Abu Ali Ahmad ibn Mohammad ibn Yaqub ibn Miskawayh (940-1030) gehört neben Farabi zu den wichtigsten Philosophen des Rationalismus. Zwei Schriften sind für seine Begründung der Bordbari von Bedeutung: ›Gavidan Kherad‹, ›Ewige Vernunft‹ und ›Tahzibe Akhlaq‹, ›Die Grundlagen der Moral‹. Im ersten Werk bringt Miskawayh eine Reihe von Vernunftformen zusammen, um ihre unterschiedlichen Stimmen zu demonstrieren. Nach ihm handeln nur »diejenigen Menschen tugendhaft, die von ihrer Vernunft den höchsten Gebrauch machen.«[12] Vernunft wird hier als eine anthropologische Eigenschaft verstanden, die aus sich heraus in der Vielfalt die Einheit sucht. Diese Fähigkeit bietet eine Chance ethische Verantwortung durch Vernunftführung gegenüber Andersdenkenden zu erreichen.

Ausgehend von diesem pluralistischen Vernunftansatz entwirft Miskawayh das Konzept einer rationalen Ethik, welches die Möglichkeit einer wechselseitigen Verantwortung in der zivilgesellschaftlichen Ethik eröffnet, dem Prinzip ›Modara‹. Dementsprechend »bedeutet Modara versöhnlicher Umgang mit allen Menschen.«[13] Er geht davon aus, »dass alle Menschen gemäß ihrer natürlichen Anlagen aufeinander angewiesen sind. Sie müssen sich gegenseitig gut behandeln und einander angemessene Zuneigung entgegenbringen, weil sich Menschen nur gemeinsam vervollkommnen können.«[14] Die Vernunft gebietet eine ethische Verantwortung, aber nicht aus äußeren Zwängen, sondern aus ihrem Urbedürfnis selbst heraus.

Ein Urbedürfnis, das auch die Basis der späteren allgemeinen Erklärung der Menschenrechte mitbestimmte. In dieser geistigen Einheitsvorstellung sieht Miskawayh eine zivilgesellschaftliche Pflicht, das Glück und Bedürfnis der Menschen durch wechselseitig fördernde Wertschätzung und Verantwortung aktiv zu gewähren. Für ihn steht ethisch-moralisches Handeln im Zentrum, weil er davon ausgeht, dass alle Menschen nach Glück in einem umfassenden Sinne streben. Dieses Ziel verbindet Menschen und sollte sie deshalb befähigen, diesen Weg gemeinsam im Geiste der Verantwortung und ethisch-moralischen Tasahol zu bestreiten.

Besonders zu erwähnen sind in diesem Zusammenhang die Ikhwan as-Safa. In der zweiten Hälfte des 10. Jahrhunderts, einer wissenschaftsfördernden Ära des Kalifats der Abbasiden, verfasste eine Gemeinschaft unterschiedlicher Philosophen ein Kompendium von Erkenntnissen der damaligen Wissenschaften. Sie nennen sich Ikhwan as-Safa wa khillan al-wafa (Die Brüder und Schwestern der Lauterkeit und Freunde der Treue). Ihr Werk ist eine enzyklopädische Sammlung aus 52 ›Risalas‹, ›Abhandlungen‹, die eine systematische Einteilung der Wissenschaften aufweist.[15] Unter den behandelten Themen finden sich unter anderem Rationalität, Kausalität, Freiheit und eine Auffassung von Gerechtigkeit, welche an die der Mutaziliten anknüpft.

Die Ikhwan sehen ein zentrales Problem der Völker durch religiöse und politische Divergenzen. Durch die grundsätzliche Akzeptanz des Pluralismus von Einstellungen und Überzeugungen ergibt sich die Möglichkeit eines menschenwürdigen Zusammenlebens der Völker. Sie pflegen ein universalistisches Menschenbild, das durch stark ethisch-moralische Komponenten geprägt war. Hierin lag die Basis zu einer anthropologischen Menschlichkeit.

12 Miskawayh: *Gavidan Kherad* (Ewige Vernunft), Teheran 1976 S. 56.

13 Miskawayh: *Gavidan Kherad* (Ewige Vernunft), Teheran 1976 S. 129.

14 Miskawayh: *Tahzibe Akhlaq* (Die Grundlagen der Moral), Teheran 1996 S. 129.

15 Vgl. Taha, Hussein und Ahmad Zaki: *Rasail Ikhwan as-Safa wa khillan al-wafa* (Abhandlungen von Brüdern und Schwestern der Lauterkeit und Freunden der Treue), [in 4 Bänden], Kairo 1928.

Als ein Teil des Ganzen lebt der Mensch mit der Natur im Einklang. Darin erblicken die Ikhwan eine universelle Menschlichkeit.[16] Hierbei war auch der islamische Ansatz des ›Heil sein‹, ›in Ordnung Seins‹, ›mit Gott und der Schöpfung im Einklang stehen‹ mit federführend.

Die Ikhwan beabsichtigen, die Vorzüge der Wissenschaften für eine harmonische Entfaltung und Erziehung des Menschen fruchtbar zu machen. Die Frage nach der Würde des Menschen und die Bewahrung dieser Würde erhält eine Sonderstellung. Darin sehen sie eine völkerübergreifende Möglichkeit, um das Du des Eigenen mit dem Du des Anderen ins Gespräch zu bringen und sich dadurch gegenseitig im Sinne der Bordbari zu akzeptieren.

Für Abu ḤHamid Mohammad in. Mohammad Ghazali (1058-1111) steht die Moral, wie bei Farabi und den Ikhwan as-Safa, im Zentrum allen Verhaltens. In seinem Werk ›Das Elixier der Glückseligkeit‹ begründet Ghazali seine Moraltheorie und beschreibt ihre Struktur, Aufgabe und Funktion. Menschen werden demnach, jenseits ihrer Hautfarbe und Herkunft, von Geburt an mit Vernunft geboren. Diese wird bei der Geburt praktisch in seine ›fitra‹, seine Natur bzw. natürliche Veranlagung hineingelegt. »Jedes Kind«, schreibt er, »wird in seiner natürlichen Beschaffenheit (fitra) geboren. Es sind seine Eltern, die es zum Juden, zum Christen oder zum Magier [Sartoschti] machen.«[17]

Ghazali sieht die Aufgabe des Menschen als einem von Gott erschaffenen Wesen darin, nach Wissen zu streben[18] und seine Vernunft bis zur höchsten Erkenntnis zu entfalten. Auf diesem Weg gelingt es Ghazali, Vernunft mit dem Herzen zu verbinden. Allerdings betrachtet er die Handlungen im Sinne des göttlichen Auftrags nur dann als erfüllt, wenn sie aus gottgewollter Pflicht erfolgen. Der Maßstab der Handlung ist bei ihm von einer übergeordneten göttlichen Instanz festgelegt. Er hebt unmissverständlich hervor: »Der Mensch ist nicht zum Scherz und für nichts erschaffen, sondern hoch ist sein Wert und groß seine Würde.«[19] In dieser Maxime liegt die Grundlage von Ghazalis Tasamohtheorie begründet. Um Menschen würdig zu behandeln, kommt der Erziehung in seinem Denken eine zentrale Bedeutung zu. Es ist die Vernunft, die dem Menschen Erkenntnis-, Urteils- und Orientierungsfähigkeit gibt.

Auf politischer Ebene gilt in der neuen Zeit Jalal ud-Din Muhammad Akbar (1556-1605) als Musterbeispiel eines offenen Regenten, der sich für Freiheit, Aufklärung und Bordbari einsetzte, dies sowohl in staatlichen als auch in religiösen Angelegenheiten. Akbar vereinte die besten Eigenschaften aus dem Sartoschtentum, Hinduismus, Jainismus und dem Islam, um die zwischenmenschliche Bordbari zu fördern. Als ein Zeichen religiöser Bordbari lud Akbar Vertreter verschiedener Religionen ein und führte regelmäßig interreligiöse Gespräche. Für die Bewältigung religiöser Differenzen befolgte er stets den ›Rahe Aql‹, den ›Weg der Vernunft‹, ohne Traditionen restlos preiszugeben. Unter dem Eindruck einer ›Din-i-Ilahi‹, einer ›göttlichen Religion‹, nahm er die besten Elemente verschiedener Religionen, wie im Manichäismus, auf.[20] In den Jahren 1591 und 1592 kodifizierte Akbar die Ergebnisse seiner Überlegungen und der ergriffenen Maßnahmen von universeller Relevanz. Auf breiter Basis konnte sich die Idee Akbars nicht durchsetzen, da der politische Prozess nicht vom Volk getragen wurde.

16 Vgl. Khella, Karam: *Arabische und islamische Philosophie und ihr Einfluß auf das europäische Denken.* Geschichte und Inhalte: Ideen, Erkenntnisziele, Lehren, Aktualität, Hamburg 2006 S. 99 ff.

17 Ghazali: *Der Erretter aus dem Irrtum*, Hamburg 1988 S. 5.

18 Gemäß dem Prophetenwort: »Und wer einen Weg einschlägt, um Wissen zu erlangen, dem erleichtert Allah den Weg ins Paradies.« (Mu). [SUN:327]

19 Ghazali: *Das Elixier der Glückseligkeit*, Köln 1979 S. 26.

20 Vgl. Diet, Ernst: *Akbar.* Gottsucher und Kaiser, Wien 1961.

Ausblick

Gerade letzteres Beispiel zeigt, wie viel Vorsicht und Sensibilität eine solche Debatte erfordert. Wir können und dürfen daher Orient mit dem Islam und Islam mit dem Orient nicht gleichsetzen. In Bezug auf die Menschenrechte liegt hier auch eine Gefahr der kulturalistischen Einschränkung. Wenn die Rechte und die Eigenständigkeit des Gegenübers anerkannt werden muss man zwangsläufig dabei bleiben, selbst wenn das Anders Sein des Anderen als Hemmnis für den gemeinsamen Dialog erscheint. Von orientalischer Seite gab es immer wieder das Bestreben, die Menschenrechte nicht partikulär mit den eigenen Werten gleich zu setzen, sondern eine universelle Betrachtung in den Fokus zu rücken.

Diese wenigen Beispiele demonstrieren, dass die Menschenrechte ideen- und entwicklungsgeschichtlich in allen Kulturen eine Verankerung haben. Die Behauptung, dass Menschenrechte ein Ergebnis christlich-abendländischen Denkens seien, ist ein historisches Vorurteil. Damit fallen die so Argumentierenden hinter die frühmenschlichen Ideen und Erkenntnisse hinsichtlich der Notwendigkeit eines Menschenrechtskodex zurück. Es gibt eine inhaltliche Kontinuität dieser Menschenrechtsüberlegungen, die durch Institutionen, unabhängig von religiösen Vorstellungen, gewährleistet sein muss.

Diese universellen Rechtselemente können weder religiös noch kulturell vereinnahmt werden. Darin lag das Ziel der orientalischen Traditionen, nämlich die Rechtsstandarts auf dem universellen Konsens aufzubauen und hierin zeigt sich auch der Schnittpunkt mit anderen Kulturen und die Möglichkeit der globalen Anwendung.

Trotz des historischen Kontextes lässt sich aus den erwähnten Beispielen (und auch noch einigen mehr), für jede Zeit ein Basiskonsens erzielen, der über religiöse und kulturelle Grenzen hinweg, auf den Kontext der modernen Gesellschaft bezogen werden kann. Dabei geht es darum den jeweiligen Sinngehalt zu erfassen und in die Jetztzeit zu transferieren. Auch bei dem Bedeutungswandel, der den Kodizes dabei zukommt, wird stets deutlich, dass es immer um die Herstellung einer gerechten Struktur ging. Diese Tendenz gilt es beizubehalten.

Das gelingt z.B. durch eine Ent-Theologisierung von Menschenrechtsverletzungen und einer offenen Betrachtungsweise für die daraus resultierenden Notwendigkeiten. Damit könnten aus den orientalischen Traditionen der Menschenrechte auch Impulse für ein neues Verständnis religiöser Traditionen entstehen; so würden auch durch eine allgemeine Würdigung religiöser Vorstellungen Anregungen für ein allgemeines politisches Engagement für die Menschenrechte resultieren. Hierzu würde auch gehören, dass bei einer Auflistung der Geschichte der Menschenrechte die orientalischen Varianten ebenso selbstverständlich Eingang finden würden wie die okzidentalen.

In einer globalen Weltstruktur mit ihren stetig wachsenden technischen Möglichkeiten, erwachsenen immer neue Aufgaben durch die neuen Gefährdungen der Menschenwürde. Dabei sollte es nicht zu einem Rückgriff in dem Sinne kommen, dass antiquierte Vorstellungen wiederbelebt werden sollten, sondern, dass Menschenrechte als »Erbe der gesamten Menschheit«[21] gelten. Nur so ist es möglich Voraussetzungen zu schaffen, dass die Menschenrechte geschützt werden und ihre Realisierung immer wieder oberste Priorität bekommen.

Weiterführende Literatur des Autors:

Yousefi, Hamid Reza und Harald Seubert (Hrsg.): Toleranz im Weltkontext: Geschichten – Erscheinungsformen – Neue Entwicklungen, Wiesbaden 2013.

—: Yousefi, Hamid Reza: *Wir reden miteinander*. Eine Einführung in die interkulturelle Kommunikation, Darmstadt 2013.

21 Vgl. Nguéma, Isaac: *Perspektiven der Menschenrechte in Afrika*, in: Europäische Grundrechte Zeitschrift 1990 (301-304), hier S. 301.

Marie-Luisa Frick

Menschenrechte in europäischen Traditionen

Einleitung

Die besondere Schwierigkeit, die mit diesem Beitrag einhergeht, stellt sich folgendermaßen dar: Die europäisch-westliche Tradition – den Plural ›Traditionen‹ werde ich mit den entsprechenden Begründungen zu einem späteren Zeitpunkt einführen – ist nicht einfach eine unter anderen, sondern nimmt gerade wegen ihrer historischen Wirkungsmacht eine Sonderstellung ein. Zwei Umstände sind hierbei von Bedeutung: Zum einen ist die Idee der Menschenrechte geistesgeschichtlich betrachtet ein Produkt eines spezifischen theoretischen Ansatzes, der in der frühen Neuzeit in Europa entwickelt wurde: der Sozialkontraktstheorien. Zum anderen brachte es die durchaus auch gewaltvolle Expansion der europäischen Zivilisation mit sich, dass die Menschenrechtsidee auch in Länder und Gesellschaften exportiert wurde, denen das eigentümliche anthropologische und polittheoretische Substrat, auf dem sie fußt, weitgehend unvertraut war. Wenn daher bis heute in postkolonialen Diskursen im Zusammenhang mit der Idee universaler Menschenrechte der Vorwurf des ›Ethnozentrismus‹ erhoben wird, so ist damit nicht zuletzt gerade das Ausblenden der letztlich kontingenten kulturellen Grundlagen der westlichen Menschenrechte gemeint.

Über Menschenrechte aus europäisch-westlicher Perspektive zu sprechen, ist unter diesen Gesichtspunkten ein grundsätzlich prekäres Unterfangen. Man kann aus historischer Redlichkeit nicht verschweigen, welche Vorrangstellung – und letztlich welche Verdienste – die europäische Zivilisation als Wiege der ersten Menschenrechtserklärungen zu verzeichnen hat; muss sich aber der konkreten philosophischen wie realpolitischen Bedingungen dieser Entwicklung ebenso bewusst sein wie den unermesslichen Gräueln, die trotz der historischen Errungenschaft der Idee ungeteilter, gleicher Rechte in Europa und seinen Kolonien verübt wurden – ganz zu schweigen von jenen Verbrechen, die oftmals gerade menschenrechtlich verbrämt und paternalistisch legitimiert wurden.

Ich werde im Folgenden versuchen, die Entstehungsgeschichte der Menschenrechtsidee in der europäisch-westlichen Tradition in der gebotenen Kürze, die nur mit entsprechenden Abstrichen zu erkaufen ist, nachzuzeichnen. Dabei schlage ich vor, zwischen der Idee der Menschenrechte als solcher sowie diese Idee befruchtenden bzw. stabilisierenden Werten zu differenzieren, um auf diese Weise nicht zuletzt auch die Verdienste außereuropäischer Traditionen adäquat einschätzen zu können. In einem weiteren Schritt werden die Widersprüche – im wahren Sinne des Wortes – und auch die Diskontinuitäten thematisiert, die die europäisch Tradition der Menschenrechte seit ihren Anfängen begleiten.

Die Suche nach den Ursprüngen der Menschenrechte

Wenn die Frage nach der Entstehungsgeschichte der Menschenrechte – und in diesem speziellen Kontext nach ihrer zivilisatorischen Wiege – gestellt wird, ist es hilfreich, folgende Differenzierung zu berücksichtigen: Jene zwischen der Idee der Menschenrechte als solcher, die, wie ich argumentieren werde, aus zwei konkreten Fundamenten besteht einerseits und zwischen ethischen und axologischen Ressourcen andererseits, die diese (potenziell) befördern und gewissermaßen mit Leben erfüllen können. Diese Fundamente, die gleichsam das Gerüst oder ›Skelett‹ der Menschenrechtsidee darstellen, sind das Prinzip des Individualismus und des Universalismus. Damit ist gemeint, dass gemäß der Idee der Menschenrechte ausnahmelos jeder und jede Einzelne bestimmte legitime Ansprüche gegenüber seiner Mitwelt und insbesondere der staatlichen Obrigkeit besitzt. Betrachtet man nun diese Idee der Menschenrechte im Weltkontext, so ist – ungeachtet etwaiger (un-)liebsamer politischer Implikationen für den interkulturellen Menschenrechtsdiskurs – festzustellen, dass diese spezifische Idee im 17. und 18. Jahrhundert in Europa und seinen (ehemaligen) Kolonien, den jungen Staaten von Amerika, anhebt und dort auch zum ersten Mal in Form verschiedener Menschenrechtserklärungen und Verfassungen wirksam wurde.

Von diesem Menschenrechtsverständnis ausgehend wird damit jenen Ansätzen widersprochen, die eine parallele oder sogar vorhergehende Genese der Menschenrechte in anderen Kulturen oder Zivilisationen der Welt behaupten. Dies ist, mit Jack Donnelly gesprochen, historisch schlicht unhaltbar.[1] Dennoch ist es an dieser Stelle wichtig zu betonen, dass diese Sichtweise keinesfalls die Möglichkeit ausschließt, dass auch außer-europäische Traditionen den Menschenrechtsgedanken sehr wohl teilen und mit ihren eigenen ethischen Ressourcen ausfüllen können. Beispielsweise kann die Idee der Gleichheit, die die Basis für eine unbeschränkte Geltung der Menschenrechte ist, kulturell-kontextuell unterschiedlich verstanden und begründet werden (Ebenbildlichkeit Gottes in der jüdisch-christlichen Perspektive; Gleichheit der Stellvertretung Gottes auf Erden im Islam; Gleichheit der leidenden Kreatur im Samsāra in hinduistisch-buddhistischen Traditionen etc.). Die (potenzielle) Universalität der Idee der Menschenrechte als solche ist damit gerade nicht verneint, auch wenn insbesondere im Hinblick auf ihr individualistisches Fundament durchaus Barrieren etwa in afrikanischen, konfuzianistischen und islamischen Traditionen zu verzeichnen sind.

Der europäisch-neuzeitliche Ursprung der Menschenrechtsidee berührt jedoch nicht nur die Frage des Verhältnisses der westlichen Zivilisation zur anderen Traditionen, sondern auch die inner-europäische Diskussion um die Ursprünge der Menschenrechte selbst. Diese werden – zumindest in Ansätzen – oftmals auch schon in der griechisch-römischen Antike sowie im Judentum bzw. Christentum erblickt. Auch hier gilt: Die Idee der Menschenrechte im oben vorgestellten Sinne wird man hier noch nicht ausfindig machen können, sehr wohl aber ein gewisses ethisches und axologisches Substrat, welches das Skelett des Menschenrechtsgedankens stützt. Dieses ist etwa im kosmopolitischen Universalismus der Stoa enthalten, aber auch bei den ersten ›Aufklärern‹, den Sophisten. So argumentierte bereits im späten 5. Jahrhundert vor unserer Zeit Hippias von Elis für die natürliche Gleichheit der Menschen, insbesondere im Hinblick auf die Sklaverei.[2]

Später wird das Christentum in der Tradition der Stoa und des Judentums – allerdings in Überwindung dessen ethnischen Partikularismus – einen Universalismus entfalten, der die (potenzielle) Idee der Gleichheit aller Menschen bereit hält, die im Verlauf der Geschichte trotz aller Brüche immer wieder von verschiedenen Bewegungen und Akteuren – von den ›Urchristen‹ über die Bauernkriege und Reformation bis zum Humanismus vieler aufgeklärter Denker und Regenten – aktualisiert wird.

Die Idee der Menschenrechte und ihre ideengeschichtliche Rahmentheorie

Dennoch bleibt die Idee der Menschenrechte als solche ungekannt – bis zur europäischen-amerikanischen Aufklärung, in der sich jene folgenschweren sozialen und politischen Umbrüche ereignen, ohne die die Entstehungsgeschichte der Menschenrechte nicht nachvollzogen werden kann. Zu diesen zählt allen voran eine tektonische Verschiebung in Bezug auf

1 Jack Donnelly: *Human Rights and Human Dignity: An Analytic Critique of Non-Western Conceptions of Human Rights*. The American Political Science Review 76 (1982), S. 303. Siehe auch: Donnelly: *Universal Human Rights*, London 2003, S. 71.

2 Felix Flückiger: *Geschichte des Naturrechts*, Zürich 1954, S. 116.

die Legitimität von politischer Herrschaft, die in der Neuzeit zunehmend nicht länger in einer gottgewollten Ordnung (*Gottesgnadentum*) erblickt wird, sondern in berechtigten *Interessen* der Menschen bzw. Bürger. So ist es auch kein Zufall, dass jene Dokumente, die oft als Vorläufer der ersten Menschenrechtserklärungen bezeichnet werden, zwar Menschenrechte im eigentlichen Sinne noch nicht enthalten, dennoch aber gerade von der Idee getragen sind, die (monarchistische) Staatsmacht zu beschränken.

Es ist insbesondere Großbritannien, das hier mit seiner langen (wie auch leidvollen) Tradition der Ausbalancierung von politischer Macht die Grundlage für jenes Denken liefert, das die Idee der Menschenrechte zum ersten Mal konsequent artikulieren wird. Mit der *Petition of Right* (1628), den *Habeas Corpus Akten* (1640; 1679), und besonders mit der aus der *Glorious Revolution* hervorgegangenen *Bill of Rights* (1689) sollen die Untertanen vor willkürlicher Belästigungen durch die Obrigkeit, insbesondere Verhaftungen, geschützt werden. Selbst in der Bill of Rights sind Individualrechte jedoch nur in Ansätzen erkennbar, etwa im Petitionsrecht an den König oder in der Redefreiheit der Parlamentarier.[3]

Es ist eben diese Entwicklung in England, die den Boden bereitet für die Sozialkontraktstheorien eines Thomas Hobbes (1588-1679) und John Locke (1632-1704). Ersterem verdanken wir das Aufwerfen einer für die Idee der Menschenrechte zentralen Fragestellung: Warum unterwerfen sich die Menschen überhaupt staatlicher Gewalt? Im seinem ›Leviathan‹ (1651) entwirft Hobbes seine Staatskonzeption über die Rechte und Pflichten des Einzelnen gegenüber dem Souverän – das kann ein Monarch, aber auch ein Volk im Sinne der Demokratie sein – mit Hilfe eines Gedankenexperiments. Was wäre, wenn die Menschen ohne staatliches Gewaltmonopol, gleichsam im *Naturzustand* lebten? Eine solche Existenzweise, schildert Hobbes, wäre unzähligen Bedrohungen für das Leben und die eigene Sicherheit ausgesetzt – nicht zuletzt da sich alle Menschen grundsätzlich darin gleichen, im selben Maße verwundbar und verletzlich zu sein. Wenn das Leben also im Naturzustand »einsam, armselig, scheußlich, brutal und kurz« ist,[4] haben die Menschen gute Gründe, sich ihrer privaten Gewalt untereinander zu begeben und staatliche Strukturen zu errichten.

Diesem allgemeinen Legitimitätsdiskurs (*Warum* ist staatliche Herrschaft gerechtfertigt?) schließt Hobbes – und das ist aus Sicht der Menschenrechte der springende Punkt – einen speziellen Legitimitätsdiskurs an (*Welche* Art von staatlicher Herrschaft ist gerechtfertigt?). Die Antwort darauf: Eine Herrschaft, die das Recht auf Leben des Einzelnen – in einem umfassenden Sinn verstanden – besser schützt als er es im Naturzustand, in *Anarchie*, selbst je könnte. Die Legitimation der staatlichen Gewalt wird in den Sozialkontraktstheorien eine grundsätzlich menschenrechtliche. Hobbes gesteht darum dem Einzelnen ein *Recht auf Widerstand* zu, wenn eben dasjenige, das er durch den Eintritt in die Staatlichkeit zu bewahren suchte – sein Leben und seine Sicherheit – durch den Staat selbst bedroht ist.[5]

Darüber hinaus betont er, dass der (einfache) Untertan der Obrigkeit nur solange Gehorsam und Unterwerfung schuldet, solange sie seine Rechte effektiv schützt.[6] Damit eröffnet Hobbes einen »Argumentationshorizont [...], in dem das Konzept der Menschenrechte allererst entstehen konnte«.[7]

3 Vgl. Bill of Rights 1689. Zu den erwähnten Dokumenten siehe insbes. Eike Wolgast: *Geschichte der Menschen- und Bürgerrecht*, Stuttgart 2009.

4 Thomas Hobbes: *Leviathan*, London 1981, S. 186 [Übersetzung durch Verfasserin].

5 Siehe Hobbes: *Leviathan*, S. 192.

6 Vgl. Hobbes: S. 272 und 719. Dass Hobbes immer noch weitläufig als Paradetheoretiker des absoluten Staates angesehen wird, ist eine Fehleinschätzung, die erst langsam zu erodieren beginnt [vgl. insbesondere Siegfried König: *Zur Begründung der Menschenrechte: Hobbes – Locke – Kant*, München 1994; Eleanor Curran: *Reclaiming the Rights of the Hobbesian Subject*, New York 2007.

7 König: *Zur Begründung der Menschenrechte*, S. 86.

Dieses Argument, wonach der Staat kein Selbstzweck oder – im wahrsten Sinne des Wortes – vom Himmel gefallen ist, wird von Locke aufgegriffen[8], der damit auch seine Absage an die Monarchie begründet und von Jean-Jacques Rousseau (1712-1778) weitergeführt[9], der letztlich die direkte Demokratie daraus ableitet. Es ist dieser Hobbessche Argumentationshorizont im Sinne des speziellen Legitimitätsdiskurses, der Locke betonen lässt, dass kein vernünftiges Wesen den Naturzustand gegen einen Zustand eintauschen würde, der schlimmer für ihn ist, als jener selbst.[10] Auch für Rousseau könne sich nur ein Verrückter unentgeltlich, d.h. ohne Rechte als Gegenleistung zu erhalten, an einen Herrscher, verschenken.[11] Noch deutlicher wird Thomas Paine in seinen ›Rights of Man‹ (1791): »Man did not enter into society to become worse than he was before, not to have fewer rights than he had before, but to have those rights better secured.«[12]

Die Idee, dass Untertanen Ansprüche, ja *Rechte* gegenüber der Obrigkeit besitzen, weil sie letztlich die Machtgeber und der Staat immer nur der Treuhänder dieser urtümlichen Souveränität ist, führt zu jenen Revolutionen in den britischen Kolonien in Nordamerika (1776) und in Frankreich (1789), die zugleich Ausgangspunkt der ersten Menschenrechtserklärungen sind. So verkündet die *Virginia Bill of Rights* (1776), auf deren Basis unmittelbar im Anschluss die US *Declaration of Independence* entsteht: »That all men are by nature equally free and independent and have certain inherent rights, of which, when they enter into a state of society, they cannot by any compact deprive or divest their posterity.«[13] Die berühmte Präambel der Unabhängigkeitserklärung wiederum erklärt in feierlichem Ton: »We hold these truths to be self-evident, that all men are created equal, that they are endowed by their Creator with certain unalienable rights, that among these are Life, Liberty and the pursuit of Happiness«.[14] In Frankreich verabschiedet die revolutionäre Nationalversammlung 1789 die *Déclaration des droits de l'homme et du citoyen*, deren Art. 1 lautet: »Die Menschen werden frei und gleich an Rechten geboren und bleiben es«.[15] Darin wird der Zweck des Staates explizit als »die Erhaltung der natürlichen und unabdingbaren Menschenrechte« festgelegt (Art. 2).

Angesichts der philosophischen Grundlagen der Sozialkontraktstheorien, die natürliche Rechte behaupten, die der Einzelne in den Staatsverband ›mitbringt‹ und die ihm nicht ohne die Legitimität der staatlichen Autorität einzubüßen aberkannt werden können, wird diese europäische Tradition der Menschenrechte oft als *naturrechtliche* bezeichnet. Spätestens an dieser Stelle ist jedoch von Traditionen im Plural zu sprechen, da sich die Naturrechtstheorien der maßgeblichen Theoretiker durchaus unterscheiden. Während etwa Hobbes eine streng positivistische Auffassung vertritt (Naturrecht als Recht, das im Naturzustand faktisch gilt), bedient sich Locke religiös-metaphysischer Annahmen. Von Traditionen ist auch deshalb zu sprechen, da in diesen Abriss der neuzeitlichen Genese der Menschenrechtsidee nicht zugleich die Behauptung eingeschlossen ist, dass diese Herkunft im europäischen Bewusstsein die bis heute wirksame Begründung der Menschenrechte darstellt. Vielmehr wurden die naturrechtlichen Grundlagen im 20. Jahrhundert und insbesondere nach dem Zweiten Weltkrieg im modernen Menschenrechtsverständnis weitgehend ausgeklammert. Stattdessen wird heute meist in der *Menschenwürde* die eigentliche Basis dieser Rechte erblickt.[16]

8 John Locke: *Two Treatises of Government*, Cambridge 1967.
9 Jean-Jacques Rousseau: *Der Gesellschaftsvertrag*, Frankfurt/Main 2005.
10 Locke: *Two Treatises of Government*, S. 371.
11 Rousseau: *Der Gesellschaftsvertrag*, S. 33.
12 Thomas Paine: Rights of Man, London 1969, S. 44.
13 Hartung/Comminchau/Murphy: *Die Entwicklung der Menschen- und Bürgerrechte von 1776 bis zur Gegenwart*, Göttingen 1998, S. 70.
14 US Declaration of Independence 1776.
15 Hartung/Comminchau/Murphy: *Die Entwicklung der Menschen- und Bürgerrechte*, S. 75.
16 Vgl. Europäische Konvention zum Schutz der Menschenrechte und Grundfreiheiten 1950; Charta der Grundrechte der Europäischen Union 2000.

Der historische Hintergrund aus Sozialkontrakts- bzw. Naturrechtstheorien in Verbindung mit den revolutionären Umstürzen, denen die ersten Menschenrechtserklärungen entstammen, macht jedoch nicht zuletzt eines deutlich: Warum aus Sicht der europäischen Menschenrechtstradition die Menschenrechte konzeptionell untrennbar mit der Idee der Volkssouveränität bzw. Demokratie sowie des Konstitutionalismus verbunden sind.

Inkongruenzen, Brüche, Widersprüche

Die ›große Erzählung‹ der Menschenrechte im europäischen-westlichen Kontext wäre nicht vollständig, ohne auch die *Wider-sprüche* zu thematisieren, die diese Entwicklung seit ihren Anfängen begleiten.

Dazu zählt vor allem der Umstand, dass trotz des vermeintlichen universalistischen, alle Menschen einschließenden Projekts der ersten Menschenrechtserklärungen nicht alle Menschen in den betreffenden Ländern (unmittelbar) gleichermaßen davon profitierten. Zwar erfolgte im Zuge des neuen Menschenrechtsbewusstseins sukzessive die Abschaffung der Sklaverei (in Europa Ende des 18. Jahrhunderts, in den Vereinigten Staaten erst in der zweiten Hälfte des 19. Jahrhunderts); die völlige bürgerliche Gleichstellung der Schwarzen musste hingegen etwa in den USA bis Mitte des 20. Jahrhunderts warten. Auch gleiche Rechte für Frauen waren in der Geburtsstunde der Menschenrechtserklärungen von Virginia oder Paris noch nicht vollständig miteingedacht und es sollte noch 130 Jahre dauern, bis Frauen etwa in Deutschland oder Österreich das Wahlrecht und das Recht auf höhere Bildung zugestanden wurde. Am Beispiel der Frauenrechte lässt sich sehr gut die Bedeutung der Unterscheidung zwischen Menschen- und Bürgerrechten in ihren konkreten Auswirkungen zeigen. Während Menschenrechte ihrem Verständnis nach allen Menschen allein aufgrund ihres Menschseins zukommen, sind Bürgerrechte Ansprüche der Mitglieder eines definierten politischen Gemeinwesens. Wenn etwa die erwähnte Französische Menschenrechtserklärung von den Rechten des Menschen und jenen des Bürgers spricht, ist noch nicht geklärt, ob Frauen auch unter die zweite Kategorie fallen, d.h. politisch mitbestimmen können – auch wenn ihnen die abwehrenden Menschenrechte auf Leben und körperliche Sicherheit ohne Vorbehalt zugestanden werden.[17]

Weitere Inkongruenzen in der Praxis der europäischen Menschenrechtstradition betrifft auch ihre fehlende bzw. unvollständige Ausdehnung auf die Kolonien. Die Beispiele sind Legion, eines soll hier genügen: Während Frankreich die Folter im Heimtatland abgeschafft hat, war sie im Kolonialstrafrecht weiterhin festgeschrieben. Zu den wirklich großen Brüchen in der europäischen Menschenrechtstradition führten wiederum die totalitären Regime und Diktaturen im 20. Jahrhundert, die dem Recht des Menschen das Vorrecht des *Besseren* entgegensetzten und einen entsprechend exklusiven Begriff vom *wahren* Menschen vertraten. »Der Jude ist kein Mensch«, so das berühmt-berüchtigte Diktum des obersten Parteirichters der NSDAP, Walter Buch.[18]

Dabei ist es wichtig zu verstehen, dass das Projekt universaler Menschenrechte schon seit seinem Beginn Widerspruch erntete und dass auch gerade in diesem Sinne angemessen von Menschenrechts-*Traditionen* zu sprechen ist. Zeitgleich mit ihrer Entstehung schlug den ersten Menschenrechtserklärungen harscher Gegenwind entgegen. Berühmt ist etwa Edmund Burkes (1729-1797) Universalkritik der Französischen Revolution, der darin – ähnlich wie

17 Ein Zusatzdokument zur Französischen Erklärung verstärkt diese Unterscheidung, indem – sehr ähnlich wie auch bei Immanuel Kant (vgl. Metaphysik der Sitten, Akademie Ausgabe, Bd. 6, S. 314) – zusätzlich zwischen aktivem (männlichem) und passivem (weiblichem) Staatsbürger unterschieden wird (vgl. Claudio Corradetti: *Human Rights in Europe*, Rom 2006, S. 24f.

18 zit. in: Gerald Stourzh: *Begründung und Bedrohung der Menschenrechte in der Europäischen Geschichte*, Wien 2000, S. 14.

später Karl Marx (»Keines der sogenannten Menschenrechte geht also über den egoistischen Menschen hinaus [...]«)[19] – das der Menschenrechtsidee inhärente egoistisch-voluntaristische Moment anprangerte (»By having a right to every thing they want every thing«).[20]

Bis in das 20. Jahrhundert hat überdies auch die Katholische Kirche gegen die Menschenrechtsidee opponiert, insbesondere gegen das Recht auf Meinungs- und Gewissensfreiheit, das etwa Papst Gregor XVI (1765-1846) einen »schändlichen Irrtum« nannte.[21]

Rückblick und Ausblick

Betrachtet man rückblickend diese brüchige und ambivalente Entwicklungsgeschichte der Menschenrechtsidee, wird man rasch gewahr, wie wenig selbstverständlich viele Errungenschaften tatsächlich sind, die die Menschen in Europa und inzwischen auch großen Teilen der Welt heute genießen; wie aus verschiedenen Wurzeln und dann doch sehr spezifischen theoretischen Gebilden eine Idee gewachsen ist, die sich allen Rückschlägen zum Trotz als wahrscheinlich wichtigste Hervorbringung der europäischen Zivilisation erweisen könnte. Europa (inklusive Russland) verfügt heute mit dem Menschenrechtsregime des Europarates – der Europäischen Menschenrechtskonvention und dem Europäischen Gerichtshof für Menschenrechte in Straßburg – ein menschenrechtliches Schutzsystem, das nicht wenige als das wirksamste auf dem gesamten Planeten erachten.[22]

Dennoch steht Europa auch vor beachtlichen Herausforderungen: Der Schutz der Menschenrechte von Flüchtlingen an Europas Grenzen; die konstanten und beschwerlichen Abwägungsprozesse hinsichtlich konkreter Rechte (wie jüngst hinsichtlich der Religionsfreiheit und der Kinderrechte); die überaus heikle Frage, ob Menschenrechte auch militärisch im Ausland zu schützen sind; und nicht zuletzt der interkulturelle Menschenrechtsdialog, der eigentlich erst jetzt wirklich beginnt.

Weiterführende Literatur der Autorin:

Frick, Marie-Luisa: *Kampf Aller gegen Alle. Zur menschenrechtlichen Legitimation staatlicher Gewalt*, in: Vom Krieg Aller gegen Alle zum staatlichen Gewaltmonopol und zurück? Herrschaftliche und private Gewalt aus europäischer, internationaler und ideengeschichtlicher Perspektive, hrsg. v. Paul Ertl und Jodok Troy, Frankfurt/Main 2012 (17-37).

—: *Universal Claim and Postcolonial Realities. The Deep Unease over Western-centred Human Rights Standards in the Global South*, in: Human Rights and the Third World Perspective: Issues and Discourses, hrsg. v. Subrata Sankar Bagchi und Arnab Das, Lexington Books 2012 (15-29).

19 Karl Marx: *Zur Judenfrage*. Marx/Engels Werke Bd. 1, Berlin 1978, S. 366.

20 Edmund Burke: *Reflections on the Revolution in France and on the Proceedings in certain Societies in London*, London 1791, S. 87.

21 Papst Gregor XVI: *Enzyklika ›Mirari Vos‹*, 1832.

22 Guiseppe Giliberti: *Preface*, in: Corradetti: *Human Rights in Europe*, S. 9.

Josef Estermann

Menschenrechte in lateinamerikanischen Traditionen

Einleitung

Es ist ein Gemeinplatz der abendländischen politischen Philosophie, die Menschenrechte seien das Ergebnis eines langen historischen Prozesses der abendländischen Zivilisation und Philosophie, bei dem vor allem zwei wichtige Denkströmungen Pate gestanden hätten: die semitische (jüdisch-christliche) Tradition mit dem Nachdruck auf der Menschenwürde und der Gottesebenbildlichkeit des Menschen, und die Tradition von Rationalismus und Aufklärung, mit den Grundkategorien von Gleichheit und Freiheit der Menschen. Die »Allgemeine Erklärung der Menschenrechte« der Vereinigten Nationen von 1948 ist denn auch der konkrete Ausdruck dieser *intra*kulturellen Kämpfe um die Anerkennung der Würde und Rechte des abendländischen Menschen, interpretiert im Sinne des »universalen Menschen« als einer *supra*kulturellen Idee.

Wenn man den Blick auf Lateinamerika lenkt, weisen nicht nur europäische Denker wie Hegel oder Comte, sondern auch einheimische Autoren und Autorinnen immer wieder darauf hin, dass die Frage der »Menschenrechte« das Ergebnis der Durchdringung der »Neuen Welt« durch den europäischen Rationalismus, durch das im Zuge der Kolonialisierung importierte Christentum und die im Kontext der Unabhängigkeitsbestrebungen vorherrschende Politische Philosophie des Liberalismus sei. Aus Lateinamerika selber aber habe es keine entscheidenden Impulse oder Innovationen hinsichtlich der Konzipierung und Ausformung der »Menschenrechte« gegeben. Tatsächlich fangen praktisch alle Traktate zur »Geschichte der Menschenrechte in Lateinamerika« mit der *Conquista*, also der Eroberung und Kolonialisierung durch Spanier und Portugiesen an. Womit deutlich vor Augen geführt werden soll, dass die einheimische vorkoloniale Bevölkerung weder »Menschen« im eigentlichen Sinne gewesen seien, noch viel weniger schon so etwas wie »Menschenrechte« gekannt hätten.

Oder mit anderen Worten: Die Theoriebildung und Geschichtsschreibung zu den Menschenrechten ist bis vor kurzem und bis auf ganz wenige Ausnahmen eine durchaus eurozentrische und zutiefst *intra*kulturelle Angelegenheit. Die (ideologische) Gleichung »Menschenrechte sind im Grunde genommen Rechte des weißen abendländischen heterosexuellen erwachsenen Mannes«, gilt sowohl für die philosophische Konzipierung wie die Geschichtsschreibung praktisch bis heute ungebrochen.

Das Legat der indigenen Völker

»Die gesamte Geschichte Lateinamerikas, zumindest seit der Ankunft der Europäer, ist eine Geschichte der Menschenrechte«[1]. Mit diesem Satz sind mindestens drei Aspekte der Problematik aus der Perspektive Lateinamerikas angesprochen:

1. Die Frage der Menschenrechte jenseits der abendländisch-christlichen Einflusssphäre.
2. Die fünfhundert Jahre seit dem symbolischen Jahr 1492 als eine Zeit systematischer Menschenrechtsverletzungen.

1 Zaffaroni, Eugenio Raúl (1989). La Historia de los Derechos Humanos en América Latina. In: Olguín, Leticia (Koord.). *Educación y Derechos Humanos: Una discusión interdisciplinaria.* San José und Buenos Aires: IIDH und Centro Editor de América Latina. 21-80: 22.

3. Die mühsame und oft widersprüchliche Geschichte des Kampfes um die Anerkennung und Erweiterung der Rechte des Menschen, der Völker und der Mutter Erde in Lateinamerika.

Schon bald nach der Eroberung *(Conquista)* Lateinamerikas durch die Spanier (und in minderem Masse der Portugiesen) entstand eine philosophische und theologische Debatte zur Rechtmäßigkeit dieser Eroberung, vor allem aber zum Status der einheimischen indigenen Bevölkerung. In der Perspektive der von Aristoteles geprägten Renaissance-Scholastik der spanischen Hoftheologen – allen voran Juan Ginés de Sepúlveda – ging es spezifisch um die Frage nach der »menschlichen« oder »tierischen« Natur der von den *Conquistadores* fälschlicher- und später despektierlicherweise als »Indios« bezeichneten autochthonen Bevölkerung.

In der berühmt-berüchtigten Debatte zwischen Sepúlveda und Bartolomé de las Casas, 1550-51 in Valladolid, führte ersterer denn auch das (angebliche) völlige Fehlen von Gesetz und Ordnung seitens der *Indígenas* als entscheidenden Grund dafür an, ihnen die Menschlichkeit abzusprechen: »Vergleiche die Gaben der Vernunft, Erfindungskraft, Großmut, Bescheidenheit und Religion der Spanier mit diesen Menschlein, in denen man kaum Reste von Menschlichkeit finden kann und die nicht nur jeglicher Kultur entbehren, sondern auch weder Schrift verwenden oder kennen, noch Monumente ihrer Geschichte bewahren, sondern bloß eine gewisse dunkle und vage Erinnerung an einige Vorkommnisse haben, die auf Gemälden festgehalten sind. Sie *besitzen keine schriftlichen Gesetze* und haben barbarische Institutionen und Gebräuche«.[2] Die dabei implizit angenommene logische Inferenz vom Fehlen »schriftlicher Gesetze« auf die Inexistenz von (ungeschriebenen) Menschenrechten spiegelt den bis weit ins 20. Jahrhundert virulenten Rassismus abendländischer Gelehrter.

Die »Minderwertigkeit« der »Indios« wurde von Philosophie und Theologie mindestens entlang von drei Begründungssträngen zu erhärten versucht: Zum einen seien die *Indígenas* Abtrünnige und Apostaten, weil sie die »Proto-Evangelisierung« durch den legendären Apostel Thomas zurückgewiesen hätten, was später säkular im Sinne der positivistischen Degenerierung ausgelegt wurde.[3] Zum zweiten seien sie kulturell und zivilisatorisch ignorant (»barbarische Institutionen und Gebräuche«), also im Vergleich zu den Kulturleistungen des Abendlandes zurückgeblieben (das Argument der »Kindheit« und damit der »Minderjährigkeit«). Und zum dritten fehle ihnen jegliches Rechts- und Moralbewusstsein, was sich eben auch im Fehlen »schriftlicher Gesetze« und »Kultur« erweise, sodass kaum »Reste von Menschlichkeit« zu finden seien. Obwohl Bartolomé de las Casas die »Menschlichkeit« der »Indios« – eigentlich ging es um die scholastische Frage, ob sie eine Seele hätten – verteidigte, ging es ihm doch in erster Linie um die Bedingung der Möglichkeit der Evangelisierung, was er hingegen im Fall der von Afrika eingeschleppten Sklaven völlig fallen ließ.[4]

Damit fing eine Geschichte der systematischen Leugnung und Verletzung der Menschenrechte hinsichtlich der indigenen Bevölkerung von *Abya Yala* (so der indigene Name für »Lateinamerika«) an, und zwar in zweifacher Hinsicht: a) Die indigenen Völker des Kontinents hätten niemals Menschenrechte entwickelt und seien erst durch die Zivilisationsleistungen des Abendlands mit diesen konfrontiert worden. b) Die indigenen Völker sind die hauptsächlichen Opfer von Menschenrechtsverletzungen, bis in die jüngste Vergangenheit. Dadurch steht die europäisch-abendländische Menschenrechtstradition gegenüber der indigenen Be-

2 Aus dem Werk *Democrates Alter*, zitiert in: Pereña, Luciano (1992). El Proceso a la Conquista de América. In: Robles, Laureano (Hg.). *Filosofía iberoamericana en la época del Encuentro.* Madrid: Trotta. 193-222. 208. Übersetzung und Hervorhebung von mir.

3 Schon sehr früh bildete sich in Lateinamerika (vor allem im Andenraum und in Zentralamerika) die Legende einer Proto-Evangelisierung durch den Apostel Thomas heraus, um die Vorfahren der einheimischen Bevölkerung vor den von den spanischen Missionaren angedrohten Höllenqualen zu retten. Im Andenraum wurde ›Thomas‹ zu *Tunupa* oder *Tonopa*, der andinen Gottheit und dem Sohn von *Wiracocha.*

4 Die Liebe von Bartolomé de las Casas gehörte der indianischen Rasse, und er selbst machte den Vorschlag, schwarze Sklaven aus Afrika in die Neue Welt zu importieren, um die ›Indios‹ zu entlasten, da die Schwarzen durch größere körperliche Robustheit geeigneter seinen in Erzminen und auf Plantagen zu arbeiten. Diese Entscheidung bereute er jedoch in späteren Jahren.

völkerung Lateinamerikas in einer doppelten Schuld: Einerseits die Anerkennung einer eigenen Rechtstradition, die weit über die liberal und vorwiegend individualistisch konzipierten Menschenrechte in abendländischer Perspektive hinausgehen, und andererseits die Wiedergutmachung systematischer Verletzung der Menschenrechte der indigenen Bevölkerung, vor allem aufgrund von Rassismus, Vorurteilen, Überheblichkeit und ideologischer Verkürzung.

Sicherlich machten sich auch die vorkolonialen Völker und Imperien von *Abya Yala* Menschenrechtsverletzungen im neuzeitlich-abendländischen Sinne schuldig. Im Aztekenreich scheint es Menschenopfer, und im Inkareich eine Art Zwangsprostitution gegeben zu haben. Andererseits waren diese Völker und politischen Gebilde aber keine rechtsfreien oder gar anomalen Räume, wie Ginés de Sepúlveda meinte. Das *Tawantinsuyu*, wie das Inkareich eigentlich heißt, kannte ein allgemein anerkanntes Gewohnheitsrecht, das sich bis heute in der Form der Kommunaljustiz erhalten hat. Wichtig ist dabei die absolute Korrespondenz von Menschenrechten und Menschenpflichten[5], die sich je nach Alter und Inklusion der entsprechenden Personen in die Gemeinschaft *(Ayllu)* anders definieren. Für die aktuelle Diskussion um die Menschenrechte in Lateinamerika können zumindest zwei Konzeptionen aus dem Fundus der indigenen Völker und somit der vorkolonialen Zeit angeführt werden: Die Menschenrechte als Kollektivrechte (»Rechte der Völker«) und die Transzendierung des Anthropozentrismus bei der Bestimmung der Menschenrechte im Sinne der »Rechte der Mutter Erde«.

Eine Geschichte von Ausschluss, Diskriminierung und Gewalt

Trotz der relativ fortgeschrittenen spanischen Rechtsprechung im 16. Jahrhundert und des auch auf die Neue Welt angewandten »Völkerrechts« *(ius gentium)* blieben die indigenen Völker und deren Mitglieder, wie auch Frauen, Kinder und Besitzlose bis in die zweite Hälfte des 20. Jahrhunderts von den fundamentalen Menschenrechten weitgehend ausgeschlossen. Im Verlaufe der Eroberung und Kolonialisierung starben über 85% der 80 Millionen indigenen Menschen aufgrund des Genozids, der Erschöpfung oder der eingeschleppten Krankheiten und Epidemien.

Die Politische Philosophie, die den Unabhängigkeitsbestrebungen der meisten neuen Republiken am Ende des 18. und anfangs des 19. Jahrhunderts Pate gestanden hat, ist eine Mischung aus der »Erklärung von Virginia« (1776)[6], den aufklärerischen Ideen von Montesquieu und Rousseau, sowie der spanischen politischen Theorie der Renaissance. Insgesamt handelt es sich um die Ideologie des politischen Liberalismus, und die entsprechende Menschenrechtskonzeption spiegelt diesen auch in Europa und Nordamerika vorherrschenden Diskurs, der die politischen und sozialen Rechte einer verschwindend kleinen Minderheit vorbehält.

Seit der Unabhängigkeit der ersten Republiken (Haiti 1804) bis in die zweite Hälfte des 20. Jahrhunderts waren die politischen (Stimm- und Wahlrecht; Meinungsfreiheit) und sozialen Rechte (Schulbildung; Selbstbestimmung; Gesundheit) auf die erwachsene männliche *Criollo*-Oberschicht[7], die zudem Besitztitel vorweisen konnte, beschränkt, also auf etwa 3 bis 5% der Gesamtbevölkerung. *Indígenas*, Afroamerikaner, besitzlose Mestizen, eingesessene

5 Es ist bezeichnet, dass der Titel der ersten panamerikanischen Menschenrechtserklärung, die ein halbes Jahr vor der so genannten ›Allgemeinen Erklärung der Menschenrechte‹ durch die UNO (10. Dezember 1948) verkündet wurde, sowohl Rechte wie Pflichten nennt: ›Amerikanische Erklärung der Rechte und Pflichten des Menschen‹ *(Declaración Americana de los Derechos y Deberes del Hombre)*, vom 2. Juni 1948.

6 Die *Virginia Declaration of Rights* (1776) gilt neben der englischen *Bill of Rights* (1689) als eine der ersten Menschenrechtserklärung der abendländischen Welt und ist Teil der Staatsverfassung der ersten 13 unabhängigen Staaten der späteren USA *(Constitution of the Commonwealth of Virginia)*.

7 Als *Criollos* (›Kreolen‹) werden in Lateinamerika die Nachfahren der spanischen Kolonialherren bezeichnet.

Ausländer, sowie generell die Frauen und Kinder waren dagegen von den fundamentalen Menschenrechten ausgeschlossen, und wurden auch sozial und kulturell diskriminiert und als BürgerInnen zweiter Klasse angesehen.

Besonders stoßend waren die Menschenrechtsverletzungen gegenüber der afroamerikanischen Bevölkerung[8]. Aufgrund der Anerkennung der »Menschlichkeit« der indigenen Bevölkerung durch die spanische Krone konnte diese nicht versklavt werden (es gab und gibt aber bis heute Formen der Halbsklavenschaft), und somit bedurften die Kolonien billiger Arbeitskräfte, die alsbald auf den Sklavenmärkten von Schwarzafrika gefunden wurden. Man schätzt (z.B. Eric Hobsbawm), dass im 16. Jahrhundert eine Million, im 17. Jahrhundert drei und im 18. Jahrhundert sieben Millionen, also insgesamt 11 Millionen SchwarzafrikanerInnen nach Amerika verschleppt worden sind; zudem starben etwa 50% bei der Gefangennahme und dem Transport, sowie 10% jährlich auf den Plantagen und in den Minen.

Der Ausschluss, die Diskriminierung und Gewalt hörten auch nach der politischen Unabhängigkeit der neuen Nationalstaaten nicht auf, sondern nahmen nur subtilere und oft gar brutalere Formen an. Die indigenen Völker wurden gezwungen, ihre einheimischen Sprachen, Kulturen, Religionen und Gebräuche aufzugeben und sich der »abendländischen Beschneidung«[9] in jeglicher Hinsicht zu unterziehen. Zugleich nahmen die sozialen Ungleichheiten zwischen dem städtischen Mittelstand und der immer stärker verarmten und vom Staat völlig im Stich gelassenen Landbevölkerung immer mehr zu. Lateinamerika ist heute der Kontinent mit den größten Ungleichheiten zwischen Arm und Reich. 1948, als die »Amerikanische Erklärung der Rechte und Pflichten des Menschen« (am 2. Juni, ein halbes Jahr vor der »Allgemeinen Erklärung« der UNO) in Bogotá verabschiedet wurde[10], hatten die indigenen Völker, die Afroamerikaner und die Frauen noch immer keinen Zugang zu den politischen und sozialen Grundrechten.

Kollektivrechte und die Rechte der »Mutter Erde«

Bevor wir uns den Neuerungen hinsichtlich der Menschenrechtsidee in Lateinamerika zuwenden, darf das Intermezzo der blutigen Militärdiktaturen in den 1970er und 1980er Jahren[11] nicht verschwiegen werden. Diese forderten nicht nur unzählige Menschenleben, sondern zogen auch die Einschränkung oder Aussetzung demokratischer und sozialer Grundrechte nach sich. Ähnliches lässt sich von den vielen Guerillabewegungen und –kriegen, dem Auftauchen paramilitärischer Gruppen und der gewaltsamen Niederschlagung durch die Staatsgewalt sagen. Allein in Peru forderte der Bürgerkrieg vom »Leuchtenden Pfad« über 60.000 Menschenleben, und in Kolumbien dauert der »Krieg niedriger Intensität« noch immer an. Schließlich sollen auch die Menschenrechtsverletzungen aufgrund des Drogenhandels und des Kampfes der Staatshoheit dagegen (insbesondere in Kolumbien und Mexiko), sowie wegen der Doktrin der »Nationalen Sicherheit« und der Antiterrorismusgesetze erwähnt werden.

8 Der politisch korrekte Bezeichnung in Lateinamerika ist *afrodescendientes*, frei übersezt als ›aus Afrika Stammende‹.

9 Damit bezeichne ich, in Anlehnung an die von Paulus von Tarsus für ChristInnen abgelehnte ›jüdische Beschneidung‹, die zivilisatorische und kulturelle Reprogrammierung oder ›Hirnwäsche‹ der einheimischen nicht-abendländischen Bevölkerung durch die abendländische Rationalität und Kultur.

10 Die *Declaración Americana de los Derechos y Deberes del Hombre* (›Amerikanische Erklärung der Rechte und Pflichten des Menschen‹) wurde an der 9. Internationalen Amerikanischen Konferenz, an der auch die OEA (Organisation Amerikanischer Staaten) gegründet wurde, approbiert, und gilt als die erste internationale Übereinkunft zu den Menschenrechten, ein halbes Jahr vor der ›Allgemeinen‹ Erklärung der UNO.

11 Die ersten und längsten Diktaturen waren jene von Nicaragua von 1936-1979, von Argentinien (1930-1983, mit Unterbrechungen), sowie jene von Paraguay, von 1940 bis 1989. Praktisch alle Staaten Süd- und Zentralamerikas erlitten in der zweiten Hälfte des 20. Jahrhunderts eine kürzere oder längere Phase diktatorialer Herrschaft, indirektes Resultat des Kalten Krieges und der Monroe-Doktrin der USA.

An dieser Stelle möchte ich aber auf zwei konzeptuelle lateinamerikanische Neuerungen und Erweiterungen der ursprünglich individualistischen und liberalen Menschenrechtsidee des Abendlandes eingehen. Zum einen die Erweiterung der sozialen Rechte – die auch im Menschenrechtskatalog der UNO an zweiter Stelle stehen – auf die kollektiven »Rechte der Völker«, und zum anderen die Ausdehnung und zugleich Relativierung der anthropozentrisch verfassten abendländischen Menschenrechte im Sinne der »Rechte der Mutter Erde«. Beide Konzeptionen sind im Rahmen der liberalen und aufklärerischen Menschenrechtstradition des Abendlandes höchst umstritten, deuten aber auf eine interkulturelle Transformation derselben hin.

Die »kollektiven Rechte« werden oft als Rechte der dritten Generation (nach den individuellen und sozialen Menschenrechten) bezeichnet, und wurden erstmals in der Konvention 169 der Internationalen Arbeitsorganisation (ILO) von 1989 im Sinne der »Rechte der indigenen Völker« ausgelegt und schließlich 2007 von der UNO in der »Erklärung der Rechte der indigenen Völker« endgültig in den Menschenrechtskodex aufgenommen, allerdings ohne rechtsverbindlichen Charakter. Dabei handelt es sich vor allem um das Recht auf Selbstbestimmung, auf eigenes Land, eine eigene Sprache, Kultur und Religion. Die eigentliche Neuerung besteht darin, dass nicht mehr nur individuelle Personen Träger und Subjekte von Rechten sind, sondern auch kollektive Einheiten wie indigene Völker. Dies entspricht dem Selbstverständnis vieler indigener Weisheitstraditionen, wonach das Individuum und dessen Identität eine von der Kollektiveinheit abgeleitete und sekundäre Größe ist, sodass die individuellen Menschenrechte, die im Abendland an erster Stelle stehen, für die indigenen Philosophien an zweiter oder gar dritter Stelle kommen.

Im andinen Raum etwa manifestieren sich die kollektiven Rechte der indigenen Gemeinschaften in der so genannten »Kommunaljustiz« *(justicia comunitaria),* die vom Römischen Recht und dem demokratisch etablierten Rechtswesen der meisten Staaten Lateinamerikas grundsätzlich verschieden ist. Erstes und wichtigstes Rechtssubjekt ist die Dorfgemeinschaft, der Recht getan werden und auch Wiedergutmachung erfolgen muss. Politisches Subjekt – im Sinne der Ausübung eines Amtes – ist nicht das Individuum, sondern das Paar, das erst in eigentlichem Sinne »Person« ist.[12]

Noch weit kontroverser diskutiert werden in abendländisch beeinflussten Kontexten die so genannten »Rechte der Mutter Erde«. In der liberalen Tradition der abendländischen Aufklärung sind Rechte an ein vernunftbegabtes Subjekt gebunden, also an die mündige und autonome menschliche Person. Verschiedene VertreterInnen indigener Völker Lateinamerikas und militante VerteidigerInnen der Ökologie (*Gaya*-Theorie; Ökofeminismus; Ökotheologie; tellurische Spiritualität) stellen diesen Anthropozentrismus des Rechtsgedankens zunehmend in Frage und möchten die (Menschen-)Rechte auch auf die nicht-menschliche Natur und den Kosmos insgesamt ausdehnen, metaphorisch zusammengefasst in den Rechten der »Mutter Erde« *(Pachamama).*

In Bolivien trat zum Beispiel am 21. Dezember 2010 das »Gesetz der Rechte der Mutter Erde« *(Ley de los Derechos de la Madre Tierra)* in Kraft, wobei die »Mutter Erde« definiert wird als »das lebendige und dynamische System, das von der untrennbaren Gemeinschaft aller Lebenssysteme und Lebewesen gebildet wird, die untereinander verbunden, in gegenseitiger Abhängigkeit und Komplementarität ein gemeinsames Schicksal teilen« (Art. 3a). Somit hat die »Mutter Erde« den Charakter eines kollektiven Subjekts öffentlichen Interesses

12 Auf Aymara bedeutet *jaqichasiña*, das für die ›Ehe‹ verwendet wird, wörtlich ›Person werden‹. Und erst als vollwertige ›Person‹ *(jaqi)* kann jemand ein politisches oder judiziales Amt einnehmen, das er oder sie zusammen mit seinem, bzw. ihrem Partner ausübt.

(Art. 5) und bedarf des ausdrücklichen Schutzes durch den Staat (Art. 8). Das eigentlich Revolutionäre aber besteht in der Unterordnung und Begrenzung der individuellen (Menschen-) Rechte unter, bzw. durch die kollektiven Rechte der »Mutter Erde« (Art. 6b).[13]

Dabei braucht man nicht so weit zu gehen wie der bolivianische Kanzler David Choquehuanca, demzufolge das »Leben eines jeden Wesens in der Natur mehr wert sei als ein Menschenleben«, aber es ist klar, dass die sogenannten liberalen »Menschenrechte« durch die kollektiven Rechte der Völker und der Mutter Erde eine entscheidende Relativierung und interkulturelle Kontextualisierung erfahren. Für das indigene Verständnis ist die »Mutter Erde« *(Pachamama)* eigentliche Quelle des Lebens und damit erstes Rechtssubjekt, und wir Menschen sind deren »Kinder«. Die Verteidigung der »Rechte der Mutter Erde« hat also auch Auswirkungen auf die Menschenrechte, aber mit einer klaren Hierarchisierung der Rechte, die jener der neuzeitlichen abendländischen Tradition entgegenläuft.

Weiterführende Literatur des Autors

Estermann Josef: Andine Philosophie: *Eine interkulturelle Studie zur autochthonen andinen Weisheit.* Frankfurt/Main 1999.

—: Apu Taytayku: *Religion und Theologie im andinen Kontext Lateinamerikas*, Bd. 23, Theologie Interkulturell, Mainz 2012.

13 Es handelt sich um das Gesetz Nr. 701. Der Text auf Spanisch kann eingesehen werden unter: http://psaneamiento.vicepresidencia.gob.bo/PDF/2010/Ly-071.Pdf

Teil 2.

Menschenrechte in größeren Religionsgemeinschaften

Götz König

Menschenrechte im Zarathustratum

Zarathustrismus

Der Zarathustrismus gehört zu den weltweit ältesten kontinuierlich praktizierten Kultformen bzw. Religionen. Seinen frühesten Texten, den einem ›Zaraϑuštra‹ zugeschriebenen Gāϑās (›Lieder‹) des ›Avesta‹ (mp. abestāg)[1], nach zu urteilen, entwickelte er sich vor ca. 3000-3500 Jahren in Ostiran (mit Zentrum Baktrien) aus älteren indo-iranischen Glaubensvorstellungen. Im 1. Jt. trat er seine Wanderung nach Westiran an[2], wo er in der Sasanidenzeit (224-651 n.Chr.) ›Staatsreligion‹ wurde, in islamischer Zeit letztlich nur versprengt überlebte (Yazd, Kermān, Tehrān). Eine Exilierung in frühislamischer Zeit nach Gujarāt ließ dort seine heute bedeutendsten Gemeinden entstehen (›Parsen‹).

Polytheistisch strukturiert, stehen Natur- neben Hochgottheiten, deren oberste die (bereits ererbte?) Gottheit Ahura Mazdā (›Herr Weisheit‹) ist. Signifikant ist ein scharfer kosmologisch-ritualistischer Dualismus (Welt der Ordnung [*ạrta] / Welt des Trugs [druj]) und eine doppelte Existenzform (geistige / materielle Welt). Während in der älteren Zeit diverse Riten (Feuer; Rauschtrank; Urinpurifikation) das Integral zarathustrischen Denkens, der Lebensführung und gemeinschaftlichen Organisation bilden, treten später ethisch-eschatologische Termini in den Vordergrund.[3]

›Alle Menschen‹ und die Freiheit des Einzelnen

Der Begriff der Menschenrechte, wie er seit dem 17. Jh. im abendländischen Diskurs hervortritt, erhielt im 20. Jh. eine wesentliche Fassung in der 1948 von der UNO verabschiedeten ›Charta der Menschenrechte‹. Dessen 1. Artikel bildet eine Allaussage: »All human beings are born free and equal in dignity and rights. They are endowed with reason and conscience and should act towards one another in a spirit of brotherhood.« Offenbar stellt der Artikel 1 den Versuch dar, eine statische Prädikation (›sind frei und gleich und vernünftig‹) zu dynamisieren, dergestalt, dass sich das Verhältnis ›aller ‹einzelnen› Menschen‹ zueinander als ein ›brüderliches‹ fortbestimmt und strukturiert. Als eine ermöglichende Voraussetzung dieser Fortbestimmung fungieren dabei die (offenbar als ein anthropologisches Faktum angesehenen [›geboren‹]) Begriffe der ›Freiheit und Rechtsgleichheit‹ und der ›Vernunft‹. Begreifen wir den Artikel 1 als den Grundsatz der Menschenrechte, so hängen diese folglich von der Akzeptabilität des Begriffs ›alle Menschen‹ ab sowie von dem Hoffen auf eine auf freien, (rechts)gleichen und vernünftigen Einzelnen basierende und aus diesen hervorgehende gesellschaftliche Totale. Wollen wir nun der Möglichkeit bzw. Realität von Menschenrechten in einer Religion nachfragen, deren Ursprünge fernab im 2. Jt.v.Chr. liegen, so wird es zentral sein zu klären, ob oder inwieweit ein Begriff ›alle Menschen‹ für diese Religion akzeptabel ist und wie sie Freiheit konzipiert und rechtlich ausformuliert.

1 ›Avesta‹ bezeichnet die sog. ›heiligen Schriften‹ der Zarathustrier, ebenso die dafür verwendete, in zwei Dialekten vorliegende Sprache (›[Alt- und Jung-]Avestisch‹).

2 Das Verhältnis der Meder (550 v. Chr.) zum Avesta ist bis heute ungeklärt.

3 Letzte umfassende Darstellungen des Zarathustrismus. Vgl. Stausberg, Miachael: *Die Religion Zarathushtras.* Geschichte – Gegenwart – Rituale. Bd. 1-3. Stuttgart 2002, 2004: Eine philosophische Neuinterpretation des älteren Zarathustrismus gibt es von Yousefi, Hamid Reza: *Zarathustra neu entdeckt.* Theoretische und praktische Grundlegung einer verkannten Philosophie, Münster 2010.

›Alle Menschen‹ im Zarathustrismus?

Das air. Wort für ›Mensch‹ lautet *martii̯a- (ai. mártya-), wörtl. ›Sterblicher‹ (mar- ›sterben‹). Es drückt die differentia specifica des Menschen gegenüber den unsterblichen Wesen (vornehmlich Götter/Dämonen, aber auch Seligen/Verdammten [d.h. ›Seelen‹]) aus. Diese Semantik des Sterblichen war möglicherweise noch im Jungavesta lebendig, da ein Ausdruck gaiia- marətan- ›Sterbliches Leben‹ (pahl.LW gayōmard; mmp. gyhmwrd), der ohne direkte Parallele im Veda ist, zur Bezeichnung des Urmenschen diente. Lehrreich ist es nun in bezug auf die unter 2. gestellte Frage, das Geschick des Terminus *martii̯a- in den zarathustrischen bzw. vom Zarathustrismus beeinflußten Texten nachzuverfolgen.

In den Gāϑās (um 1000 v.Chr.)

Während in den ap. Inschriften (s.u.) Ahuramazdā u.a. charakterisiert wird als Gott, ›der den Menschen erschuf‹, fehlt Entsprechendes in der gāϑischen Kosmogonie (Y[asna] 44.3-5,7). Dieser auffällige Befund korrespondiert mit einer grundsätzlich negativen Konnotation von aav. maśiia- ›Mensch‹. Anzunehmen ist, daß innerhalb der iir. Oppositionsverbindung ›Götter und Menschen‹ im Zuge der Iran weithin erfassenden Abwertung der alten Himmelsgottheiten, der Daivas (idg. *dei̯u̯ó- ›[Himmels-]Gott‹), offenbar auch deren zweiter Teil der Pejoration verfiel[4]: av. daēuua- – maśiia- meint daher »Dämon – (schlechter) Mensch.«[5] Die Gāϑās scheinen den ›schlechten Menschen‹ – den vor Zaraϑuštra grundsätzlich ›daēuuaverehrenden‹ (s. Y 72.11; s.a. Y[aš]t 13.90) – für zwangsläufig gegeben vorauszusetzen. Als Ersatzbegriffe für maśiia- fungieren nar- ›Mann‹ und nāirī- ›Frau‹. Statthaft ist jedoch nur die Rede von ›wahrhaften/seligen‹ Männern und Frauen, nicht aber die von *trughaften Männern und Frauen*.[6]

Im jav. V[īdēvdād] 19.26 finden wir dann explizit eine Gegenüberstellung von narem. aṣ̌auuanem. … nāirikąm. aṣ̌aonīm ›wahrhaften Männern und Frauen‹ und druuatąm. daēuuiiasanąm. merəzujītīm. maśiiānąm ›trughaften, daēuuaverehrenden, das Leben verkürzenden Menschen‹ vor. Zwar sind diese Männer und Frauen bzw. Menschen nicht wahr- oder trughaft durch prädisponierende Schöpfung, sondern durch ›(Er)wählen‹ (var-)[7] (eines bestimmten Denkens, Redens, Handelns); da aber eine Nichtwahl unter den Vorzeichen der dualistischen Weltkonzeption nicht möglich ist, ist jedes zur Wahl fähige Wesen de facto wahr- oder trughaft. Soweit die Gāϑās die Ausdrücke ›wahrhaft‹ und ›trughaft‹ nicht auf eine eschatologische, sondern religiöse oder soziale Situation beziehen, dürfte für ›Trughafte‹ (solche, die falsch opfern [›schlecht gebend sind‹ (duždāh-)], nicht melken [Y 49.4], keine Weidehirten sind [Y 31.9]) als Unterstützer der Daēuuas eine andere Rechtssituation als für die ›Wahrhaften‹ bestanden haben.

Im Jungavesta (1. Jt.v.Chr.)

Eine Identifizierung der ›nicht recht Scheidenden/Wählenden‹ mit den ›Daēuuas‹ und damit deren Entmenschlichung wie Entrechtung ist in den Gāϑās bereits angelegt (man vgl. Y 30.3 mit Y 30.6). Selbst ein Gedanke genetischer Prädisposition zum Schlechten findet sich in ihnen vorformuliert: In Y 51.10 gilt der den Wahrhaften verderbende ›Mann‹ als

4 Siehe Y 29.4, 34.5, 45.11, 48.1 (anders wohl Y 46.11); vgl. a. Y 32.4 und 32.5. Auf die Menschen ist darum kein Vertrauen (*zrazdāti-*) zu setzen (Y 43.11).

5 Vgl. demgegenüber ved. *devá- – mártya-* ›Gott – Mensch‹ (s. dazu Benveniste, E.: ›Hommes et Dieux dans l'Avesta.‹ In: *Fs Eilers.* Wiesbaden 1967, S. 144-147).

6 *nar-* + *nāirī-* in Y 54.1, die Verbindung mit *aṣ̌auuan-* seit dem *Yasna Haptaŋhāiti* (Y 37.3, 39.2, 40.3).

7 Der *Locus classicus* ist Y 30.3-6. Vgl. auch *ərəš. vī-ci-* ›recht scheiden zwischen‹ (bes. Y 30.3, 6; vgl. Y 31.5, 49.6, 46.15, 17), welches mit *var-* in enger Beziehung steht, s. bes. Y 30.6.

›Sohn des Schöpfers des Trugs, dadurch schlechtgebend‹. Im Jungavesta ist ›schlechtgebend‹ (duždāh-) ein Synonym von ›trughaft‹ und Beiwort der Daēuuas bzw. des Aŋra Mainiiu (s. bes. V 19). Damit bildet sich die aav. Opposition ›Wahrhafter‹ – ›Trughafter‹ um zu einer von ›wahrhafte(r) Mann/Frau‹ (nar- aṣ̌auuan-, nāirī- aṣ̌aoni-) – ›trughafter Daēuua‹ (in V 19.26 ›trughafter daēuuaverehrender Mensch‹).[8]

Die Ritualgemeinde schließt sich mit dieser Wendung stärker ab gegen inkompatible Personen.[9] Dazu zählen Andersgläubige (z.B. yātus ›Zauberer‹, aṣ̌əmaoγas ›Verwirrer der Ordnung, Häretiker‹), aber etwa auch solche, ›die ein [...] eingesetztes Merkmal des Aŋra Mainiiu aufweisen‹ (V 2.29), d.h. Formen körperlicher oder seelischer Gebrechen. Diesen ist als von Dämonen Befallenen (s. V 20-22) der Eingang in Yimas unterirdisches var- und ebenso die Teilhabe am Opfer verwehrt (Yt 5.90-93; Yt 17.54). Bemerkenswert ist jedoch, daß das in den Gāϑās pejorative maṡiia- in jav. Texten an signifikant vielen Stellen wieder (bzw. immer noch) eine neutrale Verwendung zeigt.[10]

In den ap. Inschriften (6.-4. Jh.v.Chr.)

Mit den Achämeniden[11] gerät der Zarathustrismus unter veränderte sozio-ökonomische Bedingungen. Grundlegend ist die Tatsache, daß Darius I über einen Vielvölkerstaat vom Nil bis zum Indus, vom Oxus bis zum Golf gebieten und dabei Glaubenssätze mit politischen Realitäten vermitteln mußte. So finden wir den zentralen Terminus des Avesta, aṣ̌a (= ved. ṛtá) ›(wahre kosmische) Ordnung‹, als dāta ›Gesetz‹ (akk. dātu, hebr. dat, arm. dat), den avestischen Gegensatz von aṣ̌auuan- ›der (wahren kosmischen) Ordnung anhängend‹ und drəguuaṇt-/druuaṇt- ›dem Trug anhängend‹ als einen von Loyalität und Illoyalität reformuliert wieder.[12] Der Einzelne ist primär Reichsuntertan, und wie die Tontäfelchen aus Persepolis zeigen, förderte Darius auch nichtzarathustrische Kulte. Damit ist der Begriff des Menschen in der politischen Realität universal, d.h. unabhängig von Abstammung, Sprache, Religion[13] gefaßt, und in DB 4.65 (vgl. D[arius]N[aqš-e Rostam] b 8f.) wird eine Rechtsgleichheit sogar ausdrücklich in Unabhängigkeit vom Besitz/Stand (skauϑi- ›schwach‹ – tunuvant- ›mächtig‹) formuliert.

Im Pahlavi-Schrifttum (9.-11. Jh.n.Chr. mit Rückgriff auf die Spätantike)

Die Sasaniden (224-651) sind die Erben der Königs- und Reichstradition der Persis (Achämeniden, Frataraka) wie zugleich die Förderer eines sich in der Spätantike orthodox ausformulierenden Zarathustrismus.

Während auch sie in der ersten Funktion bestrebt sein mußten, eine Rechtsgleichheit der Untertanen herzustellen, nahm der Zarathustrismus indes zunehmend eine Haltung ein, die das alte Moment eines Sich-Entscheidens durch Prädisposition kassierte. In den an das Avesta anknüpfenden mp. Texten tritt das Moment der Wahl in den Hintergrund. ›Wahrhaft‹/›trughaft‹ wandeln sich weitgehend zu ontologischen Kategorien: Man ist Mensch (pahl. mard[ōm]) oder Dämon (pahl. dēw).[14]

8 Vgl. das mythische Bild von der Erdverbannung der Daēuuas in Y 9.15, Yt 19.81 (Dk 7.4.42).

9 Zum Problem der Konversion s. z.B. PV 3.42/8.30; Dk 8.37.2 (*gaštagīh*, DkM 749.12).

10 Siehe im *Vīdēvdād*: V 2.8, 5.1,58, 6.10,42, 7.23,45, 15.9, 19.27,28; in den *Yašt*s: Yt 8.36,49, Yt 10.106,107, Yt 13.18,46, Yt 15.39, Yt 17.55, Yt 19.36,38,52; im *Yasna*: Y 9.

11 Seit Artaxerxes II (405-359) steht neben Ahuramazdā Miϑra (av. Miϑ ra [aber elam. *mi-iš-šá* = ap. **miça*-]) und Anāhitā, also das jav. Pantheon.

12 D[arius]B[isotun] 1.20-22 *āgariya* ›loyal‹ contra *arīka* (vgl. ai. *alīka*-, buddh.sogd. ryk ›böse, unangenehm‹), vgl. DB 4.66.

13 Die drei Kategorien, durch die sich Darius I als ›arisch‹ (ap. *ariya*- mp. *ēr*) (d.h. ›ēranisch‹) definiert.

14 Siehe *Cīdag Handarz ī Pōryōtkēšān* 2.

Die Affiliation von Sasanidenreich und zarathustrischer Kirche führte ein zunächst religiös definiertes Menschsein (Mazdayasnier contra Andersgläubige bzw. Häretikern) auf eine ethnisch-linguistisch-politische Formulierung, den Gegensatz von ›Mensch‹ und ›Dämon‹ auf einen von Ērānern und Nichtērānern zurück.[15] Abstammung, die für Zarathustrier von Ohrmazd über Gayōmard in die iranische Frühgeschichte verlief (s. bes. Gr[eater]B[un]d[ahišn] 33, 34), wurde zum entscheidenden Kriterium. Ihr Integral besaß sie in der inzestuösen Heiratspraktik der Sasanidenzeit.[16]

Tatsächlich bezeichnete der Terminus An-ērān in der Pahlavi-Literatur vielfach dasjenige, was dem ›Reich Ērān‹ (Ērān-šahr) und dessen religiösem Staatsdogma gegenüberstand.[17] Das sticht merklich ab von der Titulatur Šāhbuhrs (240–270/272) als König von ›Ērān und Anērān‹[18]. Aus dessen Inschrift ŠKZ (24-29) geht hervor, daß Anērāner all jene sind, deren vormals römische Territorien an die Sasaniden gefallen waren. In D[ēn]k[ard] 8 finden wir schließlich eine Reihe von Bestimmungen, die eine Koexistenz mit Anērānern regeln[19] – möglicherweise ein Reflex auf die multireligiöse Situation im Sasanidenreich.

Die Frage, ob die Zarathustrier einen Begriff ›alle Menschen‹ akzeptierten, kann folglich nicht eindeutig beantwortet werden. Während die historische Verlaufslinie von den aav. über die jav. Texte zur Pahlavi-Literatur einen Prozeß beschreibt, der sich wie folgt skizzieren lässt: urir. *Mensch‹ av. ›Wahrhafter (Mann)‹ contra av. ›Trughafter‹ pahl. ›Mazdayasnier/Iraner‹ (= ›Mensch‹) contra ›Dämon‹, besteht im Bereich der mit dem Zarathustrismus verflochtenen politischen Macht seit den Achämeniden die Tendenz, einen generellen Begriff ›Mensch‹ zu akzeptieren. Schon die Achämeniden scheinen bemüht gewesen zu sein, Recht allgemein und gleich werden zu lassen.[20]

Zur Freiheit des Einzelnen im Zarathustrismus

Das Leben der Zarathustrier wird von drei Diskursbereichen geregelt, die allerdings nicht scharf voneinander getrennt sind: 1. Rituallehre. 2. Praktische Philosophie. 3. Ziviles und Strafrecht.

1. Die Rituallehre regelt das menschliche Tun in bezug auf Götter (ahura-, baγa-, yazata-) und Dämonen (av. daēuua-, druj-). Da die dualistische Kosmologie die irdische Welt (ihre Kennzeichen sind Materie, Vielheit und Zeit) als eine (in der 12000jährigen Weltzeit aufzuhebenden) ›Mischung‹ (gumēzišn) des guten und des bösen Prinzips ansieht[21], steht der Mensch fortwährend in der Pflicht (kōxšišn ›Sich-Anstrengen, Kampf‹), die Angriffe der Dämonen, die sich besonders als Tod, körperliche wie seelische Krankheit und Sünde manifestieren, abzuwehren und die guten Mächte zu stärken. Beides geschieht durch die peinliche Ausführung von Reinigungszeremonien und Abwehrzaubern (besonders im av. Text Vīdēvdād [av. dāta- vīdaēuua- ›Gesetz, welches wider-dämonisch ist‹, vgl. ai. ví-deva-]) und Opferritualen (Yasna; vormals auch die Yašts).

2. Einen Überblick über die Themen praktischer Philosophie (Handarz ›Ratschlag[-Literatur‹]) bietet Dk 8.9, dessen Titel Brih-Nask ›Schicksals-Nask‹ (< *briϑu̯a-; mp. brih- (brī-) ›schneiden; vorherbestimmen‹) bereits einen Hinweis auf deren inhaltliche Prädisposition gibt: die Grundfrage nach dem Tun-Sollen bewegt sich immer schon im Rahmen anthropologischer Determiniertheit, des Tun-Könnens, ist jedoch durch letzteres nicht undialektisch

15 Vgl. in RV 2.11.10, 8.70.11, 10.22.7,8 *anārya-* ›Nicht-Ariern‹ = *á-mānuṣa-* ›nicht-menschlich‹.

16 Siehe König, Götz: *Geschlechtsmoral und Gleichgeschlechtlichkeit im Zoroastrismus*, Wiesbaden 2010, S. 384-395, 431-446 mit Lit.

17 Siehe König *ibid.*, S. 265-280.

18 So in den Inschriften ŠNRb, ŠKZ, ŠH, ŠTB, ŠVŠ; ebenso Hormizd in ŠTB; Narseh in Paikuli.

19 Siehe z.B. Dk 8.38.61 (DkM 761.13ff.); Dk 8.30.11 (DkM 738.12f.).

20 So auch partiell im Pahlavi-Schrifttum, s. GrBd 14.36, 38.

21 Siehe GrBd 1.25, 1.28 etc.

aufgehoben (s. MX 22.4-5 und vgl. schon DNb 24-26, 45-49). Das Handarz scheint in der immer stärker ethisch geprägten Lebenswelt des 1. Jt.n. seine Blüte erfahren zu haben.[22] Das bedeutete jedoch nicht, daß ein vormals priesterlich reglementiertes Leben sich zu einem irgend ›eigenverantwortlichen‹ wandelte. Zwar steigt ein Begriff, der in den Gāϑās noch ein Vermögen der höchsten Gottheit bezeichnete (av. xratu-; vgl. ai. krátu-, gr. κράτος), ins Zentrum von Anthropologie, Epistemologie und Morallehre auf: xrad ›Verstand, Vernunft, (mystische) Erkenntnis‹, doch zeigt dessen Widerpart, xwad-dōšagīh ›Urteil nach eigenem Begehren‹, daß xrad nicht der neuzeitlichen ›Vernunft‹ entsprach: Es stand grundsätzlich unter einer Vormundschaft des Klerus.[23] Thematisch formuliert das Handarz Sätze, die (am Faden einer entlehnten [?] μεσότης-Lehre) ein sittliches Verhalten und zivilisiertes Miteinander zu gewährleisten suchen. Gesellschaftlich zeigt sich das Bestreben, Armut zumindest zu vermeiden (Sorge um die mp. driyōš ›Bedürftigen‹). Tatsächlich existierte schon eine Arbeits- und Sozialgesetzgebung (mit Einschluß der Hundefürsorge), s. Dk 8.31.25, 8.37.1.

3. Die zarathustrische Rechtsliteratur ist nicht immer streng von Rituallehre und Handarz zu trennen. Bisweilen werden in der juristischen Literatur Themen behandelt, die ähnlich wie das Handarz eher moralischen Wesens sind und offenbar nicht in Rechtsvorschriften oder Strafen münden, während wiederum die ritualistische Literatur oftmals eben diesen Zug aufweist.

Anders als die Rechtskonzeption in den ap. Inschriften, welche Gesetze formulieren, die das Verhältnis der Einzelnen zueinander und in bezug auf die politische Macht regeln, steht im Vīdēvdād – der einzige auf uns gekommene vollständige Rechtsnask des Avesta – eine Ausgestaltung menschlichen Lebens unter der Zielsetzung der Bewahrung und Wiederherstellung ritueller Reinheit (d.h. der Abwendung des Dämonischen) und damit der rituellen (= kosmischen) Ordnung (Aṣ̌a) im Vordergrund. Ein ›Zweibeiner‹ (= Mensch) bleibt für einen Zarathustrier nämlich nicht ungeachtet seines Vergehens ein Mensch, sondern nur insofern, als er seine rituelle Reinheit zu erhalten vermag, sei es durch Purifikationsakte oder – teilweise barbarische (s. V 9.49) – Bußstrafen. Nicht-Purifizierbarkeit (a-yaoždiia- etc.) bedeutet den Ausschluß aus der Gemeinschaft (s. V 3.14ff.; 7.23ff.) und teilweise (s. V 8.26-32[24]) die Verwandlung zum Daēuua, ipso facto die Tötung.

Für die Bedeutung von Rechtsfragen spricht die Vielzahl an Rechtstexten, die in der priesterlichen Pahlavi-Literatur überliefert sind. Von den 21 Nasks (wörtl. ›Bündel‹) des sog. ›Sasanidischen Avesta‹, der unter Xosrō I (531-579) gefertigte Kanon av. Texte, der zwar verloren ist, jedoch von Dk 8 referiert wird, zählen sieben der Gruppe der Rechtstexte (dādīg) zu. Fünf dieser schwer verständlichen Nasks (s. Dk. 8.16-44) sind echt juridischen Charakters. Ihre Namen sind weitgehend dem Avestischen entlehnt (z.B. Nigādom < av. *nikatama-). In der Beschreibung aller 21 Nasks in Dk 8 nimmt die jener fünf Rechtsnasks 84% ein. Aus den überlieferten Sektionen Hērbedestān (s. Dk 8.28) und Nērangestān (s. Dk 8.29) lassen sich Rückschlüsse auf die einstige Gestalt ziehen: Kurze av. Sentenzen wechseln mit oft langen Pahlavi-Kommentaren ab. Da das Referat in Dk 8 selbst nicht auf dem av. Text, sondern auf dessen Pahlavi-Übersetzung (dem Zand) beruht[25], ist anzunehmen, daß Dk 8 weniger avestisches Recht als vielmehr dessen sasanidische Auslegung vermittelt. Viele Passagen widmen sich den Problemen Eigentums- und Eherecht, die offenbar in der sasanidischen und frühislamisch-zarathustrischen Gesellschaft von vordringlichem Interesse waren.[26] Zwei Tendenzen des Rechtswesens werden nach Ausweis der ersten Sätze des Pahigār radistān

22 Dk 6; Codex MK (›Pahlavi Texts‹) von 1322.
23 Siehe *Pursišnīhā* 14.1-2, *Pahlavi Vīsparad* 3.5, Dk 8.45.2 (DkM 784.19f.), *Ṣad Dar Naṯr* 26.1.
24 König 2010, S. 221-280.
25 Das beweist Dk 8.6.
26 Vgl. a. das M[ādayān ī]H[azār]D[ādistān] und das *Riwāyat ī Ēmēd ī Ašawahištān* Zu älteren, verlorenen Gesetzeswerken s. MHD 11.2, 36.2, 44.4, 44.14, 62.10f., 4.15, 26.15, 38.16-39.1, 5.11.

(Prozeßrecht) des Nigadom[27] sichtbar: a) Totalisierung gesetzlicher Rechtsprechung[28] (kein Faustrecht mehr), b) größtmögliche Schonung des Lebens. Auffällig ist seit avestischer Zeit die Quantifizier- und Aufrechenbarkeit von Sünden/Verdiensten[29], die selten Züge der Talion zeigt.[30] Weitere Humanisierung dürfte die Strafpraxis zudem mit der Ausweitung des Münzwesens (Minderung der Leibstrafen, die das Vīdēvdād in hohem Maße kennt) erfahren haben.

Weiterführende Literatur des Autors:

Götz, König: *Zur Figur des ›Wahrhaftigen Menschen‹ (mard ī ahlaw) in der zoroastrischen Literatur,* in: Zeitschrift der Deutschen Morgenländischen Gesellschaft, Bd., 155, 2005 (161-188).

—: *Geschlechtsmoral und Gleichgeschlechtlichkeit im Zoroastrismus.* (Iranica 18), Wiesbaden 2010.

27 Dk 8.16.2 (DkM 693.3-9; MF 83.2-7). Zur Passage s. Macuch, M. 2002: ›A Zoroastrian Legal Term in the Dēnkard: *pahikār-rad.*‹ In: *Iran: Questions et connaissances.* Vol. I: *La période ancienne.* Ed. by Ph. Huyse. Paris (Studia Iranica, Cahier 25), S. 77-90, S. 81. Beachte darin pahl. *adādestānīhā zanišn* ← av. *zūrō.jata-* (s. V 7.3 *zūrō.jataca.* → *zūr-zad [pad adādestān]*).

28 Zur Neigung der gesetzlicher Regelung kleinster Lebensbereiche s. z.B. Dk 8.38.53.

29 Siehe z.B P[ahlavi]R[iwāyat]D[ādestān ī]d[ēnīg] 21, 27, 43; man vergleiche bereits V 14.

30 Siehe König 2010, S. 265f., 302-306. Das Talionsprinzip ist bereits zur Rechtsform der Hölle herabgesunken, s. das *Ardā Wīrāz Nāmag.*

Martin Mittwede

Menschenrechte im Hinduismus

In der Hindukultur verbinden sich Elemente von Religion, Philosophie, Wissenschaft und Rechtsprechung auf dem indischen Subkontinent über einen Zeitraum von ca. 4000 Jahren in immer neuen Variationen und wechselnden Strömungen. Einerseits besitzt sie aufgrund ihres fehlenden Dogmatismus eine große Flexibilität und Anpassungsfähigkeit, andererseits gibt es ein starkes Beharrungsvermögen, eine Art kontinuierliches Festhalten, welches alte und teilweise längst überholte Konzepte überdauern lässt.

Grundsätzlich ist es in Indien so wie auch in vielen anderen alten Kulturen, dass kaum von Menschenrechten, aber viel von Menschenpflichten gesprochen wird, trotzdem wird bereits ca. 800 v. Chr. der Gedanke formuliert, dass der einzelne vor der staatlichen Macht, der Schwächere vor dem Stärkeren durch das Gesetz geschützt werden müsse.[1] Der Mensch ist eingebunden in ein großes Ganzes, die Schöpfung, den Kosmos, in das große Gesetz (dharma), welches naturgesetzähnlich für alle Wesen Aufgaben und Pflichten vorsieht. Erste Pflicht ist es, den Dharma nicht zu verletzen und seine angemessene Position einzunehmen. Der Pflichtenkanon beinhaltet zahlreiche ethische Prinzipien, über die sich indirekt auch Menschenrechte ergeben, aber eben nicht explizit formuliert werden. Man beginnt, im großen Ganzen zu denken und kommt erst dann auf das Individuum. Das Gesetz von Ursache und Wirkung (karma) wird erst in der spätvedischen Zeit (ca. 600 – 800 v. Chr.) in der Weise formuliert, dass es als Grundprinzip der individuellen Verantwortlichkeit verstanden wird.

Die Einforderung von Menschenrechten beruht auf dem Bewusstsein, sich selbst als abgesondertes Individuum wahrzunehmen. Im alten Indien ist der Mensch zuerst einmal Teil der Familie, des Standes, der Kultur, der Erde und der Welt als Ganzer. Als Mikrokosmos spiegelt sich in ihm das kosmische Geschehen. Er wird wesentlich, wenn sich in ihm das Zentrum der Welt manifestiert, wie es auf dem vedischen Opferplatz der Fall ist. Der Mensch, der um diese Zusammenhänge weiß, erlangt eine besondere Würde, die über sein rein körperliches Dasein hinausweist und ihn zu einem Mitspieler im kosmischen Geschehen macht. Er vermag, Werke zu tun (karma), und wird dadurch zu einem schöpferischen Wesen, dies aber nicht als Einzelwesen, sondern als Funktionsträger innerhalb der jeweiligen Gemeinschaft.

Anthropologische Grundlagen

Das alte Indien kennt eine Vielzahl von Schöpfungsmythen, in denen auch die Entstehung des Menschen beschrieben wird. Einerseits steht er in einer Stufenreihe – angefangen von den einfachen Lebewesen wie Insekten, über die komplexeren Säugetiere bis hin zu den halbgöttlichen und dann göttlichen Wesen.[2] Andererseits besitzt er eine Sonderposition, von der es später heißt, dass selbst die Himmlischen ihn darum beneiden; denn er ist in der Lage, freie Entscheidungen zu treffen.

Das absolute Sein (sat / brahman) bzw. Gott (ishvara) ist nicht nur eine transzendente Wirklichkeit, sondern auch immanent in der Schöpfung gegenwärtig. In der spätvedischen Zeit entwickelt sich in den Upanishaden[3] die Lehre von der Identität zwischen Brahman

1 Robert Ernest Hume: The Thirteen Principal Upanishads. London 1968, 84.
2 Manava Dharma Shastra 1.37 ff. G. Bühler: The Laws of Manu. (=SBE 25) Delhi 1979.
3 Paul Deussen: Upanishaden (hrsg. Von Peter Michel). Wiesbaden 2006.

(kosmischer Urgrund) und Atman (individuelle Seele). Damit gewinnt der Mensch einen besonderen Status. In seiner Seele zeigt sich das Urprinzip allen Seins. Wer dieses Sein achtet, muss auch den Menschen und alle anderen Wesen achten.[4]

Das Besondere, was den Menschen auszeichnet, ist seine geistige Freiheit. Unter ihm stehende Wesen können nicht frei entscheiden, weil sie ihrem Instinkt zu folgen haben. Über ihm stehende Wesen tun das nicht, weil sie zum kosmischen Gesetz keine Alternative sehen. Erlösung und Befreiung sind daher aus klassisch hinduistischer Sicht ein Phänomen des Erdenbewohners Mensch. In den Unterwelten geht es den Wesen zu schlecht, in den himmlischen Welten zu gut, um an Erlösung zu denken. Die ethischen Entscheidungen spielen sich in der Menschenwelt ab. Damit ist der Mensch aber auch ein Gefahrenpunkt für das Gleichgewicht der Kräfte und deshalb werden ihm vielfältige Pflichten auferlegt. Der rechte Pfad führt in der Stufenleiter der Entwicklung nach oben, der falsche nach unten. Aus den ethischen Pflichten ergeben sich die Rechte der anderen.

Wenn man ein Äquivalent zu den modern formulierten Menschenrechten im alten Indien sucht, dann scheinen am besten die vier Menschenziele zu passen, die im klassischen Hinduismus formuliert werden. Demnach hat jeder Mensch das Recht, diese Ziele zu verfolgen, weil er Mensch ist, und zwar handelt es sich um: Wunscherfüllung (kama), Wohlstand (artha), Rechtschaffenheit (dharma) und die erlösende Freiheit (moksha).[5] Versuchen wir, diese in eine moderne Begrifflichkeit zu übersetzen, dann könnten wir folgendermaßen formulieren: 1. Das Recht auf Freiheit und Selbstverwirklichung, 2. das Recht auf materielle und soziale Sicherheit, 3. das Recht, sich als selbst bestimmtes, ethisches Wesen zu erleben, 4. das Recht auf wahres Menschsein, auf spirituelles Heil, auf existentielle Vollendung. Damit weisen diese Lebensziele in den Punkten 3 und 4 über das moderne Konzept der Menschenrechte hinaus.

Standesdenken als Grundzug indischer Kultur

Bereits im Rigveda[6] wird der Entstehungsprozess der Welt als eine Zerteilung des menschengestaltigen Urwesens (purusha) beschrieben, aus dessen Mund der Priesterstand (brahmana), aus dessen Armen der Kriegerstand (kshatriya), aus dessen Oberschenkeln der Händler- und Bauernstand (vaishya) und aus dessen Füssen der Dienstleisterstand (shudra) hervorgehen. Diese Sichtweise wird im alten Gesetzbuch des Manu (ca. 400 – 200 v. Chr.) aufgegriffen[7] und damit begründet, dass der Weltenschöpfer dies getan hätte, um den Wohlstand und das Wohlergehen der Welten zu gewährleisten.

Auch wenn es in den Upanishaden Hinweise auf eine gewisse Flexibilität des Systems gegeben hat, ist die indische Kultur bis heute zutiefst vom Standesdenken (varna) geprägt[8], das keine gleichen Rechte für alle vorsieht, da sich die einzelnen Stände wesensmäßig voneinander unterscheiden.

Doch Achtung: Weil der Priesterstand in den (von Priestern geschriebenen) Gesetzesbüchern einen nahezu gottähnlichen Status (zu mindestens theoretisch) besitzt[9], wird diesem auch am meisten abverlangt: Eine Vielzahl von rituellen Regeln, von Reinlichkeitsprinzipien und ethischen Standards muss erfüllt werden, um dem mit dem Priesterstand verbunde-

4 »Wer das Selbst durch das Selbst in allen Wesen erkennt, der wird gleichmütigen Sinnes gegenüber allen geschaffenen Wesen und erlangt den höchsten Zustand des universalen Seins (brahman)« Manava Dharma Shastra 12.125.

5 Heinrich Zimmer: Philosophie und Religion Indiens. Frankfurt/Main 1979, 44-50.

6 Rigveda 10.90.12. K. F. Geldner: Rigveda. (Hrsg. von Peter Michel). Wiesbaden 2008.

7 Manava Dharma Shastra 1.31 und 1.87 ff.

8 Auch der Buddhismus und sogar das indische Christentum sind vom Kastendenken geprägt worden: Jürgen Stein: Christentum und Kastenwesen. Frankfurt/Main 2002.

9 Manava Dharma Shastra 1.93 und 1.98 ff.

nen Anspruch gerecht zu werden. Wer mehr Pflichten erfüllt, besitzt mehr Status und mehr Rechte. Wer den Pflichten aber nicht folgt, muss mit den entsprechenden Konsequenzen und Strafen rechnen. Status beinhaltet in der alten Kultur – zu mindestens theoretisch – auch Verantwortung.

Metaphysisch eingebunden ist das Standesdenken in das universell gültige Gesetz von Ursache und Wirkung (karma), welches auch im ethischen Kontext wirkt, und das Konzept der Reinkarnation (punarjanma), d.h. wer sich etwas zuschulden kommen lässt, wird im nächsten Leben in einem niedrigeren Stand oder sogar als Tier geboren; denn aus altindischer Sicht korreliert der gesellschaftliche Stand mit den moralischen Eigenschaften des Menschen.[10]

Kann man bei den drei höheren Ständen noch von einer gewissen Aufgabenteilung sprechen, die tatsächlich für das Funktionieren der Gesellschaft hilfreich ist, bleibt dem vierten Stand (shudra) als Aufgabe nur das Dienen[11], welches widerspruchsfrei gegenüber den anderen Ständen erfolgen soll. Shudras sind im alten Indien nicht nur vom religiösen und kulturellen Leben weitgehend ausgeschlossen, sondern werden in der Rangfolge der Inkarnationen auf die Tierstufe gestellt.[12]

Die Stellung der Frau (stridharma)

Wie in vielen anderen Kulturen sind in Indien Licht und Schatten gleichzeitig vorhanden. Bis heute existieren Traditionen, die Gott in weiblicher Gestalt verehren[13] oder von einem hermaphroditischen Urzustand ausgehen[14]. Frauen treten in den Upanishaden als bedeutungsvolle Gesprächspartner oder sogar als Lehrerinnen auf[15] und durch die Jahrhunderte hindurch werden immer wieder Frauen als Heilige verehrt.[16]

Andererseits ist die Hindukultur zutiefst patriarchalisch und billigt den Frauen nicht die gleichen Rechte zu wie den Männern. Nach Manu sind Frauen von Natur aus leidenschaftlich, wankelmütig und herzlos; daher müssen sie in Abhängigkeit bleiben, beschützt sein und während ihres Lebensweges vom Vater, Ehegatten und Söhnen geführt werden: »Eine Frau ist niemals bereit für Unabhängigkeit.«[17] Ihre Pflichten sind selbstverständlich im Haus angesiedelt. Die edle Frau ist diejenige, die von sich aus eine Kontrolle der ihr mitgegebenen Neigungen ausübt.

Es lassen sich natürlich auch Textstellen anführen, in denen von der gleichberechtigten Liebesbeziehung zwischen Mann und Frau gesprochen wird, gerade in den Upanishaden zeigt sich auch diesbezüglich ein offenerer Geist. Im großen Epos Mahabharata ist Draupadi, die Gattin der 5 Pandavabrüder, eine starke Frauengestalt, die vor den Juristen des Königshofes das verletzende Verhalten der Männer benennt und ihr eigenes Recht auf Selbstbestimmung einfordert.[18]

10 Neun Stufen werden im Manava Dharma Shastra 12.42 ff. beschrieben. Vgl. auch 12.31 ff.

11 Manava Dharma Shastra 1.91.

12 Manava Dharma Shastra 12.43.

13 Charlotte Vaudeville: Krishna Gopala, Radha and the Great Goddess. In: John Stratton Hawley and Donna Marie Wulff (Ed.): The Divine Consort. Boston. 1982, 1-12.

14 Die gesamte Samkhya-Philosophie ist von der Polarität männlich – weiblich im Urzustand geprägt. Vgl. auch Manava Dharma Shastra 1.32. u.a.

15 Beispielsweise Brihadaranyaka Upanishad 4.5.

16 A.K. Ramanujan: On Woman Saints. In: John Stratton Hawley and Donna Marie Wulff (Ed.): The Divine Consort. Boston. 1982,316-326. Birgit Heller: Wissen, Weisheit und Geschlecht – Ambivalente Geschlechtskonstruktionen in Hindu-Traditionen. In: Anna-Katharina Höpflinger, Ann Jeffers, Daria Pezzoli-Olgiati (Hrsg.): Handbuch Gender und Religion. Göttingen 2008, 111-124. Sahajo Bai: Sahaja Prakash. Ed. and Tr. By Harry Aveling, Sudha Joshi. Delhi 2001.

17 Manava Dharma Shastra 9.3. Vgl. auch insbesondere 9.15

18 Mahabharata 3.30.35 ff. Kisari Mohan Ganguli: The Mahabharata of Krishna-Dwaipayana Vyasa, Indien 1883-1896.

Es ist ein Kennzeichen der Hindukultur, dass anscheinend unvereinbare Standpunkte nebeneinander stehen bleiben und ihre jeweils eigene Wirkungsgeschichte entfalten. So werden gleichzeitig die göttliche Natur des Selbst und die Standesunterschiede gelehrt, ohne dass der damit verbundene Widerspruch wirklich hinterfragt wird.[19] In dieser Ambivalenz stehen auch das Patriarchat und die Stärke der Frau nebeneinander. Es mag daher kein Zufall sein, dass Indien die erste große Demokratie mit einer Premierministerin gewesen ist. (Indira Gandhi, 1917 – 1984)

Spiritualität als Aufbruch in die Freiheit und Menschenwürde

In der Hindu-Kultur ist die Meinungsfreiheit im Kontext religiöser und philosophischer Fragestellungen bereits früh etabliert. Dies liegt insbesondere an der fehlenden Fixierung und Dogmatisierung der Religion und deren dezentraler Organisation. Dies bedeutet aber nicht, dass automatisch große gesellschaftliche Freiräume gegeben sind, da jeder einzelne in des Netz der Familientradition, der lokalen Bräuche und der regionalfürstlichen Herrschaft eingebunden ist.

Nichtsdestoweniger ist Religion in erster Linie der persönliche Weg (marga) der beschritten wird. Der spirituelle Mensch, z.B. in Gestalt eines Wandermönchs (samnyasin), ist der gesellschaftlichen Ordnung enthoben, er besitzt Freiheit und Ungebundenheit und wird von der Gesellschaft insgesamt geachtet. Die Qualitäten, die mit dem Selbst, dem inneren Wesenskern des Menschen, verbunden werden, sind letztlich göttlicher Natur: Unendlichkeit, Ewigkeit, Freiheit, Unverletzlichkeit, Sein, Bewusstsein, Freude und Glück verwirklichen sich in einem Menschen, der zur Selbsterkenntnis erwacht ist: »Ich bin der Beweger des Weltenbaumes, meine Herrlichkeit ist wie der Bergesgipfel. Von erhabener Reinheit, wie die Sonne, unsterblich. Ich bin ein leuchtender Schatz, weise, unsterblich, unverletzlich.«[20]

Ein solcher Mensch lebt in dem Bewusstsein der Allverbundenheit oder sogar der Einheit allen Seins. Damit ist für ihn jedes Lebewesen würdig, geachtet zu werden. Seine größte Tugend ist die Gewaltlosigkeit (ahimsa), die sich als Liebe manifestiert. Er besitzt die Fähigkeit, durch die harten Schalen der Verrohung und Gewalt hindurchzuschauen und selbst in gewalttätigen Menschen den verborgenen Samen des Mitgefühls zu entdecken. Die vollständige Anerkennung eines Menschen in seinem Sosein beinhaltet eine existentielle Verwirklichung der Menschenrechte im Denken, Fühlen und Handeln einer Person, die weise geworden ist.

Somit kennt die Hindu-Kultur ein Ideal, das den Wert eines jeden Menschen anerkennt, dieses Ideal kann der einzelne Mensch auf seinem Entwicklungsweg verwirklichen und wird dadurch zu einem lebend Befreiten (jivanmukta). In diesem Lichte wäre die Gesellschaftsordnung nur etwas Vorläufiges, etwas, was keine wirkliche Gültigkeit besitzt. Dieser Meinung sind in der Moderne auch viele Hindureformer.

Das Individuum und die Pflicht

Im bereits erwähnten Epos Mahabharata zeigen sich zwei Personen, die eine entscheidende Revolution verkörpern, die ausgehend vom alten orthodoxen vedischen Weltbild stattfindet und zur klassischen Ausprägung der indischen Hochkultur mit neuen Werten führt. Einerseits ist da Yudhishthira, der gerechte Herrscher und Sohn des Dharma, der an seinen eigenen Pflichten verzweifelt und selbst noch vor der Tür des himmlischen Paradieses gegen die geltenden gesellschaftlichen Normen verstößt, indem er einen Hund als Gefährten bei sich behalten will, obwohl diese Tiere als unrein gelten. Er erkennt im Laufe seines Lebens die

19 Vgl. Michael von Brück: Bhagavad Gita. Frankfurt/Main 2007,158 ff.

20 Taittiriya Upanisha 1.10. Zit. nach: Bettina Bäumer: Upanishaden – Befreiung zum Sein. München 1986,148. Vgl. auch z.B. Chandogya Upanishad 8.7 u.v.a.

einseitigen Sichtweisen des starren Ständesystems und wendet sich innerlich immer mehr der Tugend der Gewaltlosigkeit zu. Bereits im Himmel angekommen verflucht er die Götter und ihre Sichtweise des Dharma. Kaum eindringlicher kann das Spannungsverhältnis zwischen altem und neuem Denken ausgedrückt werden als in diesem Akt.[21]

Arjuna, der jüngere Bruder, erleidet einen Nervenzusammenbruch direkt auf dem Schlachtfeld, weil er in dem Konflikt steht, einerseits seiner Pflicht als Mitglied des Kriegerstandes folgen zu müssen und andererseits Liebe zu seinen Gegnern empfindet, zu denen Verwandte, Freunde und Lehrer gehören. Das Gespräch zwischen Arjuna und Krishna, welches sich diesem Thema widmet und in der Bhagavad Gita niedergelegt ist, exemplifiziert den inneren Konflikt zwischen Gut und Böse, dem jeder Mensch ausgesetzt ist.

Gleichzeitig wird aber hier zum ersten Mal ein persönlicher Gewissensnotstand thematisiert, der u.a. die Frage beinhaltet, in wie weit der Einzelne das Recht hat, sich von gesellschaftlichen Normen zu lösen und selbstbestimmt zu handeln.[22] Auch wenn Krishna mit verschiedenen Argumenten versucht, Arjuna von seiner Kriegerpflicht zu überzeugen, zeigt dieser sich widerspenstig und ändert erst seine Meinung, als Krishna sich mit all seiner göttlichen Macht offenbart und Arjuna den unaufhaltsamen Lauf des Schicksals erkennen kann. Krishna respektiert den Willen des Arjuna; er kann ihn nicht zwingen – und gerade in dieser Tatsache liegt ein großes Verdienst der Bhagavad Gita. Aber aus seiner Sicht muss Arjuna die Seinen schützen und daher am Kampf teilnehmen.

Der gerechte König

Das klassische Indien wurde meist von Fürsten oder regionalen Königen regiert, hatte also als Herrschaftsform ein autokratisches System. Die Prinzipien und Strategien einer solchen Herrschaft waren in dem Werk Arthashastra von Kautilya (ca. 300 v. Chr.) niedergelegt.[23] Aber auch in diesem Text werden besondere Akzente im Bereich des sozialen Gleichgewichts, des Wohlergehens der armen Schichten bis hin zu Ideen der Landreform gesetzt, die Rechte auch der niedrigen Stände beinhalten.

Die hindukultur kennt die besondere Verantwortlichkeit des Fürsten für sein Volk, Hauptaufgabe des 2. Standes, der kshatriyas, ist immer der Schutz. In der Gestalt des mythischen Königs Rama, der als eine göttliche Inkarnation des Gottes Vishnu gilt, zeigt sich ein ethisch einwandfreies, selbstloses Handeln und eine Herrschaft, die allseitiges Wohlergehen und Freiheit beinhaltet.[24] In der alten Erzählung Vetalapancavimshati (die 25 Geschichten eines Dämons) wird sogar so weit gegangen, dass der König selbst die Verantwortung für das in seinem Land geschehende Unrecht gegeben wird.[25]

Die liebevolle Hingabe an Gott (bhakti) als Schlüssel zu den Menschenrechten

Die für den einzelnen spirituellen Menschen geltende Enthobenheit von gesellschaftlicher Einordnung und Hierarchie entwickelt sich in den religiösen Bewegungen, die die liebevolle Hingabe (bhakti) an den einen Gott ins Zentrum stellen, zu einem gesamtgesellschaftlichen Phänomen. Am Besten können wir dies mit dem Leitsatz beschreiben: »Vor Gott sind alle

21 Vgl. dazu R. C. Zaehner: Der Hinduismus. Augsburg 1964,122-132.
22 Michael von Brück: Bhagavad Gita. Frankfurt/Main 2007,150-151.
23 Kautilya: The Arthashastra. L.N. Rangarajan (Ed. And Tr.), Delhi 1992.
24 Tulasidas: Ramcaritmanas. Tr. by F. S. Growse. Ed. by R. C. Prasad. Delhi 1995,642.
25 Jambhaladatta: Vetalapancavimshati. Tr. by M. B. Emeneau. New Haven 1934.

Menschen gleich.« Die Bhakti-Traditionen gingen vom Volk und nicht von den priesterlichen Gelehrten aus. Zu den verehrten Heiligen zählen nicht nur Angehörige des vierten Standes, sondern auch Kastenlose.[26] Besonders hervorzuheben ist der Dichter Kabir (1440-1518).[27]

In den Aufbruchsphasen dieser Bewegungen werden tatsächlich Standesgrenzen überwunden, wofür es viele Beispiele gibt. Das liebende Gottvertrauen öffnet ein Tor zu einem neuen Leitbild. Nicht mehr der gesellschaftlich Hochstehende verdient die Achtung, sondern der Gott und den Menschen Dienende, der sich nicht selbst erhebt. Schrittweise werden die Bhakti-Strömungen allerdings wieder in die Orthodoxie eingepasst und ihre Flügel gestutzt. Ihre Ritualisierung führt auch wieder zu einer stärkeren Bedeutung priesterlichen Handelns.

Indien im Aufbruch

Der Aufbruch in Indien beginnt bereits früh im 19. Jahrhundert. Unter Einfluss westlichen Denkens entstehen Reformbewegungen, die die gleichen Rechte für alle unabhängig von Stand (varna), Kaste (jati) oder Geschlecht einfordern. Dazu gehören der Brahmo Samaj des Rammohan Roy (1772-1833), die durch Swami Vivekananda (1863-1902) begründete Ramakrishna Mission und andere.

Im Zuge der Bestrebungen nach Unabhängigkeit Indiens von der britischen Kolonialherrschaft entsteht 1885 der Indian National Council (INC), der sich schrittweise auch dem Thema der Bürgerrechte annimmt. Ab 1920 gewinnt Mahatma Gandhi (1869-1948) dort immer mehr Einfluss, der mit starker Betonung das Thema der Unberührbaren, Kastenlosen aufgreift und diese mit dem Namen ›Gotteskinder – Harijan‹ bezeichnet.[28] 1948 wurde er bei einem Attentat von einem orthodoxen Hindu ermordet, u.a. weil er gleiche Bürgerrechte für die indischen Muslime gefordert hatte. In seinem Denken blieb er stark dem alten Pflichtenverständnis verbunden. Wenn Menschen verantwortlich für die Gemeinschaft handeln, werden Menschenrechte verwirklicht und müssen nicht eingefordert werden.

Bedeutende Denker im Hinblick auf die Menschenrechte sind auch der Literaturnobelpreisträger Rabindranath Tagore (1861-1941) und Shri Aurobindo (1872-1950).

Die indische Verfassung wurde u.a. von B.R. Ambedkar ausgearbeitet, der zu den Unberührbaren gehörte. Das Stände- und Kastensystem wurde offiziell für ungültig erklärt und allen Bewohnern Indiens gleiche Bürgerrechte zugebilligt. Auch wenn sich in späteren Entwicklungen wie der Ausarbeitung von Notstandsgesetzen Einschränkungen von Bürgerrechten zeigten, gehört Indien nach wie vor zu den größten Demokratien der Erde.

In der Praxis zeigen sich viele Bereiche, in denen die Menschenrechte missachtet werden. Zu nennen sind Arbeitsverhältnisse, die in manchen Regionen der Leibeigenschaft gleichkommen, Kinderarbeit, eingeschränkte Rechte für Mädchen und Frauen (pränatale Selektion, frühe Verheiratung, Ausgrenzung von Witwen, mangelnde Strafverfolgung bei Gewalt gegen Frauen, ...).[29] Auch wenn verfassungsmäßig Sonderrechte und Quoten für die kastenlosen Gruppen (Dalits) bestehen, diese sich inzwischen auch in eigenen Bewegungen organisieren, ist Indien noch weit von einer Gleichberechtigung entfernt.[30] Bedeutsam sind in diesem und anderen Kontexten das Stadt-Land-Gefälle, sowie Hunger, Armut und Ausbeutung, die die Ausübung von Rechten teilweise ganz unmöglich machen.

26 Justin E. Abbott, Narhar R. Godbole: Stories of Indian Saints. Tr. of Mahapati´s Bhaktavijaya. Delhi 1988.

27 Kabir: Im Garten der Gottesliebe. Heidelberg 2005.

28 Heimo Rau: Gandhi. Reinbek 1970, 94-96.

29 Ceming, Katharina: Religionen und Menschenrechte: Menschenrechte im Spannungsfeld religiöser Überzeugungen und Praktiken. München 2010, 293 ff.

30 Clifford Bob: Dalit Rights are Human Rights: Caste Discrimination, International Activism, and the Construction of a New Human Rights Issue. In: Human Rights Quarterly 29,1. 2007, 167-193.

Gegner des Hinduismus werfen diesem insbesondere sein beharrendes Standesdenken vor, sehen dabei aber zu wenig, in welchem Ausmaß sich die Väter des modernen Hinduismus das Thema Menschenrechte zueigen gemacht und damit auf die universalistischen Ressourcen in ihrer Kultur Bezug genommen haben.[31] Indien hat im Laufe der Zeit nicht nur viele Minderheiten, sondern auch andere Religionen, Flüchtlinge und Migranten aufgenommen und zu mindestens teilweise integriert. Das ist angesichts der weiterhin bestehenden Armut, mangelnder Bildung und der Bevölkerungsdichte eine enorme Leistung, die in einem gewissen Umfang auch durch Elemente der traditionellen Hindukultur erbracht worden ist.

Andererseits existieren auch in Indien sehr orthodoxe Strömungen bis hin zu einem nationalistischen Fundamentalismus, der natürlich auch Wurzeln in der alten Tradition besitzt.[32] In den Kreisen eines rechtsgerichteten politisierten Hinduismus wird ein Verrat an den ursprünglichen religiösen Idealen der Hindukultur betrieben, der intendiert, die vermeintliche alte Ständestruktur wieder herzustellen und Nichthindus zu benachteiligen bzw. sogar aus dem Lande zu verweisen, um eine ›reine‹ Hindukultur zu verwirklichen.

Insgesamt besitzt die Hindu-Kultur jedoch viele Ressourcen, die eine fruchtbare Weiterentwicklung des Menschenrechtsthemas möglich machen.

Weiterführende Literatur des Autors

Mittwede, Martin: *Universalethische Aspekte im klassischen Yoga.* Ethik und Unterricht 1/92, 1992 (2-7).

—: *Toleranz im Hinduismus,* in: Toleranz im Weltkontext. Geschichten – Entstehungsorte – Neuere Entwicklungen, hrsg. v. Hamid Reza Yousefi und Harald Seubert, Wiesbaden 2013 (85-93).

31 Vgl. dazu auch Georg Lohmann: Zur Verständigung über die Universalität der Menschenrechte. Eine Einführung. In: Günter Nooke (Hrsg.): Gelten Menschenrechte universal?: Begründungen und Infragestellungen. Freiburg 2008,47-62. Und: Anette Rein: Menschen sind anders und gleich! Menschenrechte zwischen Partikularität und Universalität. In: Günter Nooke (Hrsg.): Gelten Menschenrechte universal?: Begründungen und Infragestellungen. Freiburg 2008, 236-251.

32 Wendy Doniger: The Hindus. An Alternative History. London 2009.

Eiko Hanaoka

Menschenrechte im Buddhismus

Einleitung

Der Buddhismus ist bekanntlich jene Religion, die von Buddha Siddhartha Gautama (ca. 4-5 Jahrhundert v. Chr.) befürwortet wird. Kern der buddhistischen Lehre ist die Kausalgenese (Sanskrit: pratitya-samutpada. Japanisch: Engi, 縁起)[1], die vier edlen Wahrheiten (Sanskrit: catvary aryasatyani. Japanisch: Shitai, 四諦) und der edle achtfache Pfad (Sanskrit: aryastanigika-marga. Japanisch: Hasshodo, 八正道), welche Buddha nach seinen Ideen vorlebt. Buddha ist ein Mann aus Nordindien, der ungefähr im Alter von 35 Jahren eine Art Erwachung oder Erleuchtung hat und von da an bis zu seinem Tod die buddhistische Lehre verbreitet. Nach Buddha hat Nagarjuna (ca. 150-250), ein sehr bedeutsamer Vertreter des Buddhismus diese Kausalgenese (pratitya-samutpada) als Leere in Indien (Sanskrit: Sunyata. Japanisch: Ku, 空) erfahren, diese Gedanken der Leere (Sunyata) systematisiert und eine erhebliche Menge an eigenen Werken beigesteuert.

Aber das praktische Prinzip sind die vier edlen Wahrheiten: *Erstens* das Leiden (Sanskrit: Duhkha-satya. Japanisch: kutai, 苦諦), *zweitens* Illusion und Wunsch（Sanskrit: Samudaya-satya. Japanisch: jittai, 集諦), *drittens* Vermeidung von Leiden (Sanskrit: Nirodha-satya Japanisch: Mettai, 滅諦,), *viertens* der edle Weg (Sanskrit: Marga-satya, Japanisch: Dotai, 道諦, die Erreichung von Nirvana). Das Prinzip lautet: Diese Welt ist eine Welt des Leidens, dessen Ursachen sind die Vergänglichkeit dieser Welt und das Hängen an den Dingen jedes Menschen, deswegen kann man mit dem Akt des edlen Weges zum edlen achtfachen Pfad gelangen, der einem unter Berücksichtigung der acht Hinweise zur Erleutung führt. Diese acht Pfade sind: rechtes Erkennen, rechte Absicht, rechtes Reden, rechtes Handeln, rechter Lebenserwerb, rechter Übung, rechter Achtsamkeit, rechter Meditation.

Nagarjuna zeigt in der Kausalgenese (pratitya samutpada), in Buddha und in der Leere(sunyata) auf, dass nicht jeder Teil der Schöpfung substanziell ist. Denn die Buddha-Natur und die Selbstnatur (Japanisch: Jisho, 自性), auch Zen-Buddhismus gennant, besagt, dass alles Sein Nichts ist. Deswegen ist die Buddha-Natur und die Selbstnatur in der ganzen Schöpfung nichts anderes als substanzielles Nichts. Die Selbstnatur jedes Menschen ist deshalb das Nichts wie in Buddha, wie der Lehrer des Zen-Buddhismus Dogen Kigen (1200-

1 Zwölf Kausalgenesen (Japanisch: Jyunishi-engi, 十二支縁起) zeigen, dass das Lebewesen der Alltagsmenschen aus folgenden zwölf Bedingungen besteht: 1. Avidya – Finsternis; Unwissenheit als das Wesen des Irrtums (Jap. Mumyo 無) 2. Samskara – Die Funktion aus der Finsternis, die die nächste Stufe des Bewusstseins hervorbringt (Jap. Tat, Gyo,行) 3. Vijaana – Bewusstsein; die erste Empfindung der Empfängnis (Jap. Shiki識.) 4. Namarupa – Name und Form; die Stufe in der die Herzenswrkung und der Körper in dem Mutterleib wachsen (Jap. Myoshiki 名色) 5. Sad-ayatana – Wahrnehmung; das Synonym von sechs Sinnesorganen. 6. Rokunyu – Die Stufe, vom Mutterleib ausgehend mit den sechs Sinnesorganen Augen, Ohren, Nase, Zunge, Körper und Bewusstsein (Jap. 六入) 7. Sparsa – Identität; die Stufe, in der man die Dinge berührt ohne das Leiden von der Bequemlickeit zu unterscheiden, etwa im 2 bzw. 3 Lebensjahr (Jap. Soku, 即) 8. Vedana – Empfindung; die Stufe, in der man Leiden und Bequemlichkeit empfängt ca. im 7. Lebensjahr (Jap. Ju,受) 9. Trsna – Die Stufe, in der man das Leiden vermeidet und die Bequemlichkeit sucht, indem verschiedene Begierden im 14. oder 15. Lebensjahr erscheinen (Jap. Ai, 愛.) 10. Upadama – Anhänglickeit; die Anhänglichkeit zählt zu den Dingen von Objekten der Begierde (Jap. Shu 取).) 11. Bhava – Existenz; die Stufe, in der die Vergeltung der Zukunft mit den Stufen zusammen trsna und upadama bestimmt wird (Jap. U, 有) 12. Jati – Leben, Sei; das hohe Alter und der Tod (Jap. Jana-marana 生). Die oben genannten Genesen sind der Ursprung der Vergangenheit, sind die Folge der Gegenwart und der Ursprung der Zukunft und die Folge der Zukunft. Vgl. *Bukyogakujiten*. Kyoto 1974, S. 235. Vgl. *Bukyojiten*, Iwanami 1989, S. 396.

1253) sagt, dass alles empfindende Sein der Buddha-Natur eingeboren ist.[2] In diesem Sinne ist die Selbstnatur jedes Menschen auch die Buddha-Natur, also das Nichts.[3] Die Buddha-Natur bedeutet das Wesen Buddhas und wird ›tathagata-garbha‹ (Japanisch: Nyoraizo, 如来蔵) Selbstnatur-Wahrheit (Japanisch: Kakusho, 覚性) genannt. Die Buddhanatur als Nichts bedeutet, dass sie weder ewig, noch universal, oder unveränderlich ist, sondern nicht-substanziell. Diese Tatsache können wir durch folgende Erzählung verstehen.

Jyushin (778-897, 趙州従諗) fragte, ob auch in einem Hündclein die Buddha-Natur sei oder nicht.[4] Darauf antwortete Priester Jyosyu ›Nichts‹ (Japanisch: Mu, 無). Dieses ›Nichts‹ bedeutet das nicht-substanzielle Nichts, dass die Welt der Kausalgenese (pratitya-samutpada) subsumiert, und woraus alles Sein entstanden ist.

Der erste bekannte Philosoph Japans Kitaro Nishida (1870-1945) benennt dieses Nichts als das absolute Nichts, indem er dieses Nichts und den Zen durch grundlegende Umarbeitung überdenkt. Er hat die Philosophie des absoluten Nichts befürwortet, indem er jenes ›Nichts‹ auf dem Grund des Selbst-Gewahrens erklärt und reflektiert. Dennoch muss sich jedes Einzelwesen der Buddha-Natur als absolutes Nichts gewahr werden. Dies wird mittels diverser Übungen ermöglicht, beispielsweise durch die Kunst des Blumenstecken, der Teezeremonie, durch die meditative Kunst des Bogenschießens, die Kunst der Schwertführung, und weiter durch religiöse Übungen wie buddhistische Gebete, Übung im Zen und anderes, welches den Übenden des wahren Selbst gewahr werden lassen können.

Der Mensch wird in eine Welt des Leidens geboren, wie es die erste und zweite der vier edlen Wahrheiten benennt. Er wandelt in Finsternis und kommt schließlich bei Alter und Tod an, besudelt von Begierden und gierender Neigung zu weltlichen Dingen, wie es die Kausalgenese (pratitya-samutpada) zeigt. Für jeden Menschen ist es deshalb nötig sich zu üben, um des wahren Selbst, der Buddha-Natur nämlich, gewahr zu werden. Dafür benötigt der Mensch Kenntnis der acht edlen Wege, Kenntnis des achtfachen Pfads, als das praktische Prinzip. Erst dadurch kann sich der Mensch des wahren Selbst gewahr werden und deshalb in der Leere (Sunyata) aufgehen. In diesem Sinne versteht man, dass die Menschenrechte angegriffen sind, wenn verhindert wird, dass der Mensch diese acht edlen Wege beschreiten kann. Wir können deswegen sagen, daß die Menschenrechte im Buddhismus gleichsinnig mit der Freiheit sind, die acht edlen Wege zu begehen.

Die Menschenrechte innerhalb der säkularen Ethik unserer Welt sind auch im Buddhismus als selbstverständlich vorausgesetzt. Die Menschenrechte, jedem Menschen zu Eigen, sind Stück für Stück durch die US-amerikanische Unabhänglichkeitserklärung und die Gedankengänge der Französischen Revolution festgestellt worden. Außerdem sind die fundamentalen Menschenrechte auf Gerechtigkeit und Frieden durch die Erklärung der Menschenrechte während der Generalversammlung der Vereinten Nationen im Jahre 1948 eine Pflichtübung der internationalen Gesellschaft. Auch in der buddhistischen Gemeinschaft sind die Menschenrechte in der Dimension der säkularen Gesetze, wie sie jeder Zeitepoche und jedem Staat eigen sind, zu schützen. Wenn man fragt: ›Was sind die Menschenrechte im Buddhismus?‹, so muss die Antwort lauten, dass die Menschenrechte im Buddhismus weder fundamentale Menschenrechte bedeuten noch jene Rechte, wie sie in der Welterklärung der Vereinten Nationen Aufnahme finden. Für den Buddhismus ist der Begriff der Menschenrechte

2 Vgl. Kigen, Dogen: *Shobogenzo・Shobogenzo-zuimonki*, Iwanami, 1965, S. 109. Vgl. Yokoi, Yuho: *The Shobogenzo* 1, Tokyo 1986, S. 2.

3 Vgl. Dumoulin, Heinrich: *Der Pass ohne Tor (Wu-mon-kuan)*, Tokyo 1953, S. 9. Vgl. Shibayama, Zenkei: *Zu den Quellen des Zen.* Die berühmten Koans des Meitsters Mumon aus dem 13. Jht., mit Einführung u. Kommentar, 1976, S. 31.

4 Vgl. Dumoulin, Heinrich: *Der Pass ohne Tor (Mu-mon-kuen)*, Tokyo 1953, S. 9. Vgl. Shibayama, Zenkei: *Zu den Quellen des Zen.* Die berühmten Koans des Meitsters Mumon aus dem 13. Jht., mit Einführung u. Kommentar, 1976, S. 31.

noch weiter gefasst, und zwar dahingehend, dass das Beschreiten des edlen achtfachen Pfads keine Hinderung erfahren darf, ohne dass dabei die Menschenrechte des Einzelnen in der säkularen Dimension vernachlässigt werden.

Die letzte Erlösung und Freiheit im Buddhismus ist es, der folgenden beiden Tatsachen gewahr zu werden. *Erstens* haben der Himmel und die Erde und ich den gleichen Ursprung, die Gesamtheit der Schöphung und ich sind eins.[5] *Zweitens* ist jedes Einzelwesen auf der anderen Seite absolut getrennt voneinander erloschen, wie es im Biyan Lu geschrieben steht: »Ich allein der Verehrungswürdige in und unter dem Himmel.«[6] Wenn das Individuum so selbstständig ist wie in diesem Zitat, und zugleich des wahren Selbst gemeinsam zu allen Wesen gewahr wird, dann werden die Menschenrechte des Einzelmenschen, der Spezies (=Staat, Volk und verschiedene Gruppierungen) wie auch der gesamten Menschheit geschützt. Wir können deswegen verstehen, dass Menschenrechte im Buddhismus ursprünglich viel mehr als nur ethisch gedachte Rechte sind. Ein Beispiel ist der indischen Morallehrer, Asket und Pazifist Mohandas Karamchand Gandhi (1869-1948). Wir wissen, dass er die Selbstregierung von Indien, wahre Freiheit und wahre Erlösung von Individuen, Spezies und Menschheit so ernsthaft gewünscht hat, dass er deshalb um Widerstandlosigkeit, Gehorsam und Mitarbeit bemüht war, und dass er deshalb am Ende von einem radikalen Hindu niedergeschossen wurde.

Wir möchten daher die Menschenrechte im Buddhismus so verstehen, wie wir es weiter unten ausführen, indem wir verschiedene Beispiele aus buddhistischem Bereichen darlegen; denn Religionen, auch der Buddhismus, und besonders Zen, können mit ihren Begriffen und Fachtermini allein nicht hinlangend zugänglich gemacht werden, sondern verlangen vielmehr nach Gleichnissen und Erzählungen.

1. Ein Mensch ohne Rang (Jap.: ichimui no shinnin, – 無位の真人)

In Rinzai-shu, eine im 12. Jahrhundert entstandene Lehrtradition durch Linji Yixuan († 867; -goroku, Jap.: Rinzai Gigen) finden wir folgende Bemerkung: ›Unter deinem Klumpen von rotem Fleisch ist ein wahrer Mensch ohne Rank, der immer ein- und ausgehend vom Gesicht ist, in jedem von euch. Die Leute, die ihn nicht erlebt haben, siehe, siehe.‹[7] Diese Worte zeigen folgende Tatsache: In allem lebenden Fleisch steckt ein nackter wahrer Mensch ohne Hindernisse, der über irdische Grenzen hinweggesetzt ist. Und dieser mit jedem Ding gemeinsame wahre Mensch geht ein und aus durch die sechs Sinnesorgane, nämlich von den Augen, den Ohren, die Nase, die Zunge, der Körper und der Wille. Diejenigen, die sich diese Tatsache weder angeeignet noch erfahren haben, sollten ihr Beachtung schenken.

Der japanische Autor, buddhistischer Wissenschaftler und Philosoph Daisetsu Teitaro Suzuki (1870-1966) erklärt, dass der wahre Mensch (Japanisch: Nin, 人) das Individuum und zugleich derjenige ist, der das Individuum transzendiert, nämlich das Meta-Individuum.[8] Und fährt weiter fort, dass in dem wahren Menschen die Ruhe, die Weisheit und die Tätigkeit eins seien, und er benennt spirituelles Selbst-Gewahrwerden als ›Glauben‹. Dieser Glaube entspricht dem Selbst-Gewahren der japanischen Philosophen Kitaro Nishida (1870-1945) und Keiji Nishitani (1900-1990) aus der Kyoto-Schule der Philosophie.[9]

5 Vgl. Lu, Bi-Yän: *Niederschrift von der Amaragdenen Felswand,* Bd. I, übersetzt von Wilhelm Gundert, München, S. 504.

6 Ebenda, Bd. II, S. 143.

7 Vgl. Sasaki, Ruth F.: *The Record of Linchi*, übersetzt, Kyoto 1975, S. 3.

8 Vgl. Suzuki, Daisetsu Teitaro: *Sämtliche Werke,* Bd. 3, 1968, S. 372.

9 The Kyoto Schule in der japanischen Philosophie fängt mit Kitaro Nishida an. Nach ihm ist die Kyoto Schule von Hajime Tanabe (1885-1962), Keiji Nishitani (1900-1990), Gihan Takeuchi (1913-2002), Koichi Tsujimura (1922-2010), Kansho Ueda (1926-), die bis zur Gegenwart folgen.

Nun kann man den Begriff Menschenrechte dahingehend verstehen, dass man als wahrer Mensch leben können darf, und wie die Lehre der Rinzai-shu sagt, dass der Mensch nicht gestört werden soll, dass er sich übe, des wahren Menschen gewahr zu werden. Es geht nicht um juristische Menschenrechte als Legalität, sondern vielmehr um juristisch verteidigungsfähige transzendierte Menschenrechte, sozusagen natürliche Menschenrechte. Es geht um die Übung, mit der Zielsetzung und Vorgabe, wahres Menschsein zu erreichen. Im oben aufgeführten Sinne ist die Möglichkeit der Übung, zur Hinbegebung zum wahren Menschen hin, das erste und grundlegende Menschenrecht im Buddhismus.

2. Bodhidharma und der Friede des Geistes (Japanisch: Daruma-anjin, 達磨安心)

In Regel 41 von ›*Die torlose Schranke des Zen*‹ (Japanisch: *Mumonkan)* finden wir folgende Worte: Der Mönch Bodhidharma (440-528) sitzt mit dem Gesicht zur Wand und übt Zazen, eine japanische Sitzmeditation. Der zweite chinesische Patriarch Eka (487-593, Chin. Huike), der im Schnee neben ihn steht, schneidet in seinen Arm und sagt: »Der Geist deines Schülers hat noch keinen Frieden. Ich bitte dich, mein Lehrer, gib du ihm Frieden. Bodhidharma sagt: ›Bring mir den Geist, und ich will ihm Ruhe geben.‹ Darauf meint der Patriarch Eka: ›Ich habe nach dem Geist geforscht und gesucht; er ist unerreichbar.‹ Der Mönch erwiedert: Ich habe ihn für dich vollkommene Ruhe gegeben.«[10]

Der chinesische Patriarch Eka wird vom Meister Bodhidharma als Zögling anerkannt, nachdem Eka als Zeichen seiner Entschlossenheit zur Wahrheitsuche, beziehungsweise zur Suche nach dem wahren Selbst durch den Schnitt in seinen eigenem Armes, sein Selbst demonstriert. Dennoch kann Eka der Herzensruhe nicht teilhaftig werden und bittet den Meister um Rat. Der Meister empfiehlt seinem Zögling daraufhin, sein unruhiges Herz zu finden und es ihm herzubringen. Eka sieht sich indes dazu außer Stande, er kann sein unruhiges Herz nicht finden. Als Dharma das hört, spricht er zu Eka, dass es eben ein solches unruhiges Herz nicht gibt.

Diese Erzählung zeigt, dass das Herz nicht objektiviert werden kann, und dass es das substanzierte unruhige Herz deswegen nicht gibt. Weiter kann damit verdeutlicht werden, dass keine buddhistische Seelenruhe in der metaphysischen substanziellen ideellen Welt oder im Herzen, sondern in der nicht-substanziellen alltäglichen Welt besteht. In der juristischen und säkularen Welt ist es dem Zögling nicht möglich, durch eine Verletzung des eigenen Armes Zenmeisters zu werden, um des wahren Selbst gewahr zu werden. Dennoch weist diese Erzählung auf die echten Menschenrechte im Buddhismus hin, und diese transzendieren die Legalitäten der säkularen juristischen Menschenrechte.

3. Offene Welt – nichts von heilig (Japanisch: kakunen-musho, 廓然無聖)

Regel 1 des Biyan Lu (Bi-yän-lu, Jap. hekigan–roku) verzeichnet folgendes Gespräch zwischen dem chinesichen Kaiser Wu (464-549, 武, Jap. Bu)) der Dynastie Liang (502-557, 梁, Jap. Ryo) und dem Mönch Bodhidharma: Wu-Di von Liang fragt den Großmeister Bodhidharma: ›Welches ist der höchte Sinn der Heiligen Wahrheit?‹ Bodhidahrma antwortet: ›Offene Weite – nichts von heilig.‹ Das heißt die Offenheit, die den Unterschied zwischen Heiligkeit und Säkularität transzendiert. In der säkularen Welt ist das Verhältnis zwischen oben und unten bei der gesellschaftlicchen Stellung und den Berufen sehr streng. Der Kaiser fragt weiter: ›Wer ist das Uns gegenüber?‹ Bodhidharma erwidert: ›Ich weiß es nicht.‹ Der Kaiser

10 Shibayama, Zenkei: *Zu den Quellen des Zen.* Die berühmten Koans des Meitsters Mumon aus dem 13. Jht., mit Einführung u. Kommentar, 1976, S. 347.

kann seiner Weisheit nicht folgen. Daraufhin zieht Bodhidharma weiter nach Wei. Später wendet sich der Kaiser an den edlen Baudschi und erzählt ihm die Geschehnisse. Der edle Baudschi sagt: ›Aber Eure Majestät, Ihr wisst doch wohl, wer das ist oder nicht?‹

Der Kaiser erwidert: ›Ich weiß es nicht.‹ Da erwidert der edle Baudschi: ›Das ist der Große Held Avalokiteshvara, der das Siegel des Buddhageistes weitergibt.‹ Da bereut es der Kaiser zugleich, und will einen Boten senden, um Bodhidharma zurückzubitten. Der Edle Baudschi aber gibt ihm den Rat: Eure Majestät sagt lieber niemanden, dass Sie einen Boten schicken wollen, um ihn zurückzuholen! Dem könnte das ganze Land nachlaufen: er kehrt doch nicht wieder um.[11]

In dieser Erzählung wird gezeigt, daß die höchste Wahrheit in Buddhismus ›Offene Weite- nichts heilig‹ ist. Dennoch antwortete Dharma ruhig ›Ich weiß es nicht‹ zu der Frage ›Wer ist das Uns gegenüber ?‹ Dharma kehrte zurück, indem er denkt, daß es unnötig ist, mit dem Kaiser ein Gespräch zu führen, der den Sinn von ›Offene Weite- nichts heilig‹ nicht verstehen kann. In dieser Erzählung ist die Gestalt von Dharma sehr lebhaft, der sich auf die acht wahren Wege übt. Diese Lebensweise ist die Gestalt der Leute, die sich um die Menschenrechte im Buddhismus bemühen.

4. Nansen tötet eine Katze (Japanisch: 南泉斬猫)

In der Regel 14 von ›*Der torlosen Schranke des Zen*‹ steht folgende Erzählung: Einmal stritten sich die Mönche in einem Kloster des östlichen Flügels mit den Mönchen des westlichen Flügels um den Besitz eine Katze. Der Meister Nansen hebt die Katze hoch und sagt: »Mönche, wenn ihr etwas im Namen des Zens für die Rettung des armen Tieres zu sagen habt, dann will ich die Katze verschonen. Wenn ihr es nicht könnt, bringe ich die Katze um!« Als kein Mönch etwas antworten kann, tötet Nansen die Katze. Als Josyu gegen Abend zurückkehrt, erzählt ihm Nansen den Vorfall und fragt ihn nach seiner Reaktion. Da zieht Josyu seine Sandale aus, legt sie sich auf den Kopf und geht weg. Nansen reagiert mit folgenden Worten: »Wenn du hier gewesen wärest, hättest du die Katze gerettet.«[12]

In der oben aufgeführten Erzählung kann kein Priester nach der Lehre des Zen handeln, um die Katze zu retten. Daher tötet Priester Nansen die Katze. Es ist natürlich nicht in der diesseitigen ethischen Welt erlaubt, eine Katze durch eigenwillige Umstände des Menschen zu töten. Jedoch ist es unmöglich für die Priester, über eine Katze miteinander streiten und zugleich, des wahren Selbst gewahr zu werden. Die Katze in dieser Situation zu töten ist im Grunde nicht erlaubt auch in der religiösen Dimension. Trotzdem ist es für Priester Nansen noch viel wichtiger, dass die Priester des wahren Selbst gewahr werden können, als dass er in die Hölle durch die Tötung der Katze kommt. In den Menschenrechten im Buddhismus ist es deswegen essentieller, dass man die anderen Leute des wahren Selbst gewahr werden lässt, als dass das eigene Individduum gerettet wird.

5. Ein wahrer eigenes Haus verlassener Priester (Shin-no-Shukkesha, 真の出家者)

Der chinesische Priester Linji Yixuan sagt: »Übe den wahren eigenes Haus verlassenen Meister.« Nun, der Mensch, der sein eigenes Haus verlassen hat, muss zwischen Buddha und Dämon, Wahrheit und Lüge, Säkularität und Heiligkeit unterscheiden, indem er sich über die normale und wahre Einsicht klar wird. Wenn er das schaffen kann, kann er als ›wahrer eigenes Haus verlassener Priester‹ bezeichnet werden. Wenn er aber den Dämon von Buddha

11 Vgl. Lu, Bi-Yän: *Niederschrift von der Amaragdenen Felswand,* Bd. I, übersetzt von Wilhelm Gundert, München, S. 37.

12 Shibayama, Zenkei: *Zu den Quellen des Zen.* Die berühmten Koans des Meitsters Mumon aus dem 13. Jht., mit Einführung u. Kommentar, 1976, S. 133.

nicht unterscheiden kann, dann hat er nur sein eigenes Haus verlassen, um in ein anderes Haus einzugehen. Er kann möglicherweise ein ›Karma machendes Geschöpf‹ genannt werden, aber er kann nicht ›der eigenes Haus verlassene wahre Priester genannt werden‹.[13]

Die oben angeführte Erzählung lautet: der wahre Priester kann zwischen Buddha und Dämon, Wahrheit und Lüge, Säkularität und Heiligkeit unterscheiden. Jedoch fällt er nicht in die Besonnenheit, nur die Wahrheit und Heiligkeit zu lieben und die andere Seite des Dämons, Lüge und Säkularität zu hassen und wegzuwerfen. Der wahre Priester unterstützt die beiden Seiten mit Mitleid. Der Priester Linji sagt weiter. Nun, wenn wir voraussetzen, dass es ein Buddha-Dämon gibt, der untrennbar in einem Körper vereinigt wird, wie die Mischung von Wasser und Milch, trinkt der König von Gänze nur Milch, die Nachfolger des Weges, der das wahre Dharma im Auge hat, will vom Dämon als auch von Buddha zugleich trinken. Wenn ihr die Heiligkeit liebt und die Säkularität hasst, dann sinkt ihr in die See von Leben und Tod.[14]

Die Rettung im Buddhismus hat im Allgemeinen die Tendenz, dass der Mensch die irdische Welt verlässt. Dennoch, während bei wahren Priestern alle Polaritäten wie Heiligkeit und Säkularität etc. unterschieden wird, leben sie in der irdischen Welt jedoch im Ursprung zwischen allen Polaritäten und Dualitäten. Deswegen sind die Menschenrechte des wahren Priesters, welcher im Ursprung aller Dualitäten und Polaritäten lebt, die die er in den irdischen Gesetzen transzendiert.

6. Nicht- unterwegs und Nicht-wohnen bei Rinzai (家舎を離れて、途中に在らず)

Rinzai (Linji) spricht über ›Unterwegs und Wohnen‹ folgenderweise. Ein Mensch ist endlos unterwegs, jedoch hinterlässt er kein Haus. Ein anderer Mensch hat das Haus hinterlassen, ist jedoch nicht unterwegs. Welcher Mensch gehört der irdischen Welt an und welcher verdient sich zum Himmel zu gehören?[15]

Die obengeschilderte Aufführung lautet: Ein Mensch ist endlos auf dem Weg der religiösen Übung und zugleich immer in der Erweckung (Japanisch: Satori) und dass ein anderer weder in der Erleuchtung noch auf dem Weg der religiösen Übung bleibt. Welcher von beiden gehört zu der menschlichen Welt und welcher von denen gehört zum Himmel?

Es ist natürlich nicht so leicht, dass jeder von uns kontinuierlich ein wahrer Mensch ohne Rang als wahres Selbst bleibt. Dennoch kann jeder von uns erst als wahrer Mensch ohne Rang leben, wenn er/sie ohne Anhänglichkeit zu der Übung und Erweckung, und sogar zu der Offenheit, in der nur beide möglich werden, wie in Vajra-sutra (Chinesisch: Chin-kang-ching, Japanisch: Kongokyo, 金剛経） folgenderweise steht: Gerade wenn man keinen Platz zum wohnen hat, kann das wahre Herz (Japanisch: Kokoro, 心、 Herz und Mind) gedeihen.[16]

Die Menschenrechte im Buddhismus, wie oben aufgeführt, entstehen in dem folgenden Satz und in folgender Weise werden sie realisiert, so dass man in der wahren Freiheit in der absoluten unendlichen Offenheit ungehindert frei von der Anhänglichkeit leben kann. Aber wenn Abhängigkeit zu den objektivierten, verabsolutierten und substanzivierten Dingen besteht, werden die Menschenrechte im Buddhismus verletzt.

13 Vgl. Sasaki, Ruth F.: *The Record of Linchi*, übersetzt, Kyoto 1975, S. 12.

14 Ebenda, S. 12.

15 Devas‹ zeigt die ersten zwei von sechs Welten (Hölle – Marakagati, Hungergestalt – Preta-gati, Tiere – Tirya-gyonigati, Wut – Asuragati, Mensch – Manusyagati, Himmel – Devagati).

16 Vgl. Nakagawa, Takashi: *Rokuso-dankyo.* Zens Worte No.4, 1976, S. 40.

Schlussworte

Von den oben diskutierten Sachen können die folgenden Angelegenheiten als Menschenrechte im Buddhsmus verstanden werden. Nämlich zu leben:

- als wahrer Mensch ohne Rang mit acht wahren Wegen,
- in der Seelenruhe in Dharma, die weder subjektiviert noch substanziert werden kann,
- ohne Selbstbewusstsein der Seelenruhe, sondern mit Selbst-gewahrenwerden des wahren Selbst gemeinsam zu der ganzen Schöphung für die Erlösung jedes Dinges zu dem wahren Selbst,
- als Priester, der in dem Ursprung aller Dualitäten oder Polaritäten wie Säkularität und Heiligkeit etc. entsteht, und
- als Priester, nämlich als wahrer Mensch, der weder unterwegs einen Platz noch ein eigenes Haus hat, ohne Rang oder abhängige Orte, in denen jeder behaglich wohnen kann.

Zum Schluss möchte ich mich sehr herzlich dafür bedanken, dass ich mich über Menschenrechte im Buddhismus in diesen Buch durch die Empfehlung von Hamid Reza Yousefi äußern und diskutieren konnte.

Weiterführende Literatur der Autorin:

Hanaoka, Eiko: *Zen and Christianity.* From the Standpoint of Absolute Nothingness, Kyoto 2008.

–: *Eine ursprüngliche Forschung der Religionsphilosophie,* Tokyo 1998.

Sabine Sander

Menschenrechte im Judentum

Auf die schutzbedürftige Verletzlichkeit des menschlichen Lebens und die würdetheoretische Vorstellung von der *Sakralität der Person* und des *Lebens als einer Gabe* kann man sich in vielen ›Sprachen‹ einigen. Die *religiöse Option* ist eine von mehreren Möglichkeiten, sich verstehend in Beziehung zur Welt zu setzen. Da religiöse Erfahrungen Selbsttranszendenz[1] beinhalten, bieten sie die Möglichkeit, andere Menschen in den Blick zu nehmen. Statt die Menschenrechte zu säkularisieren, ist zu fragen, wie religiöse Vorstellungen in universelle Annahmen übersetzt werden können, die in den Horizont Andersgläubiger oder des »religiös Unmusikalischen« integrierbar sind.

Dieser Beitrag fragt nach Wurzeln der Menschenrechte im Judentum. Es gibt weder ein hebräisches Begriffspendant noch existierte im Altertum eine formelle Menschenrechtserklärung; auch ist keine genealogische Linie von den mosaischen Geboten zu den Menschenrechtsartikeln nachweisbar.[2] Doch lassen sich Kultur- und Glaubenstraditionen aus jüdischen Quellen ermitteln, die im Zusammenhang mit den Menschenrechten stehen. Das Judentum ist durch das Exodusgeschehen, seine wechselvolle Geschichte und deren Mnemotope für Unrechtserfahrungen sensibilisiert und liefert reiches Material für philosophische, geschichtliche und soziologische Forschung.

Das *Alte Testament* ist eine über Jahrtausende entstandene Schriftsammlung; da die Texte weder aus einer Feder noch eines Geistes Kind sind, gibt es Widersprüche und Weiterentwicklungen; Schriftauslegung ist im Judentum zentral, Rabbinen sind Meister der Kasuistik. Mit Blick auf die drei Generationen der Menschenrechte lassen sich jüdische Beiträge zur Menschenrechtsidee ordnen: Der *Zivilpakt* begrenzt staatliche Macht und enthält Freiheitsrechte wie Recht auf Leben, Meinungs-, Religions- oder Versammlungsfreiheit und Partizipationsrechte. Der *Sozialpakt* regelt wirtschaftliche, soziale und kulturelle Fragen: Recht auf Bildung, Arbeit, Sicherheit und angemessen Lebensstandard. In der dritten Generation stehen *Solidaritätsrechte* wie Recht auf Frieden, saubere Umwelt und gerechte Verteilung von Ressourcen. Viele dieser Ideen haben sich im Medium des Religiösen artikuliert, bevor sie in politische und juristische Diskurse migrierten.

Gleichheit und Würde

Die Menschenrechtserklärung deklariert Freiheit, Gleichheit und Würde, ergänzt um das Diskriminierungsverbot. Begründet wird dies damit, dass Menschen »mit Vernunft und Gewissen begabt« seien. Nicht nur angesichts der Historisierung der Vernunft steht dies auf tönernen Füßen: Vorgeburtliches Leben, Kinder, Demente, Komapatienten, Menschen mit psychischer oder geistiger Behinderung handeln vielleicht nicht stets vernünftig; doch selbstverständlich kommt ihnen Würde und ein Recht auf Leben zu. Nach jüdischer Auffassung ist Würde aus der Gottebenbildlichkeit abgeleitet. Diese Idee hat ihre erste Wurzel in der altorientalischen und ägyptischen Königsideologie, die den König als irdischen Statthalter Gottes charakterisiert.[3] Erst die alttestamentliche Vorstellung verleiht dem Ebenbildlichkeitstopos

1 H. Joas: Braucht der Mensch Religion? Über Erfahrungen der Selbsttranszendenz. Freiburg 2004.

2 R. Cassin: From the Ten Commandments to the Rights of Man. In: S. Shoham (Hg.): Of Law and Man. Essays in Honor of Haim Cohn. New York 1971, 13-25.

3 Als ältestes Zeugnis gilt die assyrische Siegeshymne auf Tukulti-Ninurta I. (1244-1208 v. Ch.), die den König als Abbild Gottes charakterisiert. P. B. Machinist: The Epic of Tukulti-Ninurta I. A Study in Middle Assyrian Literature. Yale University Diss. 1978, 67-71 u. 174-209.

sozialethische Dignität: Wenn Gott die Menschen nach seinem Bilde schuf, sind alle gleich, wertvoll und einander verbunden; Verletzungen an Leib und Seele eines Anderen treffen ins Ebenbild Gottes.

Der ebenbildliche Mensch trägt die Verantwortung, nach Gottes Ordnung zu leben. Die hellenistische Tradition verknüpft dies mit der griechischen Vorstellung von der Unsterblichkeit der Seele. Nach Philo von Alexandrien offenbart sich Gottebenbildlichkeit im Logos, was den Bogen zu Naturrechtslehren schließt.[4] Abraham ibn Daud prägte die Formel vom Menschen, der kraft seiner Vernunft »separate Intelligenzen«, die Engel, nachahme.[5] Die rabbinische Auslegung sieht den Sinn der Gottebenbildlichkeit des Menschen nicht in menschlicher Vernünftigkeit, sondern im ethischen Handeln: Die *imitatio dei* beinhaltet den Appell zum Erhalt und Schutz anderer Menschen und zur Gerechtigkeit.[6] Die kabbalistische Mystik betont leibliche Aspekte: Die göttlichen Emanationen im kabbalistischen Lebensbaum werden mit Körperteilen assoziiert.[7]

Im dialogphilosophischen und sozialethischen Schrifttum, in dem das ›Ich‹ in Relation zum ›Du‹ gedacht wird, hallt der Ebenbildtopos nach: Leo Baeck zufolge ist JHWH im Menschen zugleich Ich und Du, bei Martin Buber begegnet das ewige Du im anderen Menschen. Jean-François Lyotard säkularisiert diesen Gedanken: Ihm zufolge trägt jeder Mensch die Gestalt des anderen in sich, was er mit der menschlichen Sprachfähigkeit und der jedem menschlichen Satz innewohnenden pragmatischen Funktion des Adressierens begründet. Jede Seele ist Teil der Menschheit, was einem Menschen getan wird, tangiert die Gemeinschaft: »Du sollst nicht töten. Wer einen Menschen tötet, der tötet damit nicht einfach ein Mitglied der Spezies Homo sapiens, sondern die menschliche Gemeinschaft, die in ihm als Vermögen und Versprechen angelegt ist. Und zugleich tötet er sich selbst. Wer einen Fremden ächtet, der ächtet sich selbst und schließt sich dadurch aus der Gemeinschaft aus«.[8]

Achtung der Würde beinhaltet die Ablehnung von Beleidigung und übler Nachrede: Im Talmud heißt es, Beleidigung sei ärger als körperlicher Schmerz und abscheulicher als ein Verbrechen.[9] Umstritten ist der Einfluss der Ebenbildlichkeitstopik auf die modernen Menschenrechte: In der Tradition Kants stehend leiten Rechtsphilosophen wie John Dworkin und John Rawls die Menschen- und Bürgerrechte aus säkularen Quellen ab: Autonomie der Person, Vernunftbegabung, moralische Persönlichkeit.[10] Dagegen deutet Jürgen Habermas »den egalitären Universalismus und die Idee von Freiheit und solidarischem Zusammenleben«, aus dem »Gewissensmoral, Menschenrechte und Demokratie« entsprungen seien, als unmittelbares »Erbe der jüdischen Gerechtigkeits- und der christlichen Liebesethik«.[11]

Soziale Rechte und Pflichten: Nächstenliebe, Inklusion des Fremden, Asyl

Mit der Betonung der Gemeinschaft korrespondiert der ausgeprägte Instinkt für Sozialrechte. Die für die Selbstdeutung zentrale kollektive Erinnerung an das Exodusgeschehen schärfte den Blick für Diskriminierte und das Bemühen um soziale Balance. Es gab Vorschriften zur

4 J. Jervell: Imago Dei. Gen 1,26 f. im Spätjudentum, in der Gnosis und in den paulinischen Briefen. Göttingen 1960.

5 S. Weil: Das Buch Emunah Ramah oder: Der erhabene Glaube. Berlin 1919, S. 83.

6 K.-E. Grözinger: Jüdisches Denken: Theologie, Philosophie, Mystik. Bd.1. Frankfurt/Main 2005, 281 f. A. J. Heschel: What is Man? In: F. A. Rothschild (Hg.): Between God and Man: An interpretation of Judaism. New York 1998, S. 234.

7 K.-E. Grözinger: Von der mittelalterlichen Kabbala zum Hasidismus. In: Jüdisches Denken: Theologie – Philosophie – Mystik. Bd.2. Frankfurt/Main 2005, S. 145 f.

8 J.-F. Lyotard: Die Rechte der Anderen. In: S. Shute/S. Hurley (Hg.): Die Idee der Menschenrechte. Frankfurt/Main 1996, S. 171-182, hier 171.

9 Talmud Sotah 8b und Talmud Arachin 15b.

10 J. Waldron: God, Locke, and Equality. Christian Foundations in Locke's Political Thought, S. 2, 235 ff.

11 J. Habermas: Zeit der Übergänge. Frankfurt/Main 2001, S. 175.

Abfederung der Lage von Benachteiligten, Besitzlosen und Fremden: Dazu zählt das Nachleseverbot auf Feldern, Weinbergen und Olivenhainen durch ihre Besitzer, das Ernteverbot im siebten Jahr sowie die Abgabe des Zehnten in jedem dritten Jahr zugunsten der Mittellosen.[12] Wie die gesamte antike Welt kannte die altjüdische Gesellschaft Sklaven, doch hatten diese Sonderrechte: Die Sabbatruhe galt auch ihnen, im siebten Jahr wurden sie freigelassen, vorher konnten sie sich freikaufen oder freikaufen lassen. Körperliche Verletzungen führten zur Freilassung, drakonische Strafen drohten dem Besitzer, wenn sein Sklave versehrt wurde oder zu Tode kam.[13]

Gerechtigkeit ist zentral: »Gerechtigkeit, Gerechtigkeit, ihr sollst Du nachgehen«.[14] In Erinnerung an Exil und Diaspora dehnt das *Alte Testament* den Grundsatz der Nächstenliebe auf Fremde aus: »Wenn ein Fremder sich in eurem Land aufhält, so dürft ihr ihn nicht bedrücken. Der Fremdling, welcher sich bei euch aufhält, soll euch wie ein Einheimischer sein. Du sollst ihn lieben, wie du dich selbst liebst, denn auch ihr seid Fremdlinge gewesen im Land Ägypten«.[15] Als goldene Regel, die den Talmud zusammenfasst, nennt Rabbi Hillel: »Was Dir nicht lieb ist, tue auch Deinem Nächsten nicht; das ist die gesamte Gesetzeslehre, alles andere ist nur Erläuterung, geh und lerne«. Leo Baeck postuliert den Zusammenhang zwischen alttestamentlichem Liebesgebot, der Inklusion des Fremden und den Menschenrechten: »Hiermit ist der staatliche Rechtsgedanke emanzipiert, aus aller politischen und kirchlichen Verengung herausgehoben und auf den rein menschlichen Boden gestellt. Ein Grundbegriff des Naturrechts ist damit gewonnen, und die großen Forscher des 17. Jahrhunderts, die dem Völkerrecht neue Erkenntnis schufen, ein Hugo de Groot, ein Johan Selden, haben voller Bewunderung von ihm, dem Fremdling aus dem Talmud, erfahren, und ihn dankbar in seine Systeme aufgenommen. In ihrem Natur- und Völkerrecht nimmt er einen wichtigen Platz ein«.[16]

Auch das Asylrecht hat jüdische Wurzeln: Der hebräische Begriff טלקמ (miqlat) ist abgeleitet von ›aufnehmen‹.[17] Heute politisch Verfolgten gewährt, war es im antiken Israel weiter ausgelegt: Es galt für Menschen, die fahrlässig getötet haben und Gefahr liefen, Opfer von Blutrache zu werden. Asylbewerber wurden vor dem Ältestenrat vorstellig und schilderten ihren Fall: Bei Schuldigsprechung durch die Rechtsgemeinde erfolgte die Auslieferung an den Bluträcher, bei erwiesenem Fehlen von Vorsatz und Heimtücke wurde dauerhaft Asyl gewährt.[18] Weitere Asylgründe waren politische und religiöse Verfolgung, Befreiung aus Schuldverhältnissen, Flucht vor Krieg, Wirtschafts- und Naturkatastrophen. Als Fluchtorte dienten Wohnungen hochrangiger Privatpersonen, Freistädte[19] und Ortsheiligtümer.

12 Lev. 23,22, Dtn. 14, 28 f. und 24,19-21.

13 V.K. Vuidaskis: Elemente einer Theorie und Praxis der Menschenrechte in der altjüdischen Kultur. Würzburg 1999, 51-87.

14 5. Mos. 16,20.

15 Lev. 19,33.

16 L. Baeck: Das Wesen des Judentums. Frankfurt/Main 41926, S. 219 f.

17 M. Greenberg: The Biblical Conception of Asylum, JBL 78, S. 125-132. F. Crüsemann: Das Gottesvolk als Schutzraum. Zum biblischen Asyl- und Fremdenrecht und seinem religionsgeschichtlichen Hintergrund. In: W.-D. Just (Hg.): Asyl von unten. Kirchenasyl und ziviler Ungehorsam – ein Ratgeber. Reinbek bei Hamburg 1993, 48-71. Es wird darauf hingewiesen, dass das griechische Adjektiv ásylos nicht von ›aufnehmen‹ abgeleitet ist, sondern von ›ungeplündert, unberaubt, unverletzlich, sicher, unangefochten‹. Die Septuaginta übersetzt miqlat mit hikesía (Schutzflehen) oder phygadeutērion (Fluchtort).

18 Num. 35, 16-25.

19 Golan, Ramot-Gileat, Bezer, Kedesch, Sichem, Hebron.

Freiheitsrechte

Die Erinnerung an das Exodusgeschehen war in der Sozialgeschichte Israels treibende Kraft für die Konsolidierung von Freiheitsrechten für Sklaven oder Fremde. Die Verheißung von Freiheit war an eine Voraussetzung gebunden: Gott nahm dem Volk das Versprechen ab, sich ihm zu unterwerfen; der mit Mose geschlossene Bund wurde durch Josua erneuert. In der Bundestheorie drückt sich ein theokratisches Verständnis politischer Herrschaft aus, unterstrichen durch die Beobachtung, dass sich JHWH bei zweifelhafter Loyalität der Menschen als strafender Vater präsentiert: Die Sintflut oder die Zerstörung der Städte Sodom und Gomorra stehen sinnbildlich.[20] Doch entschied sich das Volk freiwillig für den Bund – was vorsichtig als demokratische Vorform gedeutet werden kann.[21]

Ein demokratischer Fingerzeig ist auch die Praxis, dass Versammlungen aller freien Männer öffentliche Streitfragen diskutierten und schlichteten, über Krieg und Frieden berieten und der Ältestenrat politisch wirksame Entscheidungen traf. Die Propheten waren Hüter von Menschenrechten, indem sie Ungerechtigkeiten anprangerten; sie setzten sich für eine konstitutionelle Monarchie ein, in der die Macht des Königs durch das überlegene theokratische Gottesrecht begrenzt wurde. Die *Achsenzeit* ist eine kulturelle Tiefengrammatik der Menschenrechte: Unabhängig voneinander konfrontierten verschiedene Kulturen politische Herrschaft mit höherer Gerechtigkeit, reale mit idealer Ordnung.

Gott verlieh den Menschen Ehre, indem er sie als frei denkende Wesen schuf und die Möglichkeit selbstbestimmten Handelns einräumte: Der Sündenfall als erste Übertretung war eine freie Willensentscheidung. Kämpfe um Religionsfreiheit ziehen sich durch die ganze israelische Geschichte – legendär der Makkabäeraufstand.[22] Die Propheten mahnten zu Religionsfreiheit; Nationalheldinnen wurden Judit und Ester, die unter Einsatz ihres Lebens politische und religiöse Freiheit Israels erstritten. War Religionsfreiheit auch nicht ideal realisiert, verdeutlichen die Beispiele, dass diese als hohes Gut gehandelt wurde. Auch der Weg zur Meinungsfreiheit wird geebnet: Die Kunst der Schriftauslegung hat eine reiche Blüte im Judentum, es gibt weder Mehrheitszensur noch eine privilegierende Kanonisierung von Autoritäten. Legendär sind die kontroversen Rechtsauslegungen von Hillel und Schammai, vorbildhaft die Kasuistik.

Frauenrechte

Die mit Ausnahme des Buches Ruth männliche Autorschaft der Bibel bezeugt die inferiore Stellung der Frau, die dem Geist der Zeit entspricht. Der erste Schöpfungsbericht kündet aber nicht von der aus Adams Rippe stammenden Eva, sondern von der ebenbürtigen Lilith. Wir finden in der Bibel sowohl patriarchalische Strukturen als auch starke Frauen, die unabhängige, kriegerische, politische und beratende Positionen innehatten.[23]

Die insgesamt nachgeordnete Stellung der Frau zeigt sich im gesellschaftlichen und religiösen Bereich und hat eine Ursache in orthodoxer Schriftauslegung, eine andere in kultisch-rituellen Vorstellungen: Während der Menstruation, eine Woche nach der Geburt eines Kindes oder nach Fehlgeburten galten Frauen als kultisch unrein und wurden aus dem gesellschaft-

20 Deschner meint, das antike Israel habe keinen Dämon gebraucht, weil JHWH vor Rachgier, Eifersucht und Zorn schäumte. Karlheinz Deschner: Kriminalgeschichte des Christentums. Bd. 1: Frühe Neuzeit. Von den Ursprüngen im Alten Testament bis zum Tod des heiligen Augustinus. Reinbek 1996, S. 76.

21 Jos. 24,16 f und Ex. 25,3: »Mose kam und sagte dem Volke alle Worte des Herrn und alle Rechtsordnungen. Da antwortete alles Volk wie aus einem Munde: Alle Worte, die der Herr gesagt hat, wollen wir tun.«

22 B. Bar-Kochva: Judas Maccabeus. The jewish struggle against the Seleucids. Cambridge 1989.

23 E. Otto: Zur Stellung der Frau in den ältesten Rechtstexten des Alten Testaments. In: Kontinuum und Proprium. Studien zur Sozial- und Rechtsgeschichte des Alten Orients und des Alten Testaments. Wiesbaden 1996, 30-48. K. Engelken: Frauen im alten Israel. Eine begriffsgeschichtliche sozialrechtliche Studie zur Stellung der Frauen im Alten Testament. BWANT 130. Stuttgart 1990.

lichen Alltag ausgeschlossen, bis sie sich in der *Mikwe* gereinigt hatten. Das *Nidda-Gesetz* spiegelt Angst vor dämonischen Kräften, von denen man glaubte, sie trachteten nach der Erschöpfung von Lebensenergie, die im Blut verortet wurde.

Nach orthodoxem Verständnis ist die Frau Gehilfin des Mannes, damit sich dieser pflichtbefreit dem Tora-Studium widmen kann. Vertreter der mittelalterlichen mystischen Bewegung *Chasside Aschkenas* hoben die Stellung der Frau an: Der *Sefer Chassidim* und Rabbi Asai forderten das Torastudium für Frauen. Deren Stellung verbesserte sich sukzessive seit der Aufklärung: Emanzipation durch Bildung war die Devise der literarischen Salons des 18. Jahrhunderts; die ersten Salonnières waren weiblich und jüdisch: Henriette Hertz, Fanny Lewald, Rahel Varnhagen. Die Breslauer Rabbinerkonferenz beschloss 1846 Gleichberechtigung von Mann und Frau. Die *Bat-Mizwa-Feier* wurde 1922 in Frankfurt eingeführt, 1972 die erste Rabbinerin ordiniert. In orthodoxen Kreisen erfüllt die Frau weiter tradierte Rollen: Sie steht für Frieden und Harmonie, ausgedrückt in der Tradition, dass bei Sonnenuntergang die Ehefrau und Mutter durch das Entzünden der Kerzen den heiligen Sabbat einleuchtet und ihr Haus symbolisch mit Heiligkeit erfüllt.[24]

Widerstand

Der israelisch-palästinensische Konflikt ist die perennierende Herausforderung des humanitären Völkerrechts. Obwohl formal allen Bürgern Israels unabhängig von Ethnie und religiösem Bekenntnis gleiche Rechte zugebilligt werden, existieren Diskriminierungen der nichtjüdischen Bevölkerung. Immer mehr palästinensische Landstriche werden zu israelischem Staatsland erklärt; selten sind die Areale käuflich erworben, meist gewaltsam beschlagnahmt.

Durch den Bau der Sperrmauer wurden viele palästinensische Bauern zu Besitzlosen, abgeschnitten von ihren Feldern und Olivenhainen. Von Arabern bewohnte Häuser werden beschlagnahmt oder zerstört, die Zivilbevölkerung leidet, seit der zweiten Intifada mehren sich Berichte über Folterungen. Auch wenn das Beziehungsgeflecht zwischen Religion und Staat bedeutend enger ist als in den meisten westlichen Demokratien und gewaltsame militärische Einsätze im Namen der Religion verübt werden, darf die Politik des Staates nicht mit dem Judentum als Religionsgemeinschaft identifiziert werden.

Es gibt religiösen Widerstand, Rabbis bringen Menschenrechtsverletzungen vor die Knesset. Die 1975 gegründete Bewegung *Oz VeShalom* kritisiert die israelische Politik; Aufklärungsarbeit und zivilgesellschaftliches Engagement leisten die *Rabbis for Human Rights*; die Bewegung *Jewish Voice* beruft sich auf die biblisch gebotene Liebe zum Fremden. Yeshayahi Leibowitz appellierte an Israelis, Wehrdienst zu verweigern und konfiszierte palästinensische Gebiete zurückzugeben.

Resümee

Biblisches Denken rückt die Idee des Gottesdiensts ins Zentrum, heutiges Denken das autonome, freie und gleiche Subjekt. Jüdischer Messianismus hofft auf endzeitliches Eingreifen Gottes, Rechte sind mit Pflichten verbunden. Dagegen möchte die moderne Menschenrechtserklärung ohne Pflichten auskommen, die Verwirklichung nicht in die Zukunft legen und Würde von Gottebenbildlichkeit emanzipieren. Dennoch zeigt sich, dass viele moderne Menschenrechtsideen mit humanitären und rechtlichen Vorstellungen im Judentum korrelieren.

24 K. Ceming: Religionen und Menschenrechte. Menschenrechte im Spannungsfeld religiöser Überzeugungen und Praktiken. München 2010.

Jede historische Würdigung der Menschenrechte muss eingestehen, dass diese nicht nur eine naturrechtliche Wurzel im griechischen Aristotelismus und römischen Rechtsdenken haben, sondern auch aus religiösen Quellen des Judentums gespeist sind.

In Grenzen waren politische und bürgerliche Freiheits- und Gleichheitsrechte im antiken Juda realisiert. Vor allem die im Sozialpakt enthaltenen Rechte stehen in einer langen Tradition jüdischer Sozialethik: Hier bahnt sich ein Ethos der Nächstenliebe den Weg, das jeden, auch Fremde, einschließt. Moderne Menschenrechte neigen zur Betonung individueller Rechte, jüdisches Denken stellt die Gemeinschaft in den Vordergrund. Dieser überindividuelle Aspekt ist fruchtbar für die gegenwärtige Menschenrechtspraxis mit Blick auf die Völker der sogenannten dritten und vierten Welt. Auch die Forderung, Sprache als vergessene Menschenrechtsdimension zu berücksichtigen, findet im Judentum, das ein intimes Verhältnis zur Sprache pflegt, ein Vorbild.[25]

Dem Vorschlag, dass Einfühlung nicht durch rationale Diskurse, sondern durch das Erzählen von Geschichten über Gewalt und Traumatisierungen zu gewinnen sei, ist nichts hinzuzufügen.[26] Im Berliner Museum *Hamburger Bahnhof* zeigt das Videokunstprojekt *Die andere Seite* von Ingeborg Lüscher die Gesichter von Israelis und Palästinensern, die Angehörige verloren haben.[27] Im leibsprachlichen Ausdruck von Trauer und Schmerz offenbart sich das gemeinsame aller Menschen. Das Bezeugen von Menschenrechtsverletzungen ist auch eine Aufgabe von Kunst: Auf Grundlage der achsenzeitlich universellen Tiefengrammatik der Menschenrechtsidee bleibt die Notwendigkeit einer subjekttheoretischen Begründung.[28]

Der Mensch ist die verbindliche Instanz aller kulturellen Ausdrucksformen. In dieser *Geltungskompetenz* liegt Verantwortung. Da sie sich in diversen Kulturen und pluralen Lebensvollzügen manifestiert, können Menschenrechte weder nur diskursiv noch rein religiös begründet werden. Die Zukunft der Menschenrechte hängt an deren interkulturellen Übersetzbarkeit: Globale universelle Rechte und Pflichten müssen in lokalen kulturellen Kontexten angeeignet und fortgeschrieben werden – vielleicht erweisen sich Künstler/innen und Menschen mit multiplen kulturellen Identitäten als Pioniere eines universalistischen Interkulturalitätsdiskurses der Menschenrechte.

Weiterführende Literatur der Autorin:

Sander, Sabine: *Der Topos der Undarstellbarkeit.* Ästhetische Positionen nach Adorno und Lyotard. Erlangen 2008.

—: *Sprachdenken im Kontext von Moritz Lazarus' Völkerpsychologie,* in: Naharaim. Zeitschrift für deutsch-jüdische Literatur- und Kulturgeschichte. hrsg. v. Ashraf Noor, vol. 3, 2009 (102-116).

25 S. May: Language rights: The forgotten dimension of human rights. In: T. Cushman (Hg.): Handbook of Human Rights. New York 2012, 311-323.

26 R. Rorty: Menschenrechte, Rationalität und Gefühl. In: Susan Hurley/Steven Shute (Hg.): Die Idee der Menschenrechte. Frankfurt/Main 1996, 144-170.

27 Videoinstallation im Museum Hamburger Bahnhof/Berlin von I. Lüscher, 11.07.2012 – 06.01.2013.

28 T. Göller: Kulturelle Pluralität und menschliche Würde. Eine Problemskizze. In: Gregor Paul u.a. (Hg.): Humanität, Interkulturalität und Menschenrecht. Frankfurt/Main 2001, 13-38.

Mathias Victorien Ntep

Menschenrechte im Christentum

Einleitung

In seinem im Jahre 2008 in französischer Sprache veröffentlichten Buch schreibt Yvon Poitras, ein christlicher Philosoph aus der kanadischen Provinz Quebec: »Unsere Religion, insofern als sie ihrer Spiritualität treu bleibt, behauptet sich als eine wunderbare Vermenschlichungsquelle. Das Christentum fördert die Würde des Menschen. Die Werte von Freiheit, Gleichheit, Brüderlichkeit, Sorge um Schwache, die unserer Zivilisation zugrunde liegen, die unsere Kultur durchdrungen haben, sind dem Evangelium entsprungen. ›Die Menschenrechte‹ und die Charta der Rechte würde es wahrscheinlich nicht geben, wenn Jesus Christus und seine Jünger nicht zuweilen auf Lebensgefahr die Würde und die Gleichheit jedes Menschen behauptet und bekräftigt hätten.«[1]

Jean-Luc Mathieu, ein französischer Jurist, stößt in dasselbe Horn: »Am Anfang der Bemühungen um den Schutz der Menschenrechte gibt es das Gewissen eines jeden Menschen, das ihn mahnt, dem Mitmenschen nicht das anzutun, was er nicht von diesem erleiden möchte.«[2] In der Moralphilosophie oder Ethik nennt man dies die ›Goldene Regel‹, wenngleich man hierbei vielmehr von dem ›Goldenen Grundsatz‹ reden sollte. Was aber sehr oft unter den Teppich gekehrt wird, ist die Tatsache, dass sich die heutige »Goldene Regel« der Moralphilosophie oder Ethik eigentlich schon in der Bibel befindet[3].

Trotzdem dürfen die Fragen aufgeworfen werden, ob die Behauptungen von Poitras und von Mathieu Hand und Fuß haben und inwiefern die Artikel der »Allgemeinen Erklärung der Menschenrechte« der Vereinten Nationen von 1948, welche ja den Anspruch auf eine weltweite Gültigkeit erhebt, den Inhalt der christlichen Bibelsprüche widerspiegeln. Was ist das Christentum überhaupt? Diese Fragen werden im Folgenden erörtert. »Menschenrechte« sind Freiheiten, Ansprüche und Wünsche, die jedem Menschen zustehen und die er mit dem Bedeuten ausüben und/oder genießen darf, dass er dem Nächsten oder dem Nachbarn – gleichviel, ob er Christ oder Nichtchrist ist – nicht schadet. Nach Gertraud Putz sind »Menschenrechte« »jene Summe von unveräußerlichen und unverzichtbaren Rechten, die jedem Menschen aufgrund seines Wesens, von Natur aus zustehen, unabhängig von der Zugehörigkeit zu einem bestimmten Staat oder einer bestimmten Gruppe.«[4]

Putz beschäftigt sich aber mit diesem Thema überwiegend aus der Perspektive der katholischen Kirche, einer bestimmten Konfession, die nicht auf der ganzen Linie auf dem Fundament der Bibel beruht. Bei dieser Auseinandersetzung mit dem früheren Vorhandensein der Menschenrechte im Christentum und insonderheit bei der Gegenüberstellung von christlichen Textstellen und wichtigen Artikeln der (AEMR) wird vor allem der genetische Vergleich herangezogen und verwendet. Um der ganzen Aufgabe beikommen zu können,

1 Poitras, Yvon: *La foi comme rivière – être croyant aujourd'hui*, Montréal 2008, S. 21. Die Übersetzung aus dem Französischen ins Deutsche ist vom Verfasser.

2 Mathieu, Jean-Luc: *La défense internationale des droits de l'homme.* ›Que sais-je?‹, Presses Universitaires de France, Paris, [2]1998, S. 14. Die Übersetzung aus dem Französischen ins Deutsche ist vom Verfasser.

3 »Nimm nicht Rache und lass sich nichts gegenüber den Mitgliedern deiner Abstammungsgemeinschaft aufstauen, liebe vielmehr deinen Nächsten und deine Nächste als dich selbst«, Leviticus, das dritte Buch der Tora (3. Mose), Kapitel 19, Bibelspuch 18, in: Bibel in gerechter Sprache, hrsg. v. Ulrike Bail u.a., Gütersloh [3]2007 (im Folgenden abgekürzt als BGS = Bibel in gerechter Sprache).

4 Putz, Gertraud: *Christentum und Menschenrechte,* Wien 1991, S. 12.

wird zunächst das »bibelfeste Christentum« deshalb dargestellt, weil die Bibel bekanntlich die Quelle des christlichen Glaubens ist. Die wichtigsten Artikel der (AEMR) werden anschließend mit entsprechenden Bibelstellen verglichen.

Es gibt nur eine einzige echte Form von Christentum: das bibelfeste Christentum.

Das Christentum oder die christliche Kultur ist die Denk – und Lebensweise, die in dem christlichen Glauben fußt, wie sie von dem Juden Jesus und seinen jüdischen Jüngern und Aposteln vorgelebt und überliefert wurde. Die christliche Religion, welche die Wiederherstellung eines guten Verhältnisses zwischen dem Menschen und Gott über Jesus, die Anbetung dieses Gottes und die sorgsame und gewissenhafte Beachtung der Gebote Gottes predigt, wurzelt in der jüdischen Religion.

Daher sagte Jesus, dass er nicht gekommen war, um die Gebote bzw. Anordnungen Gottes und die Warnungen der Propheten aufzuheben, sondern um sie zu erfüllen. Ein Christ ist jeder Mensch, der den Tod Jesu als Sühnopfer für seine Sünden annimmt und daran glaubt, dass Jesus ihn dadurch erlöst und durch seine Auferstehung ihn auch auferwecken und erretten wird, wenn er bis ans Ende am Glauben an Gott über Christus festhält und seinen Glauben dadurch beweist, dass er bis zu seinem Tod oder bis zur Wiederkunft Jesu die Lehre Jesu und die seiner Apostel in jedem Augenblick in die Praxis umsetzt. So lebten die Urchristen und so ist das Urchristentum, an das sich die heutigen bibelfesten Christen halten. Es gibt nur eine einzige echte Form von Christentum: das bibelfeste Christentum.

Die Bibel befürwortet auch die Gleichheit, die Brüderlichkeit und die Freiheit. Was die Gleichheit anbelangt, steht Folgendes in der Bibel: »Petrus begann zu sprechen und sagte: ›Wahrhaftig, jetzt begreife ich, dass Gott nicht parteilich ist.‹ Vielmehr sind Gott in jedem Volk diejenigen recht, die Gott achten und rechtschaffen handeln.«[5] Es steht auch in der Bibel: »Ihr alle nämlich seid Gottes Kinder im Messias Jesus durch das Vertrauen. Denn alle, die ihr in den Messias hineingetauft seid, habt den Messias angezogen wie ein Kleid. Das ist nicht jüdisch noch griechisch, da ist nicht versklavt noch frei, da ist nicht männlich und weiblich: denn alle seid ihr einzig – einig im Messias Jesus. Wenn ihr aber dem Messias angehört, dann seid ihr folgerichtig auch Abrahams Samen, erbberechtigt aufgrund der Verheißung.«[6]

Die Brüderlichkeit ist eine Tugend, die von der Bibel empfohlen wird: »Die Scharen von Frauen und Männern fragten ihn [Johannes den Täufer] immer wieder: ›Was sollen wir denn tun?‹ Er antwortete ihnen dann folgendermaßen: »Die zwei Umhänge haben, sollen jenen geben, die keine haben. Und die zu essen haben, sollen ebenso handeln!«[7]

Die Freiheit ist ein Recht, das von der Bibel befürwortet wird.[8] Zudem zwingt Gott selbst keinen Menschen, das von Ihm angebotene Heil anzunehmen.[9]

Das Christentum wird im Paulusbrief an die Epheser, Kapitel 4, Bibelsprüche 17 bis 32, und Kapitel 5, Bibelsprüche 1 bis 20, zusammengefasst. Da steht zum Beispiel geschrieben: »Ihr habt gelernt, den alten Menschen eures frühen Lebens, der entsprechend den betrügerischen Begierden zu Grunde geht, abzulegen, euch aber in der Geisteskraft eures Denkens zu erneuern und den neuen Menschen anzuziehen, der Gott entsprechend geschaffen wurde in Gerechtigkeit und Heiligkeit der Wahrheit.«[10] Dies kann nur durch die gewissenhafte Einhaltung und Umsetzung der Gebote Gottes, Warnungen der Propheten, der Bergpredigt Jesu und

5 Über die Zeit der Apostelinnen und Apostel, Kapitel 10, Bibelsprüche 34 bis 35, in: BGS ^{3}2007.
6 Brief an die Gemeinden in Galatien, Kapitel 3, Bibelsprüche 26 bis 29, in: BGS ^{3}2007.
7 Lukasevangelium, Kapitel 3, Bibelsprüche 10 bis 11, in: BGS ^{3}2007.
8 Vgl. Brief an die Gemeinden in Galatien, Kapitel 5, Bibelsprüche 1 bis 26, in: BGS ^{3}2007 S. 200.
9 Vgl. Deuteronomium – Das fünfte Buch der Tora, Kapitel 30, Bibelsprüche 15 bis 20, in: BGS ^{3}2007.
10 Brief an die Gemeinde in Ephesus, Kapitel 4, Bibelsprüche 22 bis 24, in: BGS ^{3}2007.

der Lehren seiner Apostel erreicht werden. Menschlich gesehen ist dies wahnsinnig schwer. Dabei wird der Eindruck gewonnen, dass Menschenrechte eingeschränkt werden. Für einen neugeborenen Christen ist dies durch den Heiligen Geist möglich.

Die Freiheit bestehe darin, alles ausrichten zu dürfen, ohne dem Mitmenschen dabei zu schaden

Um nun den Ähnlichkeiten bzw. Gemeinsamkeiten zwischen biblisch-christlichen Werten und Menschenrechten auf den Grund zu gehen, werden im Folgenden die bedeutendsten Artikel der am 10. Dezember 1948 von den ›Vereinten Nationen‹ verkündeten ›Allgemeinen Erklärung der Menschenrechte‹ (AEMR) angeführt und anschließend mit einer entsprechenden oder ähnlichen Bibelstelle verglichen.

Wenngleich nur die (AEMR) vom 10. Dezember 1948 im Mittelpunkt dieses Beitrages steht – sie sind ja neuer als die ›Erklärung der Rechte von Virginia‹ vom Jahre 1776 und die ›Erklärung der Menschen- und Bürgerrechte‹ von 1789 –, werden notfalls einige Artikel aus den beiden früheren Erklärungen herangezogen. Wenn das Dokument ›Virginia Bill of Rights‹ von 1776 die freie Ausübung der (christlichen) Religion empfiehlt und dadurch zeigt, dass die Verfasser dieser Erklärung über das Christentum Bescheid wussten, erwähnt die ›Erklärung der Menschen – und Bürgerrechte‹ von 1789 den ›Höchsten‹ oder das »Höchste Wesen«, wogegen die ›Allgemeine Erklärung der Menschenrechte‹ vom 10. Dezember 1948 nahezu jede christlich-religiöse Spur übersieht, ohne gleichwohl sinngemäß und im Grunde genommen von den biblischen Werten abzurücken.

Trotzdem hält die Behauptung von Konrad Hilpert stich: »Aber es träfe die Realität genauso wenig, wenn man den Anteil des Christentums an der Erkenntnis und Ausformulierung der Menschenrechte bestreiten oder als marginal einschätzen würde. Denn der soziale, geschichtliche und kulturelle Kontext, in dem die Menschenrechte entwickelt, begründet und zur Geltung gebracht wurden, war eben ein vom Christentum durchdrungener und geprägter.«[11]

Artikel 2 der »Erklärung der Menschen – und Bürgerrechte« von 1789 führt die Menschenrechte auf: »Der Zweck jedes politischen Zusammenschlusses ist die Erhaltung der natürlichen und unveräußerlichen Rechte des Menschen. Diese Rechte sind: die Freiheit, Eigentum, Sicherheit und Widerstand gegen Unterdrückung.«

Artikel 1 der (AEMR) vom 10. Dezember 1948 besagt: »Alle Menschen sind frei und gleich an Würde und Rechten geboren. Sie sind mit Vernunft und Gewissen begabt und sollen einander im Geiste der Brüderlichkeit begegnen«. Der erste Artikel der »französischen Erklärung« von 1789 und der Erklärung Virginias von 1776 hat einen ähnlichen Inhalt.

Eine Bibelstelle, die die Gleichheit zwischen und unter Menschen und die Freiheit der Menschen wenigstens nahelegt, ist die folgende: »Da sprach Gott: ›Wir wollen Menschen machen – als unser Bild, etwa in unserer Gestalt. Sie sollen niederzwingen die Fische des Meeres, die Flugtiere des Himmels, das Vieh, die ganze Erde, alle Kriechtiere, die auf dem Boden kriechen.‹ Gott schuf Adam, die Menschen, als göttliches Bild, als Bild Gottes wurden sie geschaffen, männlich und weiblich [...] hat Gott sie geschaffen.«[12] An einer anderen Stelle der Bibel kann man Folgendes lesen: »Ihre eigene Zunge scheinen die Menschen jedoch nicht zähmen zu können! Sie stiftet unbeherrschbares Chaos und wirkt wie tötendes Gift. Mit ihr loben wir Gott, die schöpferische Kraft, und mit ihr verfluchen wir die Menschen, die doch gottebenbildlich geschaffen sind. Aus demselben Mund kommt Lob und Fluch heraus! Geschwister, das darf nicht sein!«[13]

11 Hilpert, Konrad: *Menschenrechte oder Gottes Gebote*, in: Menschenrechte, Christentum und Islam, Berlin 2010 (49-61), hier S. 53.

12 Genesis. Das erste Buch der Tora (1. Mose), Kapitel 1, Bibelsprüche 26 bis 27, BGS [3]2007.

13 Jakobusbrief, Kapitel 3, Bibelsprüche 8 bis 10, in: BGS [3]2007.

Artikel 3 der (AEMR) dreht sich um die grundlegenden Rechte des Lebens, der Freiheit und der Sicherheit der Person. In der Bibel steht Folgendes: »Ihr aber, Schwestern und Brüder, seid zur Freiheit berufen, nur sei die Freiheit kein Vorwand dafür, es der herrschenden Weltordnung nachzumachen, sondern durch die Liebe sollt ihr füreinander Sklavendienst leisten. Denn die ganze Tora ist in einem einzigen Wort erfüllt: *Liebe deinen Nächsten und deine Nächste wie dich selbst.* Wenn ihr einander jedoch reißt und beißt, seht zu, dass ihr voneinander nicht aufgefressen werdet.[14] Im Artikel 4 der »Erklärung der Menschen- und Bürgerrechte« von 1789 wird der Begriff »Freiheit« definiert: Die Freiheit bestehe darin, alles ausrichten zu dürfen, ohne dem Mitmenschen dabei zu schaden. Daher hat jede Freiheit immer Grenzen, die dem Mitmenschen den Genuss seiner Rechte gewährleisten.

Artikel 5 der (AEMR) (»Niemand darf der Folter oder grausamer, unmenschlicher oder erniedrigender Behandlung oder Strafe unterworfen werden.«) und Kapitel 3, Vers 14 des Lukas-Evangeliums haben den gleichen Inhalt. Johannes der Täufer empfiehlt den Polizisten und Soldaten keine Gefangenen zu misshandeln: »Da fragten ihn auch die Kriegsleute und sprachen: Was sollen denn wir tun? Und er sprach zu ihnen: Tut niemand Gewalt noch Unrecht und lasst euch genügen an eurem Solde.« Das Christentum missbilligt die Sklaverei – wie dies auch in Artikel 4 der (AEMR) zum Ausdruck kommt. Nur tritt das Christentum für eine gewaltlose Freilassung des Sklaven ein: »Alle sollen ihr Leben als von Gott Gerufene führen, da Gott sie gerufen hat. Hat Gott dich als Sklavin oder Sklave gerufen, lass es dich nicht bekümmern. Doch wenn ihr freigelassen werden könnt, macht um so mehr Gebrauch von Gottes Ruf. Denn eine von der Ewigen gerufene Sklavin oder ein Sklave – sie sind Freigelassene der Ewigen. Und ebenso sind Freie, die Gott gerufen hat, Sklaven und Sklavinnen des Messias. Ihr seid für einen hohen Preis erworben worden. Lasst euch nicht von Menschen versklaven.«[15]

Das Diskriminierungsverbot von Artikel 2 und die Gleichbehandlung der Geschlechter von Artikel 16 der (AEMR) wurden schon im Neuen Testament behandelt: »Hier ist kein Jude noch Grieche, hier ist kein Knecht noch Freier, hier ist kein Mann noch Weib; denn ihr seid allzumal einer in Christo Jesu«. Es gibt aber auch andere biblische Passus, die den Artikel 7 zu der Gleichbehandlung und den Artikel 10 zum Anspruch auf unabhängiges Gerichtsverfahren abdecken: »Richtet nicht nach dem Anschein, sondern richtet ein gerechtes Gericht.«[16] und »Ungerechte freisprechen und Gerechte schuldig sprechen: Beides findet die Ewige abscheulich.«[17]

›Lasst euch nicht von Menschen versklaven.‹

Das Asylrecht von Artikel 14 der ›AEMR‹ vom 10. Dezember 1948 wurde schon in der Bibel praktiziert: »Kaum waren sie aufgebrochen, seht, da erscheint Adonajs Engel dem Josef im Traum und sagt:›Steh auf, nimm das Kind und seine Mutter, flieh nach Ägypten und bleib dort, bis ich dir etwas anderes sage. Denn Herodes wird das Kind suchen, um es zu töten.‹

Da stand Josef auf, nahm noch in der Nacht das Kind und dessen Mutter, und sie flohen nach Ägypten. Dort blieben sie bis zum Tod des Herodes, damit sich erfüllte, was Adonaj durch den Propheten gesagt hat: *Aus Ägypten habe ich mein Kind gerufen.*«[18] Hier erfährt man, wie Joseph, Maria und Jesus ihr Land verlassen, nach Ägypten fliehen, um dort Zuflucht bzw. Asyl zu finden. Das Asylrecht wird auch im Alten Testament geregelt: »Liefere

14 Brief an die Gemeinden in Galatien, Kapitel 5, Bibelsprüche 13 bis 15, in: BGS ^{3}2007.
15 An die Gemeinde in Korinth: Erster Brief, Kapitel 7, Bibelsprüche 20 bis 23, in: BGS ^{3}2007.
16 Johannesevangelium, Kapitel 7, Vers 24, in: BGS ^{3}2007.
17 Das Buch der Sprichwörter (Sprüche), Kapitel 17, Bibelspruch 15, in: BGS 32007.
18 Matthäusevangelium, Kapitel 2, Bibelsprüche 13 bis 14, in: BGS ^{3}2007.

einen Sklaven, eine Sklavin nicht an die aus, denen sie gehören. Er oder sie hat sich schließlich vor ihnen zu dir gerettet. Diese Person soll mitten unter euch an einem frei gewählten Ort in einer deiner Städte leben, wie es ihr gefällt. Übe keine Druck auf sie aus.«[19]

Sklaverei gab es im Altertum. Sklaverei und Sklavenhandel werden immer noch heute in manchen Ländern und Gegenden dieser Welt betrieben. Die Bibel befürwortet eine gewaltlose Flucht oder eine zwanglose Freilassung bzw. Verwandlung des Status eines Sklaven: »Hat Gott dich als Sklavin oder Sklave gerufen, lass es dich nicht bekümmern. Doch wenn ihr freigelassen werden könnt, macht umso mehr Gebrauch von Gottes Ruf. Denn eine von der Ewigen gerufene Sklavin oder ein Sklave – sie sind Freigelassene der Ewigen. Und ebenso sind Freie, die Gott gerufen hat, Sklaven und Sklavinnen des Messias. Ihr seid für einen hohen Preis erworben worden. Lasst euch nicht von Menschen versklaven.«[20]

Sklaverei kennzeichnet sich im Wesentlichen durch Unterdrückung und Ausbeutung.[21] Artikel 4 der UNO – (AEMR) verbietet die Sklaverei. Das biblisch-christliche Gedankengut richtet sich auch gegen Sklaverei, Unterdrückung und Ausbeutung: »Ansässige Fremde darfst du nicht unterdrücken und schikanieren. Ihr seid doch auch Fremde in Ägypten gewesen. Witwen und Waisen dürft ihr nicht ausbeuten. Wenn du sie schlecht behandelst, dann werden sie mich anrufen und ich erhöre ganz gewiss ihr Klageschrei. Ich werde dann wütend und erschlage euch mit dem Schwert. Eure Frauen mache ich zu Witwen und eure Kinder zu Waisen.«[22] Zudem gibt es in der Bibel eine Anordnung Gottes, die die Todesstrafe für Sklavenhändler vorsieht: »Wer ertappt wird, sich an einer israelitischen Person zu bereichern, sie schlecht zu behandeln oder gar zu verkaufen, soll wegen dieser räuberischen Umtriebe sterben. Beseitige das Übel aus deiner Mitte.«[23]

›Beuge nicht das Recht und kenne kein Ansehen der Person‹

Biblisch-christliche Anordnungen, die Artikel 7 über die Gleichbehandlung, Artikel 8 über den Rechtsschutz und Artikel 10 über den Anspruch auf ein faires Gerichtsverfahren der (AEMR) abdecken, findet man in dem Buch der Sprüche, im Johannes-Evangelium und im fünften Buch Moses. Was die Gleichbehandlung angeht, kann man Folgendes in den Sprüchen lesen: »Ungerechte freisprechen und Gerechte schuldig sprechen: Beides findet die Ewige abscheulich.«[24] Bezüglich des Rechtsschutzes steht der folgende Bibelspruch in der Bibel: »Ja, Adonaj, eure Gottheit, sie ist die Gottheit aller Gottheiten, sie ist die über alles Regierende, eine große, mächtige und Achtung gebietende Gottheit. Vor ihr gilt kein Ansehen der Person, bestechen lässt sie sich nicht. Sie lässt Waisen und Witwen Recht widerfahren. Sie liebt die Fremden und gibt ihnen Brot und Kleidung. Ihr sollt die Fremden lieben, denn auch ihr seid in Ägypten Fremde gewesen.«[25]

Hinsichtlich des Anspruches auf ein faires Gerichtsverfahren können die folgenden Bibelsprüche in der Bibel gelesen werden: »Personen, die unter euch Recht sprechen und eine Verwaltung sollst du in jeder deiner Städte einsetzen, die Adonaj, deine Gottheit, dir in deinen Stammesgebieten gibt. Sie sollen dem Volk durch gerechte Urteile Recht sprechen. Beuge

19 Deuteronomium – Das fünfte Buch der Tora, Kapitel 23, Bibelsprüche 16 und 17, in: BGS [3]2007.
20 Erster Brief an die Gemeinde in Korinth, Kapitel 7, Bibelsprüche 20 bis 23, in: BGS [3]2007. Hervorhebung vom Verfasser.
21 Der Widerstand gegen Unterdrückung ist ein Menschenrecht, das in der ›Erklärung der Menschen- und Bürgerrechte‹ von 1789 während der Französischen Revolution ausdrücklich formuliert und fest verankert ist.
22 Exodus – Das zweite Buch der Tora, Kapitel 22, Bibelsprüche 20 bis 23, in: BGS [3]2007.
23 Deuteronomium. Das fünfte Buch der Tora, Kapitel 10, Bibelsprüche 17 bis 19, in: BGS [3]2007.
24 Das Buch der Sprichwörter (Sprüche), Kapitel 17, Bibelspruch 15, in: BGS [3]2007.
25 Deuteronomium. Das fünfte Buch der Tora, Kapitel 10, Bibelsprüche 17 bis 19, in: BGS [3]2007.

nicht das Recht und kenne kein Ansehen der Person. Nimm keine Bestechung an, denn Bestechung macht die Augen der Weisen blind und verdreht die Sache der Gerechten. Gerechtigkeit! Gerechtigkeit! Jage ihr nach!«[26]

Für den Artikel 18 der (AEMR) über die Gewissens-, Glaubens-, Meinungsfreiheit gibt es folgende Bibelsprüche: »Prüft, was Gott wohl gefällt, und habt keinen Umgang mit den unfruchtbaren Werken der Finsternis. Vielmehr deckt sie auf!«[27] An einer anderen Stelle des Neuen Testaments steht Folgendes: »Sie zitierten sie herbei und befahlen ihnen, überhaupt nichts verlauten zu lassen noch irgendwas zu lehren über den Namen Jesu. Petrus und Johannes antworteten ihnen: ›Ob es recht ist vor Gott, nicht auf Gott zu hören, sondern vielmehr auf euch, das entscheidet selbst! Wir jedenfalls vermögen es nicht, nicht davon zu reden, was wir gesehen und gehört haben‹«.[28]

Schlussbetrachtungen

Der Vergleich zwischen den wichtigsten Artikeln der (AEMR) und einigen entsprechenden Bibelstellen ergibt durch Induktion, dass das Christentum für die Menschenrechte eingetreten war, ehe die Vereinten Nationen die Allgemeine Erklärung der Menschenrechte‹ (AEMR) im 20. Jahrhundert verkündeten. Und da die Bibel seit Jahrhunderten im Umlauf ist, kann behauptet werden, dass die Werte des Christentums, das sich sowohl auf das Alte als auch auf das Neue Testament stützt, bei der Anfertigung der nicht einmal 100 Jahre alten (AEMR) mitberücksichtigt wurden.

Wenn man weiß, dass die Bibel zu den meist verteilten und gelesenen Büchern dieser Welt gehört, kann man nur jedwede Behauptung, wonach die Artikel der (AEMR) letztlich nicht christlicher Provenienz wären, in Zweifel ziehen. Es liegt auf der Hand, dass das biblisch-christliche Gebot der Nächstenliebe den Menschenrechten zugrunde liegt. In der Moralphilosophie ist die ›Goldene Regel‹ die Spielart in negativer Form desselben Gebots. Die Spielart des Gebots der Nächstenliebe drückte in positiver Form Jesus aus: »Alles nun, was ihr wollt, daß euch die Leute tun sollen, das tut ihr ihnen auch. Das ist das Gesetz und die Propheten.«

Weiterführende Literatur des Autors:

Ntep, Mathias Victorien: *Die Pantheistische Naturauffassung Goethes,* Sinzheim 1999.

26 Deuteronomium. Das fünfte Buch der Tora, Kapitel 16, Bibelsprüche 17 bis 20, in: BGS ^{3}2007.
27 Brief an die Gemeinde in Ephesus, Kapitel 5, Bibelsprüche 10 und 11, in: BGS ^{3}2007.
28 Über die Zeit der Apostelinnen und Apostel, Kapitel 4, Bibelsprüche 17 bis 20, in: BGS ^{3}2007.

Yavuz Özoguz

Menschenrechte im Islam

Menschenrechte und der Mensch

Der Islam gehört zu den wenigen Weltreligionen, in denen die Frage nach Menschenrechten und gesellschaftlicher Ordnung einen Eigenwert erhalten. Dies hängt damit zusammen, dass der Islam von einem gottgewollten, universalistischen, also für alle Menschen geltenden Menschenbild ausgeht. Im Folgenden soll der Versuch unternommen werden, die Frage nach den Menschenrechten im Kontext des Heiligen Qur'an zu erörtern. Solche eine Herangehensweise erscheint angebracht, weil diese Frage in der Regel mit vielen Missverständnissen und Emotionen diskutiert wird.

Um das Thema ›Menschenrechte‹ behandeln zu können, bedarf es somit einiger vorbereitender Fragestellungen und Definitionen, die zumeist völlig außer Acht gelassen werden, so dass dann der Eindruck entsteht, als wenn die Menschenrechte eines Systems im Widerspruch zu den Menschenrechten des anderen Systems stehen würden. Das ist aber zumeist nicht der Fall. Hierbei werden weder die Rand- und Rahmenbedingungen beschrieben noch das System, in dem die Menschenrechte gelten sollen, klargestellt. Häufig werden nicht einmal die Begriffe ›Mensch‹ und ›Rechte‹ definiert. Dies hat zur Folge, dass eine Randdebatte um Themen geführt wird, die mit den Menschenrechten kaum mehr zu tun haben. Vielmehr handelt es sich bei solchen und ähnlichen Debatten um Streitfragen, die auf fehlenden Begriffsbestimmungen beruhen.

Systeme müssen definiert sein: Kein Recht ohne Pflicht

Zum leichteren Verständnis sei ein Beispiel erwähnt: Ein Mensch, der sich im Rahmen der Straßenverkehrsordnung bewegt, verfügt über bestimmte Rechte und zugleich Pflichten. Jedes Recht ist an eine unreduzierbare Pflicht gekoppelt, die allesamt das gleiche Ziel verfolgen, nämlich, dass alle Teilnehmer innerhalb des Straßennetzes gemeinsam einen höchstmöglichen Nutzen daraus erzielen können, ohne dass einem anderen Teilnehmer seine Nutzungsmöglichkeiten beschnitten werden. So muss bspw. ein Autofahrer im System der Straßenverkehrsordnung unter anderem eine bestimmte Fahrweise und bestimmte Geschwindigkeit einhalten. Tut er das nicht, muss er mit Maßnahmen rechnen, die ihn dazu bringen sollen, sich an die formulierten und allgemeinverbindlichen Rechte und Pflichten der Straßenverkehrsordnung zu halten. Im Extremfall kann das zum Ausschluss des Autofahrers aus dem Teilbereich des Fahrzeugssystems der Straßenverkehrsordnung führen. Schwächere Teilnehmer, wie z.B. Fahrradfahrer, werden gesondert geschützt.

Der gleiche Teilnehmer, der im Straßenverkehr mit seinem Fahrzeug vor einem Fahrrad bremsen muss, unterliegt aber mit einem vergleichbaren Fahrzeug auf einer Rennstrecke, während eines Fahrzeugrennens ganz anderen Regeln. Er hat auch ganz andere Rechte. Denn hier ist sein Ziel, als Gewinner in einem Wettkampf das System zu verlassen. Würde er hier die Rechten und Pflichten anwenden, die ihm in der Straßenverkehrsordnung zugebilligt werden, hätte er keine Chance in dem System ›Rennstrecke‹ das dort angestrebte Ziel zu erreichen. Würde er umgekehrt die Rechte, die er auf der Rennstrecke hat, im Straßenverkehr nutzen, gäbe es unheilbare Schäden.

Dieses Beispiel soll deutlich machen, dass Rechte mit Pflichten verbunden sind; eine Tatsache, die bei den sogenannten Menschenrechten wenig Beachtung findet. Ganz konkret: ›Mensch‹ bzw. ›Umwelt des Menschen‹ müssen definiert werden. Zu beantworten wäre auch was ›Rechte‹ sind und wem gegenüber sie gültig sind.

Menschenrechte und die Schöpfung

Wie Eingangs erwähnt, haben die Menschenrechte im Islam eine feste Verankerung. Die Tatsache, dass manche Nichtmuslime – insbesondere im Westen – dies nicht auf Anhieb erkennen können oder vielmehr wollen, liegt an den soziokulturell unterschiedlichen Gesellschafts- und Ordnungssystemen.

Im Islam ist der Mensch mit nur einem einzigen Ziel erschaffen worden, nämlich Gott zu dienen.[1] Gott hat ihn mit Willen und Freiheit ausgestattet. Da Gott allerdings jenes Dienstes nicht bedarf, ist die Zielsetzung auf den Menschen allein gerichtet, der dadurch die höchste Stufe der Liebe erlangen kann.

Im Heiligen Qur'an gibt es sehr unterschiedliche Formen und Stufen der Liebe. Die höchste Stufe der Liebe (arabisch ›Wudd‹) ist auch das ultimative Ziel: »Diejenigen, die glauben und gute Werke tun – ihnen wird der Gnadenreiche Liebe (Wudd) bereiten.«[2] Doch die höchste Stufe der Liebe ist nur möglich in Freiheit.

Eine aufgezwungene Liebe kann nie die hohe Stufe der frei gewählten Liebe erlangen: »Sprich: Denn Allah hat den gereiften Beweis. Denn hätte er gewollt, so hätte Er euch alle (zwangsweise) rechtgeleitet.«[3] Der Mensch erhielt die Freiheit, sich freiwillig für oder gegen Gott entscheiden zu können. Dafür wurde er von dem ›System Himmel‹, in dem er sich ›gezwungenermaßen‹ in der bewussten Gegenwart Gottes befand, ›downgegradet‹ auf das System Erde bzw. Diesseits; im Heiligen Qur'an heißt das ›herabgesandt‹. Hier hat er nun die Freiheit, durch die freiwillige Annahme der Liebe Gottes eine viel höhere Stufe zu erlangen, als diejenige, die er vorher hatte. Er kann aber auch viel tiefer fallen, indem er seine Freiheit missbraucht. Freiheit ist somit ein bereits in der Schöpfung verankertes Menschenrecht.

Zielführende Menschenrechte

Alles in unserem ›System Erde‹ ist nur diesem einen Ziel unterstellt, dass der Mensch die Liebe Gottes empfange. Gottesliebe bildet die Grundlage der Nächstenliebe. Wer sich achtet, achte auch Andere, die sich auch achten. So sind z.B. Tiere nichts anderes als ›Spiegelbilder‹ dessen, was wir wären, wenn wir Aspekte unserer Menschlichkeit verlieren würden. Ein Mensch kann sich im übertragenen Sinn wie ein Raubtier, ein Hai, ein Fuchs, ein Esel oder aber auch ein Schwein verhalten. Dies ist auch eine bestimmte Form von Freiheit; Freiheit nur seinen eigenen Egoismus zu lieben. Der Mensch hat somit das Recht zu sehen, was aus ihm werden würde, wenn er seine Freiheit missbraucht oder Freiheit mit Anarchismus und Beliebigkeit verwechselt.

In unserem ›System Erde‹ hat der Mensch also Rechte und Pflichten, die dem Ziel unterworfen sind, dass er die Liebe Gottes empfangen kann. Darin liegt die eigentliche Botschaft des Islam als eine Weltreligion. Die Liebe Gottes ist allgegenwärtig[4], wie z.B. die Handywellen überall vorhanden sind. Es bedarf aber des Einschaltens des Handys, die PIN muss eingegeben werden, das Gerät muss aufgeladen sein. Damit wird deutlich, dass der Inhalt der

1 Sure 51:56.
2 Sure 19:96.
3 Sure 6:149.
4 Sure 50:16: »... und Wir sind ihm doch näher als seine Halsschlagader.« Gott spricht hier in der majestätischen Wir-Form.

Gebrauchsanweisung bekannt sein muss um die Handywellen bestmöglich nutzen zu können und die sonstigen Fähigkeiten des Gerätes optimal anzuwenden. Erst die Kenntnis der Möglichkeiten und ›Rechte‹ der Handywellennutzung, macht eine optimale Nutzung möglich, wobei das Ziel nie aus den Augen verloren werden sollte. Denn sobald jemand sein Handy *ausschließlich* als Spielkonsole missbraucht, wird er die Rechte, die ihm das Handy gibt, nicht nutzen können und das eigentliche Ziel, dass an eine Handynutzung gekoppelt ist, nicht erreichen.

Nicht anders ist es beim Menschen. Der Mensch muss seine Gebrauchsanweisung kennen. Er muss wissen, was er ist, warum er ist, woher er kommt und wohin er geht. Zu wissen hat er auch, wie er den Körper energetisch auflädt, sich konzentriert, geistig voranschreitet usw., um sich seinem Ziel anzunähern und schließlich um die Liebe Gottes empfangen zu können. Dafür hat Gott seinem Geschöpf sämtliche Rechte gegeben!

Menschenrecht und Freiheit

Das herausragende Recht, mit dem der Mensch von Gott beschenkt wird, ist der bereits beschriebene Schöpfungssinn, die Liebe Gottes in seiner höchstmöglichen Stufe erlangen zu können und zu wollen. Dafür hat er, wie erwähnt, die Freiheit, sich für oder gegen Gott entscheiden zu können und in welcher Form er sich Gott annähert. Die qur'anische Aussage »es gibt keinen Zwang im Glauben« steht in keinem geringeren Vers als dem Thronvers des Heiligen Qur'an.[5]

Die Tatsache, dass der Mensch gleich in der Eröffnungssure auf ›den‹ geraden Weg zu Gott hingewiesen wird, wird in der ebenfalls sehr bedeutsame Sure Yasin relativiert, dass es ›einen‹ geraden Pfad bzw. Weg gibt, zumal Menschen unterschiedliche Startpunkte haben und sogar haben sollten, weil Pluralismus den Startpunkt darstellt, um Einheit anzustreben.[6] Die Freiheitsrechte im Islam können im Rahmen dieses Artikels nur exemplarisch behandelt werden. Eine ausführlichere Betrachtung der Freiheit im Zusammenhang der Menschrechte ist bei Imam Chamenei nachzulesen.[7]

Menschenrecht nicht unterdrückt zu werden

Neben der Religionsfreiheit gewährt der Heilige Qur´an unter anderem Freizügigkeit bei der Heimatwahl bzw. Reisefreiheit. Hierzu gibt es einen charakteristischen Dialog im Heiligen Qur'an zwischen den Engeln und dem gerade verstorbenen Menschen: »Diejenigen, die die Engel abberufen, während sie ihren eigenen Seelen Unrecht antun, (zu jenen) sagen sie: ›Worin habt ihr euch befunden?‹ Sie sagen: ›Wir waren Unterdrückte im Lande.‹ Sie (die Engel) sagen: ›War Allahs Erde nicht weit genug, so dass ihr darauf hättet auswandern können?‹«[8]

Auffällig an diesem Dialog ist die Tatsache, dass nicht nur auf die Reisefreiheit, die von Gott gewährt wird, hingewiesen wird, sondern auch der implizierte Hinweis erfolgt, dass all jene, die sich unterdrücken lassen, eine gewisse Mitschuld an ihrer Unterdrückung tragen. Dementsprechend ist es ein weiteres Menschenrecht, nicht unterdrückt zu werden oder nicht zuzulassen unterdrückt zu werden. Dieses Menscherecht wird aber gleichzeitig an die Pflicht gekoppelt, nicht nur alle Formen von Unterdrückung abzulehnen, sondern selbst nicht das

5 Als Thron-Vers gelten gemäß dschafaritischem Verständnis die nach heutiger Zählung drei Verse 2:255-257 des Heiligen Qur'an.

6 Sure 36:4.

7 Vgl. Ayatollah Seyyed Ali Chamenei: *Menschenrechte und Freiheit,* Bremen 2009.

8 Sure 4:97.

Ziel zu verfolgen, andere Menschen zu unterdrücken. Das Prinzip »unterdrückt nicht und lasst euch nicht unterdrücken« ist ein qur'anisches Prinzip[9] und findet seine Vollendung in der Nächstenliebe, die alle Propheten gelehrt und vorgelebt haben.

Das Menschenrecht ›Nächstenliebe‹

In der Nächstenliebe befindet sich auf der Grundlage dieses Prinzips ein Menschenrecht, das weit über die Gleichbehandlung des Einzelnen hinaus geht. So wird jeder Mensch dazu aufgefordert, Sorge um andere Menschen zu tragen. Prophet Muhammad – Friede sei mit ihm und allen Propheten – hat seine Anhänger ausdrücklich darauf verwiesen, dass derjenige, der satt schlafen geht, während sein Nachbar hungert, nicht zu seiner Gemeinschaft gehört.

Im globalen Sinn besagt diese Aussage nicht nur das Recht auf Gleichbehandlung und das Recht nicht hungern und dürsten zu müssen. In der heutigen Welt kann darüber hinaus festgestellt werden, dass all jene, die einen Lebensstil führen, der zum Ruin der Menschheit führen würde, wenn alle Menschen auch nur annähernd so leben würden wie er, die Menschenrechte mit Füßen treten.[10] Wer die Würde des Menschen mit Füssen tritt, hat kein Recht andere Menschen zu belehren.

Der Stammvater der drei großen monotheistischen Religionen Abraham macht im Heiligen Qur'an deutlich, woher das Recht auf Versorgung mit Speise, Trank und Gesundheit kommt: »Derjenige, der mich erschaffen hat; und Er ist es, der mich richtig führt, und der mich speist und der mich tränkt. Und wenn ich krank bin, ist er es, der mich heilt ...«[11] Der Entzug jener Rechte wäre ein Verstoß gegen die göttliche Ordnung.

Menschenwürde des Statthalters Gottes

Zu den Menschenrechten im Heiligen Qur'an gehört dementsprechend der Schutz der Würde und die körperliche Unversehrtheit. Diese beginnt allerdings nicht erst nach der Geburt, sondern mit dem Beginn der Menschwerdung im Mutterleib, weshalb die Abtreibung verboten ist, und endet auch nicht mit dem Ableben, sondern geht weit darüber hinaus, so dass die Störung der Friedhofsruhe genau so wenig erlaubt ist wie die Entwürdigung eines Verstorbenen. Hintergrund dieser Würde ist das Menschenbild, in dem der Mensch als Statthalter (Kalif) Gottes auf Erden erschaffen worden ist.[12]

In diesem Sinne ist der Mensch, wie Mohammad Ghazali zu Recht hervorhebt, »nicht zum Scherz und für nichts erschaffen, sondern hoch ist sein Wert und groß seine Würde«.[13] So hat der Mensch alle Voraussetzungen, diese Statthalterschaft erfüllen zu können. Er verfügt über die Fähigkeiten und auch die ihm von Gott verliehene Würde, die es zu schützen gilt. Er muss sie nur annehmen und das Beste in seinem Leben daraus machen.[14]

9 Sure 2:279.
10 Sure 2:11-12: »Und wenn ihnen gesagt wird: Stiftet kein Unheil auf der Erde, so sagen sie: Wir sind doch Versöhnende. Jedoch gewiss sind sie die, die Unheil stiften, doch erahnen sie es nicht.«
11 Sure 26-78-80.
12 Sure 2:30.
13 Ghazali, Abu Hamid Mohammad ibn Mohammad: *Das Elixier der Glückseligkeit*, Köln 1979, S 26.
14 Sure 2:63: *»...Nehmt an, was wir euch zukommen ließen,...«*

Menschenrechte der Geschlechter

Die beiden Geschlechter Mann und Frau werden im Heiligen Qur'an explizit mehrfach erwähnt und genau so explizit wird darauf verwiesen, dass ihr Handeln auf dem Weg der Wahrheit gerecht behandelt wird, unabhängig von ihrem Geschlecht.[15] Doch die Gerechtigkeit im Islam beinhaltet auch, dass die Geschlechter entsprechend ihren Stärken und Schwächen jeweils bestimmte Rechte und Pflichten gegenüber dem Partner haben, die dazu dienen, die Institution Ehe zu stärken.

Mann und Frau sind einander ein ›Kleid‹ die den Partner jeweils schmückt und seine ›Schambereiche‹ im übertragenen Sinn bedeckt.[16] Dieses Verhalten von Mann und Frau zueinander steht im direkten Zusammenhang mit der unantastbaren Würde des Menschen. Es dient aber auch dazu, die Paarbindung zu stärken, wiederum mit der Zielsetzung, dem eigentlichen Ziel, die Liebe Gottes zum empfangen, näher zu kommen. An dieser Stelle wird von Kritikern gerne immer wieder der Vers 4:34 des Heiligen Qur'an angeführt, in dem der Mann angeblich ›überlegen‹ sei gegenüber der Frau und sie sogar körperlich züchtige dürfe.

Der Islam überträgt dem Mann am Anfang der Sure eine Art Verantwortung über die Frau, die in seiner finanziellen Versorgungsverantwortung liegt. Die Frau verfügt über das Menschenrecht der Versorgung durch ihren Mann, damit sie sich ungestört der wichtigen Aufgabe der Kindererziehung widmen kann.

Die Tatsache, dass der in der Sure 4:34 verwendete arabische Begriff ›qawwamuun‹, der nur ein einziges Mal im Heiligen Qur´an in dieser Form vorkommt, mit ›stehen über‹ den Frauen übersetzt wird, eröffnet nur scheinbar gewisse Möglichkeiten zum Missverständnis. Dabei steht in der gleichen Sure in 135. Sure eine ähnliche Ableitung des Begriffs, nämlich ›qawwaamin‹, was dort auf die Wahrnehmung von Gerechtigkeit hindeutet! Daher steht also die Verantwortung des Mannes im direkten Zusammenhang mit Gerechtigkeit, zu der er aufgefordert wird. Mann und Frau haben das Recht der Gerechtigkeit voneinander, füreinander und damit gegenüber der gesamten Gesellschaft.

In einer islamischen Gesellschaft, in der Rechte und Pflichten der Menschen praktiziert werden, ist jede Frau finanziell angemessen versorgt. Ihr eigenes Einkommen, Erbe, Geschenke usw. kann sie völlig unabhängig für sich selbst oder nach eigenem Wunsch ausgeben, denn ihre komplette Versorgung obliegt den Männern! Der Islam gibt der Frau das Recht, ohne Geld verdienen zu müssen dennoch über Geld zu verfügen, und ihrer Aufgabe als Mutter und Gattin gerecht werden zu können. Die Tatsache, dass die Frau versorgt werden soll, bedeutet nicht, dass sie es nicht auch selbständig könnte. Nein! Es gibt ihr aber die Freiheit, es nicht zu benötigen.[17]

Ein weiteres Recht der Ehepartner besteht darin, dass seine Frau eben nur mit ihrem Ehemann verheiratet ist und jegliche Sexualität nur mit ihm teilt. Niemand ist verpflichtet zu heiraten, aber wer es tut, der verpflichtet sich, seinem Partner per Ehevertrag eine Art ›Exklusivitätsrecht‹ zuzubilligen! Diese Sicherheit, die Mann und Frau – auch die Frau kann dieses Recht im Heiratsvertrag verankern – einander versprechen, ist eine Maßnahme, menschliche Schwächen wie die so zerstörerische Eifersucht zu mindern! Bedauerlicherweise aber ist damit die Krankheit mancher Männer, auch grundlos Eifersucht zu empfinden oder ihren Jähzorn nicht beherrschen zu können, nicht immer gebremst!

Im dann folgenden Verlauf der Sure geht es nicht um ›widerspenstige Frauen‹, wie manche vermuten, oder um eine Vorstufe der Scheidung! Nein, wenn eine Scheidung droht, dann ist das mit den unten aufgeführten Maßnahmen wohl kaum noch zu verhindern! Denn wel-

15 Sure 4:124, 16:97, 40:40.

16 Sure 2:187.

17 Dieser für den Mann verpflichtende einseitige Versorgungsanspruch der Frau und damit Entlastung der Frau ist ein Konzept des Islam, das in heutigen westlichen Wertenormen nicht vorgesehen ist. So heißt es z.B. im Bürgerlichen Gesetzbuch der Bundesrepublik Deutschland (BGB): »Die Ehegatten sind einander verpflichtet, die Familie angemessen zu unterhalten.«

cher Mann wird schon weiterhin mit einer Ehefrau zusammenbleiben wollen, die nur durch körperliche Gewalt die ›Tugend‹ bewahrt? Das wäre absurd und sicherlich eher die Ausnahme! Vielmehr geht es um Männer, die sich etwas einbilden bzw. etwas befürchten – völlig unabhängig davon, ob die Befürchtung berechtigt ist oder nicht.

In dem in der westlichen Welt oft gegen den Islam als Argument missbrauchten Versteil geht es um den Mann und sein Verhalten! Dort wird dem versorgenden Mann signalisiert: »Ja, du Mann, dein Schöpfer weiß, dass du körperlich kräftiger bist als die von dir versorgte Frau, und Er weiß auch, dass du sie rein kräftemäßig schlagen könntest und es möglicherweise auch tun wirst, selbst wenn es eine schwere Sünde im Islam ist und selbst wenn es alle Strafsysteme der Welt verbieten würden. Aber der Schöpfer verlangt von dir zunächst einmal die Selbstbeherrschung. Bevor du Mann also Ankläger, Richter und Vollstrecker zugleich spielen willst, hast du bestimmte Verhaltensnormen zu beachten.«[18]

Bevor der Mann jegliche weitere Maßnahme ergreift, soll er sich erst selbst züchtigen, sich selbst läutern, sich selbst beschränken. Und wenn nach all diesen Maßnahmen immer noch der Groll besteht, dann heißt es nach manchen Gelehrten sinngemäß ›und schlagt sie‹. Aber selbst damit ist nach übereinstimmender Meinung der Gelehrten aller Rechtsschulen im Islam keine Gewaltanwendung gemeint. Eine Gruppe von Gelehrten verweist sogar darauf, dass das entscheidende arabische Wort ›adhribuu‹ gar nicht ›schlagen‹ bedeute, sondern eher so etwas wie leichtes Berühren, wie der gleiche Begriff auch im 73. Vers der zweiten Sure verwendet wird oder auch andere Bedeutungen. So oder so, alle Gelehrten des Islam kommen gemeinsam zu dem Schluss, dass das Schlagen der Frau im Islam verboten ist, und zwar seit 1400 Jahren. Und sollte es doch einmal dazu kommen, muss der Ehemann sogar Schmerzensgeld zahlen.

An dieser Stelle wird deutlich, dass der Heilige Qur'an im Fall der extrem schweren Einklagbarkeit von Rechten einen anderen Weg geht, der zunächst verstanden werden muss. Im genannten Fall geht es um eine Situation, in der Aussage gegen Aussage stehen würde, da es in der Regel keine Zeugen geben kann. Hier verteidigt der Heilige Qur'an das Recht der Frau auf Unversehrtheit durch Erziehungsmaßnahmen, die dem Mann gelten. Islamische Gelehrte verweisen darauf, dass im Vergleich der Rechtssysteme und der Verteidigung der Menschenrechte nicht nur der bloße Text, sondern auch deren Wirksamkeit im Alltag berücksichtigt werden muss.

Weitere Menschenrechte: demokratische Rechte

Bereits nebenbei angedeutet, wurden die im Heiligen Qur'an erwähnten Erbrechte, ohne Erbschaftssteuer, das Recht auf ein gesundes Leben, auch ein gesundes Sexualleben, das Recht auf Versorgung der Grundbedürfnisse wozu auch Lehrmittel gehören, das Erziehungsrecht der Kinder, der Schutz gegen Hausfriedensbruch und vieles andere mehr. Zu den Menschenrechten gehören spezielle Kinderrechte und spezielle Rechte der älteren Bevölkerung (z.B. nicht in ein Altersheim abgeschoben zu werden). Es gibt sogar spezielle Rechte in der Beziehung Mensch gegenüber Tier bzw. Mensch gegenüber Pflanze, Umwelt und Natur. Alle jene Rechte sind dem einen großartigen Ziel unterstellt, die Liebe Gottes in ihrer höchsten Stufe empfangen zu können.

Zu den Bürgerrechten gehört es auch, die eigenen Vertreter zu wählen mit der Konsequenz die Verantwortung dafür tragen zu müssen, wenn man ungeeignete Vertreter wählt. Denn das Gebot der gegenseitigen Beratung ist ein qur'anisches Prinzip.[19] So fordert Imam Ali seine Bevölkerung nach einer sehr schweren Situation auf, ein geeignetes Delegationsmitglied für eine bestimmte Verhandlung zu wählen: »Da ihr meinen Befehl über das Schiedsgericht nicht

18 Özoguz, Fatima und Mihriban Özoguz: *Faszination Frau im Islam,* Bremen 2008.
19 Sure 42:38.

akzeptiert habt, dann seht jetzt wenigstens ein, dass ihr Abu Musa nicht zum Schiedsrichter machen sollt. Er ist kein vertrauenswürdiger Mann. Hier ist Abdullah ibn Abbas und dort ist Malik al-Aschtar. Wählt einen von ihnen.«[20] Die angesprochenen hören nicht auf den Ratschlag und wählen den Ungeeigneten und müssen daher alle Konsequenzen selbst tragen.

Das Menschrecht ›Freiheit‹ ist Spiegel der Pflicht

Im Islam sind, wie mehrfach erwähnt, die menschlichen Wesen frei, weil sie Verantwortung haben, und wenn es keine Verantwortung für sie gäbe, dann hätte es auch keine Notwendigkeit für Freiheit gegeben. Die Menschen wären dann wie Engel gewesen – in den Worten von Dschalal ad-Din Muhammad Rumis: »Eine Hadith des Propheten besagt, dass der Schöpfer erhaben/ Die Menschen machte zu drei Arten:/ Eine Gruppe gesegnet mit Verstand,/ (eine mit) Wissen und (eine mit) Großzügigkeiten/ Eine andere, aus Engeln, nichts außer Anbetung verstand ...«

Es ist charakteristisch für den Menschen, dass er eine Ansammlung von widersprüchlichen Antrieben und Beweggründen ist. Ihm wurde Freiheit gewährt, um den Weg in die Vollkommenheit zu beschreiten. Diese Freiheit mit ihrem großen Wert ist zum Wohle der Bewegung auf Vollkommenheit hin – in derselben Weise, in der auch das menschliche Leben selbst für die Vollkommenheit bestimmt ist.[21]

20 Kommentar zur Predigt 35 in Nahdsch-ul-Balagha, Band 1 (in zwei Bänden), Bremen 2007.

21 Ayatollah Seyyed Ali Chamenei: *Menschenrechte und Freiheit,* Bremen 2009.

Teil 3.

Menschenrechte in kleineren Religionsgemeinschaften

Dharam Singh Nihang Singh und Khushwant Singh

Menschenrechte in der Sikh-Religion

Der Schöpfer – Die Stimme der Menschenrechte

Würden die Menschenrechte nicht verletzt, wären Beiträge wie der vorliegende überflüssig. Doch Menschenrechtsverletzungen bestimmen das Leben vieler Menschen. Was sind die Gründe hierfür? Im Folgenden sollen ausgehend von den zentralen Einsichten der Sikh-Religion erste Antworten gefunden werden. Es liegt in der Natur der Sache, dass der Artikel den derzeitigen Verständnisgrad der Autoren widerspiegelt.

Der oder die Eine, möge man vom Schöpfer, Gott, Jahwe, Allah, Ram oder Waheguru sprechen, verkörpert die Stimme der Menschenrechte *par excellence*. Denn der Eine vereint alle Tugenden, die notwendig sind, um ein würdevolles, freies, natürliches und friedfertiges Leben zu führen. Dies ist eine Quintessenz der Sikh-Religion. Um sich dem Thema Menschenrechte zu nähern, ist es daher notwendig, ein Grundverständnis der Sikh-Religion notwendig.

Sikhi – Leben mit Weisheit

Die Sikh-Religion steht für eine ganzheitliche, spirituell verwurzelte Lebensweise, die Pluralität respektiert und die Einheit der Menschen fördert. Die Religion – im Original *Sikhi* genannt – betont die Gleichwürdigkeit aller Menschen, unabhängig von Geschlecht, Alter und sozialem Hintergrund. Der Sikh-Religion fühlen sich heute über 20 Millionen Menschen zugehörig. Sie ist damit die fünft größte Weltreligion. Praktizierende männliche Sikhs erkennt man in der Regel leicht an einem wallenden Bart und einem kunstvoll gebundenen Turban. Auch manche Sikh-Frauen tragen einen Turban. Dieser steht für eine würdevolle und natürliche Lebensweise. Sikh-Männer tragen traditionell den gemeinsamen Nachnamen Singh (Löwe) und Frauen den Nachnamen Kaur (Prinzessin).

Die Sikh-Religion ist im Panjab, im heutigen Nord-Indien entstanden. Sie geht maßgeblich auf den 1469 geborenen *Nanak* sowie seine neun direkten Nachfolger und weitere Fromme (*Bhatt und Bhagat*) zurück. Erstere entstammten vor allem hinduistischen, letztere auch muslimischen Elternhäusern ab.[1] Aus Sicht der Sikhs handelt es sich bei den Frommen um Menschen, die bereits zu Lebzeiten den ursprünglichen Sinn des Lebens erkannten und im Einklang mit dem Schöpfer lebten.[2] Dies gelang ihnen nach eigenen Aussagen allein durch die Überwindung des Geistes (*man*) und der Illusion des Egos mithilfe inne wohnender zeitloser spiritueller Weisheit (*gian, naam*) und eben nicht durch die Einhaltung religiöser

1 Alle religiösen Einsichten in dem Beitrag leiten sich primär aus dem *Adi Guru Granth Sahib* (AGGS) ab, der auch als *Guru Granth Sahib* (GGS) bekannt ist. Dieser enthält die Schriften der Frommen. Für die Quellenangaben wurde die Standarddruckausgabe des AGGS der *Shiromani Gurudwara Parbandhak Committee Amritsar* verwendet. Zunächst wird immer der erste Teil in der ursprünglichen Schriftsprache *Gurmukhi* zitiert. Es folgt die Seitenzahl sowie der Zusatz M. 1/2/3 usw., der verdeutlicht, um welchen Autoren es sich handelt. M. 1 steht analog zu den Originalschriften für den ersten der zehn Frommen *Nanak*, M. 2 für *Angad* usw. Bei den Frommen, die nicht der Linie der ›zehn Gurus‹ entstammen, wurde der jeweilige Name angefügt, bspw. Kabir. Beiträge aus dem *Dasam Granth (DG)*, der die Schriften enthält, die dem letzten Frommen Gobind Singh zugeschrieben werden, entstammen der im Internet verfügbaren PDF-Version.

2 ਜਾਨੀ ਜਾਨੀ ਰੇ ਰਾਜਾ ਰਾਮ ਕੀ ਕਹਾਨੀ ॥ AGGS: 970, Kabir.

Dogmen und Verhalteskodexe oder die Ausübung von Ritualen, Rezitationen, Mantras, Fastenzeiten, Pilgerreisen, Meditationstechniken oder Yoga-Übungen – also allesamt seelenheil versprechende Praktiken der dominierenden religiösen Traditionen Indiens.[3]

Den Frommen ging es bei ihrem Wirken primär nicht darum, eine neue Religion zu begründen oder gar eine Gefolgschaft hinter sich zu versammeln, die sie als *Guru* verehrt.[4] Vielmehr wollten sie den Menschen ausgehend von ihren übereinstimmenden Erfahrungen eine ortsunabhängige sowie zeit-, religions- und ethnienübergreifende Hilfestellung für ein ganzheitliches Leben geben, welche stets spirituell orientiert ist, ohne die notwendigen weltlichen Verantwortungen zu vernachlässigen. So bezeichnen die Frommen dann als einzig wahren und ewigen *Guru* den für sie unermesslichen, form- und namenlosen Einen und seine Weisheit. Die Frommen selbst bezeichnen sich durchgehend als fehlerbehaftete Schüler und Diener (*daas, jan, garib*) des Schöpfers, durch die die makellose Weisheit der Einheit spricht. *Guru* steht dabei für das Licht der inneren Erkenntnis, das sowohl in dieser als auch in der nichtmateriellen Welt wahrhaft und wirksam ist. Der Erleuchter ist den Geschöpfen stets nahe (*bani, biej mantar*).[5] Er vermag es, die als Dualitäten (*dubida*) wahrgenommenen Attribute wie gut/böse in relativ aufzufassende Phänomene umzuwandeln.[6] Die Dunkelheit der Unwissenheit, die das Leben auf das Materielle (*maya*) und somit den kurzfristigen körperlichen und sinnlichen Eigennutz reduziert, kann nun im Zuge fortschreitender Einsicht allmählich überwunden werden. Vereinfacht gesprochen, ist der *Guru*, in bestimmten Kontexten auch zu Recht Gewissen genannt, die innere Stimme des Schöpfers. Sie ist, wie die Lotusblüte, trotz des umgebenden Schlammes der niederträchtigen Gedanken, stets rein. Diese Stimme leitet den Menschen hin zu all den Tugenden, die der Schöpfer selbst in sich trägt. Wer mit Hilfe der Weisheit diese Tugenden verinnerlicht, der kann in Harmonie mit der Schöpfung leben.[7] Zu den Tugenden, die stets untereinander verwoben sind, zählen die Frommen unter anderem Wahrhaftigkeit, Angst- und Feindlosigkeit.

Die gesammelten Einsichten der insgesamt über 35 Frommen, die diese überwiegend selbst schriftlich verfassten, gelten heute den Sikhs, also den Schülern des *Guru*, als zentrale Quelle spiritueller und ethischer Inspiration. Sikhs bezeichnen die 1430-seitige Standardausgabe dieser Anthologie, die in Etappen bis 1708 fertig gestellt wurde, respektvoll als *Adi Guru Granth Sahib* (AGGS). Das Wort *Guru* drückt aus, dass nur zeitlose spirituelle Weisheiten aufgenommen wurden. Die Wahrhaftigkeit einer Aussage ist im AGGS dabei immer an die Bedingung geknüpft, dass diese zu jeder Zeit, also auch jenseits dieser Welt gültig ist.[8] Das auf melodienfolgen basierende Werk vereint eine metapherngeschmückte Sprachenvielfalt, die von einer außergewöhnlich hohen Dichtkunst zeugt. Die Einsichten basieren auf

3 ਜਪੁ ਤਪੁ ਸੰਜਮੁ ਧਰਮੁ ਨ ਕਮਾਇਆ ॥ AGGS: 12, M. 1; ਕੋਈ ਬੋਲੈ ਰਾਮ ਰਾਮ ਕੋਈ ਖੁਦਾਇ ॥ AGGS: 885, M. 5; ਵਰਤ ਨ ਰਹਉ ਨ ਮਹ ਰਮਦਾਨਾ ॥ AGGS: 1136, M. 5; ਪਾਠੁ ਪੜਿਓ ਅਰੁ ਬੇਦੁ ਬੀਚਾਰਿਓ ਨਿਵਲਿ ਭੁਅੰਗਮ ਸਾਧੇ ॥ AGGS: 641, M. 5.

4 ਗੁਰਿ ਕਹਿਆ ਸਾ ਕਾਰ ਕਮਾਵਹੁ ॥ AGGS: 933, M. 1. Der Vers warnt alle Schüler davor, sich nicht mit den weltlichen Biografien der Frommen auseinanderzusetzen. Vielmehr sollen sich aufrichtige Schüler innewohnender spirituteller Weisheit hingeben, die in gewissen Fällen über Fromme zu den Menschen gelangt.

5 ਬਾਣੀ ਪ੍ਰਭ ਕੀ ਸਭੁ ਕੋ ਬੋਲੈ ॥ AGGS: 294, M. 5; ਬੀਜ ਮੰਤ੍ਰੁ ਸਰਬ ਕੋ ਗਿਆਨੁ ॥ AGGS: 274, M. 5; ਸਾਜਨੜਾ ਮੇਰਾ ਸਾਜਨੜਾ ਨਿਕਟਿ ਖਲੋਇਅੜਾ ਮੇਰਾ ਸਾਜਨੜਾ ॥ AGGS: 924, M. 5

6 ਹੋਇ ਇਕਤ੍ਰ ਮਿਲਹੁ ਮੇਰੇ ਭਾਈ ਦੁਬਿਧਾ ਦੂਰਿ ਕਰਹੁ ਲਿਵ ਲਾਇ ॥ AGGS: 1185, M. 5.

7 ਜੈਸੇ ਜਲ ਮਹਿ ਕਮਲੁ ਨਿਰਾਲਮੁ ਮੁਰਗਾਈ ਨੈ ਸਾਣੇ ॥ AGGS: 938, M. 1; ੴ ਸਤਿ ਨਾਮੁ ਕਰਤਾ ਪੁਰਖੁ ਨਿਰਭਉ ਨਿਰਵੈਰੁ ਅਕਾਲ ਮੂਰਤਿ ਅਜੂਨੀ ਸੈਭੰ ਗੁਰ ਪ੍ਰਸਾਦਿ ॥ AGGS: 1, M. 1; ਹਰਿ ਜਨੁ ਐਸਾ ਚਾਹੀਐ ਜੈਸਾ ਹਰਿ ਹੀ ਹੋਇ ॥ AGGS: 1372, Kabir; ਵਿਣੁ ਗੁਣ ਕੀਤੇ ਭਗਤਿ ਨ ਹੋਇ ॥ AGGS: 4, M. 1; ਅਤਿ ਸੁੰਦਰ ਕੁਲੀਨ ਚਤੁਰ ਮੁਖਿ ਙਿਆਨੀ ਧਨਵੰਤ ॥ AGGS: 253, M. 5.

8 ਨਾਨਕ ਦਾਸੁ ਮੁਖ ਤੇ ਜੋ ਬੋਲੈ ਈਹਾ ਊਹਾ ਸਚੁ ਹੋਵੈ ॥ AGGS: 681, M. 5. Nach diesem Prinzip sind Inhalte einer Religion als unwahrhaft entlarvt, sobald diese sich im Verlaufe der Geschichte als unhaltbar erweisen. Hierzu zählen auch Glaubens- oder Schöpfungsvorstellungen, die beispielsweise durch die Wissenschaft widerlegt werden. Eine überzeugende Religion im Verständnis des AGGS hat die Fähigkeit, zeitlose Antworten auf existenzielle Fragen des Seins zu geben.

einer intensiven und kritischen Beschäftigung mit den unterschiedlichsten religiösen Traditionen. Unter anderem finden sich Bezüge zu den Veden, den Simritian und Shastar, zum Islam und den Yogi.[9]

Der Mensch – Krone und Schlusslicht der Schöpfung

Aus Sicht der Sikh-Religion gehören Rechte und Pflichten in einem verantwortungsvollen Leben zueinander wie der Tag zur Nacht. Der Schöpfer aller, selbst die höchste und unermesslichste Form der Tugend, trägt Verantwortung für alles Existierende.[10] Er stellt den Lebewesen, ob tugendhaft oder niederträchtig, alles Lebenswichtige bedingungslos zur Verfügung[11]: angefangen von Planeten, Sonnen und Monden, die inmitten eines scheinbaren Chaos geordnet ihre Bahnen ziehen, über Sauerstoff produzierende Wälder, Flüsse, Früchte und verarbeitbare Erdmaterialien, die eine Welt wie unsere erst ermöglichen, bis hin zu einem über viele Evolutionsstufen entwickelten Köper, mit einem Gehirn, das Sprache und andere komplexe Interaktionsformen ermöglicht.[12] Alles Erschaffene folgt dieser Einsicht nach einer nicht materiell nachweisbaren Allmacht und Weisheit.[13] Die Geschöpfe, die dies demütig erkennen – und sei es metaphorisch gesprochen der Wind oder die Sonne – verstehen, dass sie Teil eines größeren kosmischen Zusammenhangs sind und alleine nichts zu bewirken vermögen.[14]

Aber gerade der Mensch, der von seinem Potenzial her die letzte Stufe der Evolution darstellt, neigt dazu, sich von seiner ursprünglichen Verantwortung der seelischen Selbstkenntnis zu entfremden. Er missbraucht seine Stellung und agiert selbstgerecht.[15] Während der Mensch sich demütig als zuletzt entstandene Art hinten anstellen müsste, handelt dieser so, als stünde er von jeher an erster Stelle der Schöpfung. Statt sorgsam die Rechte der vor ihm entstandenen Lebewesen zu schützen, lebt der Mensch weitgehend rücksichtslos und wird somit zur einer Belastung der Schöpfung.

Problematisch ist hierbei insbesondere, dass der Mensch als einziges Lebewesen systematisch aus individuellen oder kollektiven Eigennutz die Rechte von Teilen der eigenen Spezies einschränkt. Hierzu gehören die würdelose Behandlung, Ausbeutung, Vorverurteilung und Ausgrenzung aufgrund von Geschlecht, Herkunft oder Religion ebenso wie Folter, psychische Gewalt, die Missachtung der Meinungsfreiheit oder das Recht auf Bildung.[16]

Auch im Hinblick auf die Schöpfung besticht der Mensch durch Herrschsucht.[17] Symptomatisch erscheint daher, dass die Allgemeine Erklärung der Menschenrechte weder das Wort *Umwelt* noch *Natur* beinhaltet. So wundert es nicht, dass sich der Mensch nur schwerlich mit einem schlichten und gesunden Lebensstil begnügt, den einflussreiche Religionsgründer

9 ਸੋਧੇ ਸਾਸਤ੍ਰ ਸਿਮ੍ਰਿਤਿ ਸਗਲ ॥ AGGS: 890, M. 5; ਮੁਸਲਮਾਣੁ ਕਹਾਵਣੁ ਮੁਸਕਲੁ ਜਾ ਹੋਇ ਤਾ ਮੁਸਲਮਾਣੁ ਕਹਾਵੈ ॥ AGGS: 141, M. 1; ਮੁਸਲਮਾਣੁ ਮੋਮ ਦਿਲਿ ਹੋਵੈ ॥ AGGS: 1084, M. 5; ਜੋਗੀ ਜਤਨ ਕਰਤ ਸਭਿ ਹਾਰੇ ਗੁਨੀ ਰਹੇ ਗੁਨ ਗਾਈ ॥ AGGS: 218, M. 9; ਜੋਗੀ ਜੁਗਤਿ ਗਵਾਈ ਹੰਢੈ ਪਾਖੰਡਿ ਜੋਗੁ ਨ ਪਾਈ ॥ AGGS: 909, M. 3.

10 ਏਕੁ ਪਿਤਾ ਏਕਸ ਕੇ ਹਮ ਬਾਰਿਕ ਤੂ ਮੇਰਾ ਗੁਰ ਹਾਈ ॥ AGGS: 611, M. 5; ਨਾਨਕ ਚਿੰਤਾ ਮਤਿ ਕਰਹੁ ਚਿੰਤਾ ਤਿਸ ਹੀ ਹੇਇ ॥ AGGS: 995, M. 2; ਊਡੇ ਊਡਿ ਆਵੈ ਸੈ ਕੋਸਾ ਤਿਸੁ ਪਾਛੈ ਬਚਰੇ ਛਰਿਆ ॥ AGGS: 10, M. 5.

11 ਕਉੜਾ ਬੋਲਿ ਨ ਜਾਨੈ ਪੂਰਨ ਭਗਵਾਨੈ ਅਉਗਣੁ ਕੋ ਨ ਚਿਤਾਰੇ ॥ AGGS: 784, M. 5.

12 ਕੀਤਾ ਪਸਾਉ ਏਕੋ ਕਵਾਉ ॥ AGGS: 3, M. 1.

13 ਕਿਛੁ ਹਾਥਿ ਕਿਸੈ ਦੈ ਕਿਛੁ ਨਾਹੀ ਸਭਿ ਚਲਹਿ ਚਲਾਏ ॥ AGGS: 450, M. 4; ਹੁਕਮੈ ਅੰਦਰਿ ਸਭੁ ਕੋ ਬਾਹਰਿ ਹੁਕਮ ਨ ਕੋਇ ॥ AGGS: 1, M. 1.

14 ਭੈ ਵਿਚਿ ਪਵਣੁ ਵਹੈ ਸਦਵਾਉ ॥ AGGS: 464, M. 1; ਹੁਕਮੁ ਬੂਝਿ ਪਰਮ ਪਦੁ ਪਾਈ ॥ AGGS: 292, M. 5.

15 ਲਖ ਚਉਰਾਸੀਹ ਜੋਨਿ ਸਬਾਈ ॥ AGGS: 1075, M. 5; ਹਉ ਆਇਆ ਦੂਰਹੁ ਚਲਿ ਕੈ ਮੈ ਤਕੀ ਤਉ ਸਰਣਾਇ ਜੀਉ ॥ AGGS: 763, M. 5; ਅੰਤਰਿ ਜੋਤਿ ਰਾਮ ਪਰਗਾਸਾ ਗੁਰਮੁਖਿ ਬਿਰਲੈ ਜਾਨੀ ॥ AGGS: 970, Kabir. ਭਈ ਪਰਾਪਤਿ ਮਾਨੁਖ ਦੇਹੁਰੀਆ ॥ AGGS: 12, M. 5.

16 ਸੋ ਕਿਉ ਮੰਦਾ ਆਖੀਐ ਜਿਤੁ ਜੰਮਹਿ ਰਾਜਾਨ ॥ AGGS: 473, M. 1; ਜਾਣਹੁ ਜੋਤਿ ਨ ਪੂਛਹੁ ਜਾਤੀ ਆਗੈ ਜਾਤਿ ਨ ਹੇ ॥ AGGS: 349, M. 1. Die Frommen haben zu Lebzeiten insbesondere die würdelose Behandlung von Frauen und vermeintlich Niederkastigen kritisiert.

17 ਸਭੁ ਕੋ ਨਿਵੈ ਆਪ ਕਉ ਪਰ ਕਉ ਨਿਵੈ ਨ ਕੋਇ ॥ AGGS: 470, M. 1.

wie Jesus, Bhudda oder die Frommen der Sikh-Tradition vorgelebt haben.[18] Viel eher strebt der Mensch stets nach mehr und muss daher fortwährend für die Erfüllung seiner unersättlichen Bedürfnisse die Umwelt schädigen. Dabei bedient sich der Mensch nicht nur seines Verstandes, sondern auch seines Erfindungsgeistes. Die Entwicklung von Nationalstaaten mitsamt einer geldbasierten Wirtschaft nimmt hierbei eine entscheidende Rolle ein. Der Einsatz von Millionen abhängig beschäftigter Arbeitskräfte für Produktionsprozesse schafft die Möglichkeit der Überproduktion und somit der Akkumulation. Im Ergebnis verheddern sich die Menschen individuell und kollektiv immer mehr in der Komplexität des materiellen Fortschritts und leben zunehmend naturfeindlich.[19] Phänomene wie die global feststellbare Umweltzerstörung, Massentierhaltung, von Konservierungsstoffen und chemisch bzw. biologisch manipulierten Inhaltsstoffen geprägte Nahrungsmittelindustrie, die Produktion von Massenvernichtungswaffen, ein ungesunder und stressgeplagter Alltag, Depressionen, Burn-outs, aber auch Wirtschafts- und Finanzkrisen, legen eindrücklich Zeugnis davon ab. Kurz gefasst kann aus Sicht der Sikh-Religion gesagt werden, dass die Naturrechtsverletzung durch den Menschen das Grundübel für Leid darstellt. Sie geht allen weiteren Missachtungen wie der Menschenrechtsverletzung voran. Die Naturrechtsverletzung ist somit die schlimmste Form des respektlosen Umgangs mit dem Schöpfer und seiner Gaben.[20]

Konditionsloses Naturrecht versus konditioniertes Selbstrecht

Rechte werden immer verliehen. Und zwar von den Mächtigen an die weniger Machtvollen. Der Schöpfer verleiht dem Menschen Freiheiten und Rechte. Der Mensch wiederum verleiht Tieren und Pflanzen Rechte. Er bestimmt, wo Tiere leben oder Pflanzen wachsen und welche zu Nahrungszwecken gezüchtet werden sollen.[21] Aber der Mensch ist einzig allein derjenige, der seinen eigenen Mitmenschen Rechte zu- oder abspricht. Er hat für sich das Privileg des *konditionierten Selbstrechtes* geschaffen.

Die Schöpfung hingegen steht für ein *konditionsloses Naturrecht.*[22] Während die Schöpfung ohne Gegenforderung und Grenzziehungen Licht, Sonne, Sauerstoff, Boden und Wasser für alle Lebewesen bereitstellt, aber auch Erneuerung durch Naturgewalten wie Erdbeben rücksichtslos auf Fromme und Ausbeuter gleichermaßen wirken lässt, erscheint es heute dem Menschen als selbstverständlich, Wasser, Gas, Öl und andere natürliche Vorkommnisse zu besitzen, anzuhäufen und bei entsprechender geldwerter Gegenleistung weiterzuverkaufen. Möglich ist dies unter anderem durch die Aufrechterhaltung nationalstaatlicher Grenzen.

Denn die Fiktion der Grenze, schafft reale Möglichkeiten des Besitzes und der Ausgrenzung. Die inzwischen oft einseitig auf Gewinnmaximierung geeichte Unternehmenspolitik insbesondere bei börsennotierten multinationalen Konzernen, führt dazu, dass sie so kostengünstig wie möglich Rohstoffe wie Kupfer in technisch weniger entwickelten Ländern abbauen und durch ein raffiniertes Netz von Tochterfirmen immense Steuersummen sparen und damit enorme Gewinne erzielen. Die Mehrheit der lokalen Bevölkerung allerdings profitiert nur selten von der Unternehmung und muss mit den langwierigen Umweltschäden leben. Oft

18 ਰੁਖੀ ਸੁਖੀ ਖਾਇ ਕੈ ਠੰਢਾ ਪਾਣੀ ਪੀਉ ॥ AGGS: 1379, Farid; ਕਬੀਰ ਸੰਤਨ ਕੀ ਝੁੰਗੀਆ ਭਲੀ ਭਠਿ ਕੁਸਤੀ ਗਾਉ ॥ AGGS: 1365, Kabir.

19 ਆਪਣੈ ਭਾਣੈ ਜੋ ਚਲੈ ਭਾਈ ਵਿਛੁੜਿ ਚੋਟਾ ਖਾਵੈ ॥ AGGS: 601, M. 3.

20 ਦਾਤਿ ਪਿਆਰੀ ਵਿਸਰਿਆ ਦਾਤਾਰਾ ॥ AGGS: 676, M. 5.

21 ਜੀਆ ਕਾ ਆਹਾਰੁ ਜੀਅ ਖਾਣਾ ਏਹੁ ਕਰੇਇ ॥ AGGS: 995, M. 2; ਮਾਸੁ ਮਾਸੁ ਕਰਿ ਮੂਰਖੁ ਝਗੜੇ ਗਿਆਨੁ ਧਿਆਨੁ ਨਹੀ ਜਾਣੈ ॥ AGGS: 1289, M. 1. Laut AGGS besteht das Leben aus Kreisläufen. Hierzu zählt auch der natürlichen Tier- und Nahrungskreislauf, bei dem sich Lebewesen gegenseitig als Nahrungsquelle dienen. Ein religiös begründeter dogmatischer Vegetarismus wird daher kritisch reflektiert.

22 ਜਾਨ ਕੋ ਦੇਤ ਅਜਾਨ ਕੋ ਦੇਤ ਜਮੀਨ ਕੋ ਦੇਤ ਜਮਾਨ ਕੋ ਦੈ ਹੈ ॥ DG: 82.

werden solche Missstände gerade nicht von Behörden aufgedeckt, sondern von kleinen zivilgesellschaftlichen Organisationen, die von engagierten Menschen mit Mühe über Wasser gehalten werden.[23]

Gänzlich *ad absurdum* wird das Naturrecht auf das wichtigste Lebenselixier Wasser[24] geführt, wenn die einheimische Bevölkerung ihr eigenes Wasser von einem internationalen Konzern teuer abkaufen muss. Die breite Bevölkerung fühlt sich in solchen Fällen zumeist alleine gelassen und erlebt den eigenen Staat nicht als Schutzhüter der Menschenrechte, sondern als Protegier internationaler Unternehmen. Es wundert dabei nicht, dass es ein inzwischen oft eingeübter Mechanismus ist, dass der Gehorsam lokaler Eliten durch den Schutz ihrer Privilegien gesichert wird. Regt sich allerdings Widerstand in der breiten Bevölkerung, kommt es immer wieder zu Gewalt, die auch Menschenrechtsverletzungen nach sich zieht.

Es scheint also so, dass es vor allem Menschen in mächtigen Positionen in den Sinn kommt, aus weltlichem Eigennutz allgemeine Güter zu vereinnahmen sowie die Rechte und Würde anderer Menschen zu übertreten.[25] Dabei wäre es geboten, dass gerade die Regierenden dieser Welt ihre Rolle als Diener der Menschen mit besonderer Sorgfalt wahrnehmen. Denn wenn die politischen Repräsentanten ihre Bevölkerung täuschen, beispielsweise in dem sie selbst Menschenrechtsverletzungen vertuschen, dann kann ein vorbildliches Verhalten der breiten Bevölkerung nur schwerlich erwartet werden.[26]

Es ist die ureigene Verantwortung der Religion, in solchen Konstellationen die jeweils Regierenden und Mitmenschen daran zu erinnern, was es bedeutet, im Einklang mit den Natur- und Menschenrechten zu leben. Dabei gilt auch, dass Religion dazu mahnen kann, die Menschenrechte nicht auszureizen, sondern sie reflektiert ethisch abzuwägen. Äußerungen oder Medienprodukte, die einen geringen Erkenntnisgewinn aber einen erheblichen Schaden befürchten lassen, könnten demnach eingeschränkt werden. Insbesondere dann, wenn sie absichtlich eine Provokation zum Ziel haben.

Eine wichtige Funktion haben auch Ermutigungen zur Reflexion – vor allem auch bei Beamten sowie beim Militär und bei der Polizei. Denn kaum ein Bereich ist so anfällig für Machtmissbrauch und Menschenrechtsverletzungen wie die Organe, die das staatliche Gewaltmonopol innehaben. Eine Gesellschaft profitiert von Staatsbediensteten, die eine *reflektierte Loyalität* an den Tag legen. Diese ist geleitet von Gehorsam, aber hinterfragt wachsam, ob das Geforderte nicht den Menschenrechten zuwiderläuft.

Ratschläge seitens der Religion können aber nur dann Gehör finden, wenn diejenigen, die sich selbst als religiös erachten, in sich stimmig handeln und reden. Sie sind idealerweise so tugendhaft, dass sie in ihrem Umfeld Einheit mehren und Segregation und Gewalt mindern.[27] Wenn Religionsanhänger oder religiöse Institutionen selbst Menschenrechte missachten und Leid auslösen, insbesondere auch in Namen der Religion, dann führen sie den Sinn von Religion ad asurdum.[28]

23 Dabei ist zu bedenken, dass subtile Formen der Naturrechts- und Menschenrechtsverletzung gesellschaftlich und medial wenig beachtet werden. Siehe: *Social Suffering*. Hrsg. Arthur Kleinman, Veena Das, Margaret Lock. University of California Press. 1997.

24 ਪਹਿਲਾ ਪਾਣੀ ਜੀਉ ਹੈ ਜਿਤੁ ਹਰਿਆ ਸਭੁ ਕੋਇ ॥ AGGS: 472, M. 1; ਸਾਚੇ ਤੇ ਪਵਨਾ ਭਇਆ ਪਵਨੈ ਤੇ ਜਲੁ ਹੋਇ ॥ AGGS: 19, M. 1.

25 ਸਰਮੁ ਧਰਮੁ ਦੁਇ ਛਪਿ ਖਲੋਏ ਕੂੜੁ ਫਿਰੈ ਪਰਧਾਨੁ ਵੇ ਲਾਲੋ ॥ AGGS: 722, M. 1; ਧਨ ਅਰ ਭੂਮਿ ਪੁਰਾਤਨ ਬੈਰਾ ॥ DG: 115.

26 ਅਵਰ ਉਪਦੇਸੈ ਆਪਿ ਨ ਕਰੈ ॥ AGGS: 269, M. 5.

27 ਜਿਨ੍ ਮਨਿ ਹੋਰੁ ਮੁਖਿ ਹੋਰੁ ਸਿ ਕਾਂਢੇ ਕਚਿਆ ॥ AGGS: 488, Sheikh Farid; ਸਚਹੁ ਓਰੈ ਸਭੁ ਕੋ ਉਪਰਿ ਸਚੁ ਆਚਾਰੁ ॥ AGGS: 62, M. 1. Der letzte Vers kann mit folgendem Bild erklärt werden: Dass ein Blumenkern rein ist, erkennt man erst, wenn die Blüten voller Schönheit erstrahlen.

28 ਥਾਨਸਟ ਜਗ ਭਰਿਸਟ ਹੋਏ ਡੂਬਤਾ ਇਵ ਜਗੁ ॥ AGGS: 662, M. 1; ਧਰਮ ਰਾਇ ਹੈ ਦੇਵਤਾ ਲੈ ਗਲਾ ਕਰੇ ਦਲਾਲੀ ॥ AGGS: 967, Sata & Balvand; ਕੋਊ ਹਰਿ ਸਮਾਨਿ ਨਹੀ ਰਾਜਾ ॥ AGGS: 856, Kabir; ਰਾਜੁ ਨ ਚਾਹਉ ਮੁਕਤਿ ਨ ਚਾਹਉ ਮਨਿ ਪ੍ਰੀਤਿ ਚਰਨ ਕਮਲਾਰੇ ॥ AGGS: 534, M. 5. Die weltliche Machtübernahme durch eine Religion, ist laut dem AGGS kein erstrebenswertes Unterfangen. Vielmehr geht es darum, die Weisheit der Religion für die Regierungsarbeit zu nutzen.

Der Geist – Urgrund von Natur- und Menschenrechtsverletzung

Die Quelle einer egoistischen und damit letztlich selbstzerstörerischen Lebensweise liegt laut dem AGGS im Inneren des Menschen. Dabei steht der Mensch in einem dialektischen Verhältnis zu den von ihm geschaffenen Strukturen. Diese prädestinieren dazu egoistisch zu handeln. Das Grundproblem ist, dass der Mensch dazu neigt, sich vornehmlich mit seinem Körper und seiner sozialen Identität zu identifizieren.

Das durch die Sinne erfahrbare Leben wird dann konsequenterweise als die einzige wahre Welt und somit als Heimat angesehen. Folglich entsteht der Wunsch, immer mehr Annehmlichkeiten für das flüchtige *weltliche Ich* zu schaffen.[29] Aus einem *natürlichen Bedürfnis* nach Nahrung, Sexualität und Schutz entsteht nach und nach *Verlangen* (*itsha, lobh*). Ein Beispiel verdeutlich diesen Vorgang exemplarisch: Es heißt nicht, dass der Körper etwas zu Essen benötigt, sprich das man Hunger hat, sondern, dass man »Lust habe, etwas zu essen«.

Die Begierde nach körperlichen und wohnlichen Annehmlichkeiten, aber vor allem auch der Drang, andere seinen Vorstellungen zu unterwerfen, sowie Geltung, Ruhm, Macht und Reichtum stetig auszuweiten, stellt einer der Hauptursachen für Natur- und folglich Menschenrechtsverletzungen dar.[30] Denn die Befriedigung des unersättlichen Verlangens kann nur auf Kosten anderer erfüllt werden – seien es die Umwelt, Tiere oder gar die Mitmenschen.

Der Begriff »Geist« (*man*) ist in diesem Zusammenhang zentral und erklärungsbedürftig. Es handelt sich um eine Begriffsmetapher. Der Geist entsteht laut dem AGGS immer dann, wenn weltliche Begierde und Identifikation das seelische Bewusstsein (*chit, bebek bhudi*) überlagern.[31] Dies ist immer dann möglich, wenn der Verstand (*bhudi, akal*) sein Instrument, das Gehirn, dafür nutzt, etwas niederträchtiges zu vollbringen – beispielsweise den komplizierten Plan zur Umgehung von Umweltrichtlinien zur Gewinnmaximierung. Umgekehrt nutzt der Verstand eines Chirurgen das Gehirn dazu, mithilfe eine Skalpells, einem Menschen zu helfen. Im ersten Fall folgt also der Verstand dem Geist und handelt somit gegen die Weisheit der Seele (*apnnaa bhaannaa*). Im zweiten Fall folgt der Verstand der Weisheit und bringt den Menschen etwas gutes (*gur ka bhaannaa*).[32]

Die Endwirkung des Geistes liegt stets darin, dass das eigentlich fremde Land der materiellen Welt als vermeintliche Heimat erachtet wird.[33] Der Mensch ist nun nicht mehr in der Lage, seine weltliche Identifikation zu dekonstruieren und der inneren Stimme des Schöpfers den erforderlichen Raum zu gewähren.[34] Der Geist ist bildlich die Welle an der Oberfläche, die, verführt vom mächtigen Winde, aus der tiefen Harmonie des Ozeans ausbricht und zum Tsunami wird. Die Entstehung des Geistes ist somit auch immer die Urquelle der Übertretung der Natur- und -Menschenrechte. Ist der überaus mächtige Geist einmal erwacht, ist der Mensch nur schwerlich in der Lage, das eigene Wesen und Handeln zu transzendieren.[35] Dies kann soweit gehen, dass unter Inkaufnahme von Menschenrechtsverletzungen rücksichtslos die eigenen weltlichen Ziele verfolgt werden.

Der erste Schritt zur Überwindung solcher Haltungen besteht laut dem AGGS darin, dass der Mensch stets bemüht sein sollte, weder andere in Angst zu versetzen, noch sich selbst durch die vermeintliche Macht der anderen verängstigen zu lassen.[36] Dabei wird, bei al-

29 ਬਿਨੁ ਨਾਵੈ ਝੂਠਾ ਧਨੁ ਮਾਲੁ ॥ AGGS: 197, M. 5.

30 ਸੋਭਾ ਰਾਜ ਬਿਭੈ ਬਡਿਆਈ ॥ AGGS: 692, Kabir; ਗਹਰੀ ਕਰਿ ਕੈ ਨੀਵ ਖੁਦਾਈ ਊਪਰਿ ਮੰਡਪ ਛਾਏ ॥ AGGS: 692, Naam Dev; ਕਪੜੁ ਰੂਪੁ ਸੁਹਾਵਣਾ ਛਡਿ ਦੁਨੀਆ ਅੰਦਰਿ ਜਾਵਣਾ ॥ AGGS: 470, M. 1.

31 ਤਿਆਗੇਂ ਮਨ ਕੀ ਮਤੜੀ ਵਿਸਾਰੇਂ ਦੂਜਾ ਭਾਉ ਜੀਉ ॥ AGGS: 763, M. 5

32 ਅਕਲੀ ਸਾਹਿਬੁ ਸੇਵੀਐ ਅਕਲੀ ਪਾਈਐ ਮਾਨੁ ॥ AGGS: 1245, M. 1.

33 ਰੂਪ ਹੀਨ ਬੁਧਿ ਬਲ ਹੀਨੀ ਮੋਹਿ ਪਰਦੇਸਨਿ ਦੂਰ ਤੇ ਆਈ ॥ AGGS: 204, M. 5; ਤੈ ਜੀਵਨੁ ਜਗਿ ਸਚੁ ਕਰਿ ਜਾਨਾ ॥ AGGS: 794, Ravi Daas.

34 ਪੜਿਆ ਅਣਪੜਿਆ ਪਰਮ ਗਤਿ ਪਾਵੈ ॥ AGGS: 197, M. 5.

35 ਭੈ ਵਿਚਿ ਪਵਣੁ ਵਹੈ ਸਦਵਾਉ ॥ AGGS: 464, M. 1; ਮਨ ਤੂੰ ਜੋਤਿ ਸਰੂਪੁ ਹੈ ਆਪਣਾ ਮੂਲੁ ਪਛਾਣੁ ॥ AGGS: 441; M. 3.

36 ਭੈ ਕਾਹੂ ਕਉ ਦੇਤ ਨਹਿ ਨਹਿ ਭੈ ਮਾਨਤ ਆਨ ॥ AGGS: 1472, M. 9.

ler geforderten Toleranz, ein indifferenter Kultur- bzw. Religionsrelativismus kritisch gesehen.[37] Vor allem dann, wenn Grenzen der Menschlichkeit oder Wahrhaftigkeit überschritten werden.[38]

Als letztendlichen Ausweg wird die Hingabe an innewohnender spiritueller Weisheit gesehen. Diese kann dem Mensch helfen, seine Identifikation mit der vergänglichen Welt allmählich zu durchschauen.[39] Gelingt dies, ist es möglich, ein selbstloses, schlichtes, bewusstes und tugendhaftes Leben im Einklang mit sich, der Umwelt und den Mitmenschen zu führen (*hukam*). Im weiteren Entwicklungsverlauf vermag der steinige und langwierige Weg der Selbstkenntnis (*param gati*) das Kunststück der seelischen Heimkehr zum Urquell allen Seins (*sach khand*) zu vollbringen.[40]

Der Pfad der Bescheidenheit, Rückbesinnung und Transzendierung

Zusammenfassend gesprochen, ist das höchste Menschenrecht die Möglichkeit, das Leben würdevoll und im Einklang mit dem Naturrecht der Schöpfung leben zu können. Wer sich bemüht, mit dem Strom des Flusses der Weisheit zu schwimmen und auch andere dazu inspiriert, der handelt aus Sicht der Sikh-Religion wahrhaft religiös.[41] Die notwendige Bedingung hierfür ist ein tugendhaftes Leben. Die hinreichende Bedingung lautet, dass der Mensch seinen Horizont über das irdische Leben hinaus erweitert.[42] Damit einher geht eine intuitive Rückbesinnung auf ein bescheidenes Leben. Denn ohne eine Wertschätzung von Schlichtheit kann der maßlose Wachstumsdrang und damit die Ausbeutung von Mensch und Umwelt nicht gemindert werden.

Solange es bei Veränderungsvorhaben vornehmlich nur um weltliche Belange geht, wird der Kreislauf von Systemaufbau und Sturz, Revolution und Konterrevolution, Reform und Gegenreform, Gewalt und Gegengewalt weitergehen. Erforderlich ist, um mit Dorothee Sölle zu sprechen, eine für alle zugängliche Frömmigkeit, die einen nachhaltigen Widerstand gegen Natur- und Menschenrechtsverletzungen hervorbringt.[43]

Diejenigen, die uns diese Form der Frömmigkeit vorgelebt haben, inspirieren uns bis heute.[44] Das zuletzt gestiegene Bewusstsein für den globalen Umweltschutz in Teilen der Weltbevölkerung und die Erkenntnis, dass mehr Wohlstand nicht zu Seelenfrieden führt, ist aus Sicht der *Sikhi* ein wichtiger Schritt in die richtige Richtung.

37 Für einen Überblick über die historischen Erfahrungen mit Intoleranz der Sikhs siehe: Singh, Khushwant. Toleranz in der Sikh-Religion. In: Toleranz im Weltkontext. Geschichten – Entstehungsorte – Neuere Entwicklungen. Hrsg.: Hamid Reza Yousefi und Harald Seubert, Wiesbaden 2012.

38 ਜਉ ਰੇ ਖੁਦਾਇ ਮੋਹਿ ਤੁਰਕੁ ਕਰੈਗਾ ਆਪਨ ਹੀ ਕਟਿ ਜਾਈ ॥ AGGS: 477, Kabir. Für den frommen Kabir zählen hierzu auch irreversible körperliche Handlungen im Namen der Religion, die letztlich keine Selbstkenntnis bringen. Kabir kritisiert daher die Beschneidung von Jungen.

39 ਗਿਆਨ ਖੜਗੁ ਲੈ ਮਨ ਸਿਉ ਲੂਝੈ ਮਨਸਾ ਮਨਹਿ ਸਮਾਈ ਹੇ ॥ AGGS: 1022, M. 1.

40 ਜਨ ਨਾਨਕ ਇਹੁ ਖੇਲੁ ਕਠਨੁ ਹੈ ਕਿਨਹੂੰ ਗੁਰਮੁਖਿ ਜਾਨਾ ॥ AGGS: 218, M. 9; ਗੁਣ ਨਿਧਾਨ ਭਗਤਨ ਕਉ ਬਰਤਨਿ ਬਿਰਲਾ ਪਾਵੈ ਕੋਈ ॥ AGGS: 617, M. 5; ਖੰਨਿਅਹੁ ਤਿਖੀ ਵਾਲਹੁ ਨਿਕੀ ਏਤੁ ਮਾਰਗਿ ਜਾਣਾ ॥ AGGS: 918, M. 3; ਇਸੁ ਪਉੜੀ ਤੇ ਜੋ ਨਰੁ ਚੂਕੈ ਸੋ ਆਇ ਜਾਇ ਦੁਖੁ ਪਾਇਦਾ ॥ AGGS: 1075, M. 5.

41 ਜਿਵ ਤੂ ਚਲਾਇਹਿ ਤਿਵੈ ਚਲਹ ਜਿਨਾ ਮਾਰਗਿ ਪਾਵਹੇ ॥ AGGS: 919, M. 3.

42 ਜੈਸਾ ਸੁਪਨਾ ਰੈਨਿ ਕਾ ਤੈਸਾ ਸੰਸਾਰ ॥ AGGS: 808, M. 5.

43 Sölle, Dorothee. Mystik und Widerstand, Hamburg, 1997.

44 Für Sikhs gilt Bhai Ghneya als einer der Vorbilder für die Wahrung von Menschenrechten. Laut Überlieferung besuchte er 1705 die Stadt Anandpur Sahib. Dabei wurde die Stadt von Mogulen angegriffen. Es kam zu einer der zahlreichen blutigen Verteidigungsschlachten in der Sikh-Geschichte. Bhai Ghneya begann nach Beendigung der Kämpfe die Verwundeten zu versorgen – und zwar ohne zu unterscheiden, welcher Armee sie angehörten. Einige Sikh-Krieger beschwerten sich darüber beim zehnten Frommen Gobind Singh. Dieser ließ sich die Begebenheit von beiden Seiten schildern. Sein Fazit überraschte die anklagenden Krieger. Er verkündete, dass Bhai Ghneya im Gegensatz zu den Kriegern der Stimme der Weisheit gefolgt sei. Diese besagt, dass die Frommen alle mit gleichen Augen sehen und Rachsucht nicht kennen: ਨਾ ਕੋ ਮੇਰਾ ਦੁਸਮਨੁ ਰਹਿਆ ਨਾ ਹਮ ਕਿਸ ਕੇ ਬੈਰਾਈ ॥ AGGS: 671, M. 5.

Weiterführende Literatur der Autoren:

Dahram Singh Nihang Singh. *Sahj Samadhi vers. Sunn Samadhi*, Patiala 1999.
Singh, Khushwant. *Toleranz in der Sikh-Religion*, in: Toleranz im Weltkontext. Geschichten – Entstehungsorte – Neuere Entwicklungen, hrsg. v. Hamid Reza Yousefi und Harald Seubert, Wiesbaden 2012.

Kikuko Yoshida

Menschenrecht im Shintō

Einleitung

Auch wenn sich sagen lässt, dass ›Menschenrecht‹ grundsätzlich ein zu achtendes Anrecht ist, das jedem Menschen, sofern er Mensch ist, zusteht, gibt es doch verschiedene Denkansätze, wie dieses Anrecht zu verstehen sei, weshalb es auch nicht eindeutig bestimmbar ist. Jedoch lässt sich über den geschichtlich in der westlichen Moderne als eine klare Idee vorgelegten Menschenrechtsbegriff zumindest sagen, dass dieser seine größte Bedeutung in der Befreiung des Individuums hat, da er das aus vormoderner Gemeinschaft und Despotie befreite Individuum als Subjekt der Menschenrechte ansieht. Aber damit schließt das moderne Menschenrecht zugleich eine große Problematik in sich ein.

Denn für die Idee des Menschenrechts in der westlichen Moderne gilt das ›selbstbestimmte und eigenverantwortliche Individuum‹ als selbstverständliche Voraussetzung, aber in dieser Voraussetzung an sich ist ein Zweifel eingeschlossen. Auch im Westen ist darüber viel diskutiert und kritisiert worden, doch der Shintō entwirft mindestens in zwei Hinsichten gegenüber einer solchen westlichen Menschenrechtsidee starke Antithesen.

Erstens: eine Antithese gegen den Anthropozentrismus, der dem Menschenrechtsgedanken zugrunde liegt, nämlich unter allem Seienden nur die Rechte des Menschen in den Brennpunkt zu rücken. Die Voraussetzung dieses Menschenrechtsgedankens, das »selbstbestimmte und eigenverantwortliche Individuum«, wird nämlich gestützt von einem Menschenbild, das den Menschen als vernünftiges Wesen ansieht, und dieses Menschenbild lässt sich auf das mittelalterliche – christliche – Menschenbild des Abendlandes zurückführen, nach dem alle Menschen aufgrund ihres Menschseins in gleicher Weise an der ihnen zugeteilten Vernunft partizipieren.

Dieses christliche Menschenbild ist untrennbar verbunden mit einem hierarchischen Weltbild, nämlich der an der Vernunft partizipierende Mensch, der in diesem Punkt sich von allen anderen Geschöpfen, abgesehen von den Engeln, – das, was man als Natur im weiteren Sinne bezeichnen kann – wesentlich unterscheidet, über dieser Natur steht und das Recht hat, die Natur zu beherrschen und zu nutzen, und dieses hierarchische mittelalterliche Weltbild besteht auch in der Moderne, wo der Mensch an Gottes Stelle getreten ist, weiterhin fort. Denn ohne die unausgesprochene, jedoch entscheidende Triebkraft dieses Weltbilds, dass der Mensch das Recht habe, über die Natur zu herrschen, wäre die Entwicklung der modernen Naturwissenschaft und Technik nicht möglich gewesen.

Durch die Verschlimmerung der Umweltprobleme in der Gegenwart sind zwar die Stimmen lauter geworden, die die Wichtigkeit eines Zusammenlebens mit der Natur hervorheben, aber diese Stimmen sind auch nur aus der Krisenstimmung her entstanden, dass die menschliche Existenz selbst bedroht sei, wenn man so weitermache wie bisher, weshalb auch der Gedanke einer friedlichen Koexistenz mit der Natur einem Anthropozentrismus nicht entkommt. Gegenüber einem solchen Anthropozentrismus, der den Grund für die Menschenrechtsidee in der westlichen Moderne bildet, entwirft der Shintō eine starke Antithese.

Zweitens: Noch eine Antithese, die der Shintō aufwirft, betrifft die Frage, ob eine Gemeinschaft (Familie, Gemeinde, Gesellschaft, Staat, etc.) bestehen kann, wenn aufgrund der westlichen Menschenrechtsidee die Selbstbestimmung des Individuums durchgesetzt wird.

Diese beiden Antithesen entspringen aus dem Menschen- und Weltbild des Shintō selbst.

1. Das Menschenbild und Weltbild des Shintō

Anders als Buddhismus, Christentum oder Islam hat Shintō keinen Stifter im religionswissenschaftlichen Sinne. Also gibt es im Shintō auch keine auf den Worten des Stifters gegründete Lehre und keine aus dieser sich entfaltenden Dogmen. In der japanischen Geistesgeschichte gab es zwar verschiedene Versuche, von auswärtigen Religionen und Denksystemen wie Buddhismus und Konfuzianismus angeregt den Shintō als Dogma zu systematisieren, sie können aber nicht als Lehrsystem des Shintō an sich angesehen werden.

Wie der Shintō, der weder Dogma noch Doktrin kennt, zu verstehen sei, habe ich bereits in einer vorangehenden Arbeit dargelegt[1]. Den Einfluss, den der Shintō auf die Denkweise und Wertanschauung der Japaner hat, die sich weder auf buddhistisches noch auf konfuzianisches Gedankengut zurückführen lassen, erkannt und in zahlreichen hervorragenden Büchern und Aufsätzen zur japanischen Kultur dargestellt zu haben ist das Verdienst der ursprünglich koreanischen Forscherin Oh Seon-hwa, die anders als die Arbeiten westlicher Forscher zur japanischen Kultur das dem Westen Fremde nicht als bloß unerklärbar Fremdes oder vormodernes Überbleibsel übergeht, sondern – weil sie selbst aus einer nicht-westlichen anderen Kultur kommt – die Besonderheit der japanischen Kultur, die wir Japaner selbst allzu oft übersehen, da sie uns nur zu vertraut ist, betrachtet und erhellt hat.

Durch ihre Erfahrungen während ihres dreißigjährigen Aufenthalts in Japan gelangte sie zu der Einsicht, dass die Unverständlichkeit der japanischen Kultur ihren Ursprung in der Dreischichtigkeit der Kultur habe. Ihr zufolge ist das, was im gegenwärtigen Japan als erstes auf der Oberfläche erscheint, die europäisch-amerikanische Kultur. Unter dieser Schicht verbleibt noch die Schicht einer asiatischen Ackerbaukultur, wie sie auch in Korea und China noch zu finden ist. Doch gibt es in Japan noch weiter unten eine uralte Schicht, und diese Schicht lässt sich als Shintō bezeichnen. Dass diese Schicht in der Denkweise und in den Wertanschauungen der gegenwärtigen Japaner erhalten geblieben ist, lässt sich nach Oh als die größte Besonderheit der japanischen Kultur charakterisieren.

Zu Ohs Meinung möchte ich zwei interessante Erfahrungsberichte vorstellen:

Beide Erfahrungsberichte wurden in der zweiten Hälfte des 19. Jahrhunderts geschrieben, eine Zeit, in der dem imperialistischen Kolonisationsbestreben der europäischen und amerikanischen Großmächte andere Teile der Welt nichts entgegenzusetzen hatten. Zu dieser Zeit war es allein Japan, das aktiv westliche Zivilisation und westliche Wissenschaft und Technik aufnahm, um damit die Kräfte des eigenen Landes zu stärken und der Invasion durch westliche Mächte vorzubeugen. Um die westliche Zivilisation auf Staatsebene aufzunehmen, wurden damals nicht nur japanische Intellektuelle zum Auslandsstudium geschickt, sondern auch Spezialisten vieler Fachgebiete aus westlichen Ländern nach Japan eingeladen, um von ihnen direkt in Wissenschaft und Technik unterwiesen zu werden. Zu diesen Fachleuten gesellten sich – uneingeladen – zahlreiche christliche Priester und Misionare. Einer von ihnen, der Amerikaner Samuel R. Brown (1810-1880), berichtet in seinen Briefen, dass ein Japaner, als er mit ihm die Schöpfungsgeschichte in einer chinesischen Übersetzung las, bei der Passage aus 1. Mos. 1.26, dass Gott den Menschen als letztes nach seinem Ebenbild geschaffen hatte, erstaunt ausrief: »Wie kann das sein? Der Mensch ist besser als die Bäume und Tiere auf Erden, etc.!«[2]

1 Kikuko Yoshida, *Toleranz im Shintō,* in: Hamid Reza Yousefi u. Harald Seubert (Hg.), *Toleranz im Weltkontext. Geschichten – Erscheinungsformen – Neue Entwicklungen*, Wiesbaden 2013, S. 137-143.

2 Nach der japanischen Übersetzung der uneditierten Briefe von Takaya Michio, *Samuel Robbins Brown Japan Mission: S.R. Brown's Letters*, Tokyo 1965, S. 141. Die Episode wird auch in der Brown-Biographie von William Elliot Griffis, *A Maker of the New Orient*, New York 1902, S. 186, zitiert.

Etwas später als Brown kam 1877 der amerikanische Zoologe Edward S. Morse (1838-1925) nach Japan. Morse berichtet von seiner Rührung beim Anblick eines Ochsenkarrens, über dem im sommerlichen Japan, um den Ochsen vor Hitze zu schützen, ein provisorisches großes Sonnendach aus Strohmatten gespannt worden war, und der Strohsandalen, die die Hufe des Tiers vor dem heißen Boden bewahrten.[3]

Für die Japaner vor Aufnahme der westlichen Zivilisation, denen Brown und Morse begegnet waren, waren Menschen und Ochsen natürlich nicht gleichwertig, auch sie hatten wohl im Menschen ein höheres Wesen als das Getier gesehen. Doch im Unterschied zum hierarchischen Weltbild des Christentums hatten sie zwischen den Menschen und anderen Wesen, also dem, was man im weiteren Sinne die Natur nennt, keinen qualitativen Bruch gesehen, sondern hatten, wie das Beispiel des Japaners in Browns Briefen zeigt, keine Vorstellung von einem Supremat des Menschen über allen Geschöpfen. In ihnen überwog vielmehr das Bewusstsein, dass Haustiere, die ihre Wildheit aufgegeben hatten, um wie Ochse und Pferd Karren zu ziehen und beim Ackerbau zu helfen, nicht schlecht zu behandeln seien, da sie Gefährten des Menschen in allen Lebenslagen sind.

Seit Eintritt in die Moderne hat sich in dem Punkt, dass der Einfluss der traditionellen religiösen Weltanschauung und Denkweise zurückgegangen ist, das Abendland und Japan gegenseitig angeglichen, jedoch erwachen auch in der Gegenwart wohl bei fast allen Japanern Sympathien für das Ereignis, welches Morse gerührt hatte. Selbstverständlich kommt es im heutigen Japan nicht mehr vor, dass ein Ochse einen Karren zieht, doch empfinden auch die heutigen Japaner dafür Sympathie, dass vor 130 Jahren ein Japaner gedacht hatte, auch dem Ochsen sei es heiß, und diesem einen Sonnenschirm und Strohsandalen besorgte. Diese Sympathie, die es sowohl vor dem Wissen um die abendländische Zivilisation wie auch danach gab und gibt, empfindet gegenüber dem christlichen Supremat des Menschen unbehagliches Befremden. Dieses christliche Supremat, das den Menschen als privilegiertes Wesen, welches über der Natur steht, ansieht, verursacht den Japanern das größte Befremden an der christlichen Zivilisation, und zwar auch nicht wenigen japanischen Christen.

Den wenigsten Japanern der Gegenwart ist jedoch bewusst, dass dieses Befremden aus dem Shintō stammt. Dem Japaner aus den Briefen Browns ging es wohl ebenso. Die Äußerungen dieses Japaners jedoch lassen sicht nicht auf den Buddhismus oder auf den Konfuzianismus zurückführen. Im Konfuzianismus gibt es ganz klar eine hierarchische Weltansachauung, und auch im Buddhismus gilt – selbst wenn es Unterschiede zwischen den einzelnen Schulen gibt – generell, dass der Mensch ein Wesen ist, dem die Möglichkeit, ein Erleuchteter (Buddha) zu werden, innewohnt, oder zumindest ein Wesen, das notwendigerweise die Erlösung durch Buddha erfordert. Das heißt, auch wenn es sich in der Nuance von der christlichen Auffassung unterscheidet, so ist doch auch für den Buddhismus der Mensch ein Wesen, das allen Pflanzen und Tieren auf der Welt überlegen ist.

Dieser Behauptung, dass sich die Äußerung des Japaners, der Brown begegnet war, nicht auf den Buddhismus zurückführen lässt, werden Kenner des japanischen Buddhismus entgegenstellen, dass es doch im japanischen Tendai-Buddhismus den Ausspruch gebe, »Gräser und Bäume, das ganze Land wird allesamt zu Buddha«. Doch wie der Buddhologe Hajime Nakamura gezeigt hat, ist dieser Ausspruch, dessen Ursprung im Tendai-Buddhismus auf ein indisches Sutra zurückgeführt wird, in indischen Sutren nicht zu finden, er ist der ununterdrückbaren Naturliebe der Japaner entsprungen, einem Einheitsgefühl zwischen Natur und Mensch, wurde von Japanern frei erfunden und mit der Autorität buddhistischer Schriften verknüpft.[4]

3 Edward S. Morse, *Japan Day by Day*, vol. 1, New York 1917, S. 234 f.

4 Vgl. Takeo Kuwabara, Chie Nakane u. Hidetoshi Katō (Hg.), *Rekishi to bunmei no tankyū*, Bd. 1, Tokyo 1976, S. 99.

Im Prozess der Überlieferung des Buddhismus und der buddhistischen Kultur nach Japan und deren Transformation in einen japanischen Buddhismus hat die vorbuddhistische Natursicht der Japaner, die aus dem Shinto stammt, einen großen Einfluss gehabt. Zum Beispiel ist das Mandala als Ausdruck der Weltanschauung des esoterischen Buddhismus in seiner abstrakten, die Natur ausschließenden indischen Form zwar nach Japan gelangt, wurde dort aber nur von einer Handvoll Spezialisten weitertradiert und studiert, doch seit dem 10. Jahrhundert wurden auch Mandalas in japanischer Form produziert, die die Natur und die Gottheiten oder auch Buddhas, Bodhisattvas und die Natur in eins integrieren. Dass das höchst abstrakte und schematisierte Mandala indischer Form in Japan durch Natur und Landschaft ersetzt wird, bedeutet jedoch weder ein Zerfallen des ursprünglich exakten Diagramms noch ein Ausdünnen des Glaubens. Dadurch, dass die japanische Natur in das Mandala thematisch aufgenommen wird, verliert das Mandala zwar seine indische Strenge, gewinnt aber Helligkeit und Vertrautheit, die die Landschaft den Japanern bringt. Darüber hinaus ist für die Japaner die Naturlandschaft »ein großer Lehrmeister, der die Gedanken verbessert und den Geist ordnet«[5], ansonsten wäre es unverständlich, warum die japanischen Mandalas Objekte des Glaubens werden können.

Auf diese Weise empfinden die Japaner der Natur gegenüber nicht nur Vertrautheit, sondern auch Ehrfurcht, denn für die Japaner ist die Natur etwas Lebendes, etwas Werdendes. Japaner beugen ihr Haupt vor Riesenbäumen, die seit urewigen Zeiten in den Himmel hochragen, weil sie darin die Würde des Lebens empfinden, und sehen in einem gerade entstandenen Spross den Glanz des frischen Lebens. Oder wenn sie eine unaussprechlich schöne Natur vor Augen bekommen, empfinden sie dort die mysteriöse, unendliche Kraft des Lebens. Auch die im Herbst verwelkende Natur ist den Japanern nicht bloß Gegenstand buddhistischer Vergänglichkeitsmeditationen, sondern sie sehen in diesem Welken den Prozess des Werdens, aus dem wieder neues Leben entsteht. Für die Japaner ist der Mensch ein Mitglied dieser derart werdenden Allnatur.

Seit Japan vor 150 Jahren die abendländische Zivilisation aufgenommen hat, hat natürlich auch die Natursicht, auf der diese Zivilisation aufbaut, ihren Einfluss auf die Natursicht der Japaner ausgeübt, dennoch lebt der Gedanke, dass die Natur lebt und der Mensch ein Mitglied dieser werdenden Natur ist, im Grunde der japanischen Denkweise fort.[6]

Das Gefühl, dass die Natur lebt, empfinden Japaner nicht allein gegenüber biologisch Lebendem wie Tieren und Pflanzen. Für japanische Zimmerer und Schreiner ist es ein sehr starkes Gefühl, dass ein Stück Holz, auch wenn es bereits gefällt ist, weiterhin fortlebt. Und der Schmied, der die für ein halbes Jahrhundert verlorengegangene, über zweitausend Jahre alte Verhüttungstechnik, die hochgradig reinen Stahl für die japanischen Schwerter produzierte, für die Gegenwart wiederbelebt hat, spricht von der »Geburt eines Lebens namens Eisen«.

So ist selbst die von der christlichen hierarischen Weltanschauung am niedrigsten eingestufte, biologisch gesehen unbelebte Natur für die Japaner eine lebende Natur, und dieses Empfinden der Japaner richtet sich auch z.B. auf von Menschenhand geschaffenes Werkzeug, etwas, was in der christlichen Weltanschauung außerhalb der Kategorie Natur liegt, eine bloße Materie. Es ist wohlbekannt, dass vor allem die Handwerker, die mit traditionellen japanischen Techniken arbeiten, auch heutzutage noch ihr Werkzeug nicht als bloße Materie ansehen. Selbst die Japaner, die nichts mit dem traditionellen Handwerk zu tun haben, empfinden für eine solche Haltung ihrer Handwerker Sympathie und es gibt wohl kaum jemanden, der das für einen Aberglauben hielte.

5 Masako Shirasu, *Ōmi sangashō*, Tokyo 1994, S. 84.

6 Gegenüber einer solchen Ansicht gibt es stets Leute, die als Gegenargument auf den Status quo der Zerstörung der Natur in Japan verweisen, doch ist dem zu erwidern, dass dieser Status quo ein Produkt der Verwerfungen ist, die die seit 150 Jahren gewaltsam durchgeführte Modernisierung mit sich gebracht hat, denn die abendländische Zivilisation war für die japanische Kultur sowohl etwas Fremdes wie auch etwas höchst Heterogenes. Größen von 100 oder 200 Jahren sind für die Behandlung von Problemen der Kultur unzureichend.

In der naturwissenschaftlichen Weltanschauung ist es selbstverständlich, dass ein Organismus nur einen Organismus im biologischen Sinne bedeuten kann. Wenn andererseits die Handwerker in den traditionellen japanischen Werkbereichen und die allgemeinen Japaner, die mit der Haltung ihrer Handwerker sympathisieren, das Material und das Werkzeug als lebendig empfinden, so bedeutet das jedoch nicht, dass sie diese als biologische Organismen ansähen. Für sie gibt es keine vereinfachte duale Welt, in der alles, was kein Organismus im biologischen Sinne ist, als tote Materie angesehen wird. Von einem Standpunkt wie dem der christlich-hierarchischen Weltanschauung oder von einem Standpunkt, der unausgesprochen die naturwissenschaftliche Weltsicht als allein korrekte Weltsicht ansieht, aus auf ein solches Empfinden allzu einfach Termini wie Animismus bzw. Animatismus anzuwenden, ist nicht gerechtfertigt.

Und die Lebensanschauung, die einem solchen Naturbild zugrundeliegt – dieses Naturbild ist, wie bereits gesagt, in notwendiger Weise zugleich auch Menschenbild –, ist das Naturbild des Shintō, die Lebensanschauung des Shintō. Zwar gibt es im heutigen Japan ebenso wenig sich öffentlich bekennende Shintōisten, wie es öffentlich sich bekennende Buddhisten gibt, doch gibt es heute noch sehr viele Japaner, die unabhängig von ihrer Religionszugehörigkeit mit den oben erklärten shintōistischen Naturbild und Lebensanschauung sympathisieren – wie der eingangs erwähnte Hinweis Oh Seon-hwas.

2. Wie sind Menschenrechte im Shintō möglich?

Aus einem kleinen Samenkorn treibt ein Spross, entfaltet seine Blätter und wächst dann soweit, bis er Blüten und Früchte trägt – die Lebenskraft, die hier existiert und tätig ist und ihre Wunderbarkeit lässt sich durch die fortschrittlichste naturwissenschaftliche Erklärung nicht erschöpfend darstellen, und dennoch sind in der Wunderbarkeit ihrer Lebenskraft ein schwächliches Blümlein, ein riesiger Baum und auch ein Mensch nicht voneinander verschieden.

Der Shintō hat von alters her die Stätten in der Natur, in denen eine solche Lebenskraft besonders zu verspüren war, als heilige Bezirke ausgezeichnet. Das heißt, die Japaner haben der wunderbaren Kraft des Lebens mehr als allem anderen gegenüber Ehrfurcht empfunden. Zu Anfang habe ich gesagt, dass der Shintō eine starke Antithese gegenüber dem Anthropozentrismus, der die unausgesprochene Voraussetzung der aus dem Westen kommenden modernen Menschenrechtsidee ist, entwirft; diese Antithese liegt in der oben dargestellten Natursicht des Shintō und in der diese begründenden Lebensanschauung.

Im Shintō haben sowohl Natur als auch Mensch, jeweils als Hervortretende von Lebenskraft in sich selbst einen Wert, in sich selbst einen zureichenden Grund, um ihren Existenzsinn zu erfüllen. Wollte man also das Wort ›Menschenrecht‹ gebrauchen, so hat es nicht bloß die Bedeutung ›Menschenrecht‹, sondern die des Existenzrechts allen Seienden im Shintō.

Dem Leben selbst ist mit Ehrfurcht zu begegnen, und zugleich kann es als lebende Existenz sowohl räumlich wie auch zeitlich kein isoliertes, alleinstehendes Seiendes sein. Dass ich hier lebe, verdanke ich dem vielfältigen Segen der Natur, den anderen Menschen und anderem Seienden, und zugleich lebe ich dadurch, dass ich von meinen Vorfahren her das Leben empfangen habe. Im Shintō ist das Selbstbewusstsein des eigenen Seinswertes von dem Selbstbewusstsein der Gnade durch andere und von dem Gefühl der Bescheidenheit und Dankbarkeit gegenüber dieser Gnade nicht zu trennen.

Für ein einziges Mal allein schon kann der Mensch seine Existenz nicht aufrechterhalten, ohne in das Existenzrecht anderer Seienden einzugreifen. Die shintōistische Rücksicht auf das Existenzrecht anderer, das auf Leben zu begründen ist, ist im heutigen Japan noch als ein von alters her gepflegter Brauch geblieben.

Der Mensch wird nicht nur durch anderes Seiendes am Leben erhalten, sondern empfängt über die Zeit hinweg von seinen Vorahnen das Leben. Im Shintō nimmt man an, dass die endliche Existenz, wenn sie durch den Tod mit der Geburt eines neuen Lebens verknüpft wird, ein unendliches Leben erreicht. Im Unterschied zu Buddhismus und Christentum, die den Tod als persönliche Sache ansehen, sieht der Shintō den Tod als Sache der menschlichen Beziehungen bzw. der Gemeinschaft wie Familie, Gemeinde oder Staat. Und das genau bildet die zweite Antithese des Shintō gegenüber der in der Voraussetzung der modernen Menschenrechtsidee verborgenen Probleme, nämlich dem Konflikt zwischen der Durchsetzung der persönlichen Selbstbestimmung und der Gemeinschaft.

Die menschlichen Beziehungen bzw. die Gemeinschaft meinen in dem Fall nicht nur diejenigen der Zeit, in der ein bestimmter Mensch lebt: eine Besonderheit des Shintō ist, dass das zu achtende Menschenrecht nicht nur das Recht des gegenwärtig lebenden Menschen, sondern auch die Menschenrechte der Menschen, die in der Vergangenheit gelebt haben, umfasst. In diesem Punkt ist das Menschenrecht im Shintō von dem Menschenrecht des Westens, der seinen größten Sinn darin findet, das Individuum von den Autoritäten und Gemeinschaften der Vergangenheit zu befreien, in anderen Worten: das Individuum von der Geschichte zu befreien, grundsätzlich verschieden.

3. Das Problem von Individuum und Verantwortung

Wie oben gesagt, setzt das Menschenrecht im Shintō nicht die Negierung anderer Existenzrechte voraus, sondern geht mit der Achtung dieser anderen Existenzrechte einher. Und zugleich mit der Achtung der Gemeinschaft, zu der der Einzelne gehört, sowohl die gleichzeitige wie auch die vorangehenden. Nur wird vielleicht vom Standpunkt des westlichen Menschenrechts einer solchen Auffassung der Vorwurf gemacht, dass dadurch die Idee des Individuums, auf das der Begriff der Verantwortung zurückzuführen ist, zu schwach sei. Diesem soll als letztes entgegnet werden.

Nicht nur von religiöser Seite her, ganz allgemein hat sich die Meinung durchgesetzt, dass die Selbstbehauptung der Japaner nicht nur im Vergleich zu Menschen aus dem Westen, sondern auch im Vergleich zu Nachbarländern wie China und Korea zu schwach ausgebildet sei.

Die Selbstbehauptung der Japaner könnte zwar schwach sein, weil sie, wie im vorigen Abschnitt dargelegt, das Existenzrecht des Anderen und der Gemeinschaft achtet. Aber noch tiefgründiger gesehen, ist die Auffassung des Einzelnen für die Japaner etwas anderes.

Um das zu erläutern, soll das klassische Noh-Theater als Beispiel angeführt werden. Der größte Unterschied des Noh-Spiels zu anderen Theaterformen ist, dass der Spieler nicht seine Einfühlung ins Spiel bringen darf. Es geht nicht um Einfühlung, sondern darum, einzelne, seit über 1600 Jahren bestehende Formen (*kata*), die soweit verfeinert sind, dass sie durch nichts zu übertreffen wären, so exakt wie möglich nachzuahmen. In diesem Sinne besteht das ganze Leben eines Noh-Spielers nur aus dem strengen Weg der Nachahmung. Doch durch die gründlich durchgeführte Nachahmung wird bei der vollkommenen Form ein entleertes Ich praktiziert, wodurch die Stufe der Nachahmung aufgehoben werden und die dem einzelnen Spieler eigene Form zum Vorschein kommen kann und die Kreativität seines Individuums in höchstem Ausmaß zur Geltung kommt. So wie bei dem Spieler Kikuo Tomoeda (1908-1996), der mit siebzig sein Augenlicht fast völlig verloren hatte, aber nach harter Übung auch noch im hohen Alter die Zuschauer, die nicht nur aus allen Gegenden Japans, sondern auch teils aus dem Ausland angereist waren, nur um ihn zu sehen, mit seinem Spiel rühren konnte.

In den traditionellen japanischen Künsten wird dieses Verfahren mit den Worten »bewahren – durchbrechen – hinter sich lassen« ausgedrückt, und obwohl es nur wenige gibt, die dieses Ziel so klar wie der Noh-Spieler Tomoeda erreichen, wird dieses eigenartige Selbst, das sich nur durch ein durchdringlich entleertes Ich verwirklichen lässt, als Ideal angesehen.

Dieses Selbst als durchdringlich entleertes Ich als Charakteristikum des japanischen Denkens und der Kultur, wie so oft geschehen, ist nicht bloß auf den Einfluss des Buddhismus zurückzuführen.[7] Das »Bewahren – Durchbrechen – Hintersichlassen« der traditionellen japanischen Künste bestimmt auch die Weise, wie die Japaner fremdes Gedankengut und fremde Kultur aufnahmen. Eine solche Rezeptionsweise, die sich auch bei der Aufnahme des Buddhismus zeigt, lässt sich logisch nicht auf den Buddhismus selbst zurückführen. Hier ist nicht mehr Raum, das ausführlich zu erläutern, aber dieses »Bewahren – Durchbrechen – Hintersichlassen«, das die Denkweise und Lebenshaltung der Japaner bestimmt, kommt daher, dass die Japaner die Natur als Norm ihrer Denkweise und Lebensweise nachgeahmt haben[8]. Und zwar ahmt der Mensch die Natur nach, weil er selbst eine Manifestation derselben Lebenskraft wie die der Allnatur ist. Das Selbstbewusstsein der individuellen Verantwortlichkeit im Shintō nimmt ihren Ausgang davon, in bezug auf das Selbst eine solche Lebenskraft zu bejahen.

Weiterführende Literatur der Autorin:

Kikuko Yoshida, *Toleranz im Shintō,* in: Toleranz im Weltkontext. Geschichten – Erscheinungsformen – Neue Entwicklungen, hrsg. v. Hamid Reza Yousefi u. Harald Seubert, Wiesbaden 2013 (137-143).

—: Nihon bunka ni okeru shizen shūkyō no mondai (Das Problem des Naturglaubens in der japanischen Kultur), in: Ars No. 6, 2009 (13-35).

7 Derartige Abhandlungen zur japanischen Kultur führen z.B. das Noh-Spiel auf den Zen-Buddhismus zurück, wohingegen Masako Shirasu, die selbst von Kindheit auf das Noh-Spiel praktizierte und darin eine Meisterschaft erlangte, die professionellen Spielern nicht nachstand, darauf verweist, dass der Einfluss der Bergasketen (*shūgendō*), die ohne die Natursicht des Shintō nicht entstanden wären, weitaus größer ist.

8 Siehe dazu genauer Kikuko Yoshida, *Shizen ni kisuru,* in: Kankyō to kenkō Vol. 24/1, 2011, S. 20-29.

Klaus-Jürgen Grün

Menschenrechte in der Freimaurerei

Feindseligkeit im Menschenrecht

Anlässlich des 60. Geburtstags der Menschenrechte im Jahr 2008 erinnerte die französische Tageszeitung *Le Monde* daran, dass der Begriff »droites de l'homme« einer alten und exklusivistischen Denkweise entstammte. Korrekter wäre es heute, von »droites humaines« zu sprechen.[1] Die Anmerkung verweist auf den feindseligen Aspekt, der sich gleichwohl hinter der menschenfreundlichen Gesinnung des Menschenrechtsdenkens verbirgt.

Am 26. August 1789 veröffentlichten die bürgerlichen Revolutionäre in Frankreich ihre »Déclaration des droits de l'Homme et du Citoyen«. Es sollte ein Naturrecht, kein göttliches Recht, und es sollte von universaler Gültigkeit sein. So wenig die Revolutionäre erkannten, dass nicht eine gesetzgebende Natur oder sogar eine reine Vernunft es war, sondern die Interessen einer bislang unterdrückten Klasse, die das neue Recht forderten, so wenig erkannten sie, dass auch diese Rechte in erster Linie Herrschaftsansprüche bürgerlicher Männer mit bestimmten konfessionellen Voraussetzungen sichern sollten. Der feindselige Aspekt besteht im ausgrenzenden Charakter der ursprünglichen Idee der Menschenrechte. Indem sie sich auf eine allgemeine Vernunft und eine allgemeine Natur berufen, die allerdings die Entstehung der Rechte nicht thematisieren, bleibt ihre Erklärung im religiösen Denken des Abendlandes verhaftet, deren Macht sie eigentlich brechen wollten. Das haben sie mit Immanuel Kants Vernunftreligion gemeinsam, die der Vernunft genau dasjenige zuschreibt, was der gottesfürchtige Christ zuvor seinem Gott beimaß.

Fehlende Humanität

Im Bestreben, Menschenrechte mit universaler Gültigkeit zu formulieren, spielen Freimaurer stets eine Hauptrolle. Ihre Erbschaft aus dem Geist der Aufklärung seit Beginn ihrer institutionellen Existenz stellt sie vor die Aufgabe, das Allgemein-Menschliche zu formulieren. Die rationale Begründung der Freimaurerei bewegt sich aber zunächst innerhalb der Vorstellungen des Menschenrechtsdenkens mit seinem Ausgangspunkt der *Rights of Man*. Diese verfolgen nicht einmal explizit das Allgemein-Menschliche. Sie beziehen sich auf die Rechte derjenigen Männer, die für sich beanspruchten, die politische Zukunft zu gestalten. Die Vorstellung einer alle Menschen umfassenden Humanität gelangt erst in der philosophisch orientierten Freimaurerei der Goethezeit in Deutschland ins Bewusstsein.

In den 1776 erstmals mit der Unabhängigkeitserklärung der Vereinigten Staaten von Amerika – von zahlreichen Freimaurern beeinflusst – festgeschriebenen Menschenrechten ist davon noch wenig enthalten. Sie verbinden die politisch-kulturellen Ansprüche der Siedler mit ihrer noch fromm ausgerichteten freimaurerischen Geisteshaltung. »Wir erachten es als selbstoffenbare Wahrheit«, lautet es in der Erklärung, »daß alle Menschen gleich geschaffen sind, daß sie von ihrem Schöpfer mit gewissen unveräußerlichen Rechten begabt sind; daß zu diesen Leben, Freiheit und Glück gehöre; daß, diese Rechte zu sichern, Regierungen unter den Menschen eingesetzt sind, welche ihre gerechten Befugnisse von der Einwilligung der Regierten ableiten, daß, so oft eine Regierungsform gegen diese Ziele zerstörend wirkt, es

1 Annick Cojean, *Droits humains, c'st plus moderne*, in: *Le Monde*, 12.11.2008, S. 3.

das Recht des Volkes ist, sie zu ändern oder abzuschaffen, eine neue Regierung einzusetzen und sie auf solche Grundsätze zu bauen ihre Befugnisse solchergestalt einzurichten, als sie ihm am meisten geeignet erscheint, seine Sicherheit und sein Glück zu bewirken.«

Die Erklärung erweckt den Anschein, als ginge es den Männern vornehmlich darum, sich wechselseitig ihre göttliche Abstammung zu bestätigen statt um die Beförderung der Humanität. Nicht nur die Rede von einer »selbstoffenbaren Wahrheit«, sondern auch die anmaßende Vermutung, dass Menschen von ihrem Schöpfer mit gewissen unveräußerlichen Rechten ausgestattet worden seien, verweist auf den religiösen Hintergrund. Ausgegrenzt sind all diejenigen Menschen, die ihre Abstammung nicht von *einem* Gott, oder schlimmer noch von einem *anderen* Gott herleiten. Nicht allein weil wir heute wissen, dass auch der Islam dieselbe Rechtfertigung für seine Existenz verwendet, und dass selbst fundamentalistische Suizidattentäter aller Religionen sich auf eine durch ihren Schöpfer verbürgte selbstoffenbare Wahrheit berufen, kann die Gültigkeit dieser Forderung nicht als eine humanitäre Forderung angesehen werden. Auch weil der Mensch moralische Forderungen nicht deswegen für verbindlich halten sollte, weil Götter oder religiöse Autoritäten sie verkündigt haben könnten, mangelt ihnen der humanitäre Impuls. Schließlich äußern diese Formulierungen noch keine Vorstellung davon, dass die Werte des Humanen nicht auf telepathische Weise von einem Gott auf die Menschen übertragen werden, sondern dass sie durch Praxis entstehen.

Wir dürfen daher gar nicht erwarten, dass die zitierte Haltung zur Ausbildung eines moralischen und verantwortungsvollen Bewusstseins führt, sondern in erster Linie zur Autoritätsgläubigkeit und zur Delegation von Verantwortlichkeit an vermeintlich höhere Instanzen.

Eine Wahrheit, die »selbstoffenbar« ist, benötigt keine weitere Legitimation. Sie schließt eine solche freilich nicht aus und beweist auch nicht deren Unmöglichkeit. Sie erklärt aber vor allem nicht, wie Humanität sich in der Praxis ausbildet.

Es lässt sich leicht zeigen, dass der religiöse und autoritätsgläubige Hintergrund der Formulierung kein notwendiger Bestandteil von Humanität ist. Die Bindung der Gültigkeit der Menschenrechte an Religion und Gott ist überflüssig. Zwar sind Legitimationen durch Glaube und Religion jederzeit möglich, allerdings sind sie weder als notwendige noch als hinreichende Bedingung zu betrachten. Dass es wünschenswert ist, eine weder auf Religion noch auf höhere Vernunft gestützte Begründung der Menschenrechte zu besitzen, zeigt der eingangs zitierte Beitrag in *Le Monde*. Denn Menschenrechte sollen uns ja nicht beweisen, dass es übernatürliche oder göttliche Gesetze gäbe, die durch Fernwirkung als ein fertiges Produkt nur noch empfangen werden müssen – sofern man den rechten Glauben habe.

An dieser Vorstellung, dass humanitäre Werte wie eine Ware zugeteilt oder gehandelt werden, ändert auch der Begriff des Naturrechts nichts. Statt von Gott unmittelbar empfangen, sollen sie jetzt nur eine Gabe der Natur sein. Menschenrechte werden nicht dadurch zu einem Wert, dass sie von einer Autorität – selbst wenn sie mit dem harmlosen Wort »Natur« verschleiert auftritt – zugeteilt werden, sondern dadurch, dass sie Humanität befördern. Menschenrechte sind *droits de humaine*, *human rights*, das *Gebot der Menschlichkeit*. Dies durch etwas Übermenschliches begründen zu wollen, führt ein fremdes Interesse in den Sachverhalt ein. Es lenkt davon ab, dass nicht das vermeintliche Wissen über die Heiligkeit einer höheren Macht ihr Gegenstand ist, sondern das noch zu erlangende Wissen von dem, was eigentlich Humanität – also das dem Menschen Spezifische – bedeutet.

Verschleierte Autorität Gottes

Wir kennen dieses fremde Interesse auch aus der Frühzeit der neuzeitlichen Freimaurerei. Bei genauer Betrachtung sowohl des Wortlauts der Erklärung der Menschenrechte als auch der Toleranzformel der freimaurerischen Konstitution von 1723 entdecken wir den gleichen Aspekt der Ausgrenzung mittels einer Geste der Vereinnahmung. Letztere hatte der Dissenterprediger James Anderson niedergeschrieben. Erstere finden wir im Kernsatz der Menschenrechtserklärung: »All men are equal.« Die Intension der Autoren hatte die Bedeutung des Satzes jedoch anders im Sinn als sie bei den Betroffenen ankam. Die Autoren waren sich einig, dass es nur heißen könnte, »All white men« und dass »women« nicht notwendig in der Formulierung eingeschlossen sind. Doch der Wortlaut reichte weiter als der Verstand der Autoren, denn die zahlreichen Freiheitsbewegungen von Farbigen, Frauen und von Minderheiten, haben dem alle Menschen umfassenden impliziten Sinn der Aussage zu expliziter Bedeutung verholfen.

In gleicher Weise begreift die Formulierung der *Alten Pflichten* von Anderson – »to oblige them to that religion in which all Men agree« – die christliche Religion als diejenige, die für alle Menschen verbindlich sei. Diese eng gefasste Intension des Autors verfehlte das für Freimaurerei zentrale Prinzip religiöser Toleranz um Weiten.[2] Erst die Praxis im Verlauf der Ausübung der Rituale brachte das Bewusstsein hervor, dass das richtige Verständnis dieser Formulierung nur in der Bedeutung zu finden sei, dass Freimaurer das, was allen Religionen gemeinsam sei, befördere, statt die trennenden Aspekte eine bestimmten Religion zu unterstreichen. Es ist die Idee des humanen Umgangs miteinander. Zu Bewusstsein gelangte dieser Aspekt beispielhaft in Lessings *Ringparabel.*

Humanitäre Freimaurerei und die Idee der Menschenrechte begegnen sich in dem Bemühen, den allgemeinen Wert des Menschen zum Ausdruck zu bringen. Sie sind gleichermaßen nicht die bloß rationale Erfindung einzelner Menschen, sondern das stets offene, aber sich beständig konkreter fassende Resultat gelebter Praxis. Nur vorläufig orientierte sie sich zunächst an einer leitenden Vorstellung der göttlichen Herkunft der Humanität.

Orientierungshilfe gab allerdings auch die Idee des Sittengesetzes. In seiner ursprünglichen Formulierung bringt das Sittengesetz jedoch ebenfalls a-humane Vorstellungen zum Ausdruck, vor allem diejenige, dass Moralität allein auf der reinen Vernunft und bloßer Pflichterfüllung beruhe. Vernunft soll nach Immanuel Kant den Willen »unmittelbar« bestimmen. Denn alles, was vermittels der Erfahrung Gültigkeit erlangt, ist in den Augen Kants unrein. »Reine Vernunft« ist für Kant dagegen etwas, dem nichts Empirisch-Irdisches mehr anhaftet. Ob es so etwas gibt, ist fraglich. Doch dies hat weder Kant noch die Kantianer jemals interessiert. Kants Vernunft ist nicht von dieser Welt.

Obwohl Kant selbst davon überzeugt war, etwas ganz anderes zu leisten, ist seine Moralphilosophie die bloße Umdeutung der biblischen Vorstellung geworden, dass der Gesetzgeber wie ein Übervater Gehorsam einfordert. Dass Gelehrte des Gottesglaubens in Kants Lehre die Farce ihrer eigenen Religion erkannten, ist deswegen gut nachzuvollziehen.

2 Leider gilt diese auf Religion gestützte Herleitung des Menschen und seines Wertes auch heute noch für eine kleine Splittergruppe innerhalb der Freimaurerei, die im Freimaurerorden anzutreffen ist: »Die Menschen sind die Krönung einer Reihe von Schöpfungsgedanken Gottes«, schreibt ein Gewährsmann des Freimaurerordens, Ferdinand Runkel, in seiner leider immer noch auf vielen Internetseiten des Freimaurerordens empfohlenen *Geschichte der Freimaurerei*. Und er fügt sogleich hinzu: »Atheisten gehören nicht der göttlichen Weltordnung an, sondern dem Chaos.« (Ferdinand Runkel, *Geschichte der Freimaurerei in drei Bänden*, Bonn 2006, S. 469.) Auf ihrer Internetseite preist die Forschungsvereinigung des Freimaurerordens *Frederik* Runkel nicht nur als ihr verstorbenes Mitglied, sondern auch als ›bedeutenden Historiker‹. Leider fehlt eine Stellungnahme dieser Forschungsgruppe, ob sie es auch für eine ›bedeutende‹ Erkenntnis halte, wenn Runkel die ›Judenfrage‹ zu einer ›Nichtchristenfrage‹ ausweitet: »Ganz verfehlt ist, in der Freimaurerei Deutschlands von einer Judenfrage zu sprechen«, hebt Runkel hervor, ohne dass ihm jemals einer seiner Brüder im Freimaurerorden öffentlich widersprochen hat. »In der Freimaurerei kann es nur eine Nichtchristenfrage geben. Daß sie in Deutschland praktisch nur auf Juden bezogen werden kann, weil weder Mohammedaner noch Buddhisten noch Parsen in größerer Zahl bei uns leben und sich der Freimaurerei anzuschließen trachten, kann die Tatsache nicht ändern, daß es keine Judenfrage in der Freimaurerei gibt.« (Ebd., S. 477.) Die im Freimaurerorden vorausgesetzte Verengung auf das christliche Glaubensbekenntnis führt hier ganz ausdrücklich zur Feindseligkeit gegenüber allen Nicht-Christen, nicht nur gegenüber Juden. Von dieser Position hat sich die humanitäre Freimaurerei, aus deren Sicht der Autor dieses Beitrags schreibt ausdrücklich distanziert.

Die Quelle der Moralität ist für Kant unsere Fähigkeit, Gesetze zu erlassen. Diese Gesetze sollen dann aber universell bindend sein. Es herrscht eine absolute Pflicht, rationale Kreaturen als Zwecke in sich selbst zu betrachten und niemals nur als Mittel für unsere eigenen Interessen. Die Moral bestehe dann aus der Anwendung des kategorischen Imperativs.

Dass dies eine Rationalisierung des Modells des biblischen, streng gebietenden Vaters darstellt, zeigt sich darin, dass dieser Vater – die »reine« Vernunft – alles besser weiß und den Menschen wie auch seinen Kindern den Unterschied zwischen Gut und Böse beibringen soll. Als höchste Autorität domestiziert er seine Kinder, damit sie so gut wie möglich dem Bösen widerstehen können. Er sagt ihnen stets, was sie tun sollen, und die Kinder haben die Pflicht zu gehorchen. Die Vernunft eint alle Menschen zu einer einzigen Familie aus Brüdern und Schwestern. Sie haben sich gegenseitig so zu behandeln, wie wir das von Familienmitgliedern erwarten dürfen. Im gut protestantischen Sinn ist auch bei Kant dieser Vater die höchste moralische Autorität. Er übt absolute Gewalt in Form von moralischen Gesetzen aus. Die Moralität von Individuen baut sich dadurch auf, dass sie ihren Willen an denjenigen Gottes anbinden. Im protestantischen wie auch im katholischen Denken schulden dies die Menschen ihrem Gott. Dieser bestraft alles unmoralische Handeln und belohnt den geradlinigen Weg. Um moralisch handeln zu können, muss der Wille der Autorität einsehbar werden. Kants Ethik ist eine rationalisierte Wiederkehr der alten jüdisch-christlichen Tradition, obwohl Kant die Vorstellung, dass Moral von Gott komme, ausdrücklich zurückweist. Den Inhalt der Tradition nimmt er heraus, aber die Form verstärkt er. Was er dabei macht, ist nichts anderes als der Eintausch des göttlichen Verstandes durch die universelle transzendentale Vernunft. Die Forderungen Gottes sind bei Kant die Forderungen der universellen Vernunft. So lebt auch bei Kant die christliche Spaltung zwischen Leib und Seele in der Trennung zwischen leibhafter Triebnatur und vernünftiger Rationalität fort. Moralische Tugendhaftigkeit ist in seinem Konzept in der Stärke zu sehen, mit der sich die Vernunft gegen die Bedürfnisse des Leibes durchsetzt.[3]

Missbrauchte Menschenrechte

Fundierung von Ethik im globalen Maßstab hängt davon ab, wie wir die Allgemeinverbindlichkeit von Menschenrechten legitimieren. Unsere abstrakten Bekenntnisse zur Allgemeingültigkeit ethischer Werte verlieren jedoch aus verschiedenen Gründen ihre Glaubwürdigkeit. Sie sind weitgehend bekannt, werden aber gerne verdrängt, wenn es um die Verteidigung der ebenfalls abstrakten Menschenrechte geht.

Derzeit verfügt ein Fünftel der Weltbevölkerung über zwei Drittel und mehr der Energiereserven, der Nahrungsmittel, des Wassers, des Energieverbrauchs und zahlreicher anderer Bestandteile des Wohlstandes. Das ärmste Fünftel der Welt besitzt zusammen weniger Geld als der reichste Mann der Welt. Gleichzeitig wird von den reichsten Teilen der Weltbevölkerung die Idee der Menschenrechte bis in die fernsten Winkel der Erde hinausgetragen. Sobald aber die am meisten benachteiligten Menschen der Welt von ihren Menschenrechten auf Freizügigkeit, körperlicher Unversehrtheit, Leben in Frieden und Würde Gebrauch machen, werden sie spätestens an den Grenzen zum Wohlstand mit menschenverachtender Kälte abgewiesen. Sie sind rücksichtslosen Menschenhändlern ausgeliefert, weil es für die meisten von ihnen keinen legalen Weg gibt, aus ihren unmenschlichen Daseinsbedingungen herauszukommen. In den Staaten der hochentwickelten Wirtschaften und Industrien genießt fast überall jedes ungeborene weiße Leben mehr Schutz als Hunderte von »Boatpeople«, die vor den Küsten Europas und den USA – ganz zu schweigen von Asien – in Seenot geraten und

3 George Lakoff, Mark Johnson, *Philosophy of the flesh. The embodied mind and its challenge to western thought*, Basic Books, New York 1999, S. 415-425.

deswegen nicht selten vom Meer verschlungen werden. Seit 1992 waren es schätzungsweise 10.000 Menschen, die auf der Suche nach Menschenrechten allein im Mittelmeer ertrunken sind.

Hinzu kommt, dass in der Welt der Herkunft der Menschenrechte diese selbst vielfach offenkundig vermischt mit handfesten nationalen und religiösen Interessen in Dienst genommen oder mit Füßen getreten werden. Als frühestes Beispiel hierfür gilt der 1961 protestlos hingenommene Prozess gegen den Nazi-Verbrecher Rudolf Eichmann in Israel. Die Tinte, mit der die Menschenrechte 1960 von den Vereinten Nationen unterzeichnet wurden, war kaum getrocknet, da wird dem in Argentinien vom israelischen Geheimdienst aufgespürten und nach Israel verschleppten Eichmann dort der Prozess gemacht. Hätte man offen zugegeben, dass es sich um einen – vollkommen verständlichen – Racheakt handelte, wäre den Menschenrechten kein nennenswerter Schaden zugefügt worden. Aber dass die Mächtigsten und Reichsten nach außen mit Art. 11, Abs. 2 der Menschenrechtserklärung verkünden, niemand dürfe »wegen einer Handlung oder Unterlassung verurteilt werden, die zur Zeit ihrer Begehung nach innerstaatlichem oder internationalem Recht nicht strafbar war«, doch gleichzeitig nach innen gemäß Interessenlage diesen Artikel anwenden oder missachten, schadet der Glaubwürdigkeit der Verteidiger der Menschenrechte. Weder existierte der Staat Israel zum Zeitpunkt der Verbrechen Eichmanns gegen die Menschlichkeit, noch handelte dieser innerstaatlich im Nazideutschland gegen herrschende Gesetze. Vielmehr wollte er ein »guter« Deutscher sein, im Sinne dessen, was man damals darunter verstand.

Auf diese Weise wird es unmöglich sein, die Allgemeingültigkeit der Grundlagen der Menschenrechte weltweit glaubhaft zu vermitteln.

Der größte Vorwurf, der von Seiten der radikalen Verlierer im globalen System den Verkündern der Menschenrechte entgegen gebracht wird, ist der daher auch leicht zu begründende Verdacht, Menschenrechte seien der maskierte verlängerte Machtanspruch der jüdisch-christlichen Welt, um ihre nationalen und religiösen Werte im Mantel einer globalen Ethik erdumspannend ausdehnen zu können. Nicht nur der umstrittene Autor Samuel Huntington klagt diese Doppelmoral der westlichen Welt an. Aber seine Anklage ist die populärste: »Nichtwestler zögern nicht«, schreibt er in seinem bekannten Buch, »auf die Unterschiede zwischen westlichen Prinzipien und westlicher Praxis zu verweisen« schreibt er in einem Bestseller *Kampf der Kulturen*, »Heuchelei, Doppelmoral und ein auffälliges ›aber nicht‹ sind der Preis universalistischer Anmaßung. Die Demokratie wird gelobt, aber nicht, wenn sie Fundamentalisten an die Macht bringt; die Nichtweitergabe von Kernwaffen wird für den Iran und den Irak gepredigt, aber nicht für Israel; freier Handel ist das Lebenselexier des Wirtschaftswachstums, aber nicht in der Landwirtschaft; die Frage nach den Menschenrechten wird China gestellt, aber nicht Saudi-Arabien; Aggressionen gegen erdölbesitzende Kuwaitis werden massiv abgewehrt, aber nicht gegen nicht-ölbesitzende Bosnier. [...] Doppelmoral in der Praxis ist der unvermeidliche Preis für universalistische Prinzipien.«[4]

Das westliche Verständnis von Ethik, Menschenrechten und Menschenwürde beruht leider auch auf solchen unhaltbar gewordenen universalistischen Prinzipien.

Verfehlte Menschenwürde

Rechtspraxis und Rechtsverständnis in Deutschland offenbaren eine verfehlte Humanität beispielhaft an der Auslegung des Artikels 1 des Grundgesetzes, der als eine Anlehnung an die Menschenrechte verstanden wird. Der Verfasser des weithin als maßgeblich geltenden Kommentars zu Artikel 1 des Grundgesetzes, Günter Dürig, schreibt hierzu: »Die normative

4 Samuel P. Huntington, *Kampf der Kulturen. Die Neugestaltung der Weltpolitik im 21. Jahrhundert*, München 2002, S. 293.

Aussage des objektiven Verfassungsrechts, dass die Würde des Menschen unantastbar ist, beinhaltet eine Wertaussage, der ihrerseits aber eine Aussage über eine Seinsgegebenheit zugrunde liegt.

Diese Seinsgegebenheit, die unabhängig von Zeit und Raum ›ist‹ und rechtlich verwirklicht werden ›soll‹, besteht in folgendem: Jeder Mensch ist Mensch kraft seines Geistes, der ihn abhebt von der unpersönlichen Natur und ihn aus eigener Entscheidung dazu befähigt, seiner selbst bewusst zu werden, sich selbst zu bestimmen und sich und die Umwelt zu gestalten.«[5] Dürig interpretiert das Grundgesetz nach dem aus Kants Moralphilosophie bekannten Muster universalistischer und apriorischer Werte. Es soll unabhängig von Raum und Zeit und empirischer Beobachtung Geltung beanspruchen dürfen.

Mit Recht hält Reinhard Merkel, ebenfalls Rechtswissenschaftler, diese auf idealistische und apriorische Prinzipien gestellte Auslegung der Menschenrechte für falsch. Er plädiert dafür, »dass die primär an den Bedürfnissen, den Interessen der von einer Handlung betroffenen Wesen orientierte ethische Betrachtungsweise die vernünftigere ist.«[6]

Merkel setzt der unhaltbaren apriorischen Voraussetzung ein empirisch begründbares, das »erste und fundamentalste Prinzip der Ethik wohl aller Zeiten und Kulturen [...] *neminem laede* – verletze niemanden« entgegen. Anders nämlich als die aus der Vorstellung eines mutmaßlichen geistigen und vernünftigen Wesen abgeleitete Würde des Menschen leitet Merkel die Pflicht zum Schutz der Menschen, ihres Lebens und ihrer Unversehrtheit aus den empirischen Interessen und Bedürfnissen der Menschen ab.

Wird dagegen die Menschenwürde christlich-theologisch begründet, wie die Ethikerin Theda Rehbock unterstreicht, »so ist diese Begründung für eine säkulare Gesellschaft unbrauchbar, in der nur eine wissenschaftliche Weltanschauung und eine rational-wissenschaftliche Begründung der Moral allgemeine Verbindlichkeit auch für nicht gläubige Menschen beanspruchen können.«[7] Durch ein religiöses Verständnis aber verkomme Menschenwürde zu einer »pathetischen Leerformel, die jede rationale Diskussion verhindert und rigoristisch das fast uneingeschränkte Verbot umstrittener [...] Praktiken fordert«. Es mag religiösen Menschen schmerzlich sein, dass sich Menschenrechtsbegründung nicht auf ihre Religion stützen lässt. Aber diesen Schmerz müssen wir lernen auszuhalten. Andernfalls geht es uns nicht wahrhaft um Menschenrechte, sondern um Religion.

Während also der Rigorismus vermeintlich objektiver und apriorisch gesetzter ethischer Wahrheiten und Werte vielfach die konkreten Nöte, Interessen und Rechte der Menschen missachtet, bietet sich der Ansatz Merkels wegen seiner jederzeit am empirischen Menschen überprüfbaren Grundlage an. Es ist die Grundlage, deren einfache Formulierung wir aus dem Alterswerk Sigmund Freuds entnehmen. Dort lautet es im Anschluss an Schopenhauers Mitleidsethik: »Von drei Seiten droht das Leiden, vom eigenen Körper her, der, zu Verfall und Auflösung bestimmt, sogar Schmerz und Angst als Warnungssignale nicht entbehren kann, von der Außenwelt, die mit übermächtigen, unerbittlichen, zerstörenden Kräften gegen uns wüten kann, und endlich aus den Beziehungen zu anderen Menschen. Das Leiden, das aus dieser Quelle stammt, empfinden wir vielleicht schmerzlicher als jedes andere; wir sind geneigt, es als eine gewissermaßen überflüssige Zutat anzusehen, obwohl es nicht weniger schicksalsmäßig unabwendbar sein dürfte als das Leiden anderer Herkunft.«[8]

5 Günter Dürig, *Der Grundrechtssatz von der Menschenwürde*, in: Archiv des öffentlichen Rechts, 81, 1956, S. 117-157.

6 Reinhard Merkel, *Verbrauchende Embryonenforschung? Grundlagen einer Ethik der Präimplantationsdiagnostik und der Forschung an embryonalen Stammzellen*, in: Gerechtigkeit und Politik, herausgegeben von Reinhold Schmücker und Ulrich Steinvorth, Berlin 2002, S. 151-178, S. 153.

7 *Menschenwürde und Bioethik. Metaphysisch-konservative versus empirisch-liberale Position*, in: Information Philosophie, 1/2008, S. 20.

8 Sigmund Freud, *Das Unbehagen in der Kultur*, Studienausgabe, Band IX, S. Fischer, Frankfurt/Main 2000, S. 209.

Eine auf die Bedürfnisse und Interessen anderer Menschen gestützte Ethik ist bestrebt, den anderen kein vermeidbares Leid zuzufügen. In dieser Begründung spielen trennende Merkmale zwischen Menschen und Völkern keine Rolle mehr. Menschen können dieser Begründung unabhängig von Hautfarbe, Sprache, Religionszugehörigkeit oder dem Erlebnis, ein »geistiges« Wesen zu sein, zustimmen. Ihr Erlebnis der Zugehörigkeit zur Gesamtheit aller Menschen stützt sich allein auf die Tatsache, dass ihnen selbst kein unnötiges Leid zugefügt werden möge. Ethische Werte und Menschenrechte hören dann auf, ein vermeintlich apriorischer Wert an sich zu sein, sondern verfolgen den Zweck, die Interessen realer Menschen zu schützen.

Humanitäre Begründung

Redlicher als unsere absolutistischen Standardbegründungen für Ethik und Moral, die sich leicht zu einem Fundamentalismus der Menschenrechte missbrauchen lassen, wäre die Einsicht, dass es keiner Gesellschaft bislang gelungen ist, ihre sich selbst gesetzten hohen sittlichen Verpflichtungen einzuhalten. Voraussetzung der Sittlichkeit kann nicht eine Steigerung der Höhe der sittlichen Ansprüche und der gesteigerte der Appell an die Pflicht, sie zu erfüllen sein. Voraussetzung für die Lebendigkeit einer sittlichen Ordnung ist die aus der Praxis im Umgang mit Menschen gewonnenen Erfahrung der gemeinschaftlich geteilten Interessen an einer humanitären Lebensweise und der Widerständen, denen sie stets ausgesetzt wird.

Was das Humane ist, erfahren wir nicht durch Glaubensbekenntnisse oder Machtsprüche. Es bildet sich im tätigen Umgang mit Menschen. Insofern fügt das Ritualerlebnis der humanitären Freimaurerei die Erfahrung zum Menschenrechtsdenken hinzu, dass die Symbole des Kosmischen, des Natürlichen und der menschlichen Arbeit ein Bündnis zwischen Menschen und ihrer weltlichen Umgebung formen. Gleich wie das Erlebnis einer republikanischen Verfassung aus der Erfahrung stammt, dass Männer verschiedener Stände und Berufe, mit verschiedener religiöser und politischer Auffassung in der Loge humanen Umgang miteinander üben, so setzt auch die Ausbildung universaler menschlicher Werte die Erfahrung voraus, dass Menschen mit anderer Hautfarbe, anderer Kultur und anderer Sprache ihr Leben, ihre Kinder und ihre Gesundheit lieben.

Freimaurerei erinnert durch das Ritualgeschehen vorsichtig daran, dass humane Werte nicht vom Himmel fallen, sondern aus der Erfahrung mit Menschen stammen, die im normalen Leben einander kaum begegnet wären.[9] Dabei steht die Bildung zur Humanität des Individuums selbst im Vordergrund. Nicht wir humanisieren andere, sondern wir humanisieren uns selbst. In der Verkündigung der Menschenrechte ist stets nur von der Forderung an andere die Rede. Was zu tun ist, damit man selbst zur Humanität fähig werde, steht dort nicht geschrieben. Merkwürdigerweise verschweigen Menschenrechtserklärungen auch die natürlichen Gründe, warum es sie gibt. Andernfalls würden sie sich als eine Sicherung des Glücks und des Wohls der Menschen zu erkennen geben. Menschenrechte sind das Resultat der Erfahrung, dass alle Menschen bestimmte Bedürfnisse gemeinsam haben. Die Rechtsform hat keine andere Aufgabe als die Befriedigung dieser Bedürfnisse zu sichern. Schauen wir uns jedoch die Standardbegründungen der Menschenrechte an, so gewinnen wir den Eindruck, als wollten sie den Menschen bloß ein Bekenntnis abnötigen, dass sie unverzichtbar seien.

9 Diese und die folgenden Ausführungen habe ich in dem Buch *Bündnis des Menschen mit dem Menschen – Zur Unterscheidung humanitärer Freimaurerei von Religion*, Düsseldorf 2012, vorgestellt.

Arbeit und das Glück der Menschen

In der Freimaurerei tritt das Glück stets nur in Verbindung mit Tätigkeit, insbesondere mit Arbeit auf. Die Symbole der Arbeit sprechen dafür, dass die arbeitende Tätigkeit eine Quelle des Glücks sein kann. Denn durch Arbeit erzeugt der Mensch nicht allein Waren und andere Produkte, er produziert sich vor allem selbst als einen Menschen. Aber die Arbeit des Erwerbslebens und auch das qualvolle Dasein eines Pensionärs, der arbeiten kann und will, sich aber nicht mehr gebraucht fühlt – erzeugen im Menschen eher das Bewusstsein verarbeitet zu sein in dem alles beherrschenden Prozess verbrauchender Arbeit. Arbeit hat gleichwohl einen kultivierenden Aspekt. Er kommt in der Tätigkeit des Künstlers und des Prozesses der Anverwandlung von Natur durch den Menschen zum Ausdruck. Seine Tätigkeit hat weniger mit der Notwendigkeit des physischen Erhalts des Lebens zu tun, sondern sie antwortet existenzialistisch auf die metaphysische Frage nach dem Sinn des menschlichen Daseins.

Der spätere Freimaurer Voltaire – auch Mitglied der 1776 in Paris von dem Mathematiker Lalande gegründeten Intellektuellen- und Aufklärer-Loge *Les Neuf Seurs*, der ebenfalls Georg Forster, Helvetius und Benjamin Franklin angehörten – entriss die Antwort auf die Sinnfrage den Spiritualisten und Vernunftenthusiasten, indem er im Schlusskapitel seines satirischen Romans *Candid* die größenwahnsinnige Lehre von der besten aller möglichen Welten ad absurdum führte.

»Arbeit verscheucht die drei schlimmsten Feinde von uns, die Langeweile, das Laster und den Mangel«, lässt er einen Türken sagen, der sich nicht auf eine vernünftige oder religiöse Welterklärung einlässt. Das überzeugt selbst den Metaphysiker des höchsten Wissens, Panglos, der zustimmend und bescheiden geworden hinzufügt: »Nichts ist gefährlicher in der Welt als Größe«. Und so endet Voltaire sein Credo der Diesseitigkeit mit der Besinnung auf das Hier und Jetzt, ohne Bündnis mit höheren Mächten: »Laßt uns arbeiten, ohne alle Vernünfteleien, sagte Martin. Das ist das einzige Mittel, sich das Leben erträglich zu machen. [...] Gut gesagt! recht gut! sagte Kandide, allein wir müssen unsern Garten bestellen.«[10]

Spielerisch zum Recht der Menschen

Arbeit ähnelt dem Spiel, nicht dem Erwerb der Notwendigkeiten des Lebens. »Man sagt: man könne den Menschen beym Spiel am besten kennen lernen«, schreibt Goethe dem Komponisten und seinem Freund Philipp Christoph Kayser unmittelbar nach dessen Besuch in Wilhelmsbad auf dem berühmten Konvent, »seine Leidenschaften zeigten sich da offen und wie in einem Spiegel; so hab ich auch gefunden, daß in der kleinen Welt der Brüder alles zugeht wie in der großen, und in diesem Sinne hat es mir viel genutzt diese Regionen zu durchwandeln.«[11]

Was freilich jedem Dramaturgen eher einleuchtet als profaneren Menschen, ist die Erkenntnis, dass Rituale ursprünglich Ausdruck des spielenden Menschen sind. Aufgrund seiner menschlichen Natur bildet er diese Spiele aus. Nach diesen Ausführungen können wir Rituale als die spielerische Aneignung kosmischer und natürlicher Geschehnisse betrachten, denen der Mensch besondere Bedeutung beimisst.

10 Voltaires Candide in deutscher Übersetzung. Digitale Reproduktion der Ausgabe Berlin: Christian Friedrich Himburg, 1782. Zitiert nach: http://ub-dok.uni-trier.de/ausstellung/candide/kandide/kandide_30.htm.

11 *Goethes Briefe*, Hamburger Ausgabe, Band I, Hamburg 1962, S. 422.

Obwohl es im Spiel manchmal auch um Leben und Tod gehen kann, wird es doch als der Ursprung der Kultur angesehen.[12] Das Hauptmerkmal eines Spiels ist das So-tun-als-ob. Mitunter nimmt das Spiel – etwa beim Kind – den Charakter der Realität an. Aber im Rückblick, aus der Sicht des fortgeschrittenen Bewusstseins, erkennen wir, dass es ein Spiel war, dessen Entwicklung und dessen Ausgang nicht festgelegt schienen.

Der niederländische Historiker Johan Huizinga hat in seiner vielzitierten Studie *Homo Ludens* auf die Verwandtschaft des Wortes »Witz« mit dem Artverständnis des Menschen hingewiesen, wie es durch die holländische Sprache nahegelegt wird. »Dies letzte Element, der ›Witz‹ des Spiels, widerstrebt jeder Analyse, jeder logischen Interpretation. Das holländische Wort für Witz, ›aardigheid‹, ist dafür höchst bezeichnend. Es ist von ›aard‹ abgeleitet, das ›Art‹, aber auch ›Wesen‹ bedeutet, und legt damit sozusagen Zeugnis dafür ab, daß die Sache nicht weiter rückführbar ist.«[13]

Auch im Deutschen existierte früher das Wort ›Artigheit‹. Es meint ›die gute Art‹, ›das Geschick‹, ›die Artigkeit‹, ›der Art entsprechend‹. Sie wurde auch verstanden als die äußere edle Anständigkeit in Gebärden, in der Wahl der Kleidung und im Betragen, aber auch als die feinen Sitten, das Benehmen sowie die Höflichkeit. Eine direkte Beziehung zum Witz und zum Spiel ist hier nicht zu erkennen. Doch dies ist nur der fehlende Hinweis auf die Methoden der Ausbildung solcher wünschenswerten Charaktereigenschaften. Das Spiel mit seinen komplexen Regeln weist dem Menschen einen Weg zur Erkenntnis seiner Art. Menschenrechte vermitteln sich nicht durch sich selbst. Aber im Spiel mit seinen Regeln erfasst der Mensch die Bedeutung von Menschenrechten.

Spiel gibt es auf jeder Stufe kultureller Entwicklung unabhängig von Weltanschauungen. Jeder Mensch versteht, was ein Spiel ist. »Den Ernst kann man leugnen«, sagt Huizinga, »das Spiel nicht«.

Im Spiel tritt der Mensch aus dem gewöhnlichen, aus den eigentlichen Leben heraus. Im Spiel tut man so, tut man etwas nur zum Spaß, ohne intendierten Nutzen.

Teilnehmer an einer rituellen Handlung heben sich durch den Charakter des Spiels aus den Bindungen der Wirklichkeit heraus. Sie schaffen einen Spielraum, in dem etwas stattfindet, was die Wirklichkeit simuliert, aber nicht identisch mit ihr ist. Und innerhalb des Festes und seiner Fröhlichkeit entsteht zeitweilig eine eigene Welt, die den Gegenpart der wirklichen Welt bildet. Das Ritual wird so zu einer Verbildlichung der Wirklichkeit, zuzüglich der imaginierten Bestandteile. »Auf den heiligen Festen«, erläutert Huizinga diesen Sachverhalt, »die mit den Jahreszeiten wiederkehren, feiert die Gemeinschaft die großen Ereignisse im Leben der Natur in geweihten Vorführungen. Diese stellen die Wechsel der Jahreszeiten dar, in phantasievoll umgestaltender dramatischer Vorführung von Aufgehen und Untergehen der Gestirne, von Wachsen und Reifen der Feldfrüchte. von Geburt. Leben und Tod bei Mensch und Tier. Die Menschheit spielt [...] die Ordnung der Natur so, wie sie sich ihrer bewußt geworden ist.«[14]

Wenn wir das Ritualgeschehen in der Frühzeit der Kulturen betrachten, erkennen wir, dass das Spiel so gefährlich wie die Wirklichkeit selbst sein konnte. Die Nachahmung der natürlichen Ordnung und des Wechsels der Jahreszeiten war vielfach ein Spiel auf Leben und Tod. Im frühen Mythos begegnen wir auch dem Rechtshandel als einem nach festen Spielregeln ausgetragenen Kampf, ganz ähnlich den heutigen Gerichtsverhandlungen, in denen Ankläger und Verteidiger in einem advokatischen Schlagabtausch den Schiedsrichter entscheidend zu beeindrucken versuchen. Dabei geht die Sphäre des Spiels in die Sphäre der Verbindlichkeit über.

12 Vgl. zu diesem Thema vor allem Johan Huizinga, *Homo Ludens. Vom Ursprung der Kultur im Spiel*, Reinbek bei Hamburg 1994.

13 Ebd., S. 1.

14 Ebd., S. 24.

Die Loge als Spielraum

Jedes Gelübde und jede Art von Aufnahme in einen Orden oder eine Bruderschaft betrachtet Huizinga als eine Abgrenzung vom profanen Raum im Spiel. Was später einmal Kultur wird, ist anfangs eine Gattung des Spiels. So kennen wir das auch von den ersten Freimaurerlogen der Neuzeit. Im achtzehnten Jahrhundert spielen Männer aus verschiedenen Ständen und verschiedenen Religionen in den Freimaurerlogen Demokratie: Sie, die im profanen Leben niemals einander begegnet wären, sitzen mit anderen, die sie Brüder nennen, am selben Tisch. Eigentlich haben sie verschiedene politische und religiöse Interessen. Aber die Spielregeln der Loge verbieten es ihnen, sich wegen dieser trennenden Aspekte miteinander zu streiten.

Im Spiel haben die Brüder in einer Loge am Ende des *ancient régime* gelernt, dass der Andere trotz anderen Glaubens und anderer politischer Überzeugung ein Mensch bleibt und Achtung verdient. Selbst die biologische Notwendigkeit der Mahlzeiten erhält – nämlich in der Tafelloge – eine Ausstattung mit Formen, die mit dem biologischen Leben nichts mehr zu tun haben. Das ritualisierte Essen ist ein Spiel, das der notwendigen Aufnahme von Nahrung einen neuen Wert verleiht, der vollkommen über das rein Biologische hinausgeht. Bei all dem bringt die Ritualgemeinschaft ihre Deutung des Lebens und der Welt zum Ausdruck. Diese Deutung von Welt wird in den Formen und der Stimmung eines Spiels aufgeführt. Das Spiel erzeugt die Tugenden, in denen der Spielende im profanen Leben tüchtig sein will. Dabei steht nicht die rationale Einsicht in den Wert der jeweiligen Tugend im Vordergrund, sondern das Erlebnis, dass er im Spiel erworben wurde.

Was im freimaurerischen Kontext als sittliche Vollkommenheit gefasst ist, soll das Resultat der im Spiel erworbenen Auffassung von dem sein, was sich gehört und was sich nicht gehört. Nur im Spiel lernen wir den »spielerischen« Umgang mit Spielregeln. Ob eine Handlung mit den Spielregeln vereinbar ist, kann uns entweder eine Autorität mitteilen oder wir können es im Spiel selbst erfahren. Der Sinn des Gehörigen wird jedoch nur dann ein fester Bestandteil unseres Charakters, wenn wir ihn in der spielerischen Praxis erfahren haben. Autoritäten verlieren im Spiel ihre angemaßte herausragende Stellung. Das Ritual lässt nur gleichwertige Spielteilnehmer zu.

Wer Kultur und Charakter autoritär verordnen will, verfolgt ein anderes Ziel als die Handlung, die ohne Zwang, gleichsam von selbst, im Spiel sich entfaltet. Allmählich bildet sich der Inhalt der Tugenden in diesen Handlungen, während die Autorität sie als sofort gültige Pflicht verordnen möchte – oftmals gegen die Natur des Menschen.

Ein Spiel kann niemals gegen die menschliche Natur sein. Es gehört ja zu seiner Natur, denn es entspringt ihr automatisch. Niemals hat jemand ernsthaft versucht, eine Pflicht zum Spielen einzuführen. Spielen geschieht von selbst. Nur die Spielregeln einzuhalten können wir als Pflicht erleben. Denn das Spiel definiert sich durch Spielregeln und einen Spielraum ebenso wie durch das offene Ergebnis. Sobald feststeht, wer das Spiel immer gewinnen wird, hört es auf ein Spiel zu sein. Ehre und sogar das Ideal des Ritters stammen aus der Anforderung, Tüchtigkeit unter Einhalt der Spielregeln zu erlangen. Dadurch entlarvt sich unfaires Verhalten als das Erschleichen eines Resultats unter heimlicher Verletzung der Spielregeln. Die Gemeinschaft selbst erzeugt den Druck, sich an die Spielregeln zu halten und grenzt diejenigen als unredlich aus, die sich offenkundig unter Verletzung der Spielregeln Vorteile verschaffen wollen. Auch der unfair Spielende, möchte nicht die Spielregeln abschaffen; er möchte nur, dass die anderen sich daran halten – bloß nicht er selbst. Trotzdem spielt der Unfaire nicht.

Im Spiel schlüpft der Mensch manchmal in die Rolle desjenigen, der er sein will, oder den er fürchtet. In beiden Fällen macht er Erfahrung mit Menschlichem. In diesem Spiel verkleidet sich der Mensch, um nicht als derjenige wahrgenommen zu werden, der er ist. Wer aber nicht verstanden hat, dass es zum Spiel gehört, dass alle Beteiligten immer zugleich auch wissen, dass keiner aus der Rolle fällt und sich plötzlich für denjenigen hält, den er spielt, stellt sich außerhalb des Geschehens und zerstört den Charakter des Spiels. Shakespeares *A Midsummernightsdream* gibt ihn der Lächerlichkeit preis. In seiner Karikatur des einfältigen Menschen, der das Spiel nicht versteht und eigentlich auch keinen Spaß, stürzt Shakespeare im III. Akt der Komödie den Möchtegern-Schauspieler, den Zimmermann Zettel, in einen tiefen seelischen Konflikt. Er kennt den Unterschied zwischen Vorstellung und Wirklichkeit nicht. So fürchtet er, das Publikum zu erschrecken und zu verjagen, wenn er seine Traumrolle perfekt spielt, nämlich den Löwen, der »gut brüllen« soll.

Schnauz wirft die Frage auf: »Werden die Damen nicht auch vor dem Löwen erschrecken?« Daraufhin entspinnt sich der folgende Dialog nach der klassischen Übersetzung von August Wilhelm Schlegel:

»Zettel: Meister, ihr solltet dies bei euch selbst überlegen. Einen Löwen – Gott behüt uns! – unter Damen zu bringen, ist eine gräuliche Geschichte; es gibt kein grausameres Wildbret als so'n Löwe, wenn er lebendig ist; und wir sollten uns vorsehn. Schnauz: Derhalben muß ein andrer Prologus sagen, daß er kein Löwe ist. Zettel: Ja, ihr müßt seinen Namen nennen, und sein Gesicht muß halb durch des Löwen Hals gesehen werden; und er selbst muß durchsprechen und sich so oder ungefähr so applizieren: Gnädige Frauen, oder schöne gnädige Frauen, ich wollte wünschen, oder ich wollte ersuchen, oder ich wollte gebeten haben, fürchten Sie nichts, zittern Sie nicht so; mein Leben für das Ihrige! Wenn Sie dächten, ich käme hieher als ein Löwe, so dauerte mich nur meine Haut. Nein, ich bin nichts dergleichen; ich bin ein Mensch wie andre auch; – und dann laßt ihn nur seinen Namen nennen und ihnen rund heraus sagen, daß er Schnock der Schreiner ist.«[15]

Wer glaubt, den Menschen sagen zu müssen, dass es sich um ein Spiel handelt, zerstört den Charakter des Spiels. Teilnehmer an einem Spiel erfahren im Spiel, dass es sich um ein Spiel handelt. Die Praxis vermittelt auch hier den richtigen Eindruck von der Sache, um die es geht, nicht das Bekenntnis.

Ebenso gilt, dass Freimaurerei nicht deswegen ein ethischer Bund ist, weil in ihr wie in den Standardethiken Verbote, Gebote und Pflichten durch Autoritäten verkündet würden. Vielmehr beweist der Bruder durch Proben seiner Weisheit und Tugendhaftigkeit im Ritualgeschehen, was er im realen Leben wiederholen wird. Die Loge als Spielraum erzeugt die Vorstellung und das Bewusstsein von Humanität durch Vorbild, das nachgeahmt wird. Dabei treten bloße ethisch-moralische Dogmen äußerst sparsam auf. Es findet kein Missionieren durch Vereidigung auf eine alleinige Religion und den Wahrheitsgehalt ihrer Lehrbücher statt. So erzeugt das Spiel Distanz zur Dominanz von Religion. In den (theistischen) Religionen nimmt der Mensch die Spielregeln als eine real existierende Wahrheit wahr. Vielleicht war dies der Grund, warum das frühe Mönchtum das Lachen als einen Ausdruck des Bösen wertete.[16] Der Charakter des Spiels geht darin verloren. Das Erziehungsziel dieser Religion unterscheidet sich deswegen vom Erziehungsziel der humanitären Freimaurerei. Erstere wollen gute Christen oder gute Moslems und andere Mitglieder einer religiösen Gemeinde erziehen. Humanitäre Freimaurerei will Menschen bilden. Um menschlich zu werden bedarf es nichts anderes als Menschliches. Alles Göttliche oder Übernatürliche lenkt ab von der Aufgabe, die zu erfüllen wäre.

15 William Shakespeare, *A Midsummernightsdream*.

16 Vgl. hierzu Jaques Le Goff, Nicolas Truong, *Die Geschichte des Körpers im Mittelalter,* Stuttgart 2007, S. 84: »Clemens von Alexandria (gest. um 215), der in seiner wegweisenden, grundlegenden Schrifi Paedagogus die Befürworter des Lachens verjagt, erinnert an die Passage im Platonischen Staat, in der die Dichter aus der Stadt verwiesen werden. Denn das Lachen verleitet zu ›niedrigen‹ Handlungen. Der Körper war in edle Teile (Kopf; Herz) und unedle (Bauch, Hände, Geschlecht) aufgeteilt. Er verfügt über eine Art Filter, die dazu dienen können, das Gute vom Schlechten zu unterscheiden: Augen, Ohren und Mund.. Aus dem Kopf entspringt der Geist, aus dem Bauch die fleischlichen Gelüste. Das Lachen kam aus dem Bauch, also einem unedlen Körperteil. Übrigens wird noch heute das zotige, vulgäre Lachen als ›unter der Gürtellinie‹ bezeichnet.«

Wenn wir die Idee der Menschenrechte mit dem Entstehen der neuzeitlichen humanitären Freimaurerei in der vorgestellten Weise in Verbindung bringen, dann erkennen wir, dass sich eine humanitäre Interpretation der Menschenrechte abzeichnet. Diese macht uns darauf aufmerksam, dass es nicht das oberste Ziel der Menschenrechte ist, das Recht (*droit*) zu verwirklichen, sondern Humanität. Um ersteres zu erreichen, genügt es, das Pflichtbewusstsein und die Hörigkeit gegenüber abstrakten Autoritäten auszubilden. Wollen wir aber Menschen zur Humanität bilden, dann braucht es nicht in erster Linie kalte Vollstrecker bürokratischer Systeme, sondern die Einübung[17] in die Aufmerksamkeit gegenüber den Ansprüchen anderer.

Weiterführende Literatur des Autors:

Klaus-Jürgen Grün: Arthur Schopenhauer interkulturell gelesen, Nordhausen 2005.
—: Philosophie der Freimaurerei. Eine interkulturelle Perspektive, Nordhausen 2006.

17 Mit Recht spricht Klaus Hammacher von *Einübungsethik*, die er ausführlich erläutert in: Klaus Hammacher, *Einübungsethik – Überlegungen zu einer freimaurerischen Verhaltenslehre. Festschrift zum 75. Geburtstag des Autors*, Schriftenreihe der Forschungsloge Quatuor Coronati Bayreuth Nr. 45/2005.

Farah Dustdar

Menschenrechte in der Bahai-Religion

Die Wandlung, die im Leben eines Lebewesens als Reifezustand bezeichnet wird, muss, nach Auffassung der Bahai-Lehre, in der organisatorischen Entwicklung der menschlichen Gesellschaft ihr Gegenstück haben. Ein Merkmal des Reifezustandes im sozialen Leben sei die Anerkennung der fundamentalen Rechte aller Menschen, ungeachtet ihrer geschlechtlichen, ethnischen, nationalen und sonstigen Zugehörigkeiten.

Die Bahai-Religion versteht sich als jüngste monotheistische Weltreligion. Vor über hundert Jahren hat Baha'ullah (1817-1892), der Stifter des Bahai-Glaubens, das Kommen eines neuen Zeitalters in der Bewusstseinsentwicklung der Menschheit angekündigt und eine humanitäre Vision sozialen Fortschritts vermittelt. Im Mittelpunkt seiner Lehre stehen der Glaube an einen transzendenten Gott, die mystische Einheit der Religionen und der Glaube an die Einheit der Menschheit in ihrer Vielfältigkeit. Gerechtigkeit, Gewaltfreiheit und Gleichwertigkeit gehören zu den zentralen Begriffen seiner Sendung.

Der vorliegende Beitrag erläutert im Folgenden das Menschenbild der Bahai-Religion, welches die Grundlage von Rechten und Pflichten der Gläubigen bildet. Als nächstes wird auf einige Prinzipien und Gebote hingewiesen, die zur Sicherung der fundamentalen Rechte der Menschen – Gläubige und Nichtgläubige – maßgebend sind. Anschließend beschäftigt sich der Beitrag mit den Aktivitäten der internationalen Bahai-Gemeinde und ihrer Zusammenarbeit mit der Vereinten Nationen, vor allem im Bereich der Förderung der Menschenrechte.

Menschenbild

Der Mensch sei nach dem Glauben der Bahai mit Vernunft, freiem Willen, einer unsterblichen Seele und der Fähigkeit ausgestattet, sich ständig zu entwickeln und zu verbessern. »Betrachte den Menschen als ein Bergwerk reich an Edelsteinen von unschätzbarem Wert. Nur die Erziehung kann bewirken, dass es seine Schätze enthüllt und die Menschheit daraus Nutzen zu ziehen vermag.«[1]

Der menschlichen Vernunft wird eine große Bedeutung zugemessen, obwohl sie allein oft in die Irre führen kann. Die menschliche Seele, als das Wesen des Menschen, trägt keine trennenden Merkmale der Rasse oder des Geschlechts. Der Körper als der ›Tempel des Menschen‹[2] erfährt zugleich Wertschätzung. Einsiedelei und harte Askese werden ebenso abgelehnt wie ein hedonistisches Leben im Überfluss. Baha'ullah, der Stifter empfiehlt, das ›rechte Maß‹ zu halten.

Das Leben in dieser Welt dient dazu, geistige Fähigkeiten zu entwickeln, die für das Leben im Jenseits benötigt werden. Dazu zählen Tugenden wie Nächstenliebe, Dankbarkeit, Vertrauenswürdigkeit, Gottvertrauen, Demut und Geduld. Gesellschaftliches Engagement, soziale Verantwortung und die aktive Gestaltung der Welt werden als natürliche Folge individueller Spiritualität betrachtet und sind von dieser nicht zu trennen. Der ›Dienst am ganzen Menschengeschlecht‹ sei das Kriterium wahren Menschseins.[3] Arbeit hat den Rang des Gottesdienstes. Bettelei und Beichte sind den Bahai verboten. Denn sie gelten als Erniedrigung des Menschen vor anderen Menschen.[4]

1 Baha'ullah, Botschaften aus Akka, Hofheim 1982, S.188; 11:3.
2 Baha'ullah: *Kitab-i-Aqdas. Das heiligste Buch.* Hofheim 2000, Kapitel 155.
3 Baha'ullah, *Ährenlese, Eine Auswahl aus den Schriften Baha'ullahs, zusammengestellt und ins Englische übertragen von Shoghi Effendi.* Hofheim-Langenhain 2003, Vers 117.
4 Baha'u'llah: *Kitab-i-Aqdas. Das heiligste Buch.* Hofheim-Langenhain 2000, Erläuterung 34.

Ethische Grundsätze

Neben spirituellen und philosophischen Lehren als Kernbestandteil der Religion gibt es eine Reihe von Prinzipien des Bahai-Glaubens, die aus der Perspektive der Menschenrechte bedeutend sind. Im Folgenden wird kurz auf einige Lehrgrundsätze hingewiesen:

Religiöse Selbstbestimmung

Nach der Bahai-Lehre hat jeder Mensch das Recht, selbstständig nach Wahrheit, Erkenntnis und Wissen zu suchen. Die selbständige Entscheidung für den eigenen Glauben ist die Voraussetzung zum Eintritt in die Bahai-Gemeinde. Die Würde des Menschen verlangt nach Respekt vor Gewissensfreiheit. Die Selbstbestimmung durch freie Wahl ist zugleich ein Zeichen der Reife. Nach Worten Baha'ullah: »Von allem das Meistgeliebte ist Mir die Gerechtigkeit. [...] Mit ihrer Hilfe sollst du mit eigenen Augen sehen, nicht mit denen anderer, und durch eigene Erkenntnis Wissen erlangen, nicht durch die deines Nächsten.«[5]

Blinde Nachahmung des Glaubens der Eltern ist dem Bahai untersagt. Die religiöse Zugehörigkeit darf nicht von Geburt aus festgelegt werden. Der Glaube eines Menschen muss nur durch ihn selbst bestimmt sein. Nach den Bahai Gesetzen ist das freie Bekenntnis zum Glauben sowie der Eintritt in die Bahai-Gemeinde erst nach dem fünfzehnten Lebensjahr möglich. Das Recht eines Menschen zur individuellen Suche nach religiöser Wahrheit ist fundamental und heilig.

Ablegung von Vorurteilen jeglicher Art

Die tief verwurzelten Vorurteile hinsichtlich der Volkszugehörigkeit, des Geschlechts, der Nation, Kaste, Klasse oder Religion sind oft die Ursachen von Ablehnung, Ausgrenzung, Konflikt, Streit und letztendlich von Kriegen. Der Ruf Baha'ullahs ist in erster Linie gegen jede Art von Provinzialismus, jede Engstirnigkeit und jedes Vorurteil gerichtet. Solange bestehende Vorurteile nicht restlos beseitigt werden, kann die Menschenwelt keinen Frieden, keinen Wohlstand und keine Ruhe erreichen.

Die Freiheit von Vorurteilen ist die Voraussetzung der individuellen und selbständigen Suche nach Wahrheit: »Der Mensch muss sich von allen Vorurteilen und von den Ergebnissen seiner eigenen Einbildung trennen, so dass er zum ungehinderten Suchen nach Wahrheit fähig werde.«[6]

Einheit der Menschheit

Alle Völker und Nationen gehören nach Auffassung der Bahai-Lehre einer Familie an: »Die Erde ist nur ein Land, und alle Menschen sind seine Bürger.«[7] Damit wurde die moralische Grundlage für eine globale Gesellschaft im 19. Jahrhundert gelegt, schon lange bevor die Globalisierung ernsthaft zu erkennen war. Die Anerkennung der Einheit und Verbundenheit der ganzen Menschheit sei die Voraussetzung, um die globalen Probleme zu lösen. Die Religion soll zum Fundament der Einheit der Menschheit werden.

Baha'ullah verkündete, dass die Zeiten der Kindheit und Unreife des Menschengeschlechtes vorüber seien und die Erschütterungen der heutigen Stufe der Jugend langsam und schmerzvoll die Stufe der Reife vorbereiten und das Nahen jener Zeit verkünden, da die

5 Baha'ullah, *Die Verborgenen Worte*, Hofheim-Langenhain 1997, Vers 2.
6 Abdu'l- Baha, *Ansprachen in Paris*. Die Ansprache in der theosophischen Gesellschaft, 40:8.
7 Baha'ullah, *Botschaften aus Akka*, Hofheim-Langenhein 1982, 11:13.

Menschen die Notwendigkeit eines friedlichen Zusammenlebens auf diesem Planeten endgültig erkennen. Nach seinen Worten: »Die Wohlfahrt der Menschheit, ihr Friede und ihre Sicherheit sind unerreichbar, wenn und ehe nicht ihre Einheit fest begründet ist.«[8]

Gleichwertigkeit aller Menschen

Die Grundidee der Einheit der Menschheit bildet das moralische Fundament zur Gleichheit der Menschen vor dem Gesetz. »O Menschenkinder! Wisst ihr, warum Wir euch alle aus dem gleichen Staube erschaffen haben? – Damit sich keiner über den anderen erhebe [...] Da Wir euch alle aus dem gleichen Stoff erschufen, ziemt es euch, wie eine einzige Seele zu sein [...], auf dass aus eurem innersten Wesen durch eure Taten und Handlungen die Zeichen der Einheit und das Wesen der Loslösung sichtbar werden.« »Ihr seid alle die Blätter eines Baumes und die Tropfen eines Meeres.« »Seid wie die Finger einer Hand, die Glieder eines Körpers.«

Gleichberechtigung von Mann und Frau

Die Gleichberechtigung der Geschlechter ist ein entscheidender Grundsatz der Bahai-Lehre. Mann und Frau sind gleichberechtigte, ebenbürtige und sich ergänzende Teile der Gesellschaft. »Die Menschenwelt hat zwei Flügel: Den einen bilden die Frauen, den anderen die Männer. Erst wenn beide Flügel gleichmäßig entwickelt sind, kann der Vogel fliegen. Bleibt ein Flügel schwächlich, so ist kein Flug möglich.«

Die aktive Teilnahme der Frauen in allen Bereichen des gesellschaftlichen Lebens ist nach Bahai Auffassung eine bedeutende Vorbedingung für einen dauerhaften Frieden in der Welt. Die männlichen und weiblichen Elemente sollen in einer friedlichen Weltkultur im Gleichgewicht sein. Erst wenn die Partnerschaft der Frauen in allen Bereichen menschlichen Strebens willkommen geheißen wird, entsteht das moralisch-psychologische Klima, in dem sich der internationale Frieden entwickeln kann.

Das Überleben der Menschheit ist davon abhängig, dass Frauen und Männer jeweils ihr ganzes Potential entwickeln können und dass ihr Beitrag gerecht gewürdigt wird. Die Verweigerung der Gleichberechtigung bedeutet ein Unrecht gegenüber der Hälfte der Weltbevölkerung. Es gibt keine religiösen, praktischen oder biologischen Gründe, die eine solche Verweigerung rechtfertigen.

Gleiche Bildungschance für alle Menschen

Erziehung und Bildung haben in der Bahai-Religion einen hohen Stellenwert. Alle Menschen sollen das gleiche Recht und die gleiche Chance auf Bildung und Teilhabe an der Gesellschaft haben. Die Bildung soll zum eigenständigen Denken, zum Reflektieren und zur Anwendung des Erlernten im eigenen Leben, wie auch in dem der Gesellschaft führen. »Jedem von euch ist es zur Pflicht gemacht, sich in einem Beruf, einem Handwerk, Gewerbe und dergleichen, zu betätigen [...] Beschäftigt euch mit dem, was euch und anderen nützt.«[9]

8 Baha'ullah, *Ährenlese*, Hofheim 1980, 131:2.
9 Baha'ullah, *Botschaften aus Akka*, Hofheim-Langenhein 1982, 3:22.

Religion soll mit Vernunft und Wissenschaft im Einklang stehen

Es darf keinen Widerspruch zwischen Religion und Wissenschaft geben. Der Mensch unterscheidet sich durch seine Intelligenz und seine Urteilsfähigkeit von anderen Geschöpfen. Warum sollte er sich nicht, nach der Bahai-Auffassung, in seinem religiösen Forschen ihrer bedienen? »Was immer die Intelligenz des Menschen nicht zu begreifen vermag, sollte auch von der Religion nicht angenommen werden. Die Religion geht mit der Wissenschaft Hand in Hand, und jede Religion, die der Wissenschaft widerspricht, ist nicht die Wahrheit.«[10]

Wenn eine Religion im Gegensatz zur Wissenschaft und zur logischen Vernunft steht, wird sie zu reinem Aberglauben und Fanatismus; das Gegenteil vom Wissen ist Unwissenheit. Wissenschaft ohne Glauben fällt in den hoffnungslosen Morast des Materialismus. Nach der Bahai-Lehre sind Religion und Wissenschaft die beiden Flügel, auf denen sich die menschliche Geisteskraft zur Höhe erheben und fortschreiten kann. Mit einem Flügel ist fliegen unmöglich. In anderen Worten Religion und Wissenschaft sind gleichberechtigte Partner, zwei Instrumente, um die Wahrheit zu erforschen.

Die Religion ist viel mehr als eine bloße Sammlung von bestimmten Dogmen und der Ausübung von Riten und Zeremonien. Die innere Wahrheit des Glaubens darf nicht im Schatten von abergläubischen Bräuchen, d.h. äußeren Formen stehen: »Wäget alles, was euch als Religion geboten wird, sorgfältig auf der Waage der Vernunft und Wissenschaft. Wenn es die Probe besteht, so nehmt es an, denn es ist die Wahrheit. Stimmt es hingegen nicht damit überein, so weist es zurück, denn es ist dann Unwissenheit.«[11]

Abschaffung des Klerus

Die Bahai-Gemeinde hat keine Kirche und keinen Klerus, sondern ist auf örtlicher, nationaler und internationaler Ebene in Gremien organisiert, die jeweils aus neun gewählten Bahai bestehen. Die Bahai Wahlen sind allgemein, frei und geheim, ohne Kandidatur und ohne Werbung. Die Menschheit habe in ihrem gesellschaftlich evolutionären Prozess einen gewissen Grad an kollektiver Reife erreicht, daher seien Nachahmung und Gefolgschaft in religiösen Angelegenheiten nicht zeitgemäß und mit dem Respekt vor menschlicher Würde unvereinbar. Die Forderung nach selbständiger Suche nach Wahrheit, so wie das Prinzip der Gleichwertigkeit aller Menschen schließt Priesteramt, Berufstheologen oder andere Formen der Geistlichkeit aus.

Als Grundlage des Glaubens gelten alleine die offenbarten Texte Baha'ullahs und die Erläuterungen seines Sohnes Abdu'l-Baha (1844-1921). Jeder Gläubige sollte sich aufgrund dieser Texte selbst eine Meinung bilden, durch Beratung und Austausch mit anderen mehr Verständnis für die Texte erlangen und sie in das persönliche Leben mit einbeziehen. Für die Erfüllung persönlicher religiöser Pflichten ist jeder Gläubige nur Gott gegenüber verantwortlich.

Regulierung der sozialen Fragen

Die Bekämpfung der extremen Armut und des exzessiven Reichtums, ein weiteres Bahai Prinzip, ist ein Gebot der Gerechtigkeit und eine moralische Verpflichtung. Jeder Mensch soll in Würde leben und die Chance bekommen, seine Lebensverhältnisse zu verbessern. Wer selbst dazu nicht fähig ist, dem soll nicht nur durch den Staat, sondern auch freiwillig durch die Wohlhabenden, geholfen werden.

10 Abdu'l- Baha, *Ansprachen in Paris*. Die Ansprache in der theosophischen Gesellschaft, 40:18.
11 Ebenda, 44:18.

Wie kann ein Mensch im Überfluss leben, wenn in seiner Nähe ein Armer in entsetzlicher Not ist. Armut und Hungerleidens sind ein Zeichen der Unterdrückung. Ein Großteil der Verantwortung für die Bekämpfung von Armut liegt bei den Menschen selbst. Die Bahais sind moralisch verpflichtet, die Zustände zu ändern, die einen Teil der Bevölkerung ins Elend und drückende Armut bringen: »Die Reichen müssen von ihrem Überfluss abgeben, ihre Herzen erweichen und mitleidsvolles Verständnis pflegen, indem sie sich um jene Beklagenswerten kümmern, denen es am Nötigsten mangelt.«[12]

Die Armut ist nicht nur das Produkt historischer, wirtschaftlicher, politischer und umweltbedingter Faktoren. Sie hat auch eine kulturell bedingte Dimension, die sich in individuellen Werten und Einstellungen ausdrückt. So lange zum Beispiel Mädchen und Frauen unterdrückt werden, solange der Wert der Erziehung missachtet und das Recht des Einzelnen, sich zu entwickeln, geleugnet wird, so lange können die Bedingungen für Armut nur schlimmer werden. Grundlegende Qualitäten des Menschen wie Ehrlichkeit, Bereitschaft zu arbeiten und zu kooperieren sollen genutzt werden, um soziale Ungerechtigkeit zu bekämpfen. Die Bekämpfung der sozialen Ungerechtigkeit muss mit einem moralischen Einfluss einhergehen.

Der Weltfriede muss verwirklicht werden

Friedliches Zusammenleben ist nicht nur ein Zeichen der Entwicklung und der Humanität, sondern ein moralisches Gebot. In der zweiten Hälfte des 19. Jahrhundert hat Baha'ullah, der Stifter des Bahai-Glaubens, wiederholt in seinen Schriften auf die Notwendigkeit von Errichtung eines Weltgemeinwesens hingewiesen, in welchem alle Völker vereint sind und die Autonomie der Mitgliedsstaaten sowie die persönliche Freiheit und Initiative des Individuums gewährleistet werden.

»Die Zeit muss kommen, da die gebieterische Notwendigkeit für die Abhaltung einer ausgedehnten, allumfassenden Versammlung der Menschen weltweit erkannt wird. Die Herrscher und Könige der Erde müssen ihr unbedingt beiwohnen, an ihren Beratungen teilnehmen und solche Mittel und Wege erörtern, die den Grund zum Größten Weltfrieden unter den Menschen legen. Ein solcher Friede erfordert es, dass die Großmächte sich um der Ruhe der Völker der Erde willen zu völliger Aussöhnung untereinander entschließen [...].«[13]

Was tun Bahai zur Erreichung ihrer Grundsätze?

Seit 1948 ist die Bahai-Religion bei den Vereinten Nationen als Nichtregierungsorganisation anerkannt. Die Bahai-Vertreter haben bereits seit 1946 in der Menschenrechtskommission zur Vorbereitung der ›Allgemeine Erklärung der Menschenrechte‹ mitgewirkt.[14] Die Generalversammlung der Vereinten Nationen hat dieses Dokument am 10. Dezember 1948 genehmigt.

Inzwischen, das heißt im Februar 1947 legt die Bahai-Weltgemeinschaft der Menschenrechtskommission der Vereinten Nationen eine ›Bahai-Erklärung der Menschenpflichten und Menschenrechte‹ vor. Das leitende Motiv bei der ganzen Beteiligung war die Vision einer internationalen Friedensordnung, die etwa 70 Jahre vorher von dem Stifter Baha'ullah vermittelt worden war.

12 Ebenda, 46:10

13 Baha'ullah, *Botschaften aus Akka*, a. a. O. 11:8.

14 Vgl. A. Lincoln, *Bahá'í-Inspired Perspectives on Human Rights* (Foreword), in: T. Tahririha-Danesh (Hrsg.), *Bahá'í-Inspired Perspectives on Human Rights.*

In diesem Dokument werden als Quelle der Menschenrechte die Eigenschaften, Tugenden und Kräfte genannt, die Gott der Menschheit ohne Ansehen des Geschlechts, der Rasse, des Bekenntnisses und der Nation verliehen hat. Die Möglichkeiten diese Gottesgaben auszuschöpfen, ist der Daseinszweck des Menschen. Unter anderem werden folgende Gedanken erläutert:

Solange die Individuen ihre Verantwortung nicht wahr nehmen, wird eine bloße Gesetzgebung ihr Ziel nicht erreichen. Es genügt nicht, die politischen und wirtschaftlichen Verhältnisse zu regeln, auch die sittlichen Regeln müssen klar definiert werden. Denn nur sittliche Lebewesen können eine geordnete Gesellschaft aufrechterhalten. Die in der Zivilisation erkennbare Entwicklung ist das Ergebnis der geistigen Entwicklung, die sich durch die Menschheit vollzieht.

Ferner wird auf die Entwicklungen des Internationalismus hingewiesen, die wir nun Globalisierung nennen und die heute viel aktueller ist als 1947. Die unbeschränkte Souveränität des Nationalstaates ist nicht mehr zeitgemäß. Die Gesellschaft befindet sich in einem Wandlungsprozess; sie muss eine neue Ordnung zustande bringen, die auf der Ganzheit aller menschlichen Beziehungen gegründet ist.

Zu den menschlichen Grundrechten, die die neue Ära kennzeichnen, gehören diejenigen, welche sich mit dem Einzelmenschen, der Familie, der Rasse, mit Arbeit und Vermögensbildung, Erziehung, Religionsausübung und der Gesellschaftsordnung befassen. Die Erklärung geht auf diese Aspekte ein und ist eine Widerspiegelung der Bahai-Prinzipien.

Die Bahai-Weltgemeinschaft arbeitet am Hauptsitz New York in zahlreichen Gremien der Weltorganisation mit (WHO, UNICEF), sie hat seit 1970 beratenden Status beim Wirtschafts- und Sozialrat (ECOSOC). Außerdem hat die ›Bahai International Community‹ 1992 in New York das ›Büro für die Förderung der Frauen‹ eingerichtet. Dieses hat die Aufgabe, die Stellung der Frau weltweit zu fördern und zu verbessern.[15]

In diesen Gremien arbeiten Bahai hauptsächlich an Fragen der Menschenrechte, der sozialen Entwicklung, dem Status der Frau, der Umwelt, der Ernährung, der Wissenschaft und Technik, der Drogenbekämpfung, der Jugend, der Familie sowie der Abrüstung und der Friedenssicherung mit. Die internationale Bahai-Gemeinde arbeitet ferner eng mit internationalen Organisationen zusammen: So ist sie u.a. Mitglied des ›World Wide Fund for Nature‹ und ›Network on Conservation and Religion‹.

Soziale und wirtschaftliche Entwicklungsprojekte

Die Bahai-Gemeinden arbeiten auf der ganzen Welt an sozialen und wirtschaftlichen Entwicklungsprojekten. Die Betonung der Notwendigkeit universaler Erziehung in den Bahai-Lehren hat zur Errichtung von Schulen in Afrika, Asien und Amerika geführt. Die Bahai selbst betreiben zahlreiche Grund- und weiterführende Schulen. Zu den sozialen Entwicklungsprojekten gehören auch Krankenhäuser, Ausbildungsprogramme für Frauen, genossenschaftlich organisierte Landwirtschaftsbetriebe und Fischereiprojekte. Außerdem sind weltweit sieben Radiostationen mit Erziehungsprogrammen in Betrieb.

Am Endeffekt soll die Religion Liebe und Zuneigung hervorrufen, die Herzen vereinen und Krieg und Streitigkeiten auf der Erde vergehen lassen. Dies motiviert die Mitglieder der Bahai-Gemeinden gegenüber Andersdenkenden offen zu sein und sich am interreligiösen Dialog zu beteiligen.

15 Vgl. Baha'i International Community: History of Active Cooperation with the United Nations.

Weiterführende Literatur der Autorin:

Dustdar, Farah: *Abschied von der Macht.* Demokratie und Verantwortung, Frankfurt/Main 1999.

—: *Frauenpolitik. Die Herausforderung einer Politik des Friedens,* Hofheim am Taunus 2002.

Khola Maryam Hübsch

Menschenrechte in der Ahmadiyya Muslim Jamaat

Der vorliegende Beitrag beschäftigt sich mit der Frage, welche Bedeutung die Menschenrechte in der Ahmadiyya Muslim Jamaat (AMJ) haben und wie sich die AMJ hinsichtlich der Frage der Vereinbarkeit zwischen Islam und Menschenrechte positioniert. Die AMJ versteht sich als eine Reformbewegung innerhalb des Islams und argumentiert auf Grundlage der Quellen des Islams: Der Koran als Offenbarung Gottes sowie die Praxis und Überlieferung (*Sunna, Hadith*) des Propheten Muhammad (ca. 570-632). Zu den prominentesten Vertretern dieser jungen und dynamisch wachsenden Religionsgemeinschaft, die 1889 in Indien von Mirza Ghulam Ahmad (1835-1908) gegründet wurde, gehört Sir Muhammad Zafrullah Khan (1893-1985), der der erste Außenminister Pakistans sowie Präsident der UN-Generalversammlung und dann Präsident des Internationalen Gerichtshofes in Den Haag war.

Khan verfasste ein Standardwerk mit dem Titel ›Islam and Human Rights‹[1], in dem er die von der Generalversammlung der Vereinten Nationen verkündete Allgemeine Erklärung der Menschenrechte von 1948 im Detail Artikel für Artikel mit den wichtigsten Quellen des Islams verglich. Seine vergleichende Studie soll keine kulturalistische Vereinnahmung der Menschenrechtsidee wie sie Bielefeld problematisiert darstellen[2], sondern hat das Ziel die Kompatibilität der Idee der Menschenrechte mit dem Islam herauszuarbeiten.

Insbesondere hinsichtlich der Frage der Meinungs- und Religionsfreiheit, deren Bedeutung sich am Beispiel des Umgangs mit Blasphemie und Apostasie zeigt, gibt es eine deutliche Positionierung der AMJ mit einer ausführlichen theologischen Argumentation, die die Vereinbarung von Menschenrechten und Islam möglich macht. Die Kairoer Erklärung der Menschenrechte (KEM) von 1990 wird diesbezüglich scharf kritisiert.[3] Hinsichtlich der Frauenrechte und der Religionsfreiheit nehme die KEM eine eklatante Einschränkung im Vergleich zu den UN-Menschenrechten vor, moniert Ahmad.

Der Beitrag wird im Folgenden einen kurzen Überblick über die Interpretation der AMJ bezüglich derjenigen UN-Menschenrechtsartikel geben, von denen es gemäß des klassischen islamischen Rechtsverständnisses heißt, sie kollidierten mit dem modernen Menschenrechtsbegriff. Dabei handelt es sich um die Einschränkung der Religions- und Meinungsfreiheit, Körperstrafen, die Sklaverei und die Gleichberechtigung von Mann und Frau.[4] Zuvor werden jedoch einführend grundlegende Parallelen zwischen den UN-Menschenrechten und der koranischen Lehre dargestellt, wie sie Khan in seiner Vergleichsstudie vornimmt.

1 Khan, Muhammad Zafrullah: Islam and Human Rights, Tilford 1967.

2 Bielefeldt, Heiner: ›Westliche‹ versus ›islamische‹ Menschenrechte? Zur Kritik an kulturalistischen Vereinnahmungen der Menschenrechtsidee. In: Rumpf, Mechthild/ Gerhard, Ute & Jansen, Mechthild M. (Hrsg.): Facetten islamischer Welten. Geschlechterordnungen, Frauen- und Menschenrechte in der Diskussion, Bielefeld, 2003.

3 Ahmad, Rafi: Islam, Universal Human Rights, and Cairo Declaration.

4 Vgl. Kalisch, Muhammad: Islam und Menschenrechte: Betrachtungen zum Verhältnis von Religion und Recht. In: Elliesie, Hatem (Hrsg.): Beiträge zum islamischen Recht VII. Islam und Menschenrechte, Frankfurt/Main 2010, S. 49-72, hier S. 59.

Die Würde des Menschen

Khan würdigt die UN-Menschenrechtserklärung als ›bahnbrechende Formulierung der Menschenrechte‹ und stellt fest, dass der Islam hinsichtlich der Ziele der Menschenrechtsartikel völlig übereinstimmt. Indem er jeden einzelnen Artikel mit der Lehre des Islam vergleicht, gelingt es ihm aufzuzeigen, dass es bezüglich der übergeordneten Ziele eines jeden UN-Menschenrechtsartikel deutliche Parallelen zur islamischen Lehre gibt.

Bezugnehmend auf Artikel 1 und 2 der UN-Menschenrechtserklärung führt Khan Koranverse an, die die Gleichheit der Menschen betonen und erklärt: »Der Islam räumt kein Vorrecht hinsichtlich der Geburt, der Nationalität oder irgendeines anderen Faktors ein.«[5] Alle Menschen seien »hinsichtlich ihres spirituellen Ursprungs verwandt«[6], und seien ausnahmslos unabhängig von ihrer Herkunft, Hautfarbe, ihres Geschlechts oder Glaubens, »die Geschöpfe des einen, lebendigen, liebenden, allmächtigen, barmherzigen und mitleidsvollen Schöpfers [...], für den das Wohl eines jeden einen gleich hohen Stellenwert hat«.[7] Khan zitiert dazu u.a. folgende Koranverse: »O ihr Menschen, fürchtet euren Herrn, Der euch aus einem einzigen Wesen erschaffen hat.« (4:2)[8] »O ihr Menschen, Wir haben euch von Mann und Frau erschaffen und euch zu Völkern und Stämmen gemacht, dass ihr einander kennen möchtet. Wahrlich, der Angesehenste von euch ist vor Allah der, der unter euch der Gerechteste ist. Siehe, Allah ist allwissend, allkundig.« (49:14).

Khan betont ferner, dass Gott dem Menschen eine besondere Würde verliehen habe, indem er ihn im Koran als »Statthalter auf Erden« (35:40) beschreibt und erklärt: »Wahrlich, Wir haben den Menschen in schönstem Ebenmaß erschaffen« (95:5).[9] Während Schirrmacher beklagt, dass die Würde des Menschen in der KEM beispielsweise unweigerlich mit dem islamischen Glauben verknüpft wird[10], wird hier der universale Geltungsanspruch der Menschenrechte, der an keinerlei Bedingung gekoppelt ist, hervorgehoben. Das derzeitige Oberhaupt der AMJ, Mirza Masroor Ahmad (geb. 1950), der als fünfter Nachfolger des Begründers als Khalif bezeichnet wird, erklärt folglich: »Islam taught that all people were born equal and were deserving of equal human rights.«[11]

Khan erwähnt ferner, dass Gott den Menschen als »Statthalter auf Erden« mit Verstand ausgestattet habe und plädiert bei der Interpretation der Koranverse für eine vernunftgemäße Auslegung, die die zeitlichen und sozialen Rahmenbedingungen angemessen berücksichtigt und die Verse ihrem sinngemäßem Geist nach umsetzt. Der erste muslimische Nobelpreisträger, Abdus Salam (1926-1996), ebenfalls ein Ahmadi-Muslim, der von Al-Khalili als »größte[r] Physiker der islamischen Welt seit 1000 Jahren«[12] bezeichnet wird, erklärt dazu: »Siebenhunderundfünfzig Verse des Korans – (nahezu ein Achtel des Buches) – ermahnen die Gläubigen, die Natur zu studieren, nachzudenken, den besten Gebrauch von dem Ver-

5 Khan, Muhammad Zafrullah: Islam und Menschenrechte, Frankfurt/Main, 2004, S. 75.

6 Ebenda, S. 74.

7 Ebenda, S. 145.

8 Alle Koranverse zitiert nach: Ahmad, Mirza Masror (Hrsg.): Der Heilige Qur-ân – Der Koran, Frankfurt/Main 2009. *Anmerkung:* Im Vergleich zu anderen Koranübersetzungen ist hier die Zählung derart, dass die einleitende Formulierung »Im Namen Allahs, des Gnädigen, des Barmherzigen« als Vers mitgezählt wird, weswegen es zu meist zu Verschiebungen um einen Vers kommt.

9 Vgl. Sure 17:71, 95:5.

10 Vgl. Schirrmacher, Christine: Islamische Menschenrechtserklärungen und ihre Kritiker – Einwände von Muslimen und Nichtmuslimen gegen die Allgültigkeit der Scharia. In: Rechtspolitisches Forum – Legal Policy Forum 39, Trier: Institut für Rechtspolitik an der Universität Trier, 2007. Bezugnehmend auf die Präambel der KEM: »und seine Freiheit und sein Recht auf ein würdiges Leben in Einklang mit der islamischen Scharia zu bestätigen.«

11 Ahmad, Mirza Masroor: The Path to Peace – Just Relations between Nations. Rede am 27. Juni 2012 im Capitol Hill, in Washington D.C., siehe deutsche Übersetzung: Ahmad, Mirza Masroor: Wege zur Gerechtigkeit. Frankfurt/Main, 2012.

12 Al-Khalili, Jim: Im Haus der Weisheit. Die arabischen Wissenschaften als Fundament unserer Kultur, Frankfurt/Main, 2011, S. 376.

stand in ihrer Suche nach dem Letztendlichen zu machen und den Erwerb von Wissen und wissenschaftlicher Wahrnehmung zu einem Teil des Gemeindelebens werden zu lassen«[13], und betont dabei, dass der Wissenserwerb gemäß einer Überlieferung des Propheten für Mann und Frau obligatorisch sei. Es wird vor diesem Hintergrund dafür plädiert, den Koran jenseits einer absolut wortwörtlichen Auslegung vernunftgeleitet zu interpretieren, da Gott selbst im Koran davor warnt, dass er seinen »Zorn über jene, die ihre Vernunft nicht gebrauchen mögen« senden wird (10:101).

Sklaverei und Körperstrafen

Khan argumentiert anhand von Überlieferungen des Propheten, dass der Islam die völlige Abschaffung der Sklaverei anstrebte, indem sukzessive Vorschriften eingeführt wurden, die eine ablehnende Haltung gegenüber der Sklaverei forcierten. Auch wenn der Koran also Vorschriften bezüglich der Sklaverei enthält, schaffte der Islam die Bedingungen für ein allmähliches Verbot der Sklaverei. Dass der Prophet selbst Sklaven frei ließ und dies immer wieder empfahl sowie gleichzeitig forderte, Sklaven respektvoll zu behandeln und sie so zu ernähren und zu kleiden, wie sich selbst, zeige, dass die Umstände dafür geschaffen wurden, die endgültige Abschaffung der Sklaverei zu erzielen.[14]

Khan geht dabei auch auf die Ursachen der Sklaverei ein und thematisiert in dem Zusammenhang die Gefangennahme im Krieg, der im Islam nur im Falle von Verteidigungskämpfen erlaubt sei und für die Vorschriften eingeführt worden seien, die eine humane Behandlung der Gefangenen sicherstellten mit dem Ziel, die Sklaverei abzuschaffen. Es wird somit Wert gelegt auf den historischen Kontext zur Zeit der Offenbarung und dem übergeordneten Geist der koranischen Botschaft, den es zu verstehen gelte, wenn man die Verse auf unsere heutige Zeit übertragen möchte. Deutlich wird diese Interpretationsweise auch bezüglich der Koranverse, die sich mit Gewalt beschäftigen. Die Aufforderung »tötet die Ungläubigen« (9:5) sowie die sogenannten Schwertverse werden vor diesem Hintergrund nur als zeitlich begrenzte, konkrete Anweisung während eines Verteidigungskrieges verstanden und keinesfalls als eine allgemeingültige Aussage, wobei zudem durch den unmittelbaren textuellen Kotext deutliche Einschränkungen und Rahmenbedingungen für einen Verteidigungskrieg auferlegt werden. Der ›Jihad‹ gilt ferner in erster Linie als Kampf gegen das Ego und die Triebseele (*nafse-ammara*), der bewaffnete Kampf als nicht mehr zeitgemäß.[15]

Ebensolche Einschränkungen formuliert Mirza Tahir Ahmad (1923-2003), der vierte Khalif der AMJ bezüglich der Implementierung islamischer Strafgesetze. Über diese dürfe laut Ahmad erst dann diskutiert werden, wenn komplexe Rahmenbedingungen eingehalten worden sind: »Raise the standard of society, give them their due rights – provide them with the means of livelihood, provide them with the minimum guarantees. Then, and only then, does the state have the right to speak of punishment – not before.«[16] Ahmad spricht sich weiterhin deutlich für ein säkulares System aus, um nicht-Muslime in einem islamischen Staat davor zu schützen, sich islamischen Gesetzen unterwerfen zu müssen. Er konstatiert, dass der Islam für eine säkulare Form der Regierung plädiere, da der eigentliche Kern des Säkularismus in der Wahrung absoluter Gerechtigkeit liege, bei der nicht zwischen Glauben, Religion, Rasse oder ethnischer Zugehörigkeit unterschieden wird und dieses Prinzip der koranischen Lehre entspricht.[17]

13 Salam, Abdus: Islam and science – concordance or conflict. Rede vom 27. April 1984 im UNESCO house in Paris, siehe deutsche Übersetzung: Salam, Abdus: Islam und Wissenschaft, Frankfurt/Main, 1991.

14 Vgl. Khan, Islam und Menschenrechte, 2004, S. 84.

15 Vgl. Ahmad, Mirza Ghulam: The Philosophy of the Teachings of Islam. Tilford, 1979. Original auf Urdu: ›Islami Usul Ki Philosophy‹, 1905.

16 Ahmad, Mirza Tahir: Interpretation of Sharia (Part Two). In: Review of Religions, 07/2002, S. 45.

17 Vgl. Ahmad, Mirza Tahir: Zum Verhältnis von Scharia und Staat. Frankfurt/Main, 2011, S. 39.

Als Beleg führt er die Praxis des Propheten Muhammad an, der in Medina auch von nicht-Muslimen, darunter vor allem Juden, zum politischen Führer ernannt wurde und gemäß der Charta von Medina bei Streitfällen stets fragte, ob die Betroffenen eine Lösung der Auseinandersetzung gemäß des jüdischen oder des islamischen Rechts oder durch einen Schiedsspruch wollten. Eine islamische Regierung ist demgemäß laut Ahmad eine säkulare Regierung.[18]

Khan führt ferner an, dass die im Koran erwähnten Körperstrafen, darunter beispielsweise »das Abschneiden der Hände« (5:39) zum einen nur in äußerst extremen Fällen Anwendung finden dürfen, da auch der zweite Khalif nach dem Propheten, Umar, immer auf der Suche nach mildernden Umständen die Strafen herabzusetzten suchte, wie man aus Überlieferungen weiß. Zum anderen sieht er bezüglich der Interpretation jenseits einer buchstäblichen Auslegung die Möglichkeit, den arabischen Begriff *Aidee* (Hände) hinsichtlich seiner übertragenen Bedeutung zu verstehen.

Wenn die Propheten Abraham, Isaak und Jakob im Koran als Männer bezeichnet werden, die »Hände und Augen besaßen« (38:46), dann sei damit offensichtlich gemeint, dass sie »Kraft und Einsicht« besaßen. In diesem Sinne könne mit einem »Abschneiden der Hände« auch gemeint sein, jemandem die Handlungsfähigkeit zu nehmen. Da ›qat'a‹ (arabisch: abschneiden) zudem die Bedeutung von »etwas einschränken« in sich trägt, lasse sich aus dem im Koran erwähnten Vers für die Strafe auf Diebstahl auch eine Haftstrafe ableiten. Khan führt zudem Belege aus dem Koran an, die zeigen, dass selbst bei einem wörtlichen Verständnis von ›qat'a‹ kein vollständiges Abschneiden der Hände gemeint sein könne, etwa wenn es über die ägyptischen Frauen heißt, dass sie sich beim Anblick der Schönheit des Propheten Josef die Hände schnitten (12:32).[19]

Bezüglich der Prügelstrafe für Ehebruch erwähnt Khan keinen ähnlichen Interpretationsspielraum; er bemerkt sogar, dass es bis heute umstritten sei, »ob eine Gefängnisstrafe in allen Fällen und Situationen besser ist als eine Prügelstrafe«, die für ihn im Verhältnis nicht weniger unmenschlich oder erniedrigend ist, gemessen an einer extremen Straftat, wobei die Hürden für eine Körperstrafe in der Praxis ausgesprochen hoch seien. Ahmad erklärt dazu, dass es äußerst unwahrscheinlich ist, dass die Strafe umgesetzt wird, da eine der Bedingungen etwa sei, den Ehebruch öffentlich zu praktizieren, denn im Koran werden vier unabhängige und glaubwürdige Zeugen verlangt (24:5). Steinigung wird von der AMJ in jedem Fall als vor-islamische, alttestamentarische Strafe abgelehnt, die der Lehre des Korans widerspricht. Überlieferungen (Hadith), die koranischen Aussagen entgegenstehen, werden als unauthentisch abgelehnt.

Apostasie und Blasphemie

Ein häufig angeführtes Argument für die Unvereinbarkeit der UN-Menschenrechtserklärung mit dem Islam ist die verbreitete Vorstellung, der Islam schränke die Religionsfreiheit ein, da er die Todesstrafe für Apostasie vorschreibe. Davon ausgehend wird die Meinungsfreiheit für nicht-Muslime häufig begrenzt, da blasphemische Äußerungen oder Kritik am Islam gleichgesetzt werden mit der Anstachelung zur Apostasie und zudem nicht-Muslimen das offene Missionieren aus diesem Grunde verboten wird.

Die AMJ hat sich diesbezüglich bereits früh eindeutig positioniert. Mirza Tahir Ahmad verfasste eine ausführliche Argumentationsstruktur basierend auf einer Analyse des Koran und der Überlieferungen des Propheten, die ihn zum Ergebnis führt, dass Apostasie und Blasphemie im Koran mit keinerlei weltlichen Strafen sanktioniert werden dürfen.[20]

18 Ebenda, S. 40.

19 Vgl. Khan, Islam und Menschenrechte, 2004, S. 9.

20 Ahmad, Mirza Tahir: Murder in the Name of Allah, Cambridge, 1989, S. 74ff. Original in Urdu: Mazhab ke Nam per Khoon, 1962.

Rafi Ahmad kritisiert daher auch vehement die KEM, in der es im zehnten Kapitel heißt: »Der Islam ist die Religion der reinen Wesensart. Es ist verboten, irgendeine Art von Druck auf einen Menschen auszuüben oder seine Armut oder Unwissenheit auszunutzen, um ihn zu einer anderen Religion oder zum Atheismus zu bekehren.« Für Rafi Ahmad ist diese Aussage als einzige Stellungnahme zur Religionsfreiheit in der Konsequenz eine deutliche Einschränkung des Artikels 18 der UN-Menschenrechtserklärung, der den Anspruch auf »Gedanken-, Gewissens- und Religionsfreiheit« sowie die Freiheit seine Religion zu wechseln vorsieht.[21]

Die AMJ plädiert dem entgegengesetzt auf eine theologische Argumentation aufbauend für die uneingeschränkte und kompromisslose Gewissens- und Religionsfreiheit (auch für nicht-Muslime) inklusive des Rechts, aus dem Islam auszutreten. Khan erklärt dazu: »Der Glaube ist eine Gewissensfrage, und das Gewissen kann nicht erzwungen werden.«[22] Der Vers »Es soll kein Zwang sein im Glauben« (2:257) wird neben anderen Versen als Beleg für die absolute Religionsfreiheit angeführt. Weiterhin erklärt Khan, dass Gott selbst dem Menschen die Freiheit gegeben habe, sich für oder gegen den Glauben zu entscheiden, denn es heißt im Koran: »Und hätte dein Herr Seinen Willen erzwungen, wahrlich, alle, die auf der Erde sind, würden geglaubt haben insgesamt. Willst du also die Menschen dazu zwingen, dass sie Gläubige werden?« (10:100).

Die eingehende Analyse aller Koranverse, die sich mit dem Abfall vom Glauben beschäftigen, führt Mirza Tahir Ahmad zum Resümee, dass es keinen einzigen Hinweis auf eine diesseitige Strafe für Apostasie gebe und die erwähnten Strafen sich allein auf das Jenseits beziehen. Ahmad und auch Khan[23] zeichnen in einem historischen Abriss nach, wie aufgrund einer undifferenzierten Betrachtung der frühislamischen Überlieferungen die Lehrmeinung entstanden sei, Apostasie sei mit dem Tode zu bestrafen. Argumentiert wird, dass Prophetenüberlieferungen, die die Todesstrafe im Zusammenhang mit dem Abfall vom Glauben thematisieren, Fälle von Staats- und Hochverrat behandeln, die damals mit dem Tode bestraft wurden.

Dadurch, dass schwere politische Verbrechen während des Krieges mit der Abkehr vom Islam einhergingen, sei es zu einer Gleichsetzung gekommen. Eine solche Auslegung würde jedoch den koranischen Anweisungen eindeutig widersprechen und eine »vollständige Negation der im Qur-ân wiederholt verkündeten Gewissensfreiheit bedeuten«.[24] Mittlerweile wird diese Position mit ähnlicher Argumentation auch außerhalb der AMJ eingenommen.[25] Auch bezüglich der Frage nach dem Umgang mit blasphemischen Äußerungen nimmt die AMJ eine Vorreiterstellung ein. Ahmad erklärt dazu, dass der Koran sich an fünf Stellen mit Gotteslästerung beschäftigt und dabei niemals auf eine weltliche Strafe hinweist.[26] Weltliche Strafen für Blasphemie werden daher abgelehnt und verurteilt sowie als unislamisch bezeichnet.

Gleichbehandlung von Mann und Frau

Die Gleichberechtigung von Mann und Frau betreffend argumentiert Khan, dass die Menschenrechtserklärung ihrem Geiste nach mit der Lehre des Islams übereinstimme, ein wortwörtliches Verständnis jedoch hinsichtlich der Umsetzung bezüglich spezifischer Details auf

21 Ahmad, Rafi: Islam, Universal Human Rights, and Cairo Declaration. a.a.O. (Fn 3), Vgl. Bielefeldt, Heiner: ›Westliche‹ versus ›islamische‹ Menschenrechte? a.a.O. (Fn 2), S. 135.

22 Khan, Islam und Menschenrechte, 2004, S. 130.

23 Vgl. Ahmad, Mirza Tahir: Murder in the Name of Allah, a.a.O. (Fn 20). Und: Khan: Islam und Menschenrechte, 2004, S. 154.

24 Khan, Islam und Menschenrechte, 2004, S. 153.

25 Vgl. Frank Griffel: Apostasie und Toleranz im Islam. Leiden 2000; sowie Hefny, Assem: Hermeneutik, Koraninterpretation und Menschenrechte. In: Elliesie, Hatem (Hrsg.): Beiträge zum islamischen Recht VII. Islam und Menschenrechte, Frankfurt/Main 2010, S. 73-97.

26 Vgl. Ahmad, Mirza Tahir: Islam's Response to Contemporary Issues. Tilford, 1997, S. 48-52.

Differenzen stoßen könne. Während der Islam grundlegend keinen Unterschied zwischen den Geschlechtern mache und im Koran immer wieder die Ebenbürtigkeit von Mann und Frau zementiert werde (4:2, 16:98, 4:125, 33:36), gehe er doch davon aus, dass Mann und Frau biologisch unterschiedlich seien und daraus divergierende Funktionen abzuleiten seien (92:5).

Allerdings betone der Koran an vielen Stellen die gemeinsamen übergeordneten Ziele und Fähigkeiten von Mann und Frau ohne einen Unterschied zwischen den Geschlechtern zu machen: »Die gläubigen Männer und die gläubigen Frauen sind einer des anderen Freund. Sie gebieten das Gute und verbieten das Böse und verrichten das Gebet und zahlen die Zakât und gehorchen Allah und Seinem Gesandten.« (9:71). Ferner heiße es im Koran, dass Mann und Frau aus einer Essenz erschaffen worden sind und hinsichtlich ihrer Würde vor Gott gleich sind: »Ich lasse das Werk des Wirkenden unter euch, ob Mann oder Frau, nicht verloren gehen. Die einen von euch sind von den anderen« (3:196).

Khan stellt heraus, dass der Islam vor dem Hintergrund der vorislamischen Zeit eine Vielzahl an für die damaligen Verhältnisse äußerst fortschrittlichen Rechten für die Frau einführte, wie das Erb- und Scheidungsrecht, mit dem Ziel ihre gesellschaftliche Stellung drastisch zu verbessern. Wenn nun das Erbrecht einen geringeren Anteil für die Frau vorsieht, dann erklärt Khan diesen Umstand mit der Tatsache, dass dem Mann die finanzielle Verantwortung für die Familie übertragen worden sei, während die Frau ihren Besitz unabhängig verwalten könne. Unterschiedliche Rechte in einigen Aspekten versteht er somit nicht als diskriminierend, sondern als gerecht im übergeordneten Sinne, da eine Anpassung an individuelle Bedürfnissen und Umstände jenseits einer künstlich konstruierten absoluten Gleichheit eher der Lebensrealität gerecht würde. Als Beispiel wird angeführt, dass eine Frau während der Schwangerschaft mehr Rechte genießen müsse, als ein Mann, der gemäß der islamischen Lehre die Pflicht habe, für den Unterhalt seiner Familie zu sorgen. Die Argumentation basiert somit auf einer geschlechterspezifischen Rollenverteilung, die allerdings nicht unter allen Umständen als einzige Form der Lebensweise akzeptiert wird, sondern als Norm gilt, von der Abweichungen möglich sind.

Khan kritisiert in aller Schärfe den Missbrauch islamischer Reglungen und die Unterdrückung der Frau in der sogenannten islamischen Welt als Ausdruck eines generellen Verfalls und der mangelnden Fähigkeit den Geist der spirituellen Botschaft des Islams zu verstehen. Er macht die mangelnde Bildung der Frau über die ihr vom Islam gewährten Rechte und die Fokussierung auf eine buchstäbliche Auslegung der koranischen Lehre verantwortlich für diese Entwicklung zuungunsten der Frau.[27]

Bezüglich der freien Wahl des Partners (Vgl. Artikel 16 der UN-Menschenrechtserklärung) argumentiert Khan mit der erhöhten Schutzbedürftigkeit der Frau, weswegen sie sich Rechtsbeistand einholen und keinen nicht-Muslim heiraten solle, aber keinesfalls gegen ihren Willen verheiratet werden dürfe. Sie hat ferner jederzeit die Möglichkeit außerhalb des Islams eine Zivilehe mit einem nicht-Muslim einzugehen.[28] Ähnlich wird für das Scheidungsrecht argumentiert, das für die Frau ohne Einschränkung gelte: Gemäß eines ›Hadith‹ reicht als Scheidungsgrund für die Frau, dass sie ihren Mann nicht liebt. Was die Zeugenaussage der Frau angeht, erklärt Ahmad sich auf die Verse 7-10 der Sure 24 beziehend, dass die Aussage einer Frau äquivalent der eines Mannes sei und der Vers 2:283 häufig falsch verstanden werde.

Dieser beziehe sich auf finanzielle Transaktionen, die häufig männerdominiert seien, weswegen eine zweite Frau beratend zur Seite stehen könne, ohne jedoch Zeugin zu sein. Die eheliche Beziehung zwischen Mann und Frau solle von »Liebe und Zärtlichkeit« (30:22) geprägt sein, vor diesem Hintergrund versteht Ahmad den häufig kritisierten Vers 4:35 als

27 Khan, Islam und Menschenrechte, 2004, S. 150 ff.
28 Ebenda, S. 124.

Beschreibung von präventiven Maßnahmen, um dem weit verbreiteten Phänomen der häuslichen Gewalt vorzubeugen und diese zu verhindern und keinesfalls als Aufforderung zur Züchtigung, da dies zudem der Praxis des Propheten widersprach.[29]

Fazit

Abschließend lässt sich festhalten, dass Khan eine Harmonisierung von islamischem Recht mit moderner Menschenrechtskonzipierung herbeizuführen sucht und durchgängig zum Ergebnis kommt, dass die Idee der Menschenrechte mit dem Islam zu vereinbaren sei. Er erwähnt jedoch auch, dass trotz der völligen Übereinstimmung des Islams hinsichtlich der grundlegenden Ziele der Menschenrechte, es dennoch nötig sein könne bezüglich der Mittel und Methoden im Konkreten eine kulturelle Anpassung vorzunehmen, die den vorherrschenden Werten der jeweiligen Regionen Rechnung trügen, ohne dem Geist der UN-Menschenrechtserklärung zu widersprechen. In islamischen Gesellschaften müsste in Ausnahmesituationen bei divergierenden Ansichten die islamischen Normen berücksichtigt werden, wenngleich Khan gleichzeitig davon spricht, dass eine »Wiederbelebung und Stärkung der wahren islamischen Werte zu Erreichung der Ziele der Erklärung nützlich und förderlich« sei.

Er weist ferner darauf hin, dass obschon die Erklärung mit dem Islam in Einklang stehe, die Religion einen anderen Ansatz verfolge. Während die Menschenrechtserklärung als politisch-rechtliches Konzept das Wohlergehen des Menschen auf materieller Ebene sicherstellen zu sucht, geht es der Religion darüber hinaus um Sinnfragen und die moralische und spirituelle Entwicklung des Menschen. Erst die lebendige Beziehung zu Gott öffne den Menschen für die Erkenntnis der Einheit des Menschen, die unmittelbar auf die Einheit des Schöpfers zurückzuführen sei.

Wahrer vereinender Humanismus auf universeller Basis könne nur durch den festen Glauben an die Einheit des gemeinsamen, barmherzigen Gottes erreicht werden. Er weist damit auf die Notwendigkeit einer inneren Überzeugung zur Mitmenschlichkeit und Gerechtigkeit hin, da schließlich auch Länder, die offen für die Menschenrechte eintreten teilweise selbst gegen diese verstoßen, wenn es zu ihrem Vorteil zu sein scheint.[30]

Die Intention aller im Islam beschriebenen Reglungen sei eine harmonische Gesellschaft, die durch die Liebe zum barmherzigen Schöpfer ein hohes Maß an Mitgefühl für die Schöpfung sowie an Menschlichkeit und Gerechtigkeit entfalte und damit eine Grundlage für die bestmögliche Umsetzung der UN-Menschenrechtserklärung lege.

Weiterführende Literatur der Autorin:

Hübsch, Khola Maryam: *Selbst- und Fremdbilder der muslimischen Frau*, in: Als Mann und Frau schuf er sie. Religion und Geschlecht, hrsg. v. Barbara Stollberg-Rilinger, Würzburg 2013.

—: *Toleranz in der Ahmadiyya Muslim Jamaat*, in: Toleranz im Weltkontext: Geschichten – Erscheinungsformen – Neue Entwicklungen, hrsg. v. Hamid Reza Yousefi und Harald Seubert, Wiesbaden 2012 (153-161).

29 Ahmad, Mirza Tahir Ahmad in: Liqa Ma'al Arab, Mai 1997.

30 Vgl. Amirpur, Katajun: Sind Islam und Menschenrechte vereinbar? In: Rumpf, Mechthild/ Gerhard, Ute & Jansen, Mechthild M. (Hrsg.): Facetten islamischer Welten. Geschlechterordnungen, Frauen- und Menschenrechte in der Diskussion, Bielefeld, 2003. S. 163-178, hier S. 174.

Jan Ilhan Kizilhan

Menschenrechte im Yezidentum

Einleitung

Die Yeziden sehen sich selbst als Angehörige der ältesten Religion der Welt und mehrheitlich als Kurden. Sie gehören zu einer kleinen, sich nicht ethnisch oder sprachlich, sondern religiös bestimmenden Gruppe mit eigenen Werten und Normen, die sich über Jahrhunderte innerhalb der kurdischen Gemeinschaft entwickelt haben. Die Yeziden leben heute noch in der Türkei, in Syrien, in der ehemaligen Sowjetunion, im Irak und mehrheitlich im heutigen Nordirak. Weltweit wird ihre Zahl auf etwa 800.000 bis eine Million geschätzt.[1] Mehr als 120.000 sind seit den 60er-Jahren hauptsächlich nach Europa migriert.[2]

Die Yeziden glauben, dass die Mehrheit der heutigen muslimischen Kurden Yeziden waren und in den kurdischen Gebieten mit der Islamisierungswelle nach 622 freiwillig zum Islam konvertierten oder dazu gezwungen wurden.

Die Religion der Yeziden: der liebende und strafende Gott

Elemente der yezidischen Religion reichen bis zur Mithrasreligion im 14. Jahrhundert vor Christus zurück und haben vermutlich Ähnlichkeiten mit dem altindischen (vedischen) Gott Mitra.[3] Das Yezidentum hat sich im Verlauf der Geschichte zu einer monotheistischen Religion entwickelt. Gott ist allmächtig und erschuf die Welt. Wie im altiranischen Zoroastrismus gilt das dualistische System nicht von Gut und Böse, die in einem ständigen Kampf sind.[4]

In ihrer religiösen Vorstellung kann es neben Gott keine andere Macht geben. Sollte doch eine existieren, die Menschen zum Bösen verführt, und Gott nicht in der Lage sein, dies zu unterbinden, dann könnte Gott nicht allmächtig sein. Dies wird auch bei etymologischer Betrachtung des kurdischen Wortes für Gott (›Xwedê‹, auch ›Xweda‹) deutlich. Das Wort setzt sich zusammen aus ›xwe‹ (sich) und ›dê/da‹ (gegeben) und heißt der sich selbst Geschaffene (›xwe da‹), also der Schöpfer.

Als Zeichen der Allmächtigkeit Gottes wird der Name des Bösen nicht ausgesprochen. Damit geht auch die Vorstellung einher, dass die Menschen für ihre Taten in erster Linie selbst verantwortlich sind, aber gleichzeitig von Gott gelenkt und bestraft werden können.

Im Alltagsdiskurs der Yeziden steht Gott für Heilung, Segnung, aber auch Bestrafung und Vernichtung. Aussagen wie ›Gott soll dich wieder gesund machen‹, Gott soll deine Familie und dein Haus schützen‹ oder ›Gott soll dich töten‹, ›Gott soll dich erblinden lassen‹ etc. sind heute in der yezidischen Gesellschaft in verschiedenen Situationen gebräuchlich. Gott wird also die Macht und das Recht gegeben, Menschen zu bestrafen und zu töten. Weil er ihr Schöpfer ist, kann er, überspitzt ausgedrückt, die Menschenrechte verletzen, aber nicht aus

1 Kizilhan, Ilhan: *Die Yeziden, medico international,* Frankfurt/Main, 1997, S. 9.

2 Kizilhan, Ilhan: *Toleranz im Yezidentum. Toleranz im Weltkontext, Geschichten – Erscheinungsformen – Neue Entwicklungen*, hrsg. v. Hamid Reza Yousefi und Harald Seubert, Wiesbaden, 2013 (171-178), hier S. 171.

3 Beck Roger: *The Religion of the Mithras Cult in the Roman Empire. Mysteries of the Unconquered Sun*, Oxford 2006, S. 28.

4 Boyce March: *Zoroastrians. Their religious beliefs and practices.* Routledge, London 2007, S. 78.

Willkür, sondern weil es einen wichtigen Grund gibt, die Menschen zu bestrafen. Diese sind von Gott erschaffen und haben sich an dessen Regeln, die im Yezidentum manifestiert sind, zu halten. Sie sind somit von ihm abhängig, und er bestimmt über ihr Schicksal.

In der yezidischen Religion wird Adam wie in vielen anderen Religionen als der erste, von Gott erschaffene Menschen angesehen. In einer anderen Variante übernimmt dies der oberste Engel, Tausi Melek oder Engel Pfau im Auftrag Gottes, da dieser eher eine passive, Tausi Melek aber eine aktive Rolle bei der Gestaltung der Erde und dem Schutz der Yeziden spielt.[5] Nach der yezidischen Vorstellung hat Adam festgelegte Regeln missachtet, wird vom obersten Engel bestraft und vom Himmel auf die Erde geschickt.

Der Mensch ist Gott immer zu Dankbarkeit und Gehorsam verpflichtet. Gleichzeitig wird dieser nicht nur als der Gesetzgeber gesehen, sondern auch als der Liebende, der Barmherzige, der Tausi Melek beauftragt, die Yeziden auf der Erde zu betreuen und zu beschützen. So wird der erste Mittwoch im April (*Carşema Sor: der rote Mittwoch)* als Neujahr der Yeziden gefeiert, an dem sich der Engel Pfau auf die Erde begibt und eine Ratsversammlung abhält. Hier wird des alten Jahres gedacht, es bewertet und eine gute Zukunft für die Gläubigen geplant.[6] Dieses Glaubenssystem beruht auf universalen Prinzipien wie Ethik und Moral, richtig und falsch, Gerechtigkeit, Wahrheit, Loyalität, Barmherzigkeit und Liebe.[7]

Der Reformator Sheikh Adi und die Entwicklung hierarchisch-kollektiver Strukturen

Für die Yeziden ist Sheikh Adi die Inkarnation des Tausi Melek. Das Tal Lalish gilt als sein Hauptquartier, wird als heilig angesehen und wurde zu ihrem Wallfahrtsort.[8] Moslemische Historiker beschreiben Sheikh Adi als einen Mann mit einer großen geistigen Ausstrahlung und Begabung (Mujahada), die ihn dazu befähigte, Wunder zu vollbringen (Karamat). Der berühmte asketische Moslem Abdul Kadir Geylani beschrieb ihn damals: »Wenn es jemand durch Wunder und Taten verdient hat, zum Propheten zu werden, dann Sheikh Adi.«[9]

Historiker identifizieren dessen Doktrinen mit denen des Sunni Islams. Seine Aussagen über die Tradition entsprechen denen des Propheten (Hadith) im Koran. Sheikh Adi vertrat laut Überlieferung die Omayyad Dynastie. Er wollte beweisen, dass sowohl das Böse als auch das Gute, wie oben bereits erwähnt, in der Vorstellung Gottes entstanden ist. Diese Überzeugung herrschte schon vor ihm in der yezidischen Gemeinschaft und gewann durch seinen Sufismus noch mehr an Bedeutung.

Die Yeziden gingen damals davon aus, dass Sheikh Adi seine geistige und spirituelle Macht von Tausi Melek übertragen bekam. Sie verleugnen oder verdrängen bis heute seine muslimische Herkunft, weil sie ihre eigene Religion als älter ansehen als den Islam und sich auf Grund zahlreicher Repressalien und Verfolgung im Namen des Islam davon deutlich abgrenzen wollen. Daher gefällt ihnen die Überlieferung, dass Engel Pfau Sheikh Adi schickte, um sie zu führen.[10] Dazu gehört seine neue religiöse Doktrin, die sich »Sad u Had«, »Rechte und Pflichten« nennt.[11] Hierzu gehören neben dem Heiratsverbot mit Andersgläubigen die Überzeugung, dass man nur durch Geburt Yezide wird, sowie ein hierarchisches und kollektives Kastensystem mit vielen individuellen Einschränkungen, das bis heute gültig ist.

5 Guest, John: *Survival Among the Kurds. A History of the Yezidis*, London 1993, S. 16.

6 Kizilhan Ilhan. *Oral History of the Yezidis – Recollecting and Forgetting. Rembering the Past in Iranian Societies,* Herausgeber In: Philip Kreyenbroeck, Christine Allison, Göttinger Orientforschung: Iranica, 2012, Horrowitz (220-231).

7 Guest John: ebd. S. 29.

8 Kreyenbroeck,Philip, Rashow, Khalil, God and Sheikh Adi are Perfect. Iranica 9, 2005, Horrowitz, S. 3-5.

9 Ibn Khalakkan Ahmed. Waffayat al-ayan (Arabic: The Deaths of Nobels), Editet by Ihsan Abbas, Dar Al-Thagafa, Beirut, Vol. 3., 1969, S. 254.

10 Persönliches Interview in Lalish, Südkurdistan (Nordirak), August 1993 mit Pir Hidir.

11 Kizilhan Ilhan: *Die Yeziden.* medico international. 1997.

Das Kastensystem

Das Yezidentum sieht den Menschen als ein von Gott im Kosmos geschaffenes, mit Vernunft begabtes Wesen. Die Gleichheit der Menschen wird zwar immer wieder hervorgehoben, doch das geltende hierarchische Kastensystem stellt diese Sichtweise vor allem in der Praxis infrage. Seit dem 12. Jahrhundert und durch den Eintritt Sheikh Adis in die Gemeinschaft der Yeziden ist es bis heute wirksam. Es veränderte ihre gesamte Gesellschaftsstruktur und definierte die Beziehung der Gruppen zueinander neu.

Auf der einen Seite waren die *Sheikhs* (Lehrer), auf der anderen die *Murids* (Laien, Volk). Diese Struktur findet sich auch bei den Sufis. Die bereits existierende Gruppe der Priester (*der Pirs*) verlor ihre Aufgabe als Hauptunterweiser in der Religion der Yeziden. Ihre Stämme wurden unter den Sheikhs und Pirs aufgeteilt. Jeder von ihnen, der für einen Stamm zuständig war, musste gleichzeitig eine Verbindung zum jeweils anderen Unterweiser haben.[12] Eine Heirat zwischen den Pirs und Sheikhs war verboten, ebenso außerhalb der Kaste und mit Personen anderer Religionen, was mit Ausgliederung bestraft wurde. Innerhalb der Sheikhkaste durften nur die Nachfolger der einen Gruppe untereinander heiraten.

Religiöse Gebote

- Anerkennung Sheikh Adi als Reformator und Umsetzung seiner Regeln im alltäglichen Leben eines jeden Yeziden.
- Anerkennung der Sheikhs (Priester), die die Lehren Sheikh Adis vermitteln.
- Unantastbarkeit des Ansehens von Gott und Tausi Melek.
- Jeder Yezide muss einen Sheikh und einen Pir haben.
- Jeder Yezide muss in diesem Leben eine/n Schwester/Bruder für das Jenseits festlegen.
- Nur durch Geburt kann man Yezide werden. Eine Missionierung ist nicht vorgesehen.

Gesellschaftliche Gebote

- Heirat nur innerhalb der yezidischen Religionsgemeinschaft (Sheriat).
- Heirat nur innerhalb der eigenen Kaste (Tariqat).

Pflichten, die nicht überall in der Gemeinschaft verbindlich gesehen werden

- Yeziden dürfen den Namen des Bösen nicht erwähnen.
- Ein Yezide sollte seinen Oberlippenbart nicht rasieren.
- Yeziden dürfen im Fall einer Erkrankung alle zur Verfügung stehenden Mittel und Medikamente in Anspruch nehmen, die zur Genesung nötig sind.
- Schweinefleisch und in einigen Kasten noch weitere Tiere (Fisch, Hase, Hahn) sowie bestimmte Salatarten bzw. Gemüse (z.B. Kohl) sollen nicht verzehrt werden.
- Einmal im Jahr sollen die Yeziden zu Ehren Tausi Meleks fasten.
- Einmal in ihrem Leben soll jeder Yezide das Heiligtum Lalish in Kurdistan besucht haben.

Tabelle: Pflichten von Yeziden

Viele dieser Pflichten, wie das Verbot bestimmter Nahrung, das Tragen eines Oberlippenbarts etc., werden nicht mehr so streng eingehalten, was auch die yezidischen Würdenträger tolerieren. Diese Entwicklung hat sicherlich auch mit dem aktiven Kontakt zu anderen Ethnien und Religionen im Herkunftsland und in der Migration zu tun, zumal sich viele Jugendliche einfach nicht an diese Regeln halten.

12 Kreyenbroek Philip, und Rashow Khalil Jindy: God and Sheikh Adi are Perfect. Iranica 9, 2005, Harrssowitz, S. 6-8.

Durch gesellschaftlich-politische Veränderungen, Migration und Globalisierung allgemein ist eine deutlich höhere Sensibilität für Menschenrechte entstanden. Die Mehrheit der Yeziden distanziert sich von Gewaltausübungen bei Nichteinhaltung dieser Regeln. Die Bestrafung als solche ist in den literarischen Texten und Gebeten sowie den mündlichen Überlieferungen bei den Yeziden nicht zu finden.

Das weltliche Oberhaupt der Yeziden, der Mir, Fürst, kommt aus der Linie des Reformators Sheikh Adi (1172) und wird innerhalb dieser Familie dazu bestimmt. Er konnte in früheren Zeiten Yeziden bestrafen, ausgliedern oder zu bestimmten Aufgaben verpflichten. Entsprechend der grundsätzlichen Bejahung jeglicher politischer und religiöser Obrigkeit aufgrund dieses hierarchischen Systems ähnlich der des katholischen Papstes wurde die Herrschaft der Fürstenfamilie legitimiert und der Priesterstand gesichert.

Missionierung und Beziehung zu anderen Religionen

Wie die meisten anderen Religionen erhebt das Yezidentum zwar den Anspruch, dass allein seine Glaubensgrundsätze wahr sind, aber es legt keinen Wert auf Missionierung, nicht zuletzt, weil man nur durch Geburt Yezide werden kann. Ein Machtanspruch gegenüber anderen Religionen und deren Mitgliedern besteht nicht. Vielmehr wird auf eine Anerkennung der eigenen Religion etwa durch das Christentum und Judentum sowie den Islam gehofft, um zum Beispiel eine gewaltsame Missionierung durch den Islam abzuwenden; dies ist bis heute nicht gelungen. Dieser erkennt das Yezidentum nicht als eine eigenständige Religion an und machte es immer wieder zum Ziel grausamer Vernichtungskämpfe, etwa zu Zeiten des Osmanischen und Persischen Reiches.[13]

Menschenrechte

Die Allgemeine Erklärung der Menschenrechte der Vereinten Nationen von 1948 erhebt den Anspruch, dass diese überall auf der Welt, zu jeder Zeit und für alle Menschen gleichermaßen gültig sind. Kritik kam vor allem aus den asiatischen, insbesondere muslimischen Ländern, die diese Vorstellung als zu sehr westlich orientiert ansehen.

Stattdessen stellt die Scharia, das islamische Recht, als Grundlage und Auslegungshorizont über alle anderen Rechte, und räumt den Kollektivrechten einen wesentlich höheren Stellenwert ein als die Erklärung der Vereinten Nationen.[14] Diese Interpretation hebt das Wohl der Gemeinschaft hervor, was aus patriarchalischer Sicht der gegebenen Identität des Einzelnen, der Familie und der Gemeinschaft entspricht. Hier werden die individuellen Rechte einer Person im Zusammenhang mit den Menschenrechten sekundär gesehen. Obwohl sich die Yeziden strikt von der islamischen Religion distanzieren, leben sie seit Jahrhunderten in einem Gebiet, das hauptsächlich Moslems bewohnen und wo der Islam durchaus als Staatsreligion betrachtet werden kann. Daher ist sein Einfluss mit einer Mischung patriarchalischer Vorstellungen in der Lebensweise der Yeziden nicht zu übersehen.

Ihr Reformator Sheikh Adi betont den Zusammenhang von Rechten und Pflichten, die wiederum an das Wohlergehen der Gemeinschaft geknüpft sind. Zu den Pflichten gehört, die Familie zu schützen und der Gemeinschaft zu dienen, kulturelles Erbe zu erhalten und individuelle Pflichten innerhalb des Kastensystem wahrzunehmen, um somit zum Gemeinwohl beizutragen.

13 Layard, Austen Henry: *Niniveh and its Remains: With an Account of a Visit to the Chaldean Christians of Kurdistan, and the Yezidis, or Devil-Worshippers; and an Enquiry into the Manners and Arts of the Ancient Assyrians* 1849, S. 190 ff.

14 Duncker, Anne: *Menschenrechte im Islam. Eine Analyse islamischer Erklärungen über die Menschenrechte*, 2006, WVD, S. 141 ff.

Das Recht auf freie Entfaltung der Persönlichkeit – beispielsweise durch die Entscheidung, nicht zu fasten oder außerhalb der yezidischen Gemeinschaft leben zu wollen – gilt nach konservativ-yezidischen Menschenrechtsverständnis nur eingeschränkt. Das Wohl des Kollektivs hat Vorrang vor dem Wohl des Individuums. Diese Überzeugung bestimmt das Verhältnis der Yeziden zueinander und bedeutet, dass die Rechte und Pflichten gegenüber der Gemeinschaft die Rechte des Einzelnen schwächen können. Gleichzeitig bieten sie dem Einzelnen Schutz und stärken sein Wohlergehen. So erklären sich die Yeziden weltweit miteinander solidarisch und fühlen sich verpflichtet, Yeziden in Notlagen zu unterstützen. Dies gilt auch innerhalb der Klein- und Großfamilie.

Rechte der Frauen im Yezidentum

Die Religion enthält keine Elemente, die eine Benachteiligung oder Diskriminierung der Frau rechtfertigen. Bei der älteren Generation besteht allerdings noch ein traditionelles patriarchalisches Rollenverständnis. In der Vergangenheit organisierte in erster Linie die Familie eine Eheschließung, was inzwischen eher die Ausnahme ist. Es gibt auch dafür keine Vorgaben. Das Paar muss in der Öffentlichkeit nach seinem Einverständnis gefragt werden. Erst wenn es drei Mal öffentlich einer Eheschließung zugestimmt hat, darf diese vollzogen werden. Arrangierte Ehen, Zwangsehen und die Tötung von Frauen aus angenommener ›Ehrverletzung‹ sind nicht religiös, sondern patriarchalisch motiviert.

Traditionelle Familien versuchen im eigenen Interesse, ihre Söhne und Töchter mit Familienmitgliedern zu verheiraten, die ihnen nutzen, was in der Vergangenheit auch in der westlichen Welt praktiziert wurde. Kleidervorschriften wie im Islam oder die Trennung der Frauen von den Männern bei gesellschaftlichen Kontakten gibt es im Yezidentum nicht. Die Frauen sind religiös gleichgestellt, auf Grund traditioneller Vorstellungen in der Realität aber noch nicht wirklich gleichberechtigt.

Zusammenfassung

Der geistige Schritt vom religiösen, yezidischen zum politischen Freiheitsverständnis des Menschen ist noch nicht in letzter Konsequenz vollzogen. Die ständige Bedrohung in der islamischen Welt führte zu einer sozialen und religiösen Isolierung von der Weltgemeinschaft, die sich erst seit der Migration Ende des 19. Jahrhunderts und insbesondere seit den 1960er-Jahren nach Europa zu verändern beginnt. Die Angriffe von außen verstärkten die Solidarität der Yeziden untereinander. Dies verhinderte eine langfristige Diskussion über die Glaubensgrundsätze und hierarchische Struktur des Yezidentums. Die religiösen Pflichten und das Ordnungssystem infrage zu stellen, wurde als ein Angriff auf die Religion gesehen. Die yezidische Intelligencia hatte bisher wenig Einfluss auf die yezidische Gesellschaft, was sich erst durch eine breite Diskussion in der Migration und im Herkunftsland u. a. durch Veröffentlichungen in Zeitungen, Fernsehen und Radio sowie den neuen Medien in den letzen zehn Jahren langsam verändert. Hierbei ist aber nicht absehbar, in welche Richtung diese Entwicklung geht.

Eine politische Idee im Sinne John Locke, dass Gott bzw. die Natur die Menschen frei, gleich und unabhängig geschaffen habe und eine entsprechend klare Haltung zur Religion und den Menschenrechen entstehen im Ansatz, sind aber noch weit davon entfernt, auf das Leben der Yeziden im Herkunftsland und der Migration übertragen werden zu können. Mit Sicherheit behindern die islamischen Staaten, in denen die Yeziden leben, eine solche Entwicklung, weil sie versuchen, ihnen das islamische Verständnis von Menschenrechten aufzudrängen und einer Säkularisierung gegenüber grundsätzlich skeptisch eingestellt sind.

Erst durch eine säkulare Aufklärung und die Etablierung demokratischer Verfassungsstaaten in Ostasien kann es überhaupt dazu kommen, dass religiöse Institutionen, vor allem die des Islam positiv auf das moderne Menschenrechtsverständnis reagieren und sich entsprechend neu orientieren. Minderheitenreligionen, wie auch die Yeziden im Mittleren Osten, haben dann die Möglichkeit, sich kritisch nicht nur mit den religiösen Pflichten, sondern auch mit den Rechten von Individuen im Zusammenhang mit Menschenrechten und Demokratie auseinanderzusetzen.[15] Erst die Einflüsse von Aufklärung, Demokratisierung und Säkularisierung entsprechender Gesellschaftssysteme dürften auch bei den Yeziden zu einer deutlichen Annäherung an das moderne Menschenrechtsverständnis führen.

Weiterführende Literatur des Autors:

Kizilhan, Ilhan: *Toleranz im Yezidentum. Toleranz im Weltkontext. Geschichten* – Erscheinungsformen – Neue Entwicklungen, hrsg. v. Hamid Reza Yousefi und Harald Seubert, Wiesbaden 2013 (171-178).

—: *Die Yeziden, medico international,* Frankfurt/Main 1997.

15 Vgl. Bassam Tibi: Im Schatten Allahs. Der Islam und die Menschenrechte. München 1994.

Teil 4.

Menschenrechte und ihre Handlungsbereiche

Josef Bordat

Menschenrechte und Individuum

Einleitung

Eine seit 2500 Jahren virulente Fragestellung der Sozialphilosophie betrifft das Verhältnis von Individuum und Kollektiv. Die Betrachtung der wechselseitigen Beeinflussung und die Rechtfertigung ihres Ausmaßes, insbesondere ihrer Begrenzung, bestimmen auch gegenwärtig den sozialphilosophischen Diskurs.[1] Der Einzelne, der in Gemeinschaft lebt, rückt dabei im Laufe der Geschichte immer mehr in den Fokus der Auseinandersetzung. Ist bei Platon noch die funktionierende *Polis* das entscheidende Kriterium, so bildet seit den politischen Ideen christlicher Denker in Spätantike (Augustinus), Hochmittelalter (Thomas von Aquin) und Früher Neuzeit (Francisco de Vitoria), vor allem aber – nach Rückschlägen im Zuge der Lehre von der ›Staatsräson‹ (Niccolò Machiavelli, Jean Bodin, Thomas Hobbes) – seit der wirkmächtigen Philosophie des Liberalismus (John Locke) das Wohl des Menschen die entscheidende Zielgröße, an der sich die Gemeinschaft in ihrer Konstitution und ihren Wesensvollzügen auszurichten hat.[2]

Bezeichnend hierfür ist die Entwicklung des Rechts. Rechte regeln gerade das Zusammenleben von Individuen in Gemeinschaft; nur hier gibt es überhaupt Regelungsbedarf. Sowohl die Beziehung der Individuen zueinander als auch die Beziehung des einzelnen Menschen zur Gemeinschaft müssen dauerhaft normiert werden. Dies kann dazu führen, dass Recht aus der Perspektive der Gemeinschaft gesetzt wird oder aus dem Blickwinkel des Einzelnen. Hier ist in der Geschichte analog die Tendenz zur stärkeren Berücksichtigung des Individuums zu erkennen, etwa bei der Frage, unter welchen Bedingungen der ›Gesellschaftsvertrag‹ geschlossen wird. Insbesondere zeigt sich der Wandel am Aufkommen jener Fundamentalnormen zur Regelung des Zusammenlebens, die als *Menschenrechte* bekannt sind. Sie schaffen die Grundlage für jede weitere Koordination von Individuum und Gemeinschaft – *aus der Sicht des einzelnen Menschen.*

Mit anderen Worten: Das Individuum ist konstitutiv für die Menschenrechtsidee. Kernkonzepte dieser Idee (wie Freiheit, Gewissen, Würde, Personalität, Subjektivität, Autonomie) sind nur individualistisch denkbar. Das zeigt sich in den beiden entscheidenden ideengeschichtlichen Quellen der Menschenrechte: dem christlichen Denken von der Gleichrangigkeit der abbildlichen Geschöpfe Gottes und der Heiligkeit der menschlichen Person mit ihrer unendlich wertvollen Einzelseele sowie dem neuzeitlichen Denken vom Individuum als Träger unveräußerlicher Bedürfnisse, die in eine Rechtsform zu überführen sind, damit sie im Zweifel auch *gegen* die Gemeinschaft (also: *gegen* den Staat) wirksam werden können. Das bedeutet: Mit der Entdeckung des Individuums, seines Gewissens und seiner personalen Würde beginnt zugleich auch die Geschichte der Menschenrechte und ihrer Kodifikation.

1 Ganz konkret etwa im Kontext der Frage, inwieweit die *Religionsfreiheit* den Einzelnen berechtigt, tradierte Moral- und Rechtsvorstellungen der Gemeinschaft, in der er lebt, zugunsten eigener Werthaltungen zurückzuweisen bzw. unter welchen Bedingungen umgekehrt der Staat dies unterbinden kann oder sogar muss.

2 Diese Entwicklung verläuft nicht linear in eine Richtung. Sie hat etwa im 20. Jahrhundert erhebliche Rückschläge erlitten: Faschismus und Kommunismus sind anti-individualistische Ideologien, die einen Ordnungsstaat zu Lasten des Einzelnen begründen. Interessant ist, dass Popper für ihr Aufkommen den Utopismus verantwortlich macht, den er ursächlich in Platons Staatsphilosophie verortet (Karl R. Popper: Die offene Gesellschaft und ihre Feinde. Bd. 1: Der Zauber Platons. Tübingen 1980).

Diesen Umstand möchte ich zunächst systematisch ergründen und die Begriffe *Individuum*, *Mensch* und *Person* in Verbindung zueinander setzen (Kapitel 1). Sodann möchte ich historisch die Rolle des Individuums für die Menschenrechtsgenese herausstellen und dabei insbesondere John Lockes Denkfigur des Eigentums betrachten, die als ideelle Grundlage des elementarsten Menschenrechts – des *Rechts auf Leben* – gelten kann (Kapitel 2). Ein kurzes Fazit schließt die Betrachtung ab (Kapitel 3).

1. Individualität und Personalität. Systematisches

In der Einleitung wurde bereits auf den konstitutiven Charakter des Individuums für das Recht im allgemeinen und das Menschenrecht im Besonderen hingewiesen. Der rechtswirksame Ausdruck von Individualität ist die Personalität des Menschen.

Individuum, Person und Subjekt

Nicht jedes Individuum ist eine Person. Hinzutreten muss gerade die Bereitschaft, sich nicht zu isolieren und mit anderen Individuen in Beziehung zu treten,[3] und das nicht nur, um unmittelbar situative Vorteile zu haben (Kollaboration) oder auch stabilere Synergien zu erzeugen (Kooperation), sondern um mit der Beziehung etwas Neues zu erzeugen, das Eigenwert hat. Die Auffassung, dass die Verbindung von Individuen, die Bildung von Gruppen, aber auch die Abgrenzung von Individuen zur Gemeinschaft selbst so wertvoll ist, dass sie durch Regeln allgemein und dauerhaft gesichert werden sollte, zählt zu den Grundlagen der menschlichen Zivilisation.

Personalität als die Fähigkeit zur Aufrechterhaltung geregelter Beziehungen hebt den Menschen aus der Schöpfung heraus. Personalität (und damit die Fähigkeit, Rechtssubjekt zu sein) kommt dabei dem Menschen insoweit exklusiv zu, als nur der Mensch in der Lage ist, die Vereinzelung aufzulösen, mit anderen Menschen in Beziehung zu treten und damit etwas zu schaffen, das in seiner Dauerhaftigkeit und Allgemeingültigkeit der Regelung durch Normen bedarf. Zugleich gebietet sie Überlegungen, wie sich der Mensch auch wieder aus der Beziehungskultur zurückziehen, sich wieder ›individualisieren‹, vereinzeln kann, nun aber selbstbewusst, also als Subjekt der Handlung.

Das scheint so selbstverständlich, dass es keiner Erwähnung bedarf. Mit der Ausdehnung des Konzepts der Person auf den nicht-humanen Teil der Schöpfung wird es aber nötig, an den unhintergehbaren Konnex von Menschsein und Personsein zu erinnern.

Menschen, Tiere und Personen

War der Personstatus in der Philosophiegeschichte bis ins 20. Jahrhundert hinein an den Menschen gebunden, so hat die Tierrechtsbewegung der letzten Jahre und Jahrzehnte für konzeptionelle Bewegung gesorgt. Als Folge der Orientierung an der aktualen Fähigkeit, Schmerzen zu empfinden, Interessen zu vertreten und Präferenzen zu entwickeln, kommen Vordenker eines ›Menschenrechts für Tiere‹, wie etwa der australische Ethiker Peter Singer, zu dem Schluss, dass man bei moralischen Zuschreibungen, etwa dem Anspruch, unbedingt leben zu dürfen und dementsprechend geschützt zu werden, nicht etwa zwischen Menschen (als Personen) und Tieren (als Nicht-Personen), sondern zwischen menschlichen und tieri-

3 So unterscheidet Jakobs zwischen *Individuum* als vereinzeltes, beziehungsloses Wesen und *Person* als Gruppenwesen; Günther Jakobs: Norm, Person, Gesellschaft. Vorüberlegungen zu einer Rechtsphilosophie. Berlin 1999.

schen Personen sowie menschlichen und tierischen Nicht-Personen unterscheiden müsse. Dabei gehören »some nonhuman animals«[4] in die erste Gruppe (etwa Affen), das ungeborene menschliche Leben jedoch in die zweite (›no fetus is a person‹[5]).

Die Konsequenzen dieser Neudefinition von ›Person‹ als Wesen, dem Rechte eignen, lassen sich am besten an einer Einlassung Singers zur Ethik des Tötens ablesen: »Tötet man eine Schnecke oder einen 24 Stunden alten Säugling, so vereitelt man keine Wünsche [...], weil Schnecken und Neugeborene unfähig sind, solche Wünsche zu haben.«[6] Nicht das Leben des Embryo, nicht das des Fötus, sondern das des Neugeborenen, also – das ist wohl jenseits weltanschaulich-anthropologischer Differenzen unstreitig – eines *Menschen*, wird hier von Singer mit Hilfe eines utilitaristischen Konzepts, welches das Lebensrecht an die Fähigkeit bindet, Wünsche, Interessen und Präferenzen zu haben, in einer geradezu unfassbaren Weise degradiert. Doch dorthin gelangt man zwangsläufig, wenn man sich auf die schiefe Ebene der ethischen Differenzierung von Mensch und Person begibt.

Die Intention verbesserter Rechtsstellung von Tieren bringt es also mit sich, den Personbegriff auch im Hinblick auf den Menschen neu zu bestimmen: Nicht der Mensch *an sich* ist Person, sondern nur der Mensch, der bestimmte Eigenschaften hat. Das substanzielle Personalitätsverständnis als unverrückbarer, unhintergehbarer Garant für die allgemeine Zuschreibung von Menschenrechten weicht einem Prozess der Verständigung auf akzidenzielle Bedingungen, bei deren Vorliegen erst eine solche Zuschreibung nötig sein soll. Mit dieser neuen Formel wird es etwa möglich, das Lebensrecht Behinderter zu überdenken.[7] Um überhaupt soweit kommen zu können, muss zunächst das Konzept der Heiligkeit menschlichen Lebens auf den Kopf gestellt werden: Es soll nicht mehr Garant für das Recht des Menschen sein, sondern stellt ein Hemmnis dar bei dem Vorhaben, den Geltungsbereich des Menschenrechts auf nicht-menschliche Individuen auszuweiten. Die Folge: Die Heiligkeit verschwindet; der Konnex von Mensch und Person kann aufgebunden werden – gut für das Tier, schlecht für den Menschen.

Dass es gerade auf diese *Sakralität* ankommt, wenn wir uns über die Genese und das Wesen der Menschenrechte verständigen wollen, hat unlängst Hans Joas gezeigt.[8] Joas hebt die Bedeutung des Konzepts von der ›heiligen Person‹ für die Menschenrechtsgenese hervor.

Der Mensch als ›heilige Person‹

Joas meint, die Idee der Menschenrechte auf eine neue Basis stellen zu können. Die bisherigen Grundlegungsversuche seien unzureichend, die Debatten um die Genese der Menschenrechte ›unfruchtbar‹.[9] In der Tat sind es ermüdende Grabenkämpfe zwischen Vertretern einer religiösen Genese (aus dem christlichen Menschenbild) und Vertretern einer säkularen Genese (aus dem Geist der Aufklärung). Joas stellt klar: Eine erschöpfende Genealogie der Menschenrechte lässt sich in eindeutiger Manier weder mit einem christlichen, noch mit einem säkularen Humanismus in Verbindung bringen. Je nach Horizont der Betrachtung gewinnt das langfristige Moment der ideellen Befreiung des Menschen durch die christliche Anthropologie oder das kurzfristige Moment der faktischen Befreiung des Menschen durch die

4 Peter Singer: Practical Ethics. Cambridge 1979, S. 97.
5 Vgl. Peter Singer: A. a. O., S. 118.
6 Peter Singer: Praktische Ethik. Stuttgart 1994, S. 122 f.
7 So geschehen in: Peter Singer / Helga Kuhse: Should the Baby Live? The Problem of Handicapped Infants. Oxford 1988; zuletzt wieder aufgegriffen in: Alberto Giubilini / Francesca Minerva: After-Birth Abortion: Why Should the Baby Live? Journal of Medical Ethics (Februar 2012).
8 Hans Joas: Die Sakralität der Person. Eine neue Genealogie der Menschenrechte. Berlin 2011.
9 Hans Joas: A. a. O., S. 17.

Aufklärung an Bedeutung; nur in der Zusammenschau erkennt man das »geteilte Dritte«: die *Heiligkeit*. Denn: Beide Positionen konvergieren im Begriff der »Sakralität der Person«, die für Joas eine »fundamentale Alternative« zu der »Gemengelage von Narrativen« darstellt.[10]

Nach Joas sind die Menschenrechte demnach weniger Ergebnis eines Säkularisierungsprozesses der Gesellschaft als vielmehr eines »Sakralisierungsprozesses des menschlichen Wesens«, wobei der Terminus *Sakralisierung* nicht so aufgefasst werden dürfe, als habe er ausschließlich eine religiöse Bedeutung. Auch »säkulare Gehalte« können, so Joas, »Qualitäten annehmen, die für die Sakralität charakteristisch sind: subjektive Evidenz und affektive Intensität«; in *diesem* Sinne ist die Geschichte der Menschenrechte »eine Geschichte der Sakralisierung der Person«.[11]

2. Das Individuum und die Genese der Menschenrechte. Historisches

Obgleich die Idee der personalen Heiligkeit ursprünglich eine schöpfungstheologische ist, soll die Sakralität des Menschen hier also nicht rein religiös verstanden werden. Sie ist vielmehr die Begründungsfigur des neuzeitlichen Individualitätsdiskurses, der sich aus ganz unterschiedlichen Vorstellungen speist. Christliche und liberalistische Argumente überführen, v. a. im Zuge der Aufklärung, gleichermaßen die schwache Stellung des Einzelnen im übermächtigen Kollektiv des absolutistischen Staates in einen Rechtszustand, der die Sphäre des Individuums markiert und zur Abwehr von staatlichen Eingriffen in diese Sphäre befähigt.

Menschenrechte als Rechte des Individuums

Menschenrechtserklärungen und Dokumente, die dem Menschen absolute Rechte zuerkennen, treten in der Tat erst in der Neuzeit auf. Basis dafür ist zunächst das christliche Menschenbild. Die christliche Philosophie verleiht dem Menschen – und das ist neu – eine unveräußerliche *dignitas humana*, die direkt aus der Gottebenbildlichkeit des Menschen erwächst. Als Abbild Gottes ist dem Menschen personale, subjektive Würde verliehen. Ausgangspunkt des christlichen Menschenbildes ist dabei die Geschöpflichkeit des Menschen. Gott schuf den Menschen als sein Abbild, so steht es gleich dreimal hintereinander in der Genesis.[12] Damit ist der Mensch als geschaffenes Ebenbild Gottes von seinem Ursprung, seinem Wesen und seinem Ziel her nicht eigenbestimmt, seine Würde ist, im Sinne Luthers, eine *dignitas aliena*, eine ›fremde Würde‹. Das Individuum konstituiert sich also nicht in völliger Autonomie als selbstbestimmtes Subjekt, sondern bleibt dem Objekt in einer heteronom gestalteten Beziehung zugewandt.

Dieser Bezug, der Jahrtausende lang in Judentum, Christentum und Islam unhintergehbar war, wird in der Neuzeit als Hemmnis empfunden und in der Aufklärung im 18. Jahrhundert hinsichtlich seiner Bedeutung für die ethische und rechtliche Orientierung des Individuums zunehmend kritisiert. Die Kritik war sicher nicht ganz unberechtigt, wenn wir an die objektivistische Morallehre der tridentinischen Kirche und den damit verbundenen Widerstand gegen eine konkrete Kodifikation von Menschenrechten wie etwa der Gewissens-, Glau-

10 Hans Joas: A. a. O., S. 18.

11 Hans Joas: Ebd.

12 »Dann sprach Gott: Laßt uns Menschen machen als unser Abbild, uns ähnlich. [...] Gott schuf also den Menschen als sein Abbild; als Abbild Gottes schuf er ihn.« (Gen 1, 26 und 27).

bens- und Religionsfreiheit denken, ein Widerstand, der das ganze 19. Jahrhundert hindurch anhielt.[13] Eine eindeutig positive Haltung der Katholischen Kirche zu den Grundfreiheiten des Menschen ist erst seit dem Zweiten Vatikanischen Konzil zu verzeichnen.

Damit war die Bahn für den Einzelnen aber noch nicht frei. Die Emanzipation des christlichen wie auch des säkularen Humanismus vom mittelalterlichen Ordo mündete bei allem Individualitätsdenken zunächst in die Idee des absoluten Staates. Niccolò Machiavelli und Jean Bodin sind hier die erwähnenswerten Vordenker des souveränen modernen Staates, den Thomas Hobbes mit seiner Vertragstheorie rechtfertigte: Die Übertragung aller Rechte des Individuums an den Herrscher sei notwendig, um das Individuum wirkungsvoll schützen zu können.[14] Im 17. Jahrhunderts schien es zu diesem Staatsmodell keine Alternative zu geben, zumal auch der Westfälische Friede von 1648 die *Souveränität* der Staaten garantierte, ein menschenrechtsunfreundliches Völkerrechtsparadigma, das erst nach dem Ende des Kalten Krieges dreieinhalb Jahrhunderte später ernsthaft hinterfragt werden sollte.[15]

Eigentum. Lockes Paradigma eines individuellen Menschenrechts

Nach Hobbes, aber ohne ausdrückliche Bezugnahme,[16] entwirft John Locke seinen Gesellschaftsvertrag zum Schutz des Einzelnen.[17] Er legt damit die Grundlage für eine vom Individuum ausgehende liberale Rechtskultur, dessen zentrale Figur das *Eigentum* ist. Der vom lateinischen *properietas* abgeleitete *property*-Begriff umschließt bei Locke die Gesamtheit aller Freiheitsrechte einer Person. Locke entwickelt den Gedanken, der Staat möge dieses umfassende Eigentum seiner Bürger schützen, zunächst das Eigentum am eigenen Leben und an der eigenen Gesundheit – dies schließt die freie Verfügung über selbige immaterielle Schutzgüter ein –, fernerhin auch das Eigentum am eigenen materiellen Hab und Gut, dem Eigentum im ökonomischen Sinne. Lockes Trias *life, liberty, property* meint nichts anderes als dieses weitgefasste Eigentum: Leben, Freiheit und Besitz.

Das Recht auf Eigentum als Recht auf Leben, Freiheit und Besitz ist bei Locke dem Menschen schon im Naturzustand gegeben, es ist *Naturrecht*. Dieses natürliche, also: vor- und überstaatlich existierende und damit staatsunabhängig geltende Recht des Menschen wird nicht *durch*, sondern *trotz* Herrschaftsunterwerfung im liberalistischen Gesellschaftsvertrag zu bewahren versucht. Dagegen betonte Hobbes den rechtlos-anarchischen Charakter des Naturzustandes. Mit Locke kommt also die Idee des *Abwehrrechts* auf: Während bei Hobbes der Schutz des Individuums *durch* den Staat erfolgte, liegt das Augenmerk bei Locke auf dem Schutz des Individuums *vor* dem Staat.

In diesem Sinne formulierte der politische Liberalismus seit dem späten 18. Jahrhundert seine Menschenrechtskodifikationen, die *Virginia Bill of Rights*, die George Mason am 12. Juni 1776 verkündigte, die *Declaration of Independence* vom 4. Juli 1776, die mit dem Namen Thomas Jefferson verbunden ist und die *Déclaration des droits de l'homme et du citoyen*

13 Skepsis gegenüber den Menschenrechten war (und ist) aber kein Sondergut des Katholizismus. Auch in anderen christlichen Konfessionen (etwa dem naturrechtsskeptischen Protestantismus) und anderen Religionen (etwa dem Islam) gab (und gibt) es ein ›Reaktionsspektrum‹ (Joas), von dem auch der Utilitarismus, auf den sich heute viele säkulare Ethiker beziehen, nicht ausgenommen ist: Ein Hauptvertreter dieser Richtung, Jeremy Bentham, nannte die Menschenrechte einst ›Unsinn auf Stelzen‹ (Hans Joas: A. a. O., S. 206 f.).

14 Thomas Hobbes: Leviathan oder Stoff, Form und Gewalt eines kirchlichen und bürgerlichen Staates. Frankfurt/Main 1991.

15 Vgl. Josef Bordat: Ordnung jenseits des Nationalstaats, in: F. Arndt et. al. (Hg.): *Ordnungen im Wandel. Globale und lokale Wirklichkeiten im Spiegel transdisziplinärer Analysen.* Bielefeld 2008, S. 21-36.

16 Specht bemerkt zu dem Verhältnis Lockes zu Hobbes: »Lockes Staatsphilosophie ist weder für noch gegen Hobbes geschrieben. Die Situation hat sich verändert, und die dringlichste Frage lautet nicht mehr, wer Individuen und Gruppen vor den Bürgerkriegsparteien schützt, sondern wer sie vor dem Staat als ihrem Beschützer schützt.«; Rainer Specht: John Locke. München 1989, S. 175.

17 John Locke: Zwei Abhandlungen über die Regierung. Frankfurt/Main 1977.

des Marquise de Lafayette, die am 26. August 1789 von der französischen Nationalversammlung angenommen wurde. In diesem Sinne wurden auch die 30 Artikel der *Allgemeinen Erklärung der Menschenrechte* formuliert. Sie wurde von der Generalversammlung der Vereinten Nationen am 10. Dezember 1948 als ›Resolution 217 A (III)‹ genehmigt und verkündet. Obwohl sie insoweit keinen völkerrechtlich verbindlichen Charakter besitzt, sondern als eine »ohne Befolgungszwang verabschiedete Deklaration«[18] gilt, wird sie im Allgemeinen als Bestandteil des Rechts der Vereinten Nationen angesehen.

Die *Allgemeine Erklärung* enthält vier Typen von Rechten: 1. Leib- und Lebensrechte, 2. Freiheits- und Gleichheitsrechte, 3. politische, soziale und kulturelle Rechte und schließlich 4. justizielle Rechte und Verfahrensregeln. Hinsichtlich der Wirkungsrichtung (Abwehr vs. Anspruch) lassen sich vor allem individuelle liberale Abwehrrechte im Geiste Lockes erkennen (›Der Staat darf nicht...‹). Hinzu treten individuelle soziale Anspruchsrechte (›Der Staat soll...‹). Abwehr- und Anspruchsrechte zielen gleichermaßen auf die Rechtsstellung des Individuums zur Gemeinschaft, des Bürgers zum Staat. Die *Allgemeine Erklärung* soll für Menschen gelten und nicht für Kommunitäten oder Kollektive. Es geht ihr im Zweifel gerade darum, die Fremdbestimmung Dritter – auch innerhalb von Gruppen – zu limitieren. Freiheit und Autonomie soll auch in Gemeinschaften gelten. Beispielsweise soll dem einzelnen Familienmitglied auch innerhalb der Familie die Geltung elementarer Menschenrechte Schutz bieten. Menschenrechte können somit im Zweifel auch als Abwehrrechte gegen andere Familienmitglieder wirksam werden.

Dieses individualistische Konzept der Menschenrechte ist Gegenstand von Kritik: Das ›westliche‹, aus dem christlichen Gottebenbildlichkeitsgedanken erwachsene Menschenbild des einzigartigen Individuums mit Eigenrechten, rufe ein Rechtsverständnis hervor, das *zu sehr* auf die Autonomie und auf die individuelle Freiheit fokussiert und in dieser Ausprägung von gemeinschaftlich organisierten Stammeskulturen nicht angenommen werden könne. Hier zeigt sich eine Sollbruchstelle im Menschenrechtsdiskurs und es zeigt sich wieder, dass Menschenrechte mit der Individualität und ihrer Anerkennung stehen und fallen. Denn ein Mensch, der vom Polizeibeamten nicht geschlagen werden darf, vom Familienvater aber sehr wohl, genießt eben keine ›körperliche Unversehrtheit‹ i. S. d. Artikel 3 der *Allgemeinen Erklärung*. Wer bestimmten Kommunitäten und Kollektiven Rechte einräumt, die über denen des Einzelnen stehen, läuft dem Grundgedanken der Menschenrechte zuwider. Ergo: Es geht in Sachen Menschenrecht kein Weg am Individuum vorbei. Das gilt auch für die Ebene internationaler Beziehungen.

Personalität statt Souveränität. Eine Völkerrechtsreform im Sinne individueller Menschenrechte

Von Anfang an standen die Vereinten Nationen durch ihre konstituierenden Normenkataloge *Charta* (1945) und *Allgemeine Erklärung der Menschenrechte* (1948) vor der schwierigen Aufgabe, den Schutz der in der *Allgemeinen Erklärung* verbrieften Menschenrechte unter das *Prinzip der Souveränität* der Staaten zu stellen, ein Prinzip, welches das kontemporäre Völkerrecht von der Westfälischen Ordnung (1648) übernahm und welches in der Charta unter dem Vorzeichen einer dekolonialisierten Welt als Basis der internationalen Beziehungen ausdrücklich bestätigt wurde.[19]

18 Knut Ipsen: Völkerrecht. München 1990, S. 641.

19 UN-Charta, Art. 1 (Ziele und Grundsätze): »Die Vereinten Nationen setzen sich folgende Ziele: [...] 2. freundschaftliche, auf der Achtung vor dem Grundsatz der *Gleichberechtigung* und *Selbstbestimmung* der Völker beruhende Beziehungen zwischen den Nationen zu entwickeln« (Hervorhebung von mir).

Nach dem Ende des Kalten Krieges, also nach der epochalen Wende der Jahre 1989 (Fall der Berliner Mauer) und 1991 (Zusammenbruch der Sowjetunion) konnte die Rolle der Vereinten Nationen neu definiert werden.[20] Das Souveränitätsprinzip blieb zwar grundsätzlich erhalten,[21] doch der Aspekt der Friedensschaffung (›peacemaking‹) rückte immer mehr ins Blickfeld. Der ehemalige UN-Generalsekretär Kofi Annan hatte in seinem Bericht am 21. März 2005 dementsprechend festgehalten: »No legal principle – not even sovereignty – should ever be alowed to shield genocide, crimes against humanity and mass suffering.«[22] eine besondere Rolle spielten bei dieser Neuorientierung die ethnischen Konflikte im ehemaligen Jugoslawien seit den frühen 1990er Jahren und insbesondere der Völkermord in Ruanda (1994).

Den Reformbemühungen ist zu eigen, dass sie nach einer Möglichkeit suchen, die Stellung des Individuums im Recht internationaler Beziehungen verbindlich zu verbessern. Zwei Entwicklungen sind dafür kennzeichnend: das Bemühen um eine Stärkung des Schutzes einzelner Menschen vor Verletzungen ihrer elementaren Rechte im Rahmen der *Responsibility to Protect*-Doktrin und das Bemühen um eine Stärkung der Verantwortlichkeit einzelner Menschen nach erfolgten Menschenrechtsverletzungen im Zuge des *Römischen Statuts* des Internationalen Strafgerichtshofs.[23]

Am Ende ist und bleibt jede Völkerrechtsreform selbst ein Bemühen – *nur* ein Bemühen. Denn das Prinzip des reibungslosen Ineinandergreifens von Rechtssetzung und Rechtsdurchsetzung, wie es auch in der Praxis des wohlgeordneten innerstaatlichen Rechtssystems kaum immer Gestalt annimmt, ist im internationalen Zusammenhang lediglich ein Ideal. Die Geltung des Völkerrechts bleibt auch nach einer Reform vom guten Willen der Völkerrechtssubjekte, also der Staaten und der Staatenbündnisse, abhängig. Es ist trotzdem ein gutes Zeichen, dass man im Recht internationaler Beziehungen mittlerweile erkannt hat: Völker bestehen aus Menschen, Gemeinschaften aus Individuen. Denn wenn der einzelne Mensch im Mittelpunkt steht, gibt es berechtigte Hoffnung auf eine juridische und faktische Besserung der Menschenrechtssituation.

3. Fazit

Ich fasse die Erträge des Gedankengangs thesenhaft zusammen und umreiße damit gleichsam meine Position zur Fragestellung des Beitrags.

(1) Individualität ist Voraussetzung für Personalität und damit Rechtssubjektivität. Die Fähigkeit, Rechte zu haben, schließt die Fähigkeit, Beziehungen zu gestalten, unbedingt ein. Individualität darf daher nicht zu einer beziehungsunfähigen Autonomie werden, die in ihrem Drang nach Selbstbestimmung ihr Personsein vergisst. Die Person ist Beziehungswesen, d.h.,

20 Vgl. für einen Überblick Ernst-Otto Czempiel: Die Reform der UNO. Möglichkeiten und Mißverständnisse. München 1994.

21 Dagegen erklärte UN-Generalsekretär Butros Butros-Ghali (von 1992 bis 1996 im Amt) »die Zeit der absoluten und ausschließlichen Souveränität für abgelaufen«; zu Butros-Ghalis interessanten Vorschlägen für eine Reform der UN vgl. Butros Butros-Ghali: UNorganisierte Welt. Plädoyer für die große Reform der Vereinten Nationen. Stuttgart 1993.

22 Kofi Annan: In Larger Freedom: Towards Development, Security and Human Rights for all. Report of the Secretary General (UN-Doc A/59/2005).

23 Vgl. Josef Bordat: Interventionspflicht und Strafrecht in Zeiten globaler Gewalt. Zwei Aspekte einer Reform der Vereinten Nationen, in: *Societas Ethica* (Hg.): Jahresbericht zur 43. Jahrestagung in Oxford (Political ethics and international order – Politische Ethik und internationale Ordnung). Erlangen 2007, S. 411-418 sowie Ders.: Eingreifen und betrafen. Zur neuen Rolle der Vereinten Nationen, in: Justizministerium des Landes NRW (Hg.): Neue Fragestellung und Forschungen zum Verhältnis von Menschenrechtsverbrechen, justizieller Säuberung und Völkerstrafrecht. Düsseldorf 2008, S. 181-194.

dass sie auch in der Lage ist, ihre Individualität dort zurückzustellen, wo es die Gemeinschaft in ihrem Bemühen stärkt, langfristig die Würde und Rechte des Menschen zu achten und zu schützen.

(2) Personalität ist unbedingt an das Menschsein gebunden; nur der Mensch kann Person sein, weil nur er die Bedingungen für eine Beziehungskultur erfüllt. Die Ausweitung des Personalitätsgedankens auf die nicht-humane Natur und damit die Idee, dass Tiere Subjekte des Rechts sein können, scheitert an den konzeptionellen Voraussetzungen der einschlägigen Begriffe und stellt zudem in der Praxis einen Rückschritt im Bemühen dar, elementare Menschenrechte für alles, was Mensch ist und lebt, zu garantieren.

(3) Die Menschenrechtsidee sollte stattdessen im Sinne des Individuums fortgeschrieben werden, auch im Rahmen internationaler Beziehungen zwischen Völkerrechtssubjekten. Dies läuft auf eine Universalisierung der individuellen Menschenrechte hinaus, denen globale Geltung zu verschaffen ist, ohne dass dabei vergessen werden darf, woher die zugrundeliegende Individualität kommt: aus Christentum und Humanismus. Die Kultur der Menschenrechte steht daher jeder Form von Kollektivismus entgegen, bleibt jedoch ihrem Selbstverständnis nach gebunden an die Verantwortung, die Leitidee ihres Rechtsverständnisses – die Individualität und Personalität des Menschen – in einem friedlichen Dialog konstruktiv zu vertreten.

Weiterführende Literatur des Autors:

Josef Bordat: Zur Universalität der Menschenrechte, in: Widerspruch. Münchner Zeitschrift für Philosophie. Jg. 25, Nr. 43, Wertestreit um Europa 2005 (61-72).

—: Menschenbild, Menschenwürde, Menschenrechte. Zur Bedeutung der christlichen Wurzeln Europas für die Grundwerte der Union, in: Die Werte Europas. Verfassungspatriotismus und Wertegemeinschaft in der EU?, hrsg. v. H. Heit, Münster 2006 (85-95).

Hamid Reza Yousefi

Menschenrecht und Staatsrecht

Die Idee eines kontextuellen Modells

Ein Wort zuvor

Menschenwürde und Menschenrechte gehören – tief verwurzelt in der Geschichte der Menschheit – zu den meist diskutierten Themen der Gegenwart. Abu Hamid Mohammad Ghazali (1058-1111) verweist ausdrücklich darauf, der Mensch sei »nicht zum Scherz und für nichts erschaffen, sondern hoch ist sein Wert und groß seine Würde.«[1] Giovanni Pico della Mirandola (1463-1494) sieht die Würde und Willensfreiheit miteinander verknüpft.[2] Auch Immanuel Kant (1724-1804) betont die Notwendigkeit der Menschenwürde, in der er die Autonomie des Menschen, seine Vernunftbegabtheit und Selbstgesetzgebung zusammen denkt. Nach Kant ist der Mensch gemäß seiner Würde zu behandeln, d.h. er muss stets als Zweck an sich und niemals als Mittel betrachtet werden.[3] Die Ausdrücke ›Wert‹, ›Würde‹ und ›Freiheit‹ artikulieren bei diesen Philosophen eine anthropologische Eigenschaft, welche für die Entfaltung des Menschen eine Notwendigkeit darstellt.

Mein Ansatz ist interkulturell ausgerichtet. Zunächst erläutere ich, was Interkulturalität bedeutet. Dabei gehe ich von der Universalität der Menschenwürde sowie der Partikularität der Menschenrechte aus und stelle nachfolgend die Theorie eines kontextuellen Ansatzes der Menschenrechte vor. Am Beispiel des Falles von Anders Behring Breivik erläutere ich Sinn und Zweck der Scharia. Dabei diskutiere ich, ob und inwieweit Menschrechte als Staats- und Bürgerrechte existieren.

1. Was bedeutet Interkulturalität?

Interkulturalität ist ein interdisziplinäres Tätigkeitsfeld. Sie ist bestrebt, einen kritisch-argumentativen Dialog über die vielfältigen Erscheinungsformen des Denkens herbeizuführen sowie eine Bewusstseinserweiterung im dialogischen Wahrnehmen und Begegnen der Einstellungen und Überzeugungen in Gang zu bringen.[4] Diese junge Disziplin diskutiert Divergenzen und Konvergenzen der Sachverhalte, ohne den Vergleichsmaßstab *ausschließlich* in dem eigenen oder in einem bestimmten Kulturraum zu fixieren. Kulturen begreife ich als offene und dynamisch-veränderbare Sinn- und Orientierungssysteme mit einer internen Eigendynamik.

Die Theorie der Interkulturalität vermittelt zwischen den globalen, *multi*- und *trans*kulturellen Ansätzen der Menschenrechte, die Kulturen in ihrer Extremposition in der Regel als ›separate Einheiten‹ oder ›grenzenlose Sphären‹ begreifen. Eine tragende Säule dieser Disziplin ist die Anerkennung der universellen Würde des Menschen, obschon die Menschen- und Weltbilder bisweilen unterschiedlich sind. Das folgende Schaubild zeigt die Universalität der Menschenwürde:

1 Ghazali, Abu Hamid Mohammad: *Das Elixier der Glückseligkeit,* Hamburg 1979 S. 26.
2 Vgl. Pico della Mirandola, Giavonni: *Rede über die Würde des Menschen* (1486), Hamburg 1996.
3 Vgl. Kant, Immanuel: *Grundlegung zur Metaphysik der Sitten* (1785), Darmstadt 1983.
4 Vgl. hierzu Yousefi, Hamid Reza: *Interkulturalität als eine akademische Disziplin,* in: Das interkulturelle Lehrerzimmer. Perspektiven neuer deutscher Lehrkräfte auf den Bildungs- und Integrationskurs, hrsg. v. Karim Fereidooni, Wiesbaden 2012 (177-192).

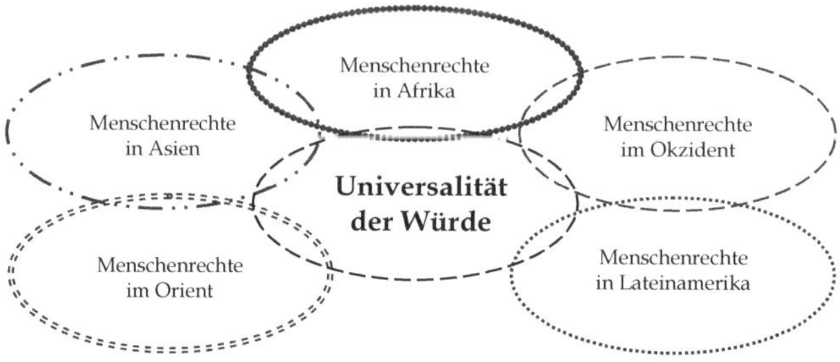

2. Menschenwürde und Menschenrechte – interkulturell

Um den Sachverhalt greifbarer zu machen, unterscheide ich zwischen ›angeborener‹ Menschenwürde und ›erworbenen‹ Menschenrechten:

1. Angeborene Würde ist universell und liegt im menschlichen Wesen begründet. Selbstachtung, Autonomie sowie Überlebensinteresse sind Charakteristika dieser Würde, dies ist unabhängig von Geschlecht, Herkunft, Religion und Nationalität.

2. Erworbene Menschenrechte sind hingegen partikulär und werden dem Menschen durch Verfassungen zuerkannt, um die angeborene Würde zu schützen.

Aus der angeborenen Würde speisen sich die erworbenen Rechte wie der Rechtsanspruch auf Leben, Freiheit, Arbeit, soziale Sicherheit und Bildung. Dazu gehören ebenfalls Anspruch auf Gleichbehandlung und Meinungsfreiheit.

Die Anthropologie der Menschenrechte und Menschenwürde hat religiösen Ursprung mit stark ethischen Komponenten. Alle Religionen, insbesondere die monotheistischen, beanspruchen, Menschenwürde zu schützen. Ihnen ist, bei aller Unterschiedlichkeit, zweifelsohne eine Elementarethik inhärent, wodurch sich deren Institutionen legitimieren, Menschenwürde nicht nur zu bewahren, sondern auch Rechte und Pflichten durch Glaubenssätze und diverse Weisungen festzuschreiben. So wird gelehrt, dass insbesondere der Vollzug von Pflichten den Schutz der Menschenwürde bedeutet.

Im Gegensatz zu dieser theoretischen Überlegung scheint die Menschenwürde in ihrer realen Verwirklichung eine politische Frage zu sein. Im Allgemeinen ist Macht die Instanz, die bestimmt was Würde bedeutet und wem diese Würde zuzuerkennen ist. Wer eigene Menschenrechtsprinzipien verabsolutiert und Andere danach be- oder verurteilt, sucht nur die Durchsetzung des eigenen Geltungsanspruchs.

2.1. Kontextualität der Menschenrechte

Bei meinen Überlegungen gehe ich von einer Kontextualität der Menschenrechte aus. Kontextuell vorzugehen heißt, die Bedeutungsvielfalt des zu untersuchenden Begriffes zu berücksichtigen. Kontextuelle Praxis der Menschenrechte bedeutet also, unterschiedliche Traditionen mit ihren jeweils eigenen Terminologien, Fragestellungen und Lösungsansätzen als gleichberechtigte Diskursbeiträge von ihren verschiedenen Positionen her zur Sprache kommen zu lassen. Eine kontextsensitive Vorgehensweise bedeutet, sich solcher Art in die Denk- und Erfahrungswelt des Anderen hineinzuversetzen und die eigene Perspektive mit den Augen des Anderen wahrzunehmen. Dies ermöglicht uns, gemeinsame Perspektiven zu entwickeln. Kulturübergreifendes Denken gepaart mit kontextuellem Handeln bildet das Wesen meines Ansatzes.

Dieser Herausforderung kann Rechnung getragen werden, wenn man mit ernsthaften Absichten einen echten Dialog über Menschenwürde und Menschenrechte mit den Anderen in ihrer Andersheit sucht. Die bedingungslose Bereitschaft, die Brille des jeweils anderen Dialogpartners aufzusetzen, ist grundlegend für die Praxis eines hermeneutisch-empirischen Dialogs. Eine angemessene Interpretation und Analyse ist ohne eine solche sensitive Kontextualisierung kaum möglich.

Die Berücksichtigung der begrifflichen Kontexte würde in einem solchen Dialog bedeuten, dass wir unterschiedliche Traditionen daraufhin befragen, welches Menschenbild sie zugrunde legen und von welchem Begriff der ›Würde‹ oder der ›Menschenrechte‹ bzw. ›-pflichten‹ sie ausgehen und insbesondere, wie sie diese begründen.

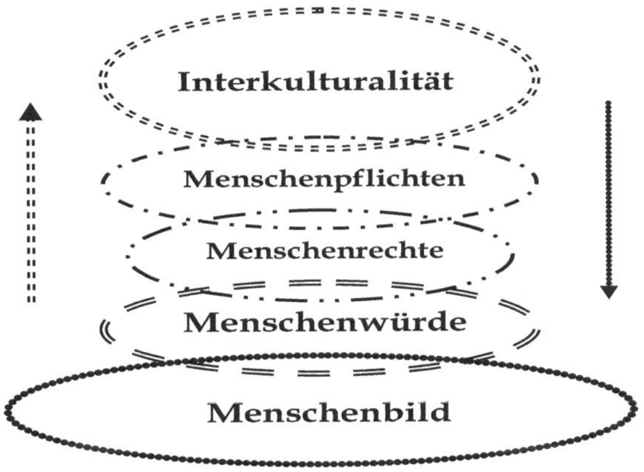

2.1.1. Fallbeispiele im Allgemeinen

Die folgenden, knapp gefassten Beispiele aus den asiatischen, orientalischen und afrikanischen Kontinenten führen die Notwendigkeit der Kontextbeachtung der Menschenrechte und Menschenwürde vor Augen.

Im Konfuzianismus bildet der Ausdruck ›ren‹, Mitmenschlichkeit, eine zentrale Achse. Weil der Mensch edle Mitmenschlichkeit in sich trage, ist ihm die Würde angeboren.[5] Während es beim Konfuzianismus um die Kultivierung des Selbst im sozialen Umfeld geht, gilt es im Daoismus, sich dem Zustand der natürlichen Spontanität, im Sinne einer inneren Ausgewogenheit zu nähern. Wer diesen Zustand erlangt, erreicht das Tao, den Zustand des Glückes und des Friedens.

Im Buddhismus wird die Entfaltung edler Menschlichkeit durch die Überwindung der auf die eigene Person bezogenen Ichsüchtigkeit erlangt. Im Hinduismus gilt hingegen das religiöse Recht, das mit einem komplexen Kastensystem verbunden ist, in dem die Würde des Menschen in Stufen kategorisiert wird.

5 Vgl. Konfuzius: *Gespräche*, Stuttgart 1998 S. 95.

In afrikanischen Kontexten spricht man von ›ubuntu‹, der Menschenwürde, als Inbegriff der Spiritualität und gesellschaftlichen Harmonie. Sie wird als dynamische Lebenskraft verstanden, welche die Menschheit mit dem gesamten Kosmos in Beziehung setzt.[6] Die Ubuntu-Konzeption enthält im Satz ›Ein Mensch ist ein Mensch durch andere Menschen‹ nicht nur eine naturphilosophische und kosmologische, sondern auch eine existentialistische Dimension.

In den abrahamitischen Religionen wird die Frage nach der Menschenwürde ähnlich verstanden, aber anders begründet. Hier wird der Mensch als Ebenbild Gottes gesehen, woraus sich eine fundamentale Gleichheit der Menschen vor dem Schöpfer ableitet.

2.1.2. Fallbeispiel: Die Scharia (Islamische Rechtsprechung)

Im Folgenden geht es darum, anhand des Begriffs ›Scharia‹ zu begründen, dass eine kontextuelle Betrachtung von Sachverhalten einen konstruktiven Beitrag zu Völkerverständigung beitragen kann.

Scharia bedeutet wörtlich ›Weg zur Tränke‹ oder ›Gebahnter Weg‹. Sie umfasst Rechte und Pflichten, wie sie in einer islamischen Gesellschaft verankert sind. Es handelt sich nicht um eine fixierte Gesetzessammlung, die per Dekret zu befolgen wäre als vielmehr um eine Methode der Rechtsschöpfung. Hierbei bedeutet Scharia ›aufklären‹, nicht ›aufzwingen‹. Bei der Praxis der Scharia geht es darum, Gesinnung und Verantwortungsbewusstsein des Menschen durch ›Einfachheit im Leben‹, ›Bestimmtheit im Glauben‹ und ›Gerechtigkeit im Handeln‹ zu veredeln. Es handelt sich um die Verfeinerung der Sittlichkeit und die Anleitung zu einer wahrhaftigen Lebensführung.

Der Ausdruck ›Scharia‹ ist stets im Plural zu verwenden, weil in orientalischen Kulturräumen der Islam zwar integraler Bestandteil, aber doch von Mannigfaltigkeit geprägt ist. Ebenso wenig können wir den Okzident als ein geschlossenes System betrachten. Daher ist es sinnvoll jede Form von Kulturessentialismus zu vermeiden.

Demokratisches Bewusstsein und Verantwortungsethos sind zwei wichtige Elemente der Scharia. Diese Haltung manifestiert sich vornehmlich in der Aussage »amrohom shora báynáhom«[7], die in etwa besagt: »Treffe deine Entscheidungen immer durch gegenseitige Beratung!«[8] Diese Rechtsgrundlage wird von den ersten vier Urkalifen, ›al-khulafa ar-rashidin‹, Abu Bakr, Omar Ibn al-Khattab, Osman Ibn Affan und Ali Ibn Abitalib auch so praktiziert.

Nur wenige Rechtsschulen in den islamischen Traditionen fußen noch auf dieser demokratischen Gesinnung. Daher ist in der Scharia zwischen den verschiedenen Lesarten unter Berücksichtigung der historischen Bedingtheit und Kontextualitäten der Inhalte zu unterscheiden:

6 Vgl. de Liefde, Willem: *Ubuntu.* In der Gemeinschaft Lösungen finden und Entscheidungen treffen, München 2006.

7 Sure 42:39.

8 Nach diesem demokratischen Grundsatz trägt das iranische Parlament den Namen ›Meglese shoraye eslami‹, wörtlich ›Versammlung islamischer Beratung‹.

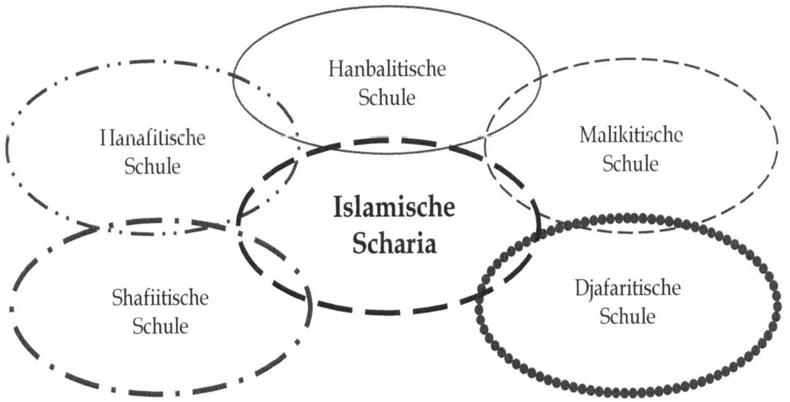

Die hanafitische Rechtspraxis, benannt nach Abu Hanifa (699-767), entstand im irakischen Raum als die staatliche Rechtsschule der Abbasiden von 749 bis 1258, und später der Osmanen. Dieses Recht wird vor allem in der Türkei, im Kaukasus, teilweise in Afghanistan, Pakistan, Indien und auf dem Balkan praktiziert. Nach den einschlägigen Rechtsprinzipien macht der Rechtsgelehrte von ›ray‹, dem persönlichem Urteil, Gebrauch. Dabei spielt der Analogieschluss eine zentrale Rolle. Der Rechtsgelehrte entscheidet nach dem Prinzip ›istihsan‹, dem bestmöglichen Urteil, das für die Betroffenen am besten zu verantworten ist.

Die malikitische Rechtsschule, nach Malik Ibn Anas (715-795) benannt, entstand in Medina. In dieser Schule kann der Rechtsgelehrte ebenfalls von ›ray‹, dem persönlichen Urteil, Gebrauch machen. Er überprüft die Folgen des zur Debatte stehenden Sachverhaltes und erteilt je nach Nützlichkeit oder Schädlichkeit ein Verbot oder eine Erlaubnis. Verbreitet ist diese Rechtspraxis vor allem in Nord- und Schwarzafrika, teilweise in Oberägypten, in Mauretanien, im Sudan, in Kuwait und in Bahrain.

Die Rechtsschule der Shafiiten ist nach Muhammad Ibn Idris Asch-Shafi (767-820) benannt, der den Wirkungsbereich der Sunna einschränken wollte. Durch die Entwicklung eines rechtswissenschaftlichen Systems lag ihm daran, die als willkürlich empfundene Rechtsfindung der hanbalitischen und malikitischen Rechtsschulen auszuschließen. Asch-Shafi wies das ›istihsan‹, das ›bestmögliche Urteil‹, dieser Schulen zurück und plädierte für eine strenge Praxis des traditionellen Analogieschlusses. Für diese Rechtsschule ist das ›ima‹, der allgemeine Konsensus, charakteristisch, der nicht auf die Rechtsgelehrten beschränkt bleibt, sondern auf die ganze Gemeinschaft ausgedehnt wird. Später wurde wieder das Prinzip Konsens auf die Rechtsgelehrten reduziert, weil ein Übereinkommen der gesamten Gemeinschaft nicht praktizierbar war. Verbreitet ist diese Rechtspraxis vor allem in Länder wie Unterägypten, Jordanien, Libanon, Südarabien, Indonesien und auf den Philippinien.

Die hanbalitische Rechtsschule ist nach Ahmad Ibn Hanbal (780-855) benannt, der sich offen gegen die Vernunft wandte, wie die Mutaziliten sie praktizierten. Hanbal hielt eine rational ausgerichtete Gesellschaft für undenkbar. Uneingeschränkte Geltung hatte nur der Koran, die Sunna, also die Äußerungen des Propheten und die der ersten vier Gefährten Mohammads. In diesem Rechtssystem steht der ›taqlid‹, die Nachahmung der Sunna, im Mittelpunkt. Moralische Werte sind von daher wichtiger als juristische Spitzfindigkeiten und Wortklaubereien. Zur hanbalitischen Schule zählen Reformer wie Ibn Taimyya (1263-1328), auf den sich die Muslimbrüder berufen. Auch Muhammad Ibn Abd al-Wahab (1703-1787), der Begründer der Wahabiten, gehört dieser Schule an, die in Saudi-Arabien vertreten wird. Die hanbalitische Rechtsschule ist vor allem verbreitet in Syrien, in Algerien, im Irak, in Ägypten, in Indien und auf der arabischen Halbinsel.

Die schiitische bzw. djafaritische oder imamitische Rechtsschule ist nach dem 6. Imam der Schiiten, Imam Djafar al-Sadiq (702-765) benannt. Die Imamiten weisen, wie die anderen Rechtsschulen, die Anwendung des Analogieschlusses in den Entscheidungen der Scharia zurück. Sie bevorzugen eine reine Befolgung des Korans und der Sunna, also der Lebensweise des Propheten und der weiter oben genannten vier rechtsgeleiteten Kalifen Abu Bakr, Omar, Osman und Ali. Im Kontext der schiitischen Rechtsschule wird die Vernunft, ›aql‹ als Rechtsmittel propagiert und ihre Möglichkeiten und Grenzen werden diskutiert.[9]

Ich fasse zusammen: Der Mensch besitzt nach islamischer Glaubens- und Rechtslehre an sich, jenseits seiner Herkunft und Hautfarbe, eine ehrwürdige Natur, ›tabia mukarrama‹.[10] Diese Ehrung, ›takrim‹, die im Koran an vielen Stellen artikuliert wird, resultiert ausschließlich aus dessen einzigartigem Verhältnis zu Gott. Die Scharia fußt auf diesem *per se* versöhnenden Ethos.

Die vorgestellten Rechtsschulen betonen nach diesem Muster, dass es »keinen Zwang im Glauben« gibt.[11] Es ist mehr als problematisch, wenn die Menschenrechte in vielen islamischen Ländern ohne eine juristische Garantie verkündet werden. Nach diesem Muster ist die ›Kairoer Erklärung der Menschenrechte im Islam‹ von 1990 theoretisch eine Meisterleistung, praktisch aber unbrauchbar.

2.1.3. Scharia und Todesstrafe

Das Rechtsprinzip »Auge für Auge, Zahn für Zahn, Hand für Hand, Fuß für Fuß [...] Verletzung für Verletzung«[12], ursprünglich ein alttestamentarischer Glaubenssatz, aber auch im Koran nachlesbar[13], lebt die Idee der Gleichwertigkeit des Schadens und seiner Vergeltung. Wenn jemand bspw. einen Menschen *vorsätzlich* tötet, so ist nach der iranischen Rechtsprechung die Todesstrafe vorgesehen. Aufgrund des Islamischen Rechts wird jedoch zunächst den Verwandten ersten Grades des Ermordeten das Gleichwertigkeitsrecht eingeräumt. Diese haben zwei Möglichkeiten. Sie können den Täter begnadigen und stattdessen eine andersartige Form des Ausgleichs verlangen. Dies kann eine große Geldsumme oder Ähnliches sein. Ist kein Einvernehmen zwischen den Parteien zu erzielen, so wird das Urteil des staatlichen Gerichtes vollstreckt.

Der Fall des norwegischen Attentäters Anders Behring Breivik (*1979) ist ein geradezu klassisches Beispiel an dem gezeigt werden kann, wie ein Staatsrecht das Menschenrecht für sich vereinnahmt. Im Juli 2011 tötete Breivik bei einem Bombenanschlag im Osloer Regierungsviertel und einem anschließenden Massaker auf der Insel Utøya insgesamt 77 Menschen, vorwiegend Jugendliche im Alter zwischen 14 und 19 Jahren, die auf dieser Insel an einem Sommerlager teilnehmen wollten. Das Osloer Gericht verurteilt Breivik zu 21 Jahren Höchststrafe mit anschließender Sicherungsverwahrung.

In diesem Fall artikuliert die Justiz *ausschließlich* das Staatsrechtsprinzip und räumt den Angehörigen der Opfer keinerlei Mitwirkungsmöglichkeit am Urteil ein. Weil in diesem Falle *kein* Verzeihen von Seiten der Angehörigen der Opfer vorlag, sondern im Gegenteil die ›Todesstrafe‹ verlangt wurde, hätte die iranische Justiz nach den Grundsatz der Gleichwertigkeit

9 Ein Unterschied der djafaritischen zu den anderen Rechtsschulen liegt in der Imamat-Theorie. Sie befolgt ebenfalls den Koran und die Sunna, ersetzt aber den ›ima‹, also den Konsensus, durch den Entscheid eines unfehlbaren Imam, ähnlich wie beim katholischen Papst. Die djafaritische oder imamitische Rechtsschule ist in Pakistan, in Indien, im Libanon, im Irak, in Syrien und im Iran verbreitet.

10 Die dem Wesen des Islam abträgliche Praxis der Steinigung, die der Thora entnommen ist, wird in den dargestellten Rechtsschulen unterschiedlich diskutiert, aber im Koran nicht als Strafmaß aufgeführt Vgl. 3. Buch Mose 24, 16.

11 Sure 2:256.

12 Sure 2:256.

13 Sure 5:45.

von Leben und Leben die Todesstrafe ausgesprochen. Diese Ausführung dürfte den subtilen und dennoch radikalen Unterschied zwischen Menschenrecht, Staats- und Bürgerrecht deutlich werden lassen. Anders ausgedrückt: Ist das Menschenrecht ein Staats- oder Bürgerrecht?

Auch in Ländern wie den USA oder in China, in denen es die Todesstrafe gibt, gilt kein Gleichwertigkeitrecht im oben beschriebenen Sinn. Hier wird ersichtlich, dass die Frage nach den Menschenrechten in jeder Rechtskultur von anderen rechtsstaatlichen Verfahrens- und Verfassungsformen bestimmt wird. Ob und inwieweit real existierende Demokratie in allen Fällen eine Beteiligung der Bürger an der Macht bedeutet, soll hier nicht weiter diskutiert werden.

2.2. Erziehung und kontextuelle Menschenrechte

Es ist festzuhalten, dass die Menschenrechte stets an Pflichten gekoppelt sind. Diese Verbindung von Rechte und Pflichten ist, wie das folgende Schaubild zeigt, eine Bildungs- und Erziehungsaufgabe:

Dieses wechselseitige Verhältnis macht deutlich, dass jede Auffassung mehrere Möglichkeiten der Erklärung und Begründung kennt.

Die Debatte um die Menschenwürde und die damit einhergehenden Menschenrechte gehören zu Themenkomplexen, in denen ebenfalls der Westen den Anspruch erhebt, diese allein definieren zu können. Eine Rechtstradition, die sich als alleinige Hüterin der Menschenwürde sieht, wird nicht ganz auf theoretische oder praktische Gewalt verzichten können, um diese Rechte zu verteidigen bzw. zu verbreiten.

3. Erstellung einer interkulturellen Begriffsenzyklopädie

Die Sensibilisierung und Erziehung zur kontextuellen Idee der Menschenrechte ist an eine Reihe von Voraussetzungen gebunden. Dazu gehört die Überwindung der bestehenden Feindbilder durch eine umwälzende Erneuerung des Welt- und Menschenbildes in Medien, Religion, Politik und Wissenschaft.

Die Erstellung einer interkulturellen Begriffsenzyklopädie ist auf diesem Wege ein wichtiger Schritt, um Einseitigkeiten theoretisch wie praktisch vermeiden zu lernen. Den Begriffsapparaten des okzidentalischen Menschenrechtsverständnisses können wir nicht immer mittels europäisch-westlicher Ausformulierung gerecht werden. Das Gleiche gilt auch umgekehrt.

Interkulturelle Begriffsenzyklopädie ist ein Index, eine alphabetisch geordnete Auflistung von Begriffen, wie Menschenrechte, Menschenbilder, Demokratie, Toleranz etc., die in allen Kulturräumen unterschiedlich verwurzelt sind. Es ist die Funktion dieser Enzyklopädie zu dokumentieren, wo und wie ein bestimmter Begriff innerhalb einer Tradition oder eines Kontextes auftritt. Sie zeigt Sinnhaftigkeit, Komplexität und Interpretationsabhängigkeit von Begriffen im Weltkontext.

Die Ausdrücke ›Naher Osten‹, ›Mittlerer Osten‹ und ›Ferner Osten‹ mögen die Notwendigkeit einer solchen Begriffsenzyklopädie verdeutlichen. Diese Benennungen sind durch die europäisch-westliche Hemisphäre erfolgt und universalisiert worden. Sie sind im Gefolge der Kolonisation entstanden, eine Zeit, seit der sich der Westen als Mittelpunkt der Welt versteht. Geographisch richtig wäre: Westasien, Mittelasien und Ostasien.

Weiterführende Literatur des Autors:

Yousefi, Hamid Reza: *Interkulturalität.* Eine interdisziplinäre Einführung (mit Ina Braun), Darmstadt 2010.

—: *Die Bühnen des Denkens.* Neue Horizonte des Philosophierens, Berlin 2013.

Peter Strutynski

Menschenrechte und Völkerrecht

Dass Kriege immer mit einer Lüge beginnen, ist eine Binsenweisheit. Meist werden Kriege ›zur Verteidigung‹ geführt. Selbst ein Menschheitsverbrecher wie Hitler hat den Überfall der deutschen Wehrmacht auf Polen am 1. September 1939 mit der dreisten Lüge begonnen: ›Ab 5 Uhr 45 wird zurückgeschossen.‹ Manchmal wird bei Interventionen in fremden Ländern auf angebliche Schutzbedürftigkeit nationaler Minderheiten verwiesen. Oder es ging um den präventiven Krieg gegen unzivilisierte ›Wilde‹ in den kolonialen Unterdrückungskriegen des 19. Jahrhunderts. Heute werden Kriege häufig mit dem Ziel bzw. unter dem Vorwand geführt, den Terrorismus zu bekämpfen (z.B. Afghanistan), die Verbreitung von Massenvernichtungswaffen zu verhindern (z.B. Irak 2003), eine ›humanitäre Katastrophe‹ abzuwenden (z.B. Kosovo 1999) oder einem angeblichen Völkermord zuvorzukommen (z.B. Libyen 2011). Kurz: Es dreht sich immer um den Schutz von fundamentalen Lebens- und Menschenrechten.

Nun gehört die Universalität der Menschenrechte in der Tat zu den allgemein anerkannten Prinzipien des modernen Völkerrechts. Unbestritten ist auch, dass deren Schutz nicht mehr ausschließlich zu den ›inneren Angelegenheiten‹ der Staaten gehört, sondern zunehmend auch zu einer Aufgabe des internationalen Staatensystems geworden ist. Umstritten ist allerdings, wie weit dieser internationale Schutz reicht und welche Rolle dabei den Vereinten Nationen zukommt. Die Debatten um den Libyen-Einsatz 2011, um eine internationale Einmischung in Syrien oder um das iranische Atomprogramm haben den Menschenrechtsdiskurs in die Sphäre der Militär- und Sicherheitspolitik verlagert. Dies steht im Widerspruch zu den Grundsätzen des Gewaltverbots und der ›Nichteinmischung‹ in die Angelegenheiten gleichberechtigter und souveräner Staaten. Beides sind ebenso wichtige Prinzipien der Charta der Vereinten Nationen wie das Bekenntnis zum Menschenrechtsschutz.

Menschenrechte als Bestandteil des Völkerrechts

Sowohl die Entwicklung des Völkerrechts als auch die Menschenrechtspolitik haben jeweils nach den beiden Weltkriegen des 20. Jahrhunderts wichtige Anstöße erhalten. Im Völkerrecht setzte sich vor allem ein allgemeines Gewaltverbot durch. Dies begann mit dem völkerrechtlich bindenden Kellogg-Briand-Pakt aus dem Jahr 1928, in dem sich die Teilnehmerstaaten verpflichteten, auf das Mittel des Krieges bei internationalen Streitigkeiten ein für allemal zu verzichten. Solche Ansätze mündeten schließlich am Ende des Zweiten Weltkriegs in die Charta der Vereinten Nationen. Die Souveränität der Staaten, auch der kleinsten von ihnen, war dabei als so zentral empfunden worden, dass deren Schutz mehrfach verankert wurde und im Nichteinmischungs-Artikel (Art. 2 Ziffer 7) sozusagen ihre Krönung fand.

Auch die Menschenrechte fanden in der UN-Charta einen gebührenden Platz. In der Präambel wird als wichtigstes Ziel der Vereinten Nationen neben der Sicherung des Friedens der »Glaube an die Grundrechte des Menschen, an Würde und Wert der menschlichen Persönlichkeit« und »an die Gleichberechtigung von Mann und Frau« genannt. Die »Achtung vor den Menschenrechten und vor den Grundfreiheiten« taucht in Artikel 1 auf und wird in Art. 55 zu einer aktiven Aufgabe der Vereinten Nationen erklärt.

Wenn es in der Folge zu einem ›Dualismus‹ zwischen Völkerrecht, insbesondere dem Prinzip der Souveränität, und Menschenrechten kam, dann ergab sich das nicht aus einer vermeintlich widersprüchlichen ›Logik‹ des Völkerrechts, sondern war dem beginnenden Kalten Krieg geschuldet, unter dessen Ägide die Menschenrechte als Instrument im Systemstreit zwischen Ost und West missbraucht wurden – und zwar von beiden Seiten.

Doch zunächst wurde die Bedeutung der Menschenrechte im System der Vereinten Nationen weiter aufgewertet: 1946 wurde die Menschenrechtskommission gegründet, die im März 2006 durch Beschluss der Generalversammlung durch den Menschenrechtsrat ersetzt und aufgewertet wurde. 1948 wurde die ›Allgemeine Erklärung der Menschenrechte‹ verabschiedet: die bis dahin umfassendste Bestandsaufnahme grundlegender Rechte der Menschen. Die Erklärung enthielt zahlreiche individuelle Freiheitsrechte, politische Bürgerrechte und wirtschaftliche, soziale und kulturelle Rechte. Dass diese Erklärung von der Generalversammlung inmitten des eskalierenden Kalten Krieges nahezu einmütig angenommen wurde, mag daran gelegen haben, dass sie völkerrechtlich betrachtet nur empfehlenden Charakter hatte. So konnten die Staaten des werdenden sozialistischen Lagers getrost den ›bürgerlichen‹ Freiheitsrechten zustimmen, wie umgekehrt die westlichen liberalen Staaten ohne Risiko die Kröte der ›sozialistischen‹ sozialen Rechte schlucken konnten.

Die Vereinten Nationen hatten keine Instrumente zur Durchsetzung dieser Menschenrechte. Dennoch erzielte sie politische und erzieherische Wirkung, indem sie im internationalen Menschenrechtsdialog neue Maßstäbe und Normen setzte. Ihre Prinzipien erhielten fast zwei Jahrzehnte später mit der Verabschiedung zweier Menschenrechtspakte ein völkerrechtsverbindliches Fundament. 1966 wurden zwei Konventionen verabschiedet und in der Folge von den UN-Mitgliedstaaten ratifiziert: Der sog. Zivilpakt (Internationaler Pakt über bürgerliche und politische Rechte), der die individuellen Freiheits- und Bürgerrechte, und der sog. Sozialpakt, der die ›wirtschaftlichen, sozialen und kulturellen Rechte‹ enthält. Beide Pakte traten 1976 in Kraft. Des Weiteren konnten in den 70er und 80er Jahren eine Reihe von Fakultativprotokollen zu den beiden Pakten und andere völkerrechtlich bindende Übereinkommen abgeschlossen werden. Auch wenn sie keine völkerrechtliche Bedeutung hat, ist schließlich auf die 1994 von der Arabischen Liga verabschiedete ›Arabische Charta der Menschenrechte‹ hinzuweisen, die im Kern alle wesentlichen Bestandteile der Menschenrechtserklärung von 1948 enthält und somit deren Universalität unterstreicht.

Menschenrechte und die Rolle des Internationalen Strafgerichtshofs

Mit dem Ende des Kalten Kriegs in Europa beschleunigte sich auch der Menschenrechtsdiskurs: ›Einmal‹ wurde in einer Reihe von Weltkonferenzen (die wichtigsten waren die Zweite Menschenrechtskonferenz 1993 in Wien, die Frauenkonferenz in Peking 1995 und der Weltsozialgipfel in Kopenhagen 1995) die Universalität von Menschenrechten einschließlich des lange Zeit umstrittenen ›Menschenrechts auf Entwicklung‹ von allen Staaten prinzipiell anerkannt. Zum anderen wurden neue Institutionen zum besseren Schutz der Menschenrechte weltweit geschaffen. Dazu gehört die Einrichtung eines Hochkommissariats für Menschenrechte (1993) und – vor allem – die bei der Staatenkonferenz in Rom 1998 beschlossene Errichtung des Internationalen Strafgerichtshofs (IStGH), der im Juli 2002 seine Arbeit aufnahm.

Bei den Straftatbeständen, die der Jurisdiktion des IStGH unterliegen, handelt es sich um vier ›Kernverbrechen‹ (Statut Art. 5ff): 1. das Verbrechen des Völkermords, 2. Verbrechen gegen die Menschlichkeit, z.B. »groß angelegte oder systematische Angriffe gegen die Zivilbevölkerung«, 3. Kriegsverbrechen (im Wesentlichen schon in den Genfer Konventionen enthalten) und 4. das Verbrechen der Aggression. Lediglich der vierte Straftatbestand ist noch nicht abschließend geregelt. Auf der Konferenz von Kampala (Uganda) im Juni 2010 wurde immerhin vereinbart, dass die Zuständigkeit des Gerichts auf das Verbrechen der Aggression ausgedehnt wird; ab 2017 soll es auch verfolgt werden können. In den drei anderen Fällen kann der IStGH heute schon tätig werden.

Die bisherige Praxis des Gerichts lässt indessen Zweifel aufkommen, ob hier wirklich Recht gesprochen oder nicht vielmehr hohe Politik betrieben wird. Zumindest wird mit zweierlei Maß gemessen: Anklage wurde bislang ausschließlich gegen mutmaßliche Straftäter aus Afrika erhoben; auch die ersten Verurteilungen betrafen Afrikaner. So entsteht leicht der Eindruck, Verbrechen gegen die Menschlichkeit würden nur auf dem schwarzen Kontinent und nirgends sonst verübt. Anträge an das Gericht, die sich auf gut dokumentierte britische Kriegsverbrechen während des Irak-Krieges oder auf Kriegsverbrechen der israelischen Armee während ihres Krieges gegen Gaza (2008/2009) beziehen, wurden demgegenüber nicht weiter verfolgt. Ähnlich verhält es sich mit Kriegsverbrechen der Alliierten in Afghanistan, die seit 2001 zahllose schwere Verstöße gegen das humanitäre Völkerrecht begangen haben – aus deutscher Sicht insbesondere das von einem Bundeswehrobersten verursachte Massaker von Kundus 2009. Demgegenüber machte sich der Strafgerichtshof zum Erfüllungsgehilfen der USA und der NATO, als er während des eskalierenden Bürgerkriegs in Libyen 2011 Anklage allein gegen den Machthaber Gaddafi, nicht aber gegen seine bewaffneten Gegenspieler erhob.

Trotz dieser ernüchternden Bilanz soll die Bedeutung des IStGH nicht gering geschätzt werden. Erstmals können Täter, die sich schwerster Menschenrechtsverletzungen schuldig gemacht haben, vor einem ständigen Weltstrafgericht individuell zur Verantwortung gezogen werden. Im Internationalen Strafgerichtshof materialisiert sich gleichsam die säkulare Tendenz, der Universalität von Menschenrechten auch mittels eines internationalen Menschenrechtsregimes Geltung zu verschaffen.

Menschenrechte und das Nichteinmischungsprinzip

Damit ist keineswegs das Souveränitätsprinzip der Staaten zur Disposition gestellt. In der Präambel des Römischen Statuts wird ›nachdrücklich‹ darauf hingewiesen, »dass dieses Statut nicht so auszulegen ist, als ermächtige es einen Vertragsstaat, in einen bewaffneten Konflikt oder in die inneren Angelegenheiten eines Staates einzugreifen«.

Legt man dieses Prinzip eng aus, so sind Verstöße dagegen fast unvermeidlich. Sie gehören sogar zum Alltag in den Beziehungen zwischen den Staaten. Jede wirtschafts- und handelspolitische Maßnahme, jedes bilaterale Gemeinschaftsprojekt, jedes Kulturabkommen, jedes Interview, das ein Botschafter der Zeitung seines Gastlandes gibt, kurz: alles, was Auswirkungen auch auf die innere Situation eines derart bedachten Landes hat, ist eine Art ›Einmischung‹ in dessen innere Angelegenheiten. Die Frage ist nur, ob diese Einmischung gegen den Willen des betroffenen Landes geschieht oder mit dessen Einwilligung. Die Grenzen sind hier zweifellos fließend.

Eindeutig überschritten wird die Grenze des völkerrechtlich Zulässigen dann, wenn mit der Einmischung die Souveränität eines Staates untergraben oder bedroht wird. Das Konzept der Souveränität ist so alt wie das moderne Staatensystem und hat seine Wurzeln im Westfälischen Frieden von 1648. Grund genug für die US-Administration unter ihrem Präsidenten George W. Bush, es auf den Müllhaufen der Geschichte zu werfen. Die damalige US-Außenministerin Condoleezza Rice hat das in einer programmatischen Rede an der Georgetown Universität im Januar 2006 getan. Sie argumentierte, dass man bisher davon ausgegangen sei, »dass jeder Staat die von seinem Inneren ausgehenden Bedrohungen selbst kontrollieren und lenken kann. Es wurde auch angenommen«, sagte sie, »dass schwache und schlecht regierte Staaten lediglich eine Last für ihre eigenen Bürger darstellten, ein internationales humanitäres Problem, aber nie eine wirkliche Bedrohung für die Sicherheit.« Und sie fuhr fort: »Heute sind diese alten Annahmen nicht mehr gültig.« Die Globalisierung und die neuen Technologien würden die Entfernungen schwinden lassen und die meisten Bedrohungen entstünden heute nicht aus den Beziehungen zwischen den Staaten, sondern »eher innerhalb von Staaten«: »In dieser Welt ist es nicht mehr möglich, zwischen unseren Sicherheitsinteressen, unseren Entwicklungsbestrebungen und unseren demokratischen Idealen klare und eindeutige Trennlinien zu ziehen.«

Was dabei heraus kam, war in den Worten der US-Chefdiplomatin die ›transformational diplomacy‹, die ›umgestaltende Diplomatie‹. Diese Position hat Eingang gefunden in die Dokumente zur Nationalen Sicherheitsstrategie der USA (2002 und 2006), die ihre Gültigkeit auch unter Barack Obama behalten haben – auch wenn dessen Außenministerin Hillary Clinton inzwischen mit dem freundlicheren Begriff der ›public diplomacy‹ hausieren geht.

Ähnlich wie die Internationalisierung des Menschenrechtsschutzes in Form eines überstaatlichen Menschenrechtsregimes gehören auch die diplomatischen, politischen und kulturellen Einflussnahmen auf die innere Situation anderer Staaten zur gewohnheitsrechtlich zulässigen Praxis der internationalen Beziehungen. Das aktive Herbeiführen eines Regimewechsels von außen oder die Entsouveränisierung eines Staates dagegen sind vom Völkerrecht nicht gedeckt.

Völkerrecht und ›humanitäre Intervention‹

Die Erinnerung an das Gewaltverbot und das Nichteinmischungsprinzip der UN-Charta ist zu verstehen vor dem Hintergrund der Entwicklung der 90er Jahre, als Bürgerkriege und andere gewaltsame innere und internationale Konflikte stark zugenommen hatten und die Großmächte immer häufiger zum Mittel militärischer Intervention griffen.

Einen Türöffner stellte dabei der Begriff der ›humanitären Intervention‹ dar. Er ist nicht erst 1999 beim Nato-Krieg gegen Jugoslawien erfunden worden, sondern spielte schon bei Entscheidungen des Sicherheitsrats im Fall des Irak 1991 eine Rolle. Damals wurden die grenzüberschreitenden Flüchtlingsströme als Bedrohung des internationalen Friedens eingestuft. In der Resolution 688 (1991) wurde erstmals ein Interventionsrecht aus humanitären Gründen sanktioniert. Der Irak sollte gezwungen werden, die Unterdrückung der Zivilbevölkerung in den kurdischen Gebieten einzustellen und den internationalen humanitären Organisationen »Zugang zu allen hilfsbedürftigen Personen« zu gewähren. Ein Jahr später wurden die UN-Mitgliedstaaten ermächtigt, durch Übernahme des inneren Gewaltmonopols in einem anderen Mitgliedstaat, nämlich Somalia, »Recht und Ordnung wieder herzustellen« (Res. 794 [1992]). Auch andere Interventionsschauplätze wie Haiti, Bosnien, Kosovo und später Afghanistan und Irak haben gezeigt, dass mit Militärinterventionen weder ein nachhaltiger Frieden gestiftet noch ein wirksamer Menschenrechtsschutz gewährleistet werden kann.

Hinzu kommt: Krieg selbst stellt einen schweren Rechtsbruch dar, indem das erste Menschenrecht, das Recht auf Leben und körperliche Unversehrtheit, verletzt wird. Auch eine Art ›Güterabwägung‹ derart, dass die Opfer einer militärischen Intervention angesichts zu erwartender größerer Opferzahlen im Falle unterlassener ›Militärhilfe‹ in Kauf genommen werden könnten, hält weder einer moralischen noch juristischen Prüfung stand.

Eine ›Abwägung Leben gegen Leben‹ ist unzulässig, urteilte 2006 das Bundesverfassungsgericht im Verfahren um das Luftsicherheitsgesetz (AZ: 1 BvR 357/05). Zwar ist dieses Urteil im August 2012 vom 2. Senat desselben Gerichts aufgehoben worden (2 PBvU 1/11), die Grundsätze aber, die das Bundesverfassungsgericht mit Blick auf eine innenpolitische Entscheidungssituation aufstellte (Abschuss eines von Terroristen entführten Passagierflugzeuges um eine mutmaßliche größere Katastrophe zu verhindern), sind in ihrem Kern aber nicht angetastet worden. Letztlich geht es um die Relativierung des Lebensrechts des Menschen. In Randziffer 124 des Urteils von 2006 heißt es unzweideutig: »Sie (die Passagiere) werden dadurch, dass ihre Tötung als Mittel zur Rettung anderer benutzt wird, verdinglicht und zugleich entrechtlicht; indem über ihr Leben von Staats wegen einseitig verfügt wird, wird den als Opfern selbst schutzbedürftigen Flugzeuginsassen der Wert abgesprochen, der dem Menschen um seiner selbst willen zukommt.«

Neues Völkerrecht durch die ›Responsibility to Protect‹?

Aus einem weiteren Grund hat die Diskussion um die weltweite Durchsetzung von Menschenrechten in den letzten Jahren an Fahrt gewonnen. Über die neuen Medien erhalten wir in Echtzeit Kenntnis von Gräueltaten, die rund um den Globus an zahlreichen Konfliktschauplätzen geschehen und die an unser Gewissen appellieren. Wenn im syrischen Bürgerkrieg Zivilpersonen ums Leben kommen: Muss man da nicht eingreifen um das Morden zu beenden? Dieses ›Helfersyndrom‹ hatte Teile der ›grünen‹ Friedensbewegung schon während der Auseinandersetzungen auf dem Balkan in die Arme der NATO getrieben. Der Kosovo-Krieg 1999 wurde denn auch geschickt als Einsatz zur Verhinderung einer ›humanitären Katastrophe‹ verkauft. Die danach einsetzende Debatte um die Schutzverantwortung (›Responsibility to Protect‹) haute in dieselbe Kerbe und stellt heute eines der zentralen Einfallstore für die Wiederkehr des Krieges in die Politik dar.

Unter dem Begriff ›Responsibility to Protect‹ (›R2P‹) wird der an sich nicht unsympathische Gedanke propagiert, dass die Weltgemeinschaft eine Verantwortung auch für die Menschen übernehmen muss, deren Staaten zu schwach oder deren Regierungen nicht gewillt sind, einen ausreichenden Menschenrechtsschutz für ihr Staatsvolk zu gewährleisten. Eine 12-köpfige Kommission, der eine Reihe ehemaliger hochrangiger Politiker und Militärs angehörte, die ›International Commission on Intervention and State Sovereignty‹ (ICISS), veröffentlichte 2001 ihren Bericht mit dem Titel ›The Responsibility To Protect‹. Die zentrale These der Autoren ist, dass »souveräne Staaten eine Verantwortung haben, ihre eigenen Bürger vor vermeidbaren Katastrophen – vor Massenmord und Vergewaltigung, vor Hunger –, zu schützen, dass aber, wenn sie nicht willens oder nicht fähig dazu sind, die Verantwortung von der größeren Gemeinschaft der Staaten getragen werden muss.« (Übersetzung: d. Verf.) In einem solchen Fall würde der Grundsatz der Nicht-Intervention zugunsten der ›Schutzverantwortung‹ aufgegeben.

Der R2P-Bericht ist janusköpfig. Einerseits bindet er den Einsatz militärischer Gewalt an ein Mandat des UN-Sicherheitsrats. Andererseits plädiert er für die Einschränkung des Vetorechts der fünf ständigen Sicherheitsrats-Mitglieder, falls sich dieser als unfähig erweist, tätig zu werden. Hinzu kommt, dass der Bericht bei der Suche nach möglichen Gründen für Militärinterventionen Anleihen bei der Theorie des »gerechten Krieges« macht, so wenn etwa eine gerechte Sache (causa iusta) verfolgt werde, oder wenn als primäre Motivation (recta intentio) die Rettung von Menschenleben behauptet wird. In solchen Fällen könnten Staatengruppen oder einzelne Staaten auch ohne Beschluss des Sicherheitsrats intervenieren. 2005 fand der Gedanke der Schutzverantwortung Eingang in das Abschlussdokument der UN-Generalversammlung – nicht als neue Völkerrechtsnorm, sondern als Prüfauftrag an die Staatengemeinschaft.

Wenn also auch von dieser Seite zunächst keine ernsthafte Infragestellung des geltenden Völkerrechts zu konstatieren ist, bleibt zum Schluss nur noch der Hinweis auf die Logik des kodifizierten Völkerrechts. Sollte eine Güterabwägung zwischen Völkerrecht und Menschenrechten erforderlich sein, dann muss Artikel 103 der UN-Charta zu Rate gezogen werden. Dort heißt es: »Widersprechen sich die Verpflichtungen von Mitgliedern der Vereinten Nationen aus dieser Charta und ihre Verpflichtungen aus anderen internationalen Übereinkünften, so haben die Verpflichtungen aus dieser Charta Vorrang.« Die zentralen Grundsätze aus Artikel 2 der Charta, das Gewaltverbot (Ziff. 4) und das Nichteinmischungsgebot (Ziff. 7) bilden demnach auch für den Menschenrechtsdiskurs eine gültige Entscheidungshilfe: Der Export von Menschenrechten mittels Intervention und Krieg ist völkerrechtswidrig und verstößt gegen das elementare Recht des Menschen auf Leben.

Weiterführende Literatur des Autors:

Strutynski, Peter u.a.: *Militärinterventionen: verheerend und völkerrechtswidrig.* Möglichkeiten friedlicher Konfliktlösung. Mit einem Kommentar von Paul Schäfer, Berlin 2009.

–: *Armee im Einsatz.* 20 Jahre Auslandseinsätze der Bundeswehr, Hamburg 2012.

Harald Seubert

Menschenrechte und Religion

Das Thema hat, philosophisch betrachtet, erkennbar zwei Seiten: Die eine betrifft die Begründung und Implementierung von Menschenrechten in bestimmten Religionen. Diese Linie hat eine fundierende Funktion, der auch vor der Frage des Universalitätsmomentes in den verschiedenen Kultur- und Religionstraditionen besonders nachzugehen bleibt. Der zweite, derzeit allgemein stärker thematisierte Aspekt bezieht sich dagegen auf das Menschenrecht auf Religionsfreiheit, seine positiv rechtliche Manifestierung und gegebenenfalls seine Begrenzung.

1. Menschenrechte in Religionskulturen

Menschenrecht, Menschenwürde und Gottebenbildlichkeit

Die erste Seite unseres Themas verweist zunächst auf die immer wieder begegnende christlich jüdische Begründungsfigur, wonach Menschenrechte in der universalen Menschenwürde grundgelegt sind, die im jüdisch-christlichen Zusammenhang auf die Gottebenbildlichkeit des Menschen verweisen. Gottes Ebenbild (zelem) ist der Mensch im Sinn des Alten Testamentes (Gen. 1), wodurch die Bedeutung und Glaubwürdigkeit von Götzenbildern durchbrochen wird. Da nach christlichem Glauben Jesus Christus Mensch wird, um die Schuld der Welt zu tragen, wird die Gottebenbildlichkeit sichtbar restituiert. Der Weg zu Gott eröffnet sich neu. Es ist jedoch unbestreitbar, dass in der Geschichte des Christentums diese Gottebenbildlichkeit, die für alle Menschen ohne Ansehen der Person und der Religionszugehörigkeit gelten müsste, keineswegs unmittelbar bestimmend geworden ist.[1]

Die Unterscheidung zwischen Gläubigen und Nicht-Gläubigen wurde keinesfalls zugunsten einer universalen Würde aller Menschen preisgegeben. Selbst die verschiedenen Christentümer unterschieden, teilweise sogar zwischen Konfessionen getrennt. Die Berufung auf die eine Menschenfamilie, wie sie etwa gegen die Conquistadoren ins Feld geführt wurde[2], war daher eher ein Relikt der Naturrechtslehre, als dass sie sich unmittelbar aus der Gottebenbildlichkeits-Dogmatik speisen konnte. Hans Joas hat jüngst sogar explizit darauf hingewiesen, dass die Sakralität der Menschenrechte erst im Zuge einer weitergehenden Säkularisierung in der westlichen Welt greifen konnte.[3] Damit ist man nicht mehr weit entfernt von der Auffassung, dass die Menschenrechte die eigentliche Religion der Moderne und der säkularen Kultur seien.[4]

1 Auf hohem Niveau W. Schweidler, Über Menschenwürde. Der Begriff der Person und der Ursprung des Lebens. Wiesbaden 2011.

2 Vgl. die hilfreiche Überblicksdarstellung bei H. Ottmann, Geschichte des politischen Denkens. Band 3/1. Stuttgart 2006, S. 106 ff.

3 Hans Jonas, Die Sakralität der Person. Eine neue Genealogie der Menschenrechte. Frankfurt/Main 2011.

4 Vgl. M. Koenig, Menschrechte. Frankfurt/Main 2005. Ferner: H. Bielefeldt, Philosophie der Menschenrechte. Grundlagen eines weltweiten Freiheitsethos. Darmstadt 2005.

Starke Begründung ohne religiöse Argumente: Am Beispiel Kants

Zutreffend bleibt dabei, dass Menschenrechte auf der Unverbrüchlichkeit der menschlichen Würde zu fundieren sind. Die philosophisch maßgebliche Begründung mag das christliche Menschenwürde-Gebot voraussetzen, sie kommt aber in ihrer argumentativen Durchführung ohne Verweis auf es aus. Exemplarisch ist Menschenwürde von Kant ohne allen Rekurs auf die Gottebenbildlichkeit exponiert worden. Kant hat dabei den Menschenwürde-Topos eher vom Rande her eingeführt und zugleich ihren apriorischen Rang thematisiert. Würde ist im Sinn der Kantischen Formulierung der Anteil vernünftiger Wesen an der allgemeinen Gesetzgebung, die auf dem unbedingten, nicht gegen andere Wertigkeiten aufzurechnenden Wert des Menschen, eben seiner Würde, basiert. Besondere Beachtung fordert dabei der ›Autonomie‹-Begriff.

›Autonomie‹ bedeutet eine Selbstgesetzgebung, die sich in völliger Freiheit und bewusst das Sittengesetz zu eigen macht. Von hier her schreibt sich die Menschenwürde aus der Fähigkeit zur Sittlichkeit her, und sie dokumentiert sich in der Mensch-Zweck-Formel als Nebenformel des Kategorischen Imperativs: »Nun sage ich: der Mensch, und überhaupt jedes vernünftige Wesen existiert als Zweck an sich selbst, nicht bloß als Mittel zum beliebigen Gebrauche für diesen oder jenen Willen, sondern muss in allen seinen, sowohl auf sich selbst als auch auf andere vernünftige Wesen gerichteten Handlungen jederzeit zugleich als Zweck betrachtet werden.«[5]

Damit tritt die Begründungskonzeption Kants deutlich konturiert zutage: dem Menschen kommt Würde als Prärogativ zu; sie verdankt sich keiner naturalen und auch keiner eigenschaftlichen Disposition, wie etwa im Utilitarismus, sondern einzig und allein seiner apriorischen Natur zur Sittlichkeit, die sich gerade darin zeigt, dass er sie jedem Menschen zuerkennt. Diese Würde kommt dem Menschen daher auch zu, wenn er über bestimmte Eigenschaften nicht aktual verfügt.

Durch diesen Autonomie-Grundsatz ist die Menschenwürde mit der aus der Bindung an Sittlichkeit gewonnenen Freiheit aufs engste verbunden. Sie bestimmt auf diese Weise den Personbegriff, den Kant so umschreibt: »Seine Maximen jederzeit aus dem Gesichtspunkt seiner selbst, zugleich aber auch jedes anderen vernünftigen, als gesetzgegebenden Wesens (die darum auch Personen heißen) nehmen zu müssen.«[6] Damit ist allein die Disposition zur Autonomie der Grund der Würde »der menschlichen und jeder vernünftigen Natur«.

Hier exponiert Kant aber zugleich eine zirkuläre Beweisführung. Denn zugleich ist die Würde Bedingung dafür, dass der Mensch als Selbstzweck firmiert. »Jeder Mensch ist eine Person, deshalb ein Zweck an sich selbst, und das ist es, was seine Würde begründet«.[7] Und an diesem Punkt liegt auch ohne Zweifel eine berechtigte Intention der Diskursethik von Jürgen Habermas[8], in der der Würdebegriff als *kontrafaktische Unterstellung* einer wechselseitigen Anerkenntnis des Anderen firmiert. Mit dieser Anerkenntnis steht und fällt gleichsam die Möglichkeit eines symmetrischen Diskurses.

Menschenrechte in verschiedenen Religionskontexten

a. Im interkulturellen, vor allem auf Religionsdifferenzen fokussierten Vergleich wird klar, dass die Gewichtung der Menschenrechte sehr divergent ist, dass dies aber keineswegs ein Grund zur Annahme eines Relativismus der Rechtskulturen sein sollte. Einige Beispiele mögen dies verdeutlichen: in islamischen Ländern existiert seit mehreren Jahren ein außeror-

5 Kant, Grundlagen zur Metaphysik der Sitten, AA IV, S. 428.
6 Ebenda, S. 438.
7 Ebenda.
8 Jürgen Habermas, Erläuterungen zur Diskursethik. Frankfurt/Main 1991.

dentlich reger Disput über Menschenrechte. Während die ›Arabische Menschenrechtscharta‹ von 1994 noch eine dezidiert anti-universalistische Tendenz verfolgt und Rechte unter Scharia-Vorbehalt stellt[9], was sich mit dem Anspruch verbindet, dass der Islam ein zum Westen »komplementäres Menschenrechtssystem« sei[10], so beruft sich die 2008 völkerrechtlich sanktionierte und in Kraft getretene Fassung explizit auf die UN-Charta. Islamische Denker wie J. Said fundieren die Menschenrechte daher dezidiert aus der »gemeinschaftlichen Natur der Menschen«.[11]

b. Es wird darauf ankommen, dass und wie es gelingt, die Maßgeblichkeit islamischen Rechts, vor allem der Scharia, die keinesfalls übereinstimmend verstanden wird, dynamisch und nicht strukturkonservativ zu interpretieren, so dass sie sich modernen Lebensformen und -erfordernissen adaptiert. Dies wird auch bedeuten, sowohl im Eigen- wie im Fremdkonzept die individuelle Bedeutung des Einzelnen, aber auch die Rolle als Bürger eines Gemeinwesens aus der Identifizierung mit der Religionszugehörigkeit und der Existenz als Muslim zu lösen[12]: Ansätze dazu bietet der Euroislam, dessen Exponenten freilich sowohl in der islamischen als auch in der arabischen Welt auf Legitimationsschwierigkeiten stoßen.

c. Die Problematik erweist sich als noch einmal grundsätzlich komplexer, wenn man die Entwicklungen in der afrikanischen Perspektive, vor allem der Subsahara-Regionen, zugrunde legt. In der Banjul-Charta (1980/81) wird die afrikanische Identität eindeutig der UN-Charta übergeordnet. Dass ›die‹ afrikanische Identität Fiktion und Konstrukt ist, ist den Verfassern durchaus klar. Sie verbinden deshalb mit ihrer Prärogative das Recht auf »Kraft der Tradition und der Werte der afrikanischen Zivilisation« – ebenso wird die Befreiung vom Kolonialismus und seinen Folgeerscheinungen festgeschrieben.[13]

d. In der Bewegung der »Négritude« (Senghor u.a.) wurde die Prägung der Herkunftsreligionen dabei besonders pointiert: Afrikanische Weltauffassung sei eo ipso auf Religion und Magie bezogen, die intuitive Vernunft habe dort Vorrang vor der diskursiven, der Humanismus Afrikas sei weniger auf Individualität, sondern vielmehr auf tribale Strukturen bezogen, so die Auffassung.[14] Längst hat eine Ideologiekritik gegenüber jener Tendenz eingesetzt, die in ihr auch die Tendenz erkannte, sich in von den Kolonisatoren projizierte Fremdbilder zu verstricken, und damit sollte eine kulturelle Wende eingeleitet werden, auch wenn die Sorge vor einem ›disembedding‹, einer Entwurzelung aus der eigenen Weltauffassung, auf den langen Wegen in die Moderne noch bestimmend sind. Die starke Prägung durch religiöse externe Kausalitäten, namentlich der »Witchcraft«, ist mit okzidentalen Legitimationspraktiken nicht oder nur unzureichend zu vereinbaren. Signer hat in diesem Zusammenhang treffend bemerkt: »Ein Machtträger ist im Prinzip schon dadurch legitimiert, dass er die Macht besitzt«.[15]

9 Vgl. dazu Annen Duncker, Menschenrechte im Islam. Eine Analyse islamischer Erklärungen über die Menschenrechte. Berlin 2006, S. 29 ff., siehe auch W. Hummer und W. Karl (Hg.), Regionaler Menschenrechtsschutz. Dokumente same Einführungen (2 Bände), Baden-Baden 2008.

10 Dazu Hans Jörg Sandkühler, Universalität und Transkulturalität der Menschenrechte. Ein Plädoyer gegen Rechtsrelativismus, in: ders. (Hg.), Recht und Kultur. Menschenrechte und Rechtskulturen in transkultureller Perspektive. Frankfurt/Main 2011, S. 43 ff., hier S. 60 f.

11 J. Said, Die Menschenrechte und die Demokratie der Anderen, in: Jacques Poulain und Hans Jörg Sandkühler (Hgg.), Gerechtigkeit. Recht und Rechtfertigung in transkultureller Perspektive. Frankfurt/Main 2010, S. 163 ff.

12 Dazu den schönen Beitrag Fathi Triki, Muslim sein heute, in: Sandkühler (Hg.), Recht und Kultur, a.a.O., S. 177 ff.

13 Vgl. R. Tetzlaff, Afrika in der Globalisierungsfalle. Wiesbaden 2008, ferner: G. Mills, Why Africa is Poor and What Africans can Do About it. Johannisburg 2010.

14 Vgl. Tetzlaff, Menschenrechte und Modernisierung in Afrika – auf dem Weg zu universell akzeptierten Ethiknormen, in: Sandkühler (Hg.), Recht und Kultur, a.a.O., S. 127 ff; siehe auch: H. Kimmerle, Weisheitsphilosophie, in: Jacob Emmanuel Mabe (Hg.), Das Afrika-Lexikon. Bonn 2008, S. 85 ff.

15 Siehe D. Signer, Die Ökonomie der Hexerei oder Warum es in Afrika keine Wolkenkratzer gibt. Wuppertal 2004, S. 29.

c. Eigenständige chinesische Begründungen, die mittlerweile vielfach zu finden sind, beziehen sich auf den durch alle Kulturrevolutionen aktuellen Konfuzianismus. Insofern sie bleibende Kulturprägungen wie die Wahrung des Gesichtes implizieren, sind diese teilweise komplexen und in genauer Kenntnis westlicher Diskussionen angelegten Konzepte ernst zu nehmen. Sie haben aber auch eine Neigung zum Menschenrechtsrelativismus. Dies bedeutet Anfragen an die westlichen Menschenrechtskonzeptionen und ihre weitgehend abstrakt neutrale Anerkenntnisformel; etwa, wenn die Akteurrelativität von Werten betont wird. Dies bedeutet zugleich, dass der Andere nicht ohne weiteres auf mein Selbstverständnis als autonomes Subjekt verpflichtet werden kann.[16] Eine soziale Ordnung sei erst eingelöst, wenn jeder Beteiligte nach seinen Konzeptionen guten Lebens existieren kann. Menschenrechte wären dann lediglich Kodifizierungen einer Minimalmoral, die diesen inneren Pluralismus stärkt.

Wenn man all diese Umstände berücksichtigt, ist es offensichtlich ratsam, mit Hans Jörg Sandkühler gegen eine »religiöse und metaphysische Überforderung der Universalität des Rechts« zu votieren.[17] Menschenrechte können nicht unvermittelt aus Religionstraditionen abgeleitet werden. Ihre universale Geltung ist hingegen in einer juridischen und prozeduralen Universalität verortet, die mit Marramo auf einen »Kosmopolitismus der Differenz« verweist.[18] Dies kann auch der Schlüssel sein, um mit Binnendifferenzierungen in zumal religiös pluralen Kulturen umzugehen; wobei damit eine feine, aber klare Grenzlinie gegenüber einem Kulturrelativismus gezogen ist. Die Bestimmung des Artikels 6 der ›Allgemeinen Erklärung der Menschenrechte‹ trägt diesem Umstand Rechnung: »Jeder hat das Recht, überall als rechtsfähig anerkannt zu werden.«

2. Religionsfreiheit als Menschenrecht

Als Menschenrecht ist Religionsfreiheit in Artikel 18 der Allgemeinen Erklärung der Menschenrechte der UNO festgehalten und ebenso in Artikel 18 des UN-Zivilpakts. Der Begriff dieses Menschenrechtes verbindet positive und negative Religionsfreiheit. Beide Dimensionen gehören untrennbar zusammen: Die erstere berechtigt zur Ausübung und sogar zur Begründung von Religionen oder Religionsgemeinschaften, die negative Religionsfreiheit stellt es hingegen in das Belieben des Einzelnen, solche Gemeinschaften zu verlassen und bewusst nicht-religiös zu leben.

Zur Reichweite des Religionsbegriffs

Der Religionsbegriff wird dabei bewusst offen gewählt werden müssen, was Probleme mit sich bringen kann, etwa wenn die Fans einer Filmserie wie Star-Wars ernstlich reklamieren als Religionsgemeinschaft anerkannt zu werden. Die Setzung eines spezifischen Kanons von vorgesehenen und statthaften Religionen würde aber eine unzulässige Verengung bedeuten. Maßgeblich können daher jene Leitlinien sein, die der Europäische Gerichtshof für Menschenrechte verfolgt, mit der Forderung, dass die zu schützenden Überzeugungen »a certain level of cogency, seriousness, cohesion and importance« aufzuwesien hätten.[19]

16 Vgl. Gregor Paul, Menschenrechte in China: aus ›westlicher‹, ›chinesischer‹, globaler und systematischer Sicht, in: Sandkühler (Hg.), Recht und Kultur, a.a.O., S. 189 ff., sowie ders., Konfuzius und der Konfuzianismus. Darmstadt 2010; ferner: Ph. Brunozzi, Menschenrechte und Pluralismus. Zur Begründung der Menschenrechte bei Lu Buyun, Xia Yong und Xu Xianming, in: ebd., S. 203 ff.

17 Sandkühler, ebenda, S. 68 f.

18 G. Marramo, Thinking Babel. Universality, Multiplicity, Difference, in: IRIS. European Journal of Philosophy and Public Debate II. 3. 4. 2010.

19 EGMR zu Campbell und Cosans United Kingdom (appl. 7511/75 & 7743/76) 25. 2. 1982.

Religionsfreiheit und das antiliberale Recht

Religiöse Selbstbestimmung betrifft den Kern der menschlichen Person. Daher sollte eben hier eine Bezogenheit auf *alle* Menschen zentral sein. Dieser dezidiert *universalistische* Aspekt wird sich aber in der Verschiedenheit und Differenz der Betroffenen spezifizieren müssen. Ein vielfach debattiertes Problem betrifft deshalb die Gefahr von antiliberalen Überformungen des Rechts auf Religionsfreiheit (1). Diese Gefahr kann bereits gegeben sein, wenn Religionsdiffamierungen geahndet werden (»Mohammed-Karikaturen«). Die Tendenz geht zu einer moderaten Handhabung, was aber schon im vorrechtlichen Raum Anerkenntnis anderer Religionen und eine Überwindung von Stereotypen erfordert: nicht zuletzt ein Problem interreligiöser Sensibilität (2).[20]

Weiter ist gegen den bewussten Schutz religiöser Identitäten, wie ihn etwa Kommunitaristen wie Charles Taylor einforderten, eingewandt worden, dass die Gefahr einer Übertragung von Artenschutz-Politik auf den Menschen bestehe. Besonders problematisch ist offensichtlich die Vermischung religiöser und ethnischer Identitäten[21] (3). Schwierig kann es aber auch werden, wenn eine »interreligiöse Harmonie« gleichsam zum Staatsziel erklärt wird, wenn etwa in einigen Staaten Südostasiens das Missionsverbot Staatsgesetz ist und Konversionen unter Umständen mit der Todesstrafe geahndet werden. Dies kann die Freiheitlichkeit des gesuchten und gebotenen Religionsfriedens in Frage stellen (4). Nicht minder würde sich dieses Problem in einer Gesellschaft mit forcierter Privatisierung von Religionen zeigen, einer aktiven Neutralisierung mit dem Ziel, dass Religion möglichst keine Rolle spielen solle (5).

Konkretionen

In der Durchsetzung der Religionsfreiheit in demokratischen Verfassungsstaaten ist in allererster Linie die weltanschauliche Neutralität in dem Sinne gefordert, dass Chancengleichheit auf dem Arbeitsmarkt, im Bildungswesen und in ähnlichen Subsystemen für Menschen verschiedener Religionszugehörigkeit, aber auch für Religionslose besteht.[22] Die große Heterogenität der dabei in Frage kommenden Prinzipien und Gesichtspunkte, die teilweise intime und letzte Details der Lebensführung betrifft, macht die Tarierung dieser Unabhängigkeit zu einem sehr komplexen, anspruchsvollen Konkretisierungsproblem, bei dem Universalität und Differentsein selbst in Ausgleich gebracht werden müssen. Differenzen von der Tiefe und Durchschlagskraft religiöser Unterschiede können nur dann gemäß inkludiert werden, wenn ihr Differenzcharakter offengehalten bleibt.[23]

Weltanschaulich religiöse Neutralität

Am ehesten geeignet für die Garantie solcher Religionsfreiheit ist ein religiös und weltanschaulich neutrales politisches Gemeinwesen. Zutreffend hat Heiner Bielefeldt (S. 30) die weltanschaulich-religiöse Neutralität positiv als »staatliches Bemühen [..] um einen diskriminierungsfreien, offenen und inklusiven Umgang mit religiösem und weltanschaulichem Pluralismus« zu definieren versucht. Dies bedeutet eine Nicht-Identifizierung des Staates mit

20 Vgl. hierzu H. Bielefeldt, Streit um die Religionsfreiheit. Aktuelle Facetten der internationalen Debatte. Erlangen 2012 (Erlanger Universitätsreden 77. 3. Folge).

21 Dazu J. Habermas, Anerkennungskämpfe im demokratischen Rechtsstaat, in: Gutmann und Taylor (Hg.), Multikulturalismus und die Politik der Anerkennung. Frankfurt/Main 1993, S. 147 ff. Ferner H. Bielefeldt, Menschenrechte in der Einwanderungsgesellschaft. Plädoyer für einen aufgeklärten Multikulturalismus. Bielefeld 2007.

22 Dazu grundsätzlich M. Nussbaum, Liberty of Conscience. In Defense of America's Tradition of Religious Equality. New York 2008.

23 Dies thematisierte exemplarisch J. Derrida, Politik der Freundschaft. Frankfurt/Main 2000.

einzelnen Religionen – und damit wird der Anspruch von Staatsreligionen notwendigerweise problematisch. Der säkular neutrale Rechtsstaat kann aber auch umgekehrt gerade nicht atheistischer Staat sein. Wäre dies doch seinerseits ein Bekenntnis.[24]

Dabei sind im einzelnen verschiedenste Spielarten jener Neutralität denkbar, die von der Tradition der zwei Reiche-Lehre in Deutschland (Kirche und Politik sind getrennt, doch so aufeinander bezogen, dass die Verfassung eine ›Verantwortung vor Gott und den Menschen‹ dokumentiert, staatliches Handeln also gleichsam religiös fundiert und limitiert wird) bis zu der reinen Laizität in Frankreich oder in der Kemalistischen Türkei reichen.

Jene Neutralität hat sich in Konfliktfällen besonders zu bewähren: in jüngerer Zeit ist deshalb bei Auseinandersetzungen, die für religiöse Minderheiten entstehen, das Modell der »reasonable accomodation«, also der vernünftigen Annäherung von Rechtsnormen und ihrer Auslegung zugunsten jener Minderheiten ins Feld geführt worden. Es wäre etwa im Fall von Beschneidung oder Schächtung ernsthaft zu erwägen. Die Befürchtung, dass damit Sonderrechte geschaffen würden, die die Rechtsgeltung der Staatsgesetze in Frage stellen, ist aber keineswegs apriori von der Hand zu weisen. Sie sollten aber kriteriologisches Instrumentarium sein, um Verformungen wirkungsvoll begegnen zu können.

3. Religionsfreiheit in der Systematik der Menschenrechte

Aus der Unteilbarkeit und Einheit der Menschenwürde begründet, sind Menschnerechte unteilbar. Dies bedeutet nicht, dass sich nicht zwischen ihnen Konflikte und Spannungen ergeben könnten, ähnlich wie sie Platon bereits zwischen Tugenden wahrgenommen hatte. Dennoch ist es verfehlt und wäre es gefährlich, wollte man annehmen, dass Religionsfreiheit in einem Gegensatz zu universalen Rechten wie der Meinungsfreiheit steht. In allen großen Weltreligionen gibt es immanente Wege zu universellen Orientierungen und Normen: sie sind aber durchaus verschieden. Wirksam wird diese intra-religiöse Aufklärung freilich erst dann werden können, wenn Religionen sich selbst im Licht der Vernunft reflektieren und dabei auch die aufklärerischen Tendenzen innerhalb ihrer thematisieren.[25]

Menschenrechtskonflikte im einzelnen kann es am neuralgischen Punkt von Meinungs- bzw. Kunstfreiheit und religiösen Moralitäts- und Ritualitätsvorschriften geben; aber etwa auch in Bezug auf die Gleichberechtigung der Geschlechter[26], oder der einzufordernden Respektierung von homo- oder heterosexuellen Lebensformen, auch wenn sie aufgrund der eigenen religiösen Orientierung für falsch oder sündig angesehen wird. Dies wird einen intoleranten Fundamentalismus, in welcher Religion auch immer, der bis zur terroristischen Aufladung gehen kann und in seinen aggressiv politischen Aufladungen häufig eine Gegenreaktion zu Moderneerscheinungen darstellt, entschieden delegitimieren. Das Menschenrecht der Religionsfreiheit wird aber durchaus implizieren, dass Glaubende den Glutkern ihrer Überzeugung auch in öffentlichen Debatten sichtbar machen. Und dies muss und wird dann auch politische Implikationen haben. Achtung vor der Gottebenbildlichkeit des Menschen führt zu starken Positionen im Lebensrecht, »Ehrfurcht vor dem Leben« impliziert Schutz der natürlichen Umwelt.

Zu unterscheiden bleibt aber zwischen solchen Auffassungen, die auch einer säkularen Vernunft vermittelbar sind und anderen, die religiös partiell bleiben. Solche Selbstreflexion in der Partizipation am Menschenrechtsdisput müssen und dürfen aber keineswegs zu einer Selbstsäkularisierung der Religion führen. Anerkenntnis von Diversität kann vielmehr na-

24 Dazu sehr treffend Bielefeldt, Streit um die Religionsfreiheit, a.a.O., S. 22 ff.

25 Dazu findet man sehr wichtige und richtige Differenzierungen bei J. Rawls, Politischer Liberalismus. Frankfurt/Main 1998, insbesondere S. 312 ff (Die Idee des öffentlichen Vernunftgebrauchs).

26 Dazu Bielefeldt, Streit um die Religionsfreiheit, a.a.O., S. 25 ff.

helegen, den eigenen Glaubenskern freizulegen und von der Schale zu sondern: Dass dieses anspruchsvolle Unterfangen erst am Anfang steht, wird man bei einem Blick in das evangelikale Christentum der USA erkennen müssen.

Heiner Bielefeldt hat kontrafaktisch und doch ganz zu Recht die Erwartung artikuliert, dass Religionen auch in möglichen Konfliktsituationen – in einem offenen Disput zwischen der säkularen und der religiösen Stimme[27] – Chancen bieten würden, Konflikte innerhalb von Gesellschaften zu thematisieren und auszutragen, die ansonsten unthematisiert blieben. Damit kommt man auf die Menschenwürde zurück. Denn dass solche Konfliktlösungen gelingen, setzt eine Anerkenntnisgemeinschaft voraus, die wiederum auf die Menschenwürde zurückführt.

Weiterführende Literatur des Autors:

Seubert, Harald: *Religion,* München 2009.
—: *Religion und Vernunft.* Ein weites Feld, München 2013.

27 Ebenda, S. 50 ff.

Peter Gerdsen

Menschenrechte und Aufklärung

Die Kulturregion Europa erlebte im 17. und 18. Jahrhundert die Entstehung einer Bewegung, die sich selbst die Bezeichnung ›Aufklärung‹ zulegte. Diese Bewegung entwickelte einen ganz neuen Begriff, der in dieser Form noch nicht existierte: den Begriff der ›Menschenrechte‹. Zum Tragen kam dieser Begriff in der Erklärung der Menschen- und Bürgerrechte am 26. August 1789 in der Nationalversammlung Frankreichs. Zwei Jahre später, am 15. Dezember 1791, erfolgte die Verabschiedung der ›Bill of Rights‹ in den Vereinigten Staaten von Amerika. Am 10. Dezember 1948 wurde die ›Allgemeine Erklärung der Menschenrechte‹ durch die Generalversammlung der Vereinten Nationen verabschiedet.

Analyse des Begriffs

Der wesentliche Inhalt dieses Begriffs der Menschenrechte besteht darin, dass jedem Menschen allein auf Grund der Tatsache, dass er ein Mensch ist, ganz bestimmte Rechte zustehen. Man spricht in diesem Zusammenhang von der ›Universalität‹ der Menschenrechte. Ergänzend zum Grundsatz der Universalität der Menschenrechte wird auch der Anspruch ihrer ›Unteilbarkeit‹ erhoben, worunter verstanden wird, dass die Menschenrechte stets in ihrer Gesamtheit verwirklicht sein müssen. Üblicherweise wird der Katalog der Menschenrechte in Gruppen eingeteilt. Man spricht von Persönlichkeitsrechten: z.B. Recht auf Leben und körperliche Unversehrtheit, Freiheitsrechten: z.B. Recht auf Freiheit, Eigentum und Sicherheit der Person, justitiellen Rechten: z.B. keine Strafe ohne vorheriges Gesetz und sozialen Rechten: z.B. Recht auf Arbeit und Recht auf Bildung.

Zunächst gilt es, den Begriff der ›Menschenrechte‹ hinsichtlich seiner Konstruktionsmerkmale zu untersuchen. Der Begriff ›Menschenrechte‹ bedeutet eine moralische Forderung eingekleidet in ein juridisches Gewand. Will man den eigentlichen Kern des Begriffs erfassen, so ist es erforderlich, zunächst das juridische Gewand zu entfernen. Was dann übrig bleibt, das ist eine Idee vom Menschen, ein Menschenbild. Und aus diesem Menschenbild gehen eine Reihe moralischer Forderungen hervor. Es geht um das menschliche Miteinander und um Gemeinschaftsbildung sowie auch darum, wie eine Obrigkeit mit den Menschen umgeht. Wie nun die aus einer bestimmten Idee vom Menschen hervorgehenden moralischen Forderungen kulturell verankert werden, das ist naturgemäß in besonderer Weise abhängig vom Menschenbild und von den kulturellen Gegebenheiten. Die Chronologie von Deklarationen des moralischen Umgangs der Menschen untereinander sowie der Obrigkeit mit den Menschen reicht Jahrtausende in die Vergangenheit. Aber der durch die juridische Ummantelung der aus der Idee vom Menschen sich ergebenden moralischen Forderungen entstehende Begriff der ›Menschenrechte‹ ist ein Charakteristikum der europäischen Aufklärungsepoche. Indem die Generalversammlung der Vereinten Nationen eine ›Allgemeine Erklärung der Menschenrechte‹ verabschiedete, fügte sie dem europäischen Begriff der Menschenrechte noch eine politische Dimension hinzu. So erweist sich dieser Begriff als eine verwickelte Mischung aus Moral, Recht und Politik, wobei diese drei Komponenten völlig verschiedenen Kategorien angehören.

Der durch die moralische Ummantelung entstehende Glanz, der von der Menschenrechtsidee ausgeht, ist so strahlend, dass die Menschenrechte eigentlich durch sich selbst gerechtfertigt sind und sich jede Form des kritischen Hinterfragens verbietet, wäre da nicht ein sehr bedenkenswerter Tatbestand. Blickt man auf die französische Revolution von 1789, so wurde die alte absolutistische Monarchie im Namen von ›Freiheit, Gleichheit und Brüderlichkeit‹

beseitigt und eine Republik mit einem Nationalversammlung genannten Parlament auf der Grundlage der ›Menschen- und Bürgerrechte‹ errichtet. Trotzdem erfolgte ein Umschlag in ein Terrorregime, unter dem in einer Art Blutrausch Tausende ihr Leben verloren. Dies geschah zu einer Zeit, als Immanuel Kant seine Kritiken veröffentlichte, dessen Philosophie als Höhepunkt der Aufklärungsbewegung gilt. Es entsteht der Eindruck, als wäre der europäischen Aufklärungsbewegung eine gewisse Gewalttätigkeit immanent. Ein kritisches Hinterfragen der Aufklärungsbewegung sowie auch ihrer Menschenrechtsideologie erscheint also unbedingt geboten.

Aufklärungsepoche

Der Philosoph Hans-Georg Gadamer beschreibt die ›Aufklärungsepoche‹ auf eine interessante Weise. Er sagt: »Nun ist es die allgemeine Tendenz der Aufklärung, keine Autorität gelten zu lassen und alles vor dem Richterstuhl der Vernunft zu entscheiden. So kann auch die schriftliche Überlieferung, die Heilige Schrift wie alle andere historische Kunde, nicht schlechthin gelten, vielmehr hängt die mögliche Wahrheit der Überlieferung von der Glaubwürdigkeit ab, die ihr von der Vernunft zugebilligt wird. Nicht die Überlieferung, sondern die Vernunft stellt die letzte Quelle aller Autorität dar.«[1] Damit befindet der Mensch der Aufklärung sich in der Bewusstseinsverfassung des Humanismus, in dem jedem Menschen als Individuum ein besonderer Wert zukommt und in dem es keinen Wert gibt, der über dem des Individuums steht.

Wenn der Mensch keine über ihm stehende Instanz anerkennt, dann muss er logischer Weise die ›Gleichheit‹ aller Menschen verkünden; jede Art von Verschiedenheit würde ja eine Hierarchisierung bedeuten mit der Folge, dass es Menschen gibt, die qualitativ über den anderen stehen. So entsteht das Egalitätsethos. Wenn der Mensch keine über ihm stehende Instanz anerkennt, dann entscheidet er selbst über seine Glaubensüberzeugung und seine Lebensweise. Und da alle Menschen gleich sind, müssen auch alle Glaubensüberzeugungen und Lebensweisen gleich *richtig* und gleich *gültig* sein. So entsteht die Ethik des ›Pluralismus‹, welche die gleichberechtigte Existenz verschiedener weltanschaulicher Positionen proklamiert. Im Pluralismus sollen die verschiedenen Gruppen trotz unterschiedlicher Glaubensüberzeugungen und Lebensweisen friedlich mit einander kooperieren. Notwendigerweise wird in dieser Situation die ›Toleranz‹ zur höchsten Tugend erklärt. Wenn der Mensch keine über ihm stehende Instanz anerkennt, dann führt das in einen ausgeprägten ›Individualismus‹, ein Gedanken- und Wertesystem, in dem die Autonomie des Individuums im Mittelpunkt der Betrachtung und der Werte steht.

Dieser Individualismus hat in der westlichen Welt eine Ausbreitung erfahren, wie es wohl noch nie in der Geschichte der Fall war. Damit steht der Westen im Gegensatz zu den eigenen Traditionen, die nicht-individualistisch waren, insbesondere auch zu allen anderen Kulturen. Bezüglich eines Wertesystems, fokussiert der Individualismus das Unterordnen gemeinsamer Ziele zugunsten persönlicher Ambitionen und betont neben ›Autonomie‹ und Selbstverantwortung auch den Wettbewerbsgedanken sowie das Kompetenzdenken. Klassischer Philosoph der Autonomie ist Immanuel Kant, der Autonomie in der Ethik als die Bestimmung des sittlichen Willens allein durch die Vernunft bestimmt. Der Individualismus der Aufklärung führt in einen narzisstischen Freiheitsbegriff; alle organischen Gemeinschaften waren der Aufklärungsbewegung verhasst als Strukturen, die mit dem Gewicht der Tradition und der Vergangenheit, so dachten die Aufklärer, die ›Freiheit‹ behinderten.

Die Wirklichkeit des Lebens ist so, dass Entscheidungen gefällt und Maßstäbe gesetzt werden müssen. Der Mensch der Aufklärung duldet nun keine Autorität und findet in der Mehrheitsentscheidung eines Kollektivs eine Ersatzlösung. Im Kollektiv sind alle gleich.

1 Kubsch, Ron: *Die Postmoderne*. Abschied von der Eindeutigkeit, Holzgerlingen 2007.

Qualitative Unterschiede können nicht geduldet werden. Der in ›herrschaftsfreier Diskussion‹ erzielte Konsensus repräsentiert die Wahrheit. Der Glaube an die Funktionsfähigkeit und Zuverlässigkeit des Mediums Diskussion gründet sich auf die Vorstellung, der Austausch von Standpunkten und Argumenten führe zwangsläufig zur optimalen Conclusio. Der Konsensus, die Übereinstimmung der Vielen in einem gemeinsamen Ergebnis, wird zur Leitidee, die den Platz eines sittlichen Wertes einnimmt. Diese Überlegungen zeigen, dass die Gleichheit und auch das jede Autorität vermeidende quantitative, die moderne ›Demokratie‹ begründende, Prinzip der Entscheidungsfindung zentrale Bedeutung in der Aufklärungsbewegung haben.

Alain de Benoist hat den Gegensatz zwischen abendländischem Individualismus der Aufklärungsepoche und nichtabendländischem holistischem Soziozentrismus mit wenigen Sätzen prägnant herausgearbeitet, daher soll er in einem längeren Zitat zu Wort kommen: »In den meisten Kulturen – unter ihnen in ihren Ursprüngen auch die abendländische Kultur – lässt sich das Individuum als solches ganz einfach nicht darstellen. Nirgends wird es als Monade aufgefasst, von allem abgeschnitten, was es einbindet, nicht nur von seinen Nächsten, sondern von der Gemeinschaft aller Lebewesen und von der Gesamtheit des Universums. Vorstellungen von Ordnung, Gerechtigkeit und Harmonie gehen nicht vom Individuum aus, sondern von der Gemeinschaft, den Traditionen, den gesellschaftlichen Bindungen oder der Ganzheit alles Wirklichen. Die Freiheit des Individuums hat keinerlei Bedeutung in Kulturen, die grundsätzlich holistisch geblieben sind und sich weigern, das menschliche Wesen als autark auf sich selbst gestelltes Atom zu verstehen. Solche Kulturen kennen keine subjektiven Rechte. Umso allgegenwärtiger sind Rechte, die auf Verpflichtung und Gegenseitigkeit beruhen. Statt seine Rechte geltend zu machen, muss ein Mensch sich bemühen, in der Welt und [...] in der Gesellschaft [...] die Bedingungen zu schaffen, die am ehesten die Vollendung seiner Natur und die Vervollkommnung seines Seins begünstigen. Die asiatische Denkweise [...] drückt sich vor allem in der Sprache der Pflichten aus. Der Moralbegriff, der dem chinesischen Denken zugrunde liegt, ist ein Begriff der Pflichten, die man gegenüber anderen hat, nicht etwa der Rechte, die man ihnen gegenüber anmelden könnte [...] Die konfuzianische Tradition stellt die Harmonie der Lebewesen untereinander und mit der Natur in den Vordergrund. Dementsprechend kann das Individuum keine höheren Rechte haben als die Gemeinschaft, der es angehört. Die Menschen sind durch die Gegenseitigkeit der Pflichten und Verpflichtungen aneinander gebunden. Zudem reichen die Pflichten weiter als die Rechte.«[2]

Wertesystem der Aufklärung

Die extreme Form des Individualismus der Aufklärung, in dessen Mittelpunkt der aus allen Bindungen isolierte Mensch steht, bildet den Hintergrund des Konzepts der Menschenrechte, denen damit auch etwas Wirklichkeitsfremdes anhaftet. Damit lässt sich das Wertesystem der Aufklärung darstellen. Zunächst Toleranz und Diskriminierung als deren Spiegelbegriff sowie die Trias Freiheit, Demokratie und Menschenrechte. Zu ergänzen wäre noch die Parole der französischen Revolution ›Freiheit, Gleichheit, Brüderlichkeit‹. Allerdings bilden Freiheit und Gleichheit Gegensätze und die Bedeutung des Begriffs ›Brüderlichkeit‹ ist angesichts eines aus allen Bindungen isolierten Individuums schwer zu fassen. Nun ist dieses Wertesystem der europäischen Aufklärung in seiner kulturellen Bedingtheit eine von vielen anderen Möglichkeiten, den sich aus der Idee vom Menschen ergebenden moralischen Forderungen Rechnung zu tragen.

2 Benoist, Alain de: *Kritik der Menschenrechte*, Warum Universalismus und Globalisierung die Freiheit bedrohen, S. 74, Berlin 2004.

Eine gewisse Brisanz entsteht dadurch, dass die Aufklärungsbewegung ihrem Wertesystem eine universelle Gültigkeit zuschreibt. Nur durch das Leben ihrer Werte, so glauben die Aufklärer, lässt sich das wahre Menschsein erfüllen. Hinzu kommt, dass die gegenwärtige europäisch-westliche Zivilisation mit ihrer militärischen, technologischen und wirtschaftlichen Überlegenheit das Wertesystem der Aufklärung als ihr Fundament ansieht. Daher sollen die folgenden Überlegungen das Wertesystem der Aufklärung und speziell das Konzept der Menschenrechte durch Aufzeigen der inneren Widersprüche einer gewissen ›Entzauberung‹ unterziehen.

Entzauberung der Aufklärung: Logische Inkonsistenzen

Die Frage der Universalität der Menschenrechte ist natürlich von entscheidender Bedeutung. Denn wenn der Begriff der »Menschenrechte« ein rein westlicher ist, dann wäre seine globale Verallgemeinerung eine Form von Kulturimperialismus. Daher haben sich die Verfechter der Menschenrechtsideologie große Mühe gegeben, die Universalität zu begründen. Die Ideologie der Menschrechte legt ausdrücklich fest, dass es um Rechte des Menschen an sich gehen soll, das heisst um die Rechte eines Menschen, der allen Einbindungen entzogen ist. Daraus folgt, dass sie niemals von der Zugehörigkeit zu einer Gruppe abhängig sein können. Die Menschheit stellt aber durchaus eine Gruppe dar. So stellt sich die Frage, warum man gerade dieser Gruppe eine besondere Stellung zuschreibt. Zu behaupten, dass Gruppenzugehörigkeiten keine Rolle spielen dürfen, um dann die Zugehörigkeit zu einer Gruppe wieder als ausschlaggebend anzusehen, stellt durchaus einen Widerspruch dar.

Eine häufige Beweisführung, dass die Menschenrechte universelle Gültigkeit beanspruchen können, geht folgendermaßen vor. Zunächst wird festgestellt, dass überall auf der Welt ein Verlangen nach körperlichem Wohlbefinden und nach Freiheit herrscht. Dies wird dann als Argument benutzt, um die Menschenrechte, die angeblich auf dieses Verlangen antworten, zu legitimieren. Diese Schlussfolgerung ist allerdings vollkommen falsch. Denn niemand hat je bestritten, dass allen Menschen gewisse Bestrebungen gemein sind, noch dass sich ein Konsens herstellen ließe, wenigsten gewisse Dinge als grundsätzlich gut oder grundsätzlich schlecht zu betrachten. Überall auf der Welt sind die Menschen lieber gesund als krank, lieber frei als unfrei, nirgends lassen sie sich gerne schlagen, foltern, willkürlich inhaftieren und umbringen. Aber dass alle Menschen gewisse Wünsche teilen, macht die Menschenrechte noch lange nicht gültig, geschweige denn universell. Denn es gibt durchaus verschiedene Möglichkeiten, auf die Universalität des Verlangens, keinem Zwang unterworfen zu werden, zu reagieren.[3]

Beginnt man den Begriff der Menschenrechte zu analysieren, so wird ein grundlegender Kategorienfehler sichtbar. Die Menschenrechtsdeklarationen verwenden den Begriff des Menschen in doppeldeutiger Weise. Dadurch werden Aspekte des Menschseins unzulässig miteinander verwechselt. Diese Verwechslung lässt sich bis zu den berühmten ersten Erklärungen der Menschenrechte zurückverfolgen. So heißt es in der Unabhängigkeitserklärung der Vereinigten Staaten von Amerika von 1776, »dass alle Menschen gleich erschaffen und dass sie von ihrem Schöpfer mit gewissen unveräußerlichen Rechten begabt werden« und fast gleichlautend in der Erklärung der Menschen- und Bürgerrechte durch die französische Republik von 1789, dass »die Menschen frei und gleich an Rechten geboren werden.« Doch was beide Erklärungen als »gleich« und »frei« verbinden, ist aus logischen Gründen nicht verbindbar.[4]

3 Benoist, Alain de: *Kritik der Menschenrechte,* Berlin 2006.

4 Becker, Werner: *Sind alle Menschen gleich oder frei?* Warum es so schwierig ist, Grundrechte weltweit durchzusetzen, Die Welt vom 1.2.2008.

Natürlich lassen sich alle Menschen durch einen Gattungsbegriff zusammenfassend besonders in Abgrenzung zum Tierreich bezeichnen; denn jenseits aller Unterschiede gibt es gemeinsame Merkmale aller. Die Menschenrechtsdeklaration macht nun die Zugehörigkeit zur Gattung Mensch zur alleinigen Voraussetzung der Menschenrechte. Aus der durch die Zugehörigkeit zur Gattung Mensch postulierten Gleichheit folgt dann, dass die Menschen diese Rechte auch nur in der gleichen Art und Weise gebrauchen dürfen. So entsteht ein Widerspruch zum Prinzip der Freiheit; denn die Menschenrechte werden allgemein als individuelle Freiheitsrechte verstanden. Freiheitsrechte, die nicht auf jenen egalitäts-sozialistischen Konsens im Lichte der Gleichheitsprämisse hinauslaufen sollen, setzen jedoch als Grundannahme die Verschiedenheit der Menschen voraus.

In Anlehnung an einen Gedankengang Hegels werde ein Blick auf die Entstehung eines Gattungsbegriffs geworfen. Der Ausgangspunkt ist das einzelne Existierende. Hegel nennt es das ›Individuum‹, was das ›Unteilbare‹ bedeutet. Dieses wird dadurch zum Individuum, dass es sich gegenüber anderen Individuen abgrenzt. Damit setzt der Begriff des Individuums andere Individuen voraus. Als nächstes betrachte man eine Vielheit von einzelnen Individuen, die alle verschiedene Eigenschaften haben. Wenn sie alle hinsichtlich einer bestimmten Eigenschaft übereinstimmen, so sind sie in dieser Hinsicht gleich. Diese Gleichheit setzt aber die Ungleichheit hinsichtlich anderer Eigenschaften voraus; denn sonst würde ja eine Übereinstimmung hinsichtlich aller Eigenschaften vorliegen. Dann aber wären die Individuen nicht unterscheidbar und man hätte nur ein Individuum. Betrachtet man also eine Vielheit von Individuen, so kann man bestimmte Eigenschaften dieser Individuen als wesentlich und die übrigen als unwesentlich ansehen. Dann lassen sich die Individuen mit den wesentlichen Eigenschaften als Gattung zusammenfassen, die damit eine wesentliche Allgemeinheit darstellt. Die Individuen einer Gattung unterscheiden sich in den nicht wesentlichen Eigenschaften. Alle Individuen, die unter einen bestimmten Begriff fallen, werden als Exemplare des Begriffs gleichgesetzt. Der Begriff negiert Unterschiede; er sondert eine bestimmte Menge von Individuen aus und stellt sie Individuen gegenüber, die unter einen anderen Begriff fallen.

Der Kategorienfehler beim Konzept der Menschenrechte beruht auf einer mangelhaften Unterscheidung zwischen den Begriffen »Mensch« und »Person«. Die in den Menschrechtsdeklarationen angeführten Freiheitsrechte sind jedoch persönliche Rechte und stellen ein persönliches Rechtseigentum dar, über das allein der Einzelne in seiner Person verfügen darf. Die bei der Entstehung des Gattungsbegriffs Mensch als unwesentlich bestimmten Eigenschaften und Merkmale sind genau das, was den einzelnen Menschen als Person charakterisiert und damit sind die als Person ins Auge gefassten Menschen keineswegs gleich, sondern alle verschieden.

Die Frage, von der abhängt, ob sich Gleichheit und Freiheit so, wie die Menschenrechtserklärungen dies unterstellen, miteinander verbinden lassen, ist diejenige nach der Identität des Menschseins. Entweder ist der Mensch vollständig bestimmt durch seine Gattungsmitgliedschaft, dann sind alle Menschen gleich, oder der Mensch ist nur vollständig bestimmt als Person in seiner unverwechselbaren Einmaligkeit, dann sind alle Menschen verschieden, aber können frei sein.

In der Regel ist der Mensch Angehöriger eines Volkes, das durch eine Sprachengemeinschaft gebildet wird. Für ein geordnetes Zusammenleben gibt sich ein Volk eine staatliche Ordnung, welche die Rechte und Pflichten der Angehörigen des Volkes durch Gesetze festlegt. Unterwerfen sich alle Angehörigen des Volkes diesen Gesetzen, so spricht man von einem Rechtsstaat. Wenn die Rechte eines Angehörigen dieses Volkes durch einen anderen verletzt werden, so darf er sich nicht selbst zu seinem Recht verhelfen. Alle Angehörigen des Volkes verzichten auf die Anwendung von Gewalt zugunsten staatlicher Institutionen wie die Staatsanwaltschaft und die Gerichte, denen die Durchsetzung der Gesetze obliegt. Das Gewaltmonopol des Staates ist wesentlicher Bestandteil eines Rechtsstaates.

Was bedeutet in diesem Zusammenhang die Deklaration von ›Menschenrechten‹? Innerhalb eines Volkes, das sich eine rechtsstaatliche Ordnung gegeben hat, sind solche Menschenrechte gegenstandslos, weil diese Ordnung jedem in diesem Volk lebenden Menschen zu seinem Recht verhelfen soll. Natürlich können die Menschenrechte nur dort geltend gemacht werden, wo sie schon anerkannt werden, in Kulturen und Staaten, die ihre Grundsätze bereits verinnerlicht haben, dort also, wo man sie eigentlich nicht mehr geltend zu machen braucht.[5]

Aber über die Deklaration der Vereinten Nationen sind ja auch die Menschenrechte in einen überstaatlichen Raum hinein gestellt worden. Im überstaatlichen Raum, in dem es um das durch das Völkerrecht geregelte Miteinander der Völker geht, entfalten die Menschenrechte ihre eigentliche Dynamik. Eine Menschenrechtsdeklaration in den überstaatlichen Raum stellen, in dem das Miteinander der Völker durch das Völkerrecht geregelt wird, bedeutet ein hierarchischen Systembruch; denn die staatliche Ordnung innerhalb der Völker hat den Menschen zu ihrem Recht zu verhelfen.

Die im überstaatlichen Raum präsente Deklaration der Menschrechte legt ein Interventionsrecht nahe. Werden zum Beispiel Menschenrechtsverletzungen in irgend einem Staat bekannt, so könnte das von irgendeinem anderen Staat zum Anlass genommen werden, zunächst diplomatisch und dann militärisch einzugreifen. Eine solche Intervention ist gewissermassen durch sich selbst gerechtfertigt, sie erfolgt im Namen des ›Guten‹; denn wer wollte etwas gegen die Durchsetzung von Menschenrechten sagen.[6]

Die Menschrechtsideologie ist eine verwickelte Mischung aus Moral, Recht und Politik. Dabei lässt sich das Verhältnis dieser drei Komponenten, die völlig verschiedenen Kategorien angehören, so bestimmen, dass die Rechtsform dieser Ideologie die Funktion hat, das Moralische zu Ummanteln, damit das Ganze in optimaler Weise für politische Zwecke verwendet werden kann. Der Schlüsselbegriff, den das Konstrukt der Menschenrechte unterschlägt, ist der Begriff der Moral. Die Menschenrechte bilden die juristische Verkleidung einer moralischen Forderung nach Gerechtigkeit; sie stellen eine juristische Methode dar, diese Moral zu fassen und auszudrücken. Insofern ist Arnold Gehlen zuzustimmen, dass die Verbreitung der Menschenrechtsrethorik einer ›Tyrannei der moralischen Hypertrophie‹ gleichkommt.[7]

Menschenrechte und Weltherrschaft

Die Deklaration der Menschenrechte durch die Vollversammlung der Vereinten Nationen bedeutet den Weg in eine übernationale Gesetzesherrschaft und damit den Weg in die Auflösung der Volksgrenzen, deren Auflösung auf ökonomischem Gebiet durch die Globalisierung bereits in vollem Gange ist. Damit ist aber eine Situation gegeben, auf die eigentlich nur der Begriff der »Weltherrschaft« passt. Was bedeutet eigentlich im 21. Jahrhundert »Weltherrschaft«? Dieser Begriff ist ja nicht so zu verstehen, dass er nach Art des Römischen Imperiums oder in der Form des Kolonialismus verwirklicht wird. Auch bedeutet es nicht, dass ausgehend von einem Land die übrige Welt militärisch besetzt wird. Weltherrschaft hat in der Gegenwart derjenige erlangt, der in der Lage ist, der Welt und damit der gesamten Menschheit seine Gesetze aufzuprägen. Damit geht es in erster Linie um eine ›geistige Herrschaft‹.

Das Geniale an der künstlichen Konstruktion der Ideologie der Menschenrechte ist die Einkleidung einer Strategie zur Auflösung der Volksgrenzen und eines Weges in eine übernationale Gesetzesherrschaft in ein moralisches Gewand, das diese Ideologie im strahlenden Glanz des Guten schlechthin erstrahlen lässt. Dadurch entsteht eine argumentative Entwaffnung, die jede kritische Hinterfragung im Keime erstickt. In der amerikanischen Unabhän-

5 Piccone, Paul: *Der Begriff des Politischen,* Berlin 1991.

6 Wohlrapp, Harald: *Krieg für Menschenrechte?,* in Deutsche Zeitschrift für Philosophie, Heft 1, Berlin 2000.

7 Gehlen, Arnold: *Moral und Hypermoral,* Frankfurt/Main 1973.

gigkeitserklärung vom Juli 1776 heisst es von den Menschenrechten: »We hold these truths to be self-evident.« Die Menschenrechte werden also als ›offensichtliche Wahrheit‹ bezeichnet. Eine solche Wahrheit hat aber den Rang eines Dogmas, das keine Diskussion zulässt. So bekommt die Menschenrechtsidee den Charakter einer säkularen Religion. Die Menschenrechtsidee ist in einer solchen Weise konstruiert worden, dass ihre kritische Hinterfragung wie ein Angriff auf das Prinzip der Menschlichkeit erscheint und dieses gelingt durch die Einkleidung in ein moralisches Gewand.

Menschenrechte gehören nach Huntington – zusammen mit Demokratie, Rechtsstaatlichkeit, Trennung von Staat und Kirche, Marktwirtschaft und anderen Merkmalen – zum kulturellen Code der westlichen Zivilisation, haben in nicht-westlichen Zivilisationen hingegen keine originäre Geltung. Die weltweite Durchsetzung der Menschenrechte wäre demnach nur im Rahmen einer globalen Vorherrschaft des Westens denkbar. Besonders deutlich zeigt sich jedoch die Durchsetzung der Menschenrechtsideologie als eine Form des Kulturimprialismus, wenn man sich die Herkunft dieser Ideologie aus der europäischen Aufklärungsepoche vor Augen hält. Die Menschenrechtsideologie repräsentiert das Gesetz des Westens, der sich auch als ›westliche Wertegemeinschaft‹ bezeichnet, und die moralische Verkleidung dieser Ideologie legitimiert ihre Durchsetzung mit militärischen Mitteln.

Weiterführende Literatur des Autors:

Gerdsen, Peter: *Die Menschenrechte*. Dekonstruktion und Rekonstruktion eines umstrittenen Begriffs, in: Wege zu Menschenrechten. Geschichten und Gehalte eines umstrittenen Begriffs, hrsg. v. Hamid Reza Yousefi, Peter Gerdsen u.a., Nordhausen 2008 (59-90).

—: *Toleranz und Aufklärung*. Eine kritische Perspektive, in: Toleranz im Weltkontext. Geschichten – Entstehungsorte – Neuere Entwicklungen, hrsg. v. Hamid Reza Yousefi und Harald Seubert, Wiesbaden 2013 (295-302).

Peter Gerdsen

Menschenrechte und Wissenschaft

Einleitende Gedanken

Begonnen werden soll meine Untersuchung mit Definitionen der Begriffe ›Menschenrechte‹ und ›Wissenschaft‹, wie man sie mehr oder weniger übereinstimmend in den Enzyklopädien findet.

Als Menschenrechte werden subjektive Rechte bezeichnet, die jedem Menschen gleichermaßen zustehen. Das Konzept der ›Menschenrechte‹ geht davon aus, dass alle Menschen allein aufgrund ihres Menschseins mit gleichen Rechten ausgestattet und dass diese egalitär begründeten Rechte universell, unveräußerlich und unteilbar sind.[1]

Wissenschaft ist die Erweiterung des Wissens durch Forschung, dessen Weitergabe durch Lehre, der gesellschaftliche, historische und institutionelle Rahmen, in dem dies organisiert betrieben wird, sowie die Gesamtheit des so erworbenen Wissens. Forschung ist die methodische Suche nach neuen Erkenntnissen sowie deren systematische Dokumentation und Veröffentlichung in Form von wissenschaftlichen Arbeiten. Lehre ist die Weitergabe der Grundlagen des wissenschaftlichen Forschens, die Vermittlung eines Überblicks über das Wissen eines Forschungsfelds und den aktuellen Stand der Forschung sowie die Unterstützung bei deren Vertiefung.

Was verbindet nun die Begriffe ›Menschenrechte‹ und ›Wissenschaft‹? Die Beantwortung dieser Frage hat drei Dimensionen: *Erstens* kommt beiden Begriffen in der europäischen Aufklärung eine besondere Bedeutung zu. Während der Menschenrechtsbegriff eine Erfindung dieser Bewegung ist, hat die Wissenschaft eine zentrale Bedeutung, weil sich die Bewegung auf die Vernunft als universelle Urteilsinstanz beruft. *Zweitens* haben sowohl die Menschenrechte als auch die Wissenschaft in der Gegenwart Macht- und Herrschaftsaspekte. *Drittens* sprechen beide Begriffe anthropologische, sich aus der menschlichen Existenz ergebende Konstanten an. Diese drei Dimensionen des Zusammenhangs der Begriffe Menschenrechte und Wissenschaft sowie auch die sich daraus ergebenden Folgerungen werden untersucht.

Ibn Khaldun (1332-1406) schreibt im Hinblick auf die Frage zu Recht: »Was die rationalen Wissenschaften betrifft, die dem Menschen von Natur aus zugehören, insofern er ein denkendes Wesen ist, so sind sie nicht speziell auf eine Religionsgemeinschaft beschränkt. [...] Sie sind bei der Gattung Mensch vorhanden, seit es eine Kultur in der erschaffenen Welt gibt. Sie werden die Wissenschaften der Philosophie und der Weltweisheit genannt und setzten sich aus vier Wissenschaften zusammen.«[2] Dies bedeutet, dass die Universalität der Wissenschaft niemandes Besitz alleine ist.

Menschenrechte und Wissenschaft in der Aufklärung

Die Quelle der gegenwärtigen Menschenrechtsidee ist die europäische Aufklärungsepoche. Diese fand ihren Ausdruck in der Erklärung der Menschen- und Bürgerrechte am 26. August 1789 in der Nationalversammlung Frankreichs. Zwei Jahre später, am 15. Dezember 1791, erfolgte die Verabschiedung der »Bill of Rights« in den Vereinigten Staaten von Amerika. Am 10. Dezember 1948 wurde die »Allgemeine Erklärung der Menschenrechte« durch die

1 Vgl. Koenig, Matthias: *Menschenrechte,* Frankfurt/Main 2005, S. 9.

2 Khaldun, Ibn: *Die Muqaddima.* Betrachtungen zur Weltgeschichte, München 2011, S. 446.

Generalversammlung der Vereinten Nationen verabschiedet. Die Grundidee der Menschenrechte besteht darin, dass jedem Menschen allein auf Grund der Tatsache, dass er ein Mensch ist, ganz bestimmte Rechte zustehen. Üblicherweise wird der Katalog der Menschenrechte in Gruppen eingeteilt. Man spricht von Persönlichkeitsrechten: z.B. Recht auf Leben und körperliche Unversehrtheit, Freiheitsrechten: z.B. Recht auf Freiheit, Eigentum und Sicherheit der Person, justitiellen Rechten: z.B. keine Strafe ohne vorheriges Gesetz und sozialen Rechten: z.B. Recht auf Arbeit und Recht auf Bildung.[3]

In meinem Beitrag ›Menschenrechte und Aufklärung‹ des vorliegenden Bandes habe ich bereits darauf hingewiesen, dass der Philosoph Hans-Georg Gadamer die ›Aufklärungsepoche‹ auf eine interessante Weise beschreibt. Er sagt: »Nun ist es die allgemeine Tendenz der Aufklärung, keine Autorität gelten zu lassen und alles vor dem Richterstuhl der Vernunft zu entscheiden. So kann auch die schriftliche Überlieferung, die Heilige Schrift wie alle andere historische Kunde, nicht schlechthin gelten, vielmehr hängt die mögliche Wahrheit der Überlieferung von der Glaubwürdigkeit ab, die ihr von der Vernunft zugebilligt wird. Nicht die Überlieferung, sondern die Vernunft stellt die letzte Quelle aller Autorität dar.«[4] Das bedeutet eine fortschreitende Verwissenschaftlichung aller kulturellen Verhältnisse. Die Religion wird hinsichtlich der Prägung der Kultur entmachtet; an ihre Stelle tritt die Wissenschaft als Pseudo-Religion. Der Glaube an die Wissenschaft ist groß. Das Prädikat ›wissenschaftlich‹ wird häufig gleichgesetzt mit ›nicht bezweifelbar‹. Somit sind Menschenrechte und Wissenschaft konstitutive Elemente der Aufklärungsbewegung.

Herrschafts- und Machtaspekt der Menschenrechte

Untersucht man den Begriff der Menschenrechte hinsichtlich aller seiner Merkmale, so entsteht der Eindruck, als sei er eigens dazu ersonnen, Herrschaft über den Rest der Welt zu gewinnen. Dies wird deutlich, wenn man erstens die Prinzipien der Kostümierung des Begriffs deutlich macht, zweitens zeigt, dass er ein Entgrenzungsgeschehen unterstützt, drittens Interventionen in andere Ländern auch militärischer Art legitimiert und viertens einen Selbstimmunisierungsmechanismus enthält.

Was bedeutet eigentlich im 21. Jahrhundert ›Weltherrschaft‹? Dieser Begriff ist ja nicht so zu verstehen, dass er nach Art des Römischen Imperiums oder in der Form des Kolonialismus verwirklicht wird. Auch bedeutet es nicht, dass ausgehend von einem Land die übrige Welt militärisch besetzt wird. Weltherrschaft hat in der Gegenwart derjenige erlangt, der in der Lage ist, der Welt und damit der gesamten Menschheit seine Gesetze aufzuprägen. Damit geht es in erster Linie um eine ›geistige Herrschaft‹.

Begriffskonstruktion

Die Bestimmung des Menschen, die sich aus seiner Existenz in Raum und Zeit ergibt, liegt in seiner Entwicklung zur Freiheit hin und in einem schöpferischem Tätigsein und dies unter Bedingungen, die seiner Würde als Mensch entsprechen. Daraus ergeben sich ›Prinzipien für das menschliche Leben in Gemeinschaft‹ als ein das Leben strukturierendes Gedankengebäude. Diese Prinzipien sind anthropologische Konstanten; denn treffen auf alle Menschen zu.

3 Vgl. Gerdsen, Peter: Die Menschenrechte. Dekonstruktion und Rekonstruktion eines umstrittenen Begriffs, in: Wege zu Menschenrechten. Geschichten und Gehalte eines umstrittenen Begriffs, hrsg. v. Hamid Reza Yousefi, Klaus Fischer u.a., Nordhausen 2008.

4 Kubsch, Ron: Die Postmoderne. Abschied von der Eindeutigkeit, Holzgerlingen 2007.

Die Konstrukteure des Begriffs ›Menschenrechte‹ haben nun diese Prinzipien mit drei anderen Begriffen, die ganz verschiedenen Kategorien angehören, verknüpft: Moral, Recht und Politik. Die Prinzipien wurden als moralische Forderungen formuliert, als einklagbare Rechtsansprüche dargestellt und als Bausteine der Politik etabliert. Die moralische Kostümierung lässt alles, was im Namen der Menschenrechte geschieht im strahlenden Glanz des Guten erscheinen. Überall auf der Welt sind die Menschen lieber gesund als krank, lieber frei als unfrei, nirgends lassen sie sich gerne schlagen, foltern, willkürlich inhaftieren und umbringen. Die Zielrichtung des Begriffs zeigt sich, wenn diese Offenkundigkeiten in einen Katalog aufgenommen und zu Rechtsansprüchen gemacht werden. Bei welcher Instanz sollen diese Rechtsansprüche eingeklagt werden? Da es um Menschenrechte geht, muss es eine Instanz oberhalb der Nationen sein. Das ist der Einstieg in eine übernationale Gesetzesherrschaft.

In der amerikanischen Unabhängigkeitserklärung vom Juli 1776 heißt es von den Menschenrechten: »We hold these truths to be self-evident.« Die Menschenrechte werden also als ›offensichtliche Wahrheit‹ bezeichnet. Eine solche Wahrheit hat aber den Rang eines Dogmas, das keine Diskussion zulässt. So bekommt die Menschenrechtsidee den Charakter einer säkularen Religion. Der Begriff der ›Menschenrechte‹ ist in einer solchen Weise konstruiert worden, daß ihre kritische Hinterfragung wie ein Angriff auf das Prinzip der Menschlichkeit erscheint und dieses gelingt durch die Einkleidung in ein moralisches Gewand. Der Begriff der ›Menschenrechte‹ hat also nicht nur eine moralische und juridische Komponente, sondern auch eine politische. Eine wahrlich geniale, aber destruktive Konstruktion.

Entgrenzung

Ein Staat, der von einem Volk als Sprachgemeinschaft gebildet wird, umfasst ein örtlich begrenztes Gebiet der Erde. Errichtet ein solcher Staat ein System der wirtschaftlichen und politischen Herrschaft über Regionen außerhalb seiner eigenen Grenzen, so hat man es mit Kolonialismus und so mit einer ersten Stufe zur Globalisierung zu tun. Die Rechte eines Menschen werden ihm von der Kultur des Staates, dem er angehört, zuerkannt. Die Menschenrechtslehre will die Rechte eines Menschen aus der lokalen Gültigkeit herausholen und zu einer globalen Gültigkeit verhelfen.

Der Kolonialismus, Menschenrechte und Globalisierung verbindende Begriff ist also ›Entgrenzung‹ oder ›Aufhebung von Grenzen‹. Globalisierung erweist sich als Oberbegriff; die Menschenrechte sind Globalisierung auf dem Gebiet des Rechtslebens: die ganze Menschheit wird unter ein einheitliches Gesetz gestellt. Gegenwärtig wird unter Globalisierung überwiegend die Aufhebung der Grenzen hinsichtlich der Ökonomie und des Finanzwesens verstanden. Dabei geht es nicht um weltweiten Handel, den es schon immer gegeben hat, sondern Ökonomie und Finanzwesen unter ein einheitliches Regelwerk zu stellen.

Humanitäre Intervention

Die NATO, die North Atlantic Treaty Organization, die ursprünglich ein Verteidigungspakt war, begann unter der Führung der Vereinigten Staaten von Amerika einen Angriffskrieg gegen Serbien. Begründet wurde dieser Krieg mit Menschenrechtsverletzungen im Kosovo. Am Ende dieses Krieges gegen Serbien hatte sich eine neue Formel für den ›gerechten Krieg‹ durchgesetzt, die ›Humanitäre Intervention‹.

Der Begriff war nicht neu, er diente bereits im neunzehnten Jahrhundert der Begründung imperialistischer Überfälle. Die Ideologie der Menschenrechte wurde zur Legitimation eines Krieges instrumentalisiert. Durch die Koppelung von Menschenrechten und Krieg wurde die Fessel gelöst, mit der die Staaten an den Frieden gebunden und zum Verzicht auf den Krieg veranlasst werden sollten.

Selbstimmunisierung

Die ›Selbstimmunisierung‹ ist eine wichtige Herrschaftsstrategie. In der Medizin bezeichnet ›Immunität‹ die Unempfindlichkeit oder Unempfänglichkeit eines Organismus gegenüber äußeren Angriffen und die Fähigkeit des Organismus, bestimmte Krankheitserreger ohne pathologische Erscheinungen zu eliminieren. Hans Albert hat diesen Begriff in die Welt der Philosophie und Soziologie übertragen.[5] Selbstimmunisierung bedeutet dann die Abschirmung eines Begriffs oder einer Ideologie auf eine Weise, dass Kritik erschwert oder ganz unmöglich gemacht wird. Enthält ein Begriff einen eingebauten Immunisierungsmechanismus, dann wird eine Immunisierung sogar logisch erzwungen.[6]

Auf welche Weise kommt nun diese Selbstimmunisierung zustande? Die Protagonisten der Menschenrechte kämpfen im Namen der ›Menschenrechte‹ für die ›Menschheit‹; sie machen sich zum Anwalt der Menschheit, indem sie für deren Rechte eintreten. Dann werden alle, die sich ihnen entgegenstellen zu Feinden der Menschheit und somit zu Nicht-Menschen, die zumindest diskreditiert sind, aber eigentlich eliminiert werden müssten. Die Ideologie der Menschrechte trägt also ein moralisches Kostüm, das sowohl die Menschenrechte als auch ihre Verfechter im strahlenden Glanz des Guten schlechthin erstrahlen lässt. Dadurch entsteht eine argumentative Entwaffnung, die jede kritische Hinterfragung im Keime erstickt.

Herrschafts- und Machtaspekt der Wissenschaft

Als nächstes gilt es den Herrschafts- und Machtaspekt der Wissenschaft in den Blick zu nehmen. Hinsichtlich Erkenntnisgegenstand, Methode und Denkprozess sind die Naturwissenschaften und die Geisteswissenschaften zu unterscheiden. Dabei ist es von Bedeutung, die Tiefenstrukturen dieser beiden Wissenschaftsbereiche in den Blick zu bekommen. Dazu ist die Entwicklung zu verfolgen, während der die Wissenschaften zu dem wurden, was sie gegenwärtig sind. Hinsichtlich des Machtaspekts sind allerdings hauptsächlich die Naturwissenschaften von Bedeutung; denn diese haben die zivilisatorische Überlegenheit der europäisch-westlichen Zivilisation begründet.

Innerhalb des Bereiches der Naturwissenschaften ist besonders die Physik mit ihrer mathematischen Orientierung hervorzuheben; die Physik wurde zum Leitstern für die Naturwissenschaft überhaupt. Man spricht von den ›mathematischen Naturwissenschaften‹. Sehr früh wird deutlich, dass der neuen Naturwissenschaft eine mächtige, weltgestaltende und weit in die Zukunft weisende geistige Macht innewohnt, die hinsichtlich Allgemeinheit und Exaktheit ihrer Ergebnisse durch nichts übertroffen wird. So beginnt sie weit über ihre Grenzen hinaus zu strahlen und den Wissenschaftsbegriff allgemein zu prägen.

Worauf beruht der außerordentliche Erfolg der mathematisch orientierten Naturwissenschaften? Die überwiegend durch Messinstrumente gewonnenen Beobachtungsergebnisse werden in der Sprache der Mathematik formuliert. So entsteht das geistige Gebilde einer mathematischen Theorie, deren Weiterentwicklung zu neuen Hypothesen führt. In Form eines Experiments werden die Hypothesen als Fragen an die Natur gestellt. Fast immer beantwortete die Natur die an sie gestellten Fragen mit ja! So entstanden ständig wachsende Theorien als geistiges Abbild der Grundgesetzlichkeit der Welt. Wichtig ist nun, dass durch das Experiment als Grundbestandteil der naturwissenschaftlichen Methodik die zunächst vorliegende Erkenntnisorientierung in eine Handlungsorientierung transformiert wird. Die Freiheit des Menschen liegt in seinem Denken; hier gibt es für ihn keine Grenzen. Das bedeutet, dass die naturwissenschaftliche Methodik die Grenzenlosigkeit der Denkmöglichkeiten in eine

5 Hans Albert: *Die Idee der kritischen Vernunft*. In: Aufklärung und Kritik, Februar 1994, S. 16 ff.

6 Gerdsen, Peter: *Das moralische Kostüm geistiger Herrschaft*. Wie unter dem Deckmantel der Moral Macht ausgeübt wird, Nordhausen 2012.

Grenzenlosigkeit der Handlungsmöglichkeiten umsetzt. Dies wiederum zeigt sich in den beispiellosen Erfolgen der Ingenieurwissenschaften, die, aufbauend auf der von den Naturwissenschaften gefundenen Grundgesetzlichkeit der Welt, schöpferisch neue Dinge schaffen, die vorher in der Natur nicht vorhanden waren.[7]

Aus der Physik mit ihren Bereichen Mechanik, Akustik, Wärmelehre, Optik und Elektrizitätslehre entwickeln sich auf Grund der ihrer Methode innewohnenden Transformation der Erkenntnisorientierung in eine Handlungsorientierung die Ingenieurwissenschaften mit den Bereichen Maschinenbau, Elektrotechnik, Bauingenieurwesen. Die Ingenieurwissenschaften und die Physik entwickelten sich zu einer Symbiose, indem einerseits die physikalische Forschung den Ingenieurwissenschaften weitere Ergebnisse lieferte, welche durch diese in Anwendungen umgesetzt wurden, und andererseits die Ergebnisse der Ingenieurwissenschaft die physikalische Forschung intensivierte. Aus der Elektrotechnik entwickelte sich die Elektrische Nachrichtentechnik, aus der die weltumspannenden Kommunikationsnetze hervorgingen und die die Grundlage für die moderne Computertechnik bildete.

Physikalische Forschung, Ingenieurwissenschaft und Computertechnik bilden das Fundament für das, was wir heute die Technik nennen. Und diese bildet die Grundlage für die Industrialisierung, welche eine gewaltige zivilisatorische Durchschlagskraft hat. Der Industrialisierung verdankt die europäisch-westlichen Zivilisation ihre ökonomische und militärische Überlegenheit. Dementsprechend formuliert Samuel P. Huntington: »Der Westen eroberte die Welt nicht durch die Überlegenheit seiner Ideen, oder der Werte oder seiner Religion, sondern vielmehr durch seine Überlegenheit bei der Anwendung von organisierter Gewalt. Die Westler vergessen oftmals diese Tatsache, die Nichtwestler vergessen sie niemals.«[8]

Anthropologische Konstante als Grundlage der Menschenrechte

Die Theoretiker der Menschenrechtsideologie benutzen gern die Naturrechtslehre und auch den majestätischen Begriff der ›Menschenwürde‹ zur Begründung der Menschenrechte, insbesondere auch zur Begründung des mit der Menschenrechtsideologie verbundenen Anspruchs auf Universalität und Unteilbarkeit. Angesichts der inneren Widersprüche und der Instrumentalisierungsmöglichkeiten ist zu überlegen, ob es nicht ein anderes Fundament gibt, auf dem etwas die ganze Menschheit Verbindendes aufgebaut werden kann. Denn der tiefste Kern der Menschenrechtsideologie, der auch alle Menschen im Innersten berührt, ist das Verbindende, das Gemeinsame. Und dieses Verbindende, Gemeinsame findet man in den völker- und kulturenübergreifenden anthropologischen Konstanten.

Bestimmung des Menschen – eine anthropologische Konstante

Der Inhalt des Begriffs der ›Bestimmung des Menschen‹ erweist sich als eine solche anthropologische Konstante. Diese Bestimmung des Menschen liegt in der Verwirklichung von Freiheit und Schöpfertum. Denn der Gedanke ›Mensch‹ lässt sich nicht anders denken, als dass er frei ist. Sich zur Freiheit hin zu entwickeln, ist seine eigentliche Bestimmung. Deshalb ist die Welt in der Weise konstruiert, dass dies dem Menschen möglich ist. Die Freiheit ist dem Menschen nicht als naturhaft als unverlierbares Gut gegeben; er muss sie sich erarbeiten. Wäre der Mensch von Natur aus frei, würde das dem Gedanken der Freiheit widersprechen. Aus theologischer Sicht zeigt sich, dass Gott den Menschen ›in seinem Bilde‹ schuf, wie es in den Schöpfungsmythen der Völker heißt. Dies ist derart zu interpretieren, dass das Wesen Gottes dem Menschen eingeprägt wurde und damit auch Freiheit und Schöp-

7 Gerdsen, Peter: *Akuter Ingenieurmangel*. Folge eines einseitigen Bildungsbegriffs, NTZ Nr. 11, 2001.
8 Huntington, Samuel P.: Kampf der Kulturen, Hamburg 1997.

fertum. Und es bedeutet weiterhin, dass beide, Freiheit und Schöpfertum, eng miteinander verknüpft sind. Freiheit ist die Bedingung für Schöpfertum, das wiederum Folge der Freiheit ist; denn frei ist nur der tätige Mensch. Über dies lässt sich die Bestimmung des Menschen zu Freiheit und Schöpfertum herleiten aus den Grundgegebenheiten menschlicher Existenz: Raum und Zeit sowie Bewusstsein und Denken.[9]

Durch die Tatsache, dass es sich letztlich bei der Menschenrechtsidee um einen Forderungskatalog in einem moralischen und juridischen Gewand an Rechten von Menschen gegen über einer Obrigkeit handelt, erweist sich diese Ideologie als eine rein politische. Die Idee sollte von der moralischen und juridischen Ummantelung sowie auch von der politischen Instrumentalisierung befreit werden.

Grundlegend für die Existenz des Menschen während seines Erdenlebens ist, dass er sich letztlich nur in der Gemeinschaft seiner Bestimmung gemäß entwickeln kann. Dabei bedeutet Gemeinschaft, dass der Mensch sein eigenes Handeln in der Welt in sinnvoller Weise mit dem Handeln anderer Menschen verbinden möchte. Die Menschenrechtsideologie bezieht sich ja auf den aus allen Bindungen herausgelösten Menschen und ist insofern in dieser Abstraktheit auch wirklichkeitsfremd. Eigentlich ist sie auch gemeinschaftsfeindlich, weil sie nicht berücksichtigt, dass der Mensch sich nur in der Gemeinschaft seiner Bestimmung gemäß entwickeln kann. Wenn aber die moralische und juridische Verkleidung, die politische Instrumentalisierung und auch der Bezug auf den einzelnen Menschen wegfällt, was bleibt denn eigentlich noch von der Menschenrechtsideologie übrig? Sie zeigt sich nur noch als ein abstrakter, wirklichkeitsfremder Gedanke, der aus dem atheistischen Geist der europäischen Aufklärungsbewegung hervorgegangen ist.

Grundtrieb zur Wissenschaft – eine anthropologische Konstante

Warum gibt es überhaupt Wissenschaft? Weil Wissenschaft dem Menschen als Grundtrieb angeboren ist. Dem Mensch ist eine Grundunzufriedenheit zu eigen; stets verlangt er mehr als die Welt ihm freiwillig gibt. Ein besonderer Fall dieser Unzufriedenheit ist der Erkenntnisdrang. Der Mensch sucht überall nach dem, was man eine Erklärung der Tatsachen nennt. Der Überschuss dessen, was der Mensch in den Dingen sucht, über das, was ihm in ihnen unmittelbar gegeben ist, spaltet sein ganzes Wesen in zwei Teile; der Mensch wird sich seines Gegensatzes zur Welt bewusst. Die Scheidewand zwischen ihm selbst und der Welt errichtet der Mensch, sobald das Bewusstsein in ihm aufleuchtet. Bestehen bleibt aber für den Menschen das Gefühl, dass er doch zur Welt gehört, dass ein Band besteht, das ihn mit ihr verbindet, dass er nicht ein Wesen außerhalb, sondern innerhalb des Universums ist.

Dieses Gefühl erzeugt das Bestreben, den Gegensatz zu überbrücken. Deshalb versucht der Mensch denkend zu durchdringen, was er beobachtend erfährt. Erst wenn der Mensch den Weltinhalt zu seinem Gedankeninhalt gemacht hat, erst dann löst sich für ihn der Gegensatz zwischen Mensch und Welt auf. Der Grundtrieb zur Wissenschaft ist offenbar eine anthropologische Konstante, die allen Kulturregionen der Welt zu finden ist.[10]

9 Gerdsen, Peter: *Dimensionen der Ingenieurwissenschaft*. Eine andere Bestimmung des Menschen, in: Interkulturalität. Diskussionsfelder eines umfassenden Begriffs, hrsg. v. Hamid Reza Yousefi und Klaus Fischer, Nordhausen 2010 (143-155).

10 Gerdsen, Peter: *Verstehen und Verständigung aus naturwissenschaftlicher Sicht*, in: *Verstehen und Verständigung in einer veränderten Welt* – Theorien – Probleme – Perspektiven, hrsg. v. Hamid Reza Yousefi und Klaus Fischer 2012.

Konsequenz: Wissenschaft – ein Menschenrecht

Statt auf der Grundlage von Menschenwürde und Naturrecht durch die Erfindung des Begriffs ›Menschenrechte‹ eine Ideologie zu begründen, erscheint es vernünftiger, aus der Bestimmung des Menschen, aus der sich auch der allgemeine Sinn seines Lebens ergibt, ›Prinzipien für das Leben in Gemeinschaft‹ abzuleiten. Dann ergibt sich ein das Leben strukturierendes Gedankengebäude, das frei ist sowohl von moralischer und juridischer Ummantelung als auch von politischer Instrumentalisierung. Solche ›Prinzipien für das Leben in Gemeinschaft‹ umfassen alle Erfordernisse, damit die Menschen ihrer Bestimmung entgegen gehen können. Zwanglos ergeben sich dann viele Erfordernisse aus den Menschenrechtskatalogen, die sich auf den aus menschlichen Bindungen herausgelösten Menschen beziehen, zusätzlich aber auch weitere Erfordernisse, die sich auf das menschliche Miteinander beziehen.

Dazu gehört unter anderem die Möglichkeit zu freier wissenschaftlicher Betätigung; denn dem Menschen ist ein Grundtrieb zur Wissenschaft als anthropologische Konstante zu eigen. Verantwortlich für die Verwirklichung dieser Prinzipien sind die einzelnen Staaten und die wechselseitige Respekt der Staaten untereinander. Dies ist von besonderer Bedeutung angesichts der Herrschafts- und Machtaspekte, die sich mit dem Begriff Wissenschaft verbinden.

Es liegt nahe, freie wissenschaftliche Betätigung zu ermöglichen, in den Katalog der Menschenrechte aufzunehmen. Aber das Konzept der Menschrechte ist auf das aus allen Bindungen herausgelöste Einzelindividuum bezogen. Wenn es im Artikel 23 heißt: ›Jeder hat das Recht auf Arbeit.‹, so bildet diese Bestimmung einen Fremdkörper im Katalog. Wer wollte es denn einem Menschen verbieten zu arbeiten? Gemeint ist sicher nicht ›Arbeit‹, sondern ein ›Arbeitgeber‹, der bereit ist, einer Person ›Arbeit zu geben‹. Hier wird sichtbar, dass das Konzept der Menschenrechte nicht nur auf den aus allen Bindungen herausgelösten Einzelmenschen zielt, sondern darüber hinaus noch auf den unfreien abhängig beschäftigten Arbeitnehmer. Zusätzlich zeigt sich, dass dieses ›Recht auf Arbeit‹ nur auf gemeinschaftlicher Grundlage zu verwirklichen ist. Absurd ist die Formulierung als einklagbarer Rechtsanspruch.

Entsprechend verhält es sich auch mit der Wissenschaft. Es ist sicher nicht zufällig, dass die in ›Gemeinschaft betriebene wissenschaftliche Forschung‹ trotz des nicht zu leugnenden Grundtriebes zur Wissenschaft im Katalog der Menschenrechte keine Berücksichtigung findet. Immerhin kollidieren hier die Herrschafts- und Machtaspekte der ›Menschenrechte‹ mit denen der ›Wissenschaft‹.

Weiterführende Literatur des Autors:

Gerdsen, Peter: Natur- und Geisteswissenschaft im Kontext des Interkulturellen, Nordhausen 2007.

—: Dimensionen der Ingenieurwissenschaft. Eine andere Bestimmung des Menschen, in: Interkulturalität. Diskussionsfelder eines umfassenden Begriffs, hrsg. v. Hamid Reza Yousefi und Klaus Fischer, Nordhausen 2010 (143-155).

Bernd Hamm

Menschenrechte und Demokratie

Einleitung

»Wir haben ungefähr fünfzig Prozent des Reichtums der Erde, aber nur sechs Prozent ihrer Bevölkerung. [...] In dieser Situation ist es gar nicht zu vermeiden, daß wir zum Objekt von Neid und Unmut werden. Unsere wirkliche Aufgabe besteht darin, diese Ungleichheit aufrecht zu erhalten, ohne dabei unsere nationale Sicherheit zu gefährden. Wenn wir das erreichen wollen, müssen wir auf Sentimentalitäten und Tagträumerei verzichten. Wir sollten aufhören, über so vage und unwirkliche Dinge wie Menschenrechte, das Anheben des Lebensstandards oder Demokratisierung zu sprechen. Der Tag ist nicht mehr fern, an dem wir damit in nackten Machtbegriffen umgehen müssen. Je weniger wir dabei durch idealistische Slogans behindert werden, umso besser!«[1]

Treffender hätte man die Situation der Menschheit zu Beginn des 21. Jahrhunderts kaum beschreiben können: Die globalen Umweltressourcen werden zerstört, die biologische Lebensgrundlage aller Menschen: das Klima, das Wasser, die biologischen Arten, die Böden. Die Übernutzung durch Wenige ist schon seit den 1960er Jahren bekannt. Ein neuer, tatsächlich weltumspannender Konflikt ist im Gang. Eine sehr kleine Gruppen von Menschen – wahrscheinlich nur wenige hundert – gestützt von bestenfalls 20 % der Weltbevölkerung, hat das erkannt und ist entschlossen, die Schätze der Erde für sich und die eigene Klientel zu reservieren und andere von ihrem Nutzen auszuschließen. Der Anspruch ist nicht unbestritten, China, Indien, viele in Lateinamerika – aber gerade indem andere ihn bestreiten, treiben sie die Zerstörung weiter voran, durch Wirtschaftswachstum, durch Umweltbelastung, durch Rüstungswahn. In diesem Prozess werden die wichtigsten Errungenschaften der Zivilisation aufs Spiel gesetzt. Während nach den Prinzipien der Gerechtigkeit, der Menschenrechte und der Nachhaltigen Entwicklung die Naturschätze der Erde geschont und die Teilhabe an ihnen allen Menschen gleichermaßen möglich sein sollte, scheuen die Regierungen der reichen Länder der Erde auch vor dem Einsatz militärischer Gewalt nicht zurück, um ihren (um unseren) Anspruch durchzusetzen. Wir alle profitieren davon. Wir beobachten einen Rückfall in die Barbarei und die Unfähigkeit der Institutionen, uns davor zu schützen: *Auctoritas, non veritas facit legem*. Die Politiker schweigen: sie sind Komplizen. Die Medien schweigen: sie sind gekauft. Die Wissenschaft schweigt: sie ist korrumpiert. Die Wirtschaft hat sich in eine selbstzerstörerische Institution verwandelt und alle denkbaren Korrektive ausgeschaltet.

Einer kleinen Gruppe von Kapitalbesitzern ist es mit Hilfe der Regierungen gelungen, sich seit Beginn der achtziger Jahre einen immer größeren Anteil am volkswirtschaftlichen Produkt anzueignen, während die Lohnabhängigen sich mit stagnierenden oder abnehmenden Realeinkommen begnügen müssen. Die Finanzkrise zwingt erhebliche Teile der Mittelschicht in den Abstieg. An den Börsen werden die Rentenansprüche von Millionen verspielt.[2]

Es ist nicht der islamische Fundamentalismus, der uns bedroht: Es ist das radikal egoistische Handeln unserer westlichen Eliten aus Wirtschaft und Politik. Für die Reichen auch in unseren Gesellschaften sind die Armen nur ein Stör- und Kostenfaktor, gleichgültig. Sie werden nebenbei mit eliminiert, nicht physisch, aber auf jeden Fall politisch. Die wirklichen Fronten heute verlaufen nicht zwischen Nationen oder Regionen, Religionen oder Kultu-

1 George F. Kennan, Planungschef des US-Außenministeriums, 1948.

2 Siehe z.B. Nicholas Shaxson: Schatzinseln. Wie Steueroasen die Demokratie untergraben. Zürich 2011.

ren: Sie verlaufen zwischen den wenigen Tausend Reichen und den Milliarden Armen der Welt. Das ist längst ein globaler Klassenkampf geworden. Der *homo homini lupus* zeigt seine Zähne.

Ich habe einen sehr einfachen Gerechtigkeitsbegriff, der schnell erklärt ist: Da alle Menschen gleich nicht an Art, aber doch gleich an Wert sind, haben alle Menschen das gleiche Recht auf Glück und gutes Leben im Rahmen der Grenzen, die die Natur uns einräumt. Niemand hat das Recht, sich auf Kosten eines oder einer anderen zu bereichern. Niemand hat das Recht, eine/n andere/n in der Verfolgung seiner/ihres Glücks zu behindern. Die Freiheit, dies tun zu können, endet an der Freiheit aller anderen.

Diese Gerechtigkeitsvorstellung gibt es längst, es gibt sie als derzeitigen Stand eines langen zivilisatorischen Prozesses, wir alle beschwören sie, wo immer sich Gelegenheit dazu bietet: die Menschenrechte, die in einer Vielzahl rechtlicher Regeln kodifiziert sind. Gerechtigkeit besteht dann, wenn alle Menschen ohne Unterschied an den Menschenrechten teilhaben. Das wäre Demokratie. Mit anderen Worten: Demokratie ist der nie endende Prozess, der ein solches Ziel anstrebt.

Gerechtigkeit und Menschenrechte

Alles Nachdenken über Menschenrechte beruht auf zwei sehr einfachen Axiomen, die man nicht beweisen kann, die aber zum historischen Erbe der Menschheit gehören:

- Alle Menschen haben, eben als Menschen, gleiche Rechte. Was immer die Unterschiede zwischen uns sein mögen, so sind wir doch gleichwertig als Menschen. Man spricht deshalb auch von Naturrechten, von einer naturrechtlichen Begründung der Menschenrechte (im Gegensatz zu einer religiösen, traditionalen usw.).
- Die Grundlage aller Menschenrechte ist das »Recht auf Leben und körperliche Unversehrtheit« (z.B. Art. 2 Abs. 2 GG). Ohne dieses Recht haben alle anderen keinen Sinn. Es soll niemandem erlaubt sein, das Leben und die körperliche Integrität eines anderen Menschen zu verletzen.

Das Wichtige daran ist das »alle«, alle Menschen. Diese Wertgleichheit – ohne Unterschied von »Rasse, Farbe, Geschlecht, Sprache, Religion, politischer Überzeugung, nationaler oder sozialer Herkunft, nach Eigentum oder sonstigen Umständen« – wie es im Art. 2 der Allgemeinen Erklärung der Menschenrechte von 1948 heißt, macht den eigentlichen zivilisatorischen Fortschritt aus. Wir sind Menschen nur insoweit, als wir andere Menschen achten und respektieren wie uns selbst. Gerade auch dann, wenn sie in irgendeiner Hinsicht als »schwächer« definiert werden: Behinderte, Frauen, Arme, Kinder, Gefangene, AusländerInnen, AnalphabetInnen, Kriminelle – sie alle sollen nicht minderen Rechts sein. Wir könnten sie unterdrücken, quälen, töten, und haben das in der Geschichte vielfach getan. Dass wir sie gleichermaßen achten, eben dies ist der zivilisatorische Fortschritt.

Diese beiden Voraussetzungen haben Folgen: So kann man argumentieren, dass dem individuellen Grundrecht auf Leben und körperliche Unversehrtheit auf kollektiver Ebene ein der Menschheit insgesamt gemeinsames Recht auf Zukunftsfähigkeit, Nachhaltigkeit angesprochen ist. »Zukunftsfähigkeit« umfasst dabei mehr als das bloße physische Überleben; sie schließt die Befriedigung der Grundbedürfnisse auf Nahrung, Wohnung, Kleidung, Gesundheit, Fortpflanzung, Bildung und Sicherheit ein, also die Minimalvoraussetzungen, unter denen ein Mensch sein/ihr eigenes Leben aus eigener Kraft in Würde bewältigen kann. Dies soll nicht nur für die gegenwärtige, sondern auch für zukünftige Generationen gelten. Dies ist der Sinn jener Definition von Nachhaltiger Entwicklung, die der Brundtland-Bericht gegeben und die der Erdgipfel von Rio bestätigt hat: ein Entwicklungspfad, der es gegenwärtigen Generationen erlaubt, ihre Bedürfnisse zu befriedigen, ohne zukünftige Generationen in diesem Recht zu beeinträchtigen.[3]

Wer bewusst und willentlich die Umwelt so schädigt, wer Verhältnisse so schafft, dass daraus die Gesundheit anderer beeinträchtigt wird, wer anderen die Mittel zur Überlebenssicherung und zur Befriedigung von Grundbedürfnissen vorenthält, verletzt Menschenrechte. Der Staat hat die Aufgabe, die Einhaltung der Menschenrechte sicherzustellen – das ist sein hervorragender Zweck. Ganz ohne Zweifel schließt dies die Verpflichtung ein, nicht durch eigenes staatliches Handeln Bedingungen zu schaffen, die solche Menschenrechte beeinträchtigen könnten. Aber er soll immer auch jene in die Schranken weisen, die es zum eigenen Vorteil auf die Verletzung der Menschenrechte anderer abgesehen haben.

Die Aussage hat einen radikalen Sinn: Der Staat hat nicht nur kein Recht, Bedingungen zu schaffen oder zuzulassen, die Zukunftsfähigkeit beeinträchtigen könnten. Er hat vielmehr die vorrangige Pflicht, das Entstehen solcher Bedingungen – aus welcher Quelle auch immer – aktiv zu verhindern. Konsequenterweise hat der Staat – also genauer: die Regierung – nicht nur kein Recht, Menschen für den Krieg vorzubereiten, kein Recht, Streitkräfte zu unterhalten, kein Recht, eine Rüstungsindustrie zu fördern, sondern er ist ganz im Gegenteil grundrechtlich dazu verpflichtet, alles zu tun, um kriegerische Auseinandersetzungen zu verhindern und gewaltfreie Formen der Konfliktregelung zur Garantie der äußeren und inneren Sicherheit zu suchen und zu fördern. Gewiß darf er auch keine Bedingungen im Inneren oder in anderen Teilen der Welt schaffen oder zulassen, auf die die Betroffenen nicht anders als gewaltsam reagieren können.[4]

Dieses Verständnis ist in der geschichtlichen Entwicklung der Menschenrechte wohl begründet, die vor allem durch die Französische Revolution geprägt wurde: »Alle Menschen werden frei und gleich an Rechten geboren und bleiben es. Die gesellschaftlichen Unterschiede können nur auf den gemeinsamen Nutzen gegründet sein. Der Endzweck aller politischen Vereinigung ist die Erhaltung der natürlichen und unabdingbaren Menschenrechte. Diese Rechte sind die Freiheit, das Eigentum, die Sicherheit, der Widerstand gegen Unterdrückung. [...] Die Freiheit besteht darin, alles tun zu können, was einem anderen nicht schadet. Also hat die Ausübung der natürlichen Rechte jedes Menschen keine Grenzen als jene, die den übrigen Gliedern der Gesellschaft den Genuss dieser nämlichen Rechte sichern.«[5]

Die Ausbeutung von Menschen durch Menschen – was nichts anderes ist als der Gebrauch der eigenen Freiheit zum Schaden des anderen – verstößt jedenfalls dort gegen die Menschenrechte und muss durch staatliche Mittel verhindert werden. Daraus folgt zwingend, dass der Staat dem kapitalistischen Wirtschaftssystem Regeln auferlegen muss, um Ausbeutung zu verhindern – gegenwärtig geschieht genau das Gegenteil.

Es ist doch geradezu widersinnig: Der Kapitalismus beruht in seinem Wesen darauf, dass einige sich das Produkt der Arbeit anderer aneignen, sie ausbeuten, also für sich die Freiheit beanspruchen, die Freiheit anderer einzuschränken, also deren Menschenrechte verletzen. Und gerade wir in den kapitalistischen Ländern tun so, als seien wir die eifrigsten Verfechter der Menschenrechte, ja mehr noch: als seien Kapitalismus, Demokratie und Menschenrechte, so wie wir sie betreiben, eine untrennbare Einheit.

3 Unsere gemeinsame Zukunft. Bericht der Weltkommission für Umwelt und Entwicklung, hg. v. Volker Hauff. Greven 1987, S. 46.

4 Also ›strukturelle Gewalt‹ auszuüben (Johan Galtung: Gewalt, Frieden und Friedensforschung. in: Dieter Senghaas (Hrsg.), Kritische Friedensforschung, Frankfurt/Main 1971).

5 Art. 1, 2, 4, Französische Erklärung der Rechte des Menschen und Bürgers, 1789.

Das Recht auf Leben und körperliche Unversehrtheit ist die eigentliche Basis aller Grundrechte, das Grundrecht höchster Ordnung, weil ohne es Grundrechte auf Freiheit der Person, Meinungsfreiheit, Koalitionsfreiheit, Eigentumsfreiheit usw. unsinnig werden. Auch die Eigentums- und Gewerbefreiheit darf nicht so interpretiert werden, als berechtige sie dazu, andere in ihrer körperlichen Integrität zu schädigen, z.B. am Arbeitsplatz.

Probleme

Mangelnde Einklagbarkeit

Bei wem wollen wir Verletzungen der Menschenrechte, etwa durch die Schädigung der biologischen Lebensgrundlagen, durch Schädigung des Erbgutes einklagen? Bei wem uns gegen den Klimawandel oder gegen die Zunahme von Allergien oder Hautkrebs wehren? Wem gegenüber das Recht auf Arbeit, auf Wohnung, auf Bildung geltend machen? Wie und gegen wen könnte eingefordert werden, wozu sich die Regierung der Bundesrepublik nicht nur in den internationalen Menschenrechtspakten, sondern auch in der Agenda 21, in der Biodiversitätskonvention, in den Zehn Verpflichtungen von Kopenhagen oder im Aktionsplan der Frauenkonferenz von Peking verpflichtet hat? Ich greife als beliebiges Beispiel nur den Art. 23 der Allgemeinen Erklärung heraus:

1. Jeder hat das Recht auf Arbeit, auf freie Berufswahl, auf gerechte und befriedigende Arbeitsbedingungen sowie auf Schutz vor Arbeitslosigkeit.
2. Jeder, ohne Unterschied, hat das Recht auf gleichen Lohn für gleiche Arbeit.
3. Jeder, der arbeitet, hat das Recht auf gerechte und befriedigende Entlohnung, die ihm und seiner Familie eine der menschlichen Würde entsprechende Existenz sichert, gegebenenfalls ergänzt durch andere soziale Schutzmaßnahmen.
4. Jeder hat das Recht, zum Schutz seiner Interessen Gewerkschaften zu bilden und solchen beizutreten.

Klarer kann man einen Rechtsanspruch schwerlich formulieren. Was aber unternimmt z.B. die Regierung der Bundesrepublik, um ihm Geltung zu verschaffen? Die Staaten haben es sorgsam vermieden, die Rechte durch geeignete Folgegesetzgebung einklagbar zu machen. Es geht hier nicht darum, dass die staatliche Garantie solcher Grundrechte nicht möglich wäre – die sozialistischen Länder hatten sie nicht nur deklamatorisch in ihren Verfassungen, sondern auch in der Praxis eingelöst – sondern dass die Regierungen insbesondere an den Weltkonferenzen des letzten Jahrzehnts, aber auch bereits vorher, Verpflichtungen eingegangen sind in der klaren Absicht, dem keine praktischen Taten folgen zu lassen. Faktisch stehen die Grund- und Menschenrechte wohlformuliert auf dem Papier, aber sie sind nicht einmal bei uns durchsetzbar, gar nicht zu reden von ihrer Geltung für alle Menschen. Die Aufgabe, sie zu verwirklichen, liegt zu erheblichen Teilen noch vor uns. Zurzeit gehen wir auf diesem Weg eher rückwärts.

Direkte versus indirekte Verletzung von Menschenrechten

Während beim UN-Menschenrechtsrat[6] in Genf mit erheblichem diplomatischem Aufwand an Einzelfällen konkrete Verletzungen von Menschenrechten wie Folter, Verschleppung oder staatlichen Mord verhandelt und dabei sogar manchmal Erfolge erzielt werden (oder aus Gründen der politischen Opportunität solche Anklagen verhindert werden), sind doch die indirekten Verletzungen von Menschenrechten in gigantischem Ausmaß angestiegen und keiner Gerichtsbarkeit zugänglich. Wenn man die Zahl der Opfer, multipliziert mit der Schwere der zugefügten Leiden, zum Maßstab für die Verletzung von Menschenrechten verwendet, dann dürfte der Internationale Währungsfonds zu den großen Verbrecherorganisationen unserer Zeit gehören. Seine Strukturanpassungsprogramme[7], geheim verhandelt und Voraussetzung für Umschuldung und internationale Kreditwürdigkeit, treiben viele Tausende ins Elend.

Die Bundesrepublik hält sechs Prozent, die G-7-Länder zusammen mehr als fünfzig Prozent, die OECD-Länder zusammen mehr als sechzig Prozent der Stimmenanteile am IWF: Sind wir alle Teil einer Verbrecherorganisation? Ist nicht die Welthandelsorganisation WTO – immer gemessen an der Zahl ihrer Opfer, multipliziert mit der Schwere der zugefügten Leiden – eine zumindest den vorhersehbaren Konsequenzen vieler ihrer Entscheidungen nach verbrecherische Organisation?

Am Verhandlungsprozess über das Multilaterale Investitionsabkommen ließen sich dafür Belege finden. Wer dächte an dieser Stelle nicht daran, auf welche Weise die Resolutionen des Weltsicherheitsrates und das militärische Eingreifen der 28-Länder-Koalition im Golfkrieg 1990/91 von der Regierung der Vereinigten Staaten zusammengekauft worden sind? An die willkürlich angezettelten Kriege gegen Afghanistan, gegen den Irak? An die Todeslisten, die der Präsident der Vereinigten Staaten abgezeichnet hat und die nun in Pakistan, im Jemen, in Somalia mit unbemannten Drohnen exekutiert werden?

Wo Regierungen wie die Israels und der USA auf bloßen Verdacht hin inzwischen hunderte Menschen umbringen lassen, wo ohne rechtliches Verfahren Regierungen gezielt Morde in Auftrag geben, wo willkürliche Verhaftungen und Folter wieder möglich sind, da ist der Weg nicht mehr weit zu weltweitem Terror, das öffnet wahrhaftig eine Büchse der Pandora. Man stelle sich das vor: Jede Regierung, die des Kongo oder Kolumbiens, die von Turkmenistan oder von Jamaica, nicht viel später womöglich auch irgendwelche anderen Gruppierungen, ermorden bei sich oder in anderen Ländern einfach Menschen, die sie als Terroristen, vielleicht auch einmal einfach nur als Oppositionelle definieren, und kommen damit ungestraft davon!

Die westlichen Länder haben Jahrzehnte lang die grausamsten Diktaturen mit Waffen, Geld und politischem Schutz unterstützt, wenn sie nur erklärten, gegen den Kommunismus zu sein; sie haben dafür rechtmäßig gewählte Regierungen gestürzt, Kriege angezettelt und geführt, skrupellos ihre Geheimdienste eingesetzt, gefoltert, gemordet, Todesschwadronen ausgebildet und finanziert, und darunter sind Hunderttausende von Menschen zu Grunde gegangen. Vor allem die Außenpolitik der USA seit dem Abwurf der ersten Atombomben über Hiroshima und Nagasaki im August 1945 ist eine ununterbrochene Kette von Verletzungen der Menschenrechte.[8] Ein Land, in dem die reichsten fünfzehn Prozent der Bevölkerung in

6 Die UN-Generalversammlung vom 15. März 2006 entschied sich mit 170 Zustimmungen, 4 Gegenstimmen und 3 Enthaltungen für die Gründung des Menschenrechtsrats anstelle der früheren Menschenrechtskommission. Gegen die Einführung des Rates stimmten Israel, die Marshallinseln, Palau und die USA. Der Stimme enthielten sich der Iran, Venezuela und Weißrußland.

7 Die neuerliche Bezeichnung als Poverty Reduction Strategy hat substanziell wenig geändert.

8 Vgl. etwa den Katalog der Interventionen in anderen Ländern, den William Blum vorgelegt hat: Rogue State, Monroe 2000 (dt. Schurkenstaat, Berlin 200..); Killing Hope, Monroe 2004. Für Europa vgl. z.B. Daniele Ganser; NATO Geheimarmeen in Europa, Zürich 2005; für Lateinamerika Stella Calloni: Operation Condor, Frankfurt/Main 2010.

Gated Communities ein Leben in militärisch geschütztem Luxus zubringen, während etwa fünf Prozent der erwachsenen männlichen Bevölkerung im Gefängnis oder unter Bewährungsauflagen lebt, treibt zynische Heuchelei, wenn es sich zum Hüter der Menschenrechte aufwirft.

Aufgezwungene Strukturanpassungsprogramme führen inzwischen auch in Europa zur Zerstörung von Subsistenzwirtschaften, zur Streichung von Subventionen und Sozialsystemen, zur Auslieferung nationaler Wirtschaften an transnationale Konzerne, zur Plünderung der natürlichen Ressourcen des »Schuldner«landes. Erst kürzlich haben wir aus den Bekenntnissen eines Economic Hit Man[9] erfahren, wie die Nachrichtendienste Entwicklungsländer in die Schuldenfalle getrieben haben, um dadurch die Kontrolle über ihre Wirtschaftspolitik, ihre Rohstoffe und ihre Entwicklung zu erlangen. Die Transformation der früher sozialistischen Länder hin zu kapitalistischen und demokratischen Systemen nach der Schocktherapie ist von westlich dominierten internationalen Organisationen, westlichen Regierungen und westlichen Beratern mit dem Ziel durchgesetzt worden, westlichen Unternehmen einen möglichst ungestörten Zugriff auf ihre Märkte zu ermöglichen. Sie hat in erheblichem Ausmaß zum Eindringen krimineller Strukturen in Politik und Verwaltung geführt und Arbeitslosigkeit und Armut, Hoffnungslosigkeit, Korruption und Gewalt nach sich gezogen. Der Chefökonom der Weltbank, Joseph Stieglitz, wurde von seinem Posten entfernt, als er begann, diese Politik des Westens zu kritisieren.[10]

Selbst wenn sich feststellen ließe, wer hier die wichtigen Entscheidungen getroffen und durchgesetzt hat, so kommen wir doch an einer Einsicht nicht vorbei: Wir alle haben diese Entscheider nicht nur gewählt oder dulden sie, wir alle profitieren auch persönlich von den ungerechten Weltverhältnissen und haben daher ein Interesse dran, sie nicht zu verändern. Dem entspricht die Neigung, unsere eigenen Gesellschaften in einem möglichst positiven Licht zu zeichnen und unsere Verantwortung für die Schäden an anderen zu leugnen, die Zusammenhänge möglichst zu verschweigen. Die Kolonialgeschichte liefert eine lange Liste von Verbrechen, für die – auch wenn die Täter nicht mehr dingfest gemacht werden können – Entschuldigungen noch ausstehen. Aber das Muster gilt weiterhin.

Fortentwicklung der Menschenrechte

Der erste Schritt zur Einführung moderner universaler Menschenrechte wurde mit der Universal Declaration of Human Rights am 10. Dezember 1948 vollzogen. Die dreißig Artikel enthalten sowohl Bestimmungen über persönliche Freiheiten als auch über politische und soziale Rechte. Diese individuellen Menschenrechte werden auch als »Menschenrechte der ersten Generation« bezeichnet. Am 19. Dezember 1966 wurde mit den beiden Pakten über bürgerliche und politische Rechte und über wirtschaftliche, soziale und kulturelle Rechte der nächste Schritt eingeleitet. Zusammen mit weiteren Menschenrechtskonventionen auf der Ebene der UN bezeichnet man sie als »Menschenrechte der zweiten Generation«.

Der Streit um Universalität oder kulturelle Bedingtheit der Menschenrechte dauert bis heute fort und wird u.a. unter dem Begriff »Rechte der Völker« (»Menschenrechte der dritten Generation«) geführt.[11] Staaten der Dritten Welt, vor allem Afrikas, verlangen etwa ein Recht auf Entwicklung, auf die uneingeschränkte Verfügung über eigene Rohstoffe, das Recht auf gesunde Umwelt, das Recht auf kulturelle Identität, das Recht auf Frieden, das Recht auf Ent-

9 Perkins, John: Bekenntnisse eines Economic Hit Man. München 2005.

10 Die Schatten der Globalisierung, Berlin 2002. Vgl. auch Michel Chossudovsky: Global brutal. Frankfurt/Main 2001.

11 Zur Debatte in der UNESCO vgl. z.B. Jan Berting (ed.): Human Rights in a Pluralist World: Individuals and Collectivities, Westport 1990.

wicklung u.a.[12] Demgegenüber behauptet die westliche Position, es könne kollektive Menschenrechte nicht geben, Menschenrechte seien nur in Bezug auf Individuen vorstellbar, nur Individuen könnten Träger von Rechten sein.

Aber dies ist nur ein Aspekt des Problems. Niemand im UN-System scheint dafür zu sorgen, dass die Konventionen der verschiedenen Sonderorganisationen, ganz zu schweigen von Verträgen und Abkommen beispielsweise der EU, der NATO, der WTO oder des IWF, mit den universellen Menschenrechten konsistent und widerspruchsfrei sind und auch so gehandhabt werden. Kann die WTO Regeln einführen, die sich um beschlossene internationale Standards, z.B. der Neuen Weltwirtschaftsordnung, den Verhaltenskodex für transnationale Unternehmen oder die Konventionen der Internationalen Arbeitsorganisation, nicht scheren? Warum muss um soziale und ökologische Standards gefeilscht werden, die an anderen Stellen des UN-Systems längst beschlossen sind?

Fazit: Wir in den reichen Ländern verletzen faktisch Menschenrechte in großem Umfang, wenn auch überwiegend indirekt. Wir vor allem sind es, die Menschen in anderen Weltregionen die Menschenrechte vorenthalten. Wir vor allem sind es, die zwar verbal die Bedeutung der Menschenrechte betonen, aber praktisch ihre Durchsetzung verweigern. Wir tun dies, weil wir nur so unseren Luxus aufrechterhalten können.

Die Menschenrechte nach dem 11. September 2001

Eine besondere Wandlung haben die Menschenrechte nach dem 11. September 2001 erfahren. Nach wie vor ist nicht eindeutig nachgewiesen, wer für die Terroranschläge verantwortlich ist, insbesondere kann nicht endgültig ausgeschlossen werden, dass Mitglieder der damaligen US-Administration daran beteiligt waren. Auf alle Fälle hat kein anderes Ereignis derart weitreichende Folgen für die Menschenrechte gehabt. Zunächst war es Vorwand für die Kriege gegen Afghanistan und den Irak, in denen inzwischen weit mehr als eine Million Menschen, überwiegend Zivilisten, umgebracht worden sind.

Den afghanischen Taliban ist allerdings schon Monate vor dem 11. September Krieg angedroht worden für den Fall, daß sie dem Bau einer Pipeline vom Kaspischen Meer nach Karachi nicht zustimmen sollten.[13] Der Krieg gegen den Irak war mit falschen Argumenten begründet worden und, wie wir aus dem Downing Street Memorandum[14] wissen, eine Intensivierung der »Sanktionen«, die die USA 1991 über das Land verhängt hatten und die gar nicht unterbrochen worden waren[15]. Mit den Anschlägen wurde der »Krieg gegen den Terror« begründet, der zur Rechtfertigung für Folter und willkürliche Verhaftungen herhalten musste. Vorab in den USA, aber auch in vielen anderen Ländern wurden die Überwachungssysteme massiv ausgebaut. Immer wieder sind Menschen verdächtigt worden, mit den Attentätern in Verbindung gestanden zu haben; dass sie später aus Mangel an Beweisen freigelassen werden mussten, war den Medien bedeutend weniger Aufmerksamkeit wert. Angebliche »Geständnisse« wurden unter Folter, auch von Angehörigen, erzwungen. Personen, von denen jemand annimmt, sie könnten vielleicht wichtige Informationen haben, werden ohne Richter und ohne Anwalt beliebig lange ins Gefängnis geworfen; ihre Fälle werden

12 Universal Declaration of the Rights of Peoples, angenommen von einer ExpertInnenkonferenz in Algier 1976, African Charter on Human and Peoples Rights, 1981 von der Organisation für afrikanische Einheit verabschiedet.

13 Michel Chossudovsky: America's ›War on Terrorism‹, Pincourt, Quebec 2005, S. 79 ff.

14 Abgedruckt in Bernd Hamm: Die soziale Struktur der Globalisierung, Berlin 2006, Anhang.

15 Vgl. Die ausführliche Dokumentation bei Larry Everest: Öl, Macht und Empire. Der Irak und die globale US-Politik. Berlin 2007.

vor Militärkommissionen verhandelt, die rechtsstaatlichen Verfahren nicht genügen.[16] Durch immer neue Attentatsdrohungen wird die Bevölkerung in Angst gehalten und zu einem hysterischen »Patriotismus« angestachelt.

Zukunftsperspektiven: Entwicklungen und Aufgaben

»Der Tag ist nicht mehr fern, an dem wir damit in nackten Machtbegriffen umgehen müssen. Je weniger wir dabei durch idealistische Slogans behindert werde, umso besser!« sagte George F. Kennan 1948. Vieles spricht für die Vermutung, dass wir an dieser Stelle angelangt sind.

Der merkwürdigste Punkt, fürwahr ein Paradoxon, ist freilich der: Angenommen, die US-Regierung strebe tatsächlich nach Weltherrschaft[17], dann könnte sie dieses Ziel doch viel leichter, viel billiger und entschieden glaubwürdiger dadurch erreichen, dass sie die amerikanische Gesellschaft zu einem wirklich gerechten und demokratischen Modell umbaute und die eigene Position als *primus inter pares* mit einem klar definierten demokratischen Programm in der Familie der Vereinten Nationen akzeptierte. Als Vorreiter einer demokratischen Reform würde sie aufhören, mit zweierlei Maß zu messen und ihren eigenen Kriterien sozialer Gerechtigkeit und der Herrschaft des Rechts zu Hause und international folgen. Die Menschen überall auf der Welt würden die USA dafür lieben und ihrem Vorbild folgen wollen. Dass dies nicht der Fall ist, kann nicht mit mangelnder intellektueller Einsicht erklärt werden. Die amtierende Machtelite und ihre kriegslüsterne Haltung beweisen vielmehr jenseits aller Zweifel die Absicht, ihre Klientel in der Öl- und Rüstungsindustrie ohne Rücksicht auf die Zukunft der eigenen Gesellschaft oder die der Weltgesellschaft zu bedienen. An normalen europäischen Maßstäben gemessen ist diese Regierung zutiefst kriminell und korrupt.

Wenn wir die erkennbaren Trends in die Zukunft verlängern, dann wird sich mit fortschreitender Konzentration und ökonomischer Globalisierung auch die sozio-ökonomische Polarisierung im globalen wie im nationalen, regionalen oder lokalen Maßstab fortsetzen. Daraus folgt eine Zunahme von sozialen Spannungen, die sich in weiteren Kriegen und Konflikten, in Gewalt und Kriminalität, in Extremismus und Rassismus äußern werden. Es ist nicht so abwegig, an der amerikanischen Gesellschaft abzulesen, was auch uns in Europa erwarten könnte. Die westlichen Regierungen werden dies als Problem des Konfliktmanagements begreifen. Sie werden die repressiven Instrumente verbessern, Militär und schnelle Eingreiftruppen nach außen, Überwachung und *zero-tolerance-Strategien* der Polizei nach innen. Wir werden auf faschistoide Zustände hinsteuern.[18]

Die zunehmende Skepsis, ja der Hass sind in den arabischen Ländern offensichtlich und kaum erklärungsbedürftig, nachdem die USA und ihre Verbündeten den Islam so sehr dämonisiert, Kriege angezettelt und Hunderttausende von Menschen ermordet haben. Einen guten Indikator liefert auch Lateinamerika, jahrzehntelang der Hinterhof der USA und das bevorzugte Opfer der Strukturanpassungsdiktate. Schon sind es zu viele Länder, um das Problem wie 1973 durch die Ermordung eines ihrer Führer zu lösen. In Asien hat die Schanghai-Kooperationsgruppe die amerikanische Regierung aufgefordert mitzuteilen, wann sie ihre Militärbasen in der Region zu schließen gedenke. Auf dem Balkan wächst die Skepsis, und sicherlich in Georgien und in der Ukraine, wo amerikanisch gesteuerte und finanzierte »demokratische« Revolutionen amerikafreundliche und neoliberale Regierungen installiert haben, während die Bevölkerung mehr denn je unter Armut leidet. In den Ländern der arabischen Revolution wurde das ebenfalls versucht mit dem Ergebnis, dass nun widerstreitende

16 Alison Parker und Jamie Fellner: Über dem Gesetz: Der Einfluß der Exekutive nach den Anschlägen des 11. September, in: Bernd Hamm (Hg.): Gesellschaft zerstören. Der neoliberale Anschlag auf Demokratie und Gerechtigkeit. Berlin 2004.

17 Project for an New American Century (2000).

18 Bernd Hamm (Hg.): Gesellschaft zerstören. Der neoliberale Anschlag auf Demokratie und Gerechtigkeit. Berlin 2004.

Clans um die Macht kämpfen. Eine ganze Reihe von Ländern hat angekündigt bzw. schon begonnen, ihre Währungsreserven von Dollar auf Euro umzuschichten, und einige ölexportierende Länder wollen ihr Öl nicht länger in Dollar, sondern in Euro (oder, im Fall von Russland, in Rubel) handeln. Ob nun der Iran Atomwaffen anstrebt oder nicht – andere Länder, darunter Ägypten und Brasilien, haben diesen Anspruch längst angemeldet.

Wenn wir dies alles begreifen als Elemente in einem größeren Mosaik, dann wird auch klar, was zu tun ist. Die europäischen Regierungen müssen handeln, und die Chance dafür liegt in der strukturellen Schwäche der Amerikaner. Sie sollten ungleiche Standards (wie im Fall der iranischen Atomforschung bzw. den israelischen Atomwaffen) und ungerechte Handelsbarrieren aufgeben. Sie sollten aktiv und glaubwürdig zeigen, dass sie die egomanische Position der US-Regierung nicht teilen. Stattdessen sollten sie dazu beitragen, ein neues Modell für eine langfristig demokratische und gerechte Weltordnung zu erarbeiten. Auf diese Weise könnte der »europäische Traum«[19] eine Chance haben, Wirklichkeit zu werden. Dann könnte Globalisierung zum Ende der egoistischen Machtspiele und zum Beginn einer wirklichen internationalen Solidarität werden.

Ich habe einen sehr einfachen Gerechtigkeitsbegriff, der schnell erklärt ist: Da alle Menschen gleich nicht an Art, aber an Wert sind, haben alle Menschen das gleiche Recht auf Glück und gutes Leben. Niemand hat das Recht, sich auf Kosten eines oder einer anderen zu bereichern, materiell oder immateriell. Meine wissenschaftliche Aufgabe ist es, zu untersuchen, ob, wo und warum Theorie und Wirklichkeit derart auseinanderklaffen. Ich sehe keinen Grund, das zu revidieren.

Wir sind an einer Wegscheide. Es gibt gute Gründe, die Hoffnung auf eine demokratischere Welt nicht aufzugeben, auch wenn so viele Zeichen in die andere Richtung weisen. Wir haben gar keine Wahl: Wir müssen den Weg für eine globale Demokratie bereiten – denn die Alternative wird Krieg sein: Weltkrieg.

Weiterführende Literatur des Autors:

Bernd Hamm (Hg.): *Gesellschaft zerstören.* Der neoliberale Anschlag auf Demokratie und Gerechtigkeit, Berlin 2004.

—: Hamm, Bernd: *Die soziale Struktur der Globalisierung.* Ökologie, Ökonomie, Gesellschaft, Berlin 2006.

19 Rifkin, Jeremy: Der europäische Traum, Frankfurt/Main 2004.

Oliver Bruns

Menschenrechte und Gerechtigkeit

Der Titel dieses Beitrags evoziert die Frage nach dem Verbindenden von Menschenrechten und Gerechtigkeit. Wie hängen beide Begriffe miteinander zusammen? Auf den ersten Blick könnte es so scheinen, als ob die Menschenrechte schlicht ein Teilaspekt der umfassenderen Gerechtigkeit sind. Aber bereits die Tatsache, dass jahrhundertelang über Gerechtigkeit und entsprechende ethische Systeme philosophiert wurde, ohne dass die Idee subjektiver Menschenrechte, die von jedem eingeklagt werden können, dabei eine Rolle spielte, deutet an, dass das Verhältnis von Menschenrechten und Gerechtigkeit weitaus schwieriger zu denken ist, als dies durch eine bloße Einordnung des einen in das andere zu erfassen wäre, zumindest dann, wenn der Gerechtigkeitsbegriff nicht ausschließlich in den Einschränkungen des neuzeitlich-modernen Denkens interpretiert wird.

Damit meine ich ein Verständnis von Gerechtigkeit, das diese von vornherein als »soziale Kategorie« und das heißt, als ausgeglichene Verteilung von Rechten, Pflichten und anderen Gütern zwischen isolierten, vernunftbegabten Subjekten vorstellt. Im Folgenden möchte ich die Vielschichtigkeit des Verhältnisses von Menschenrechten und Gerechtigkeit skizzenhaft verdeutlichen, indem ich zunächst die »Mehrdimensionalität« des Menschenrechtsbegriffs erläutere. Beide Begriffe haben zumindest einen moralischen, rechtlichen und politischen Sinn. Diese jeweiligen Dimensionen der Begriffe können nicht aufeinander reduziert werden.

I. Die moralische, rechtliche und politische Dimension der Menschenrechte[1]

Moralphilosophisch gesehen steht vor allem die Frage nach der Begründung moralischer Ansprüche als »moralische Rechte« im Vordergrund, wobei die Menschenrechte als eine Teilklasse solcher Rechte betrachtet werden. Welche Gründe verpflichten einen jeden zur universellen und gleichen Achtung aller? Zunächst einmal spielt die Wechselseitigkeit moralischer Ansprüche eine große Rolle. Wenn eine Person von einer anderen als »Zweck an sich selbst«, also Objekt moralischer Verpflichtungen berücksichtigt werden möchte, wird damit bereits vorausgesetzt, dass der andere zur vernünftigen Selbstbestimmung fähig ist und im Gegenzug ebenfalls die Pflicht zur moralischen Rücksichtnahme beanspruchen darf. Aus der Wechselseitigkeit moralischer Verpflichtungen erschließt sich aber noch nicht, weshalb Personen sich als Träger von Rechten *anerkennen* müssen. In der philosophischen Tradition wurde die Geltung moralischer Normen unter Berufung auf höhere Autoritäten, beispielsweise Gott, die Natur oder eine verabsolutierte Vernunft, begründet. Spätestens der Holocaust und die Gräueltaten des Zweiten Weltkriegs haben der Welt jedoch vor Augen geführt, dass an der Präsenz des Guten im menschlichen Wesen gezweifelt werden kann. Der Grund dafür, dass Menschen sich moralische Rechte zugestehen, wird nunmehr darin gesehen, dass sie sich *willentlich* dazu entschieden haben.[2] Konkreter Ausdruck dieses Willens der Menschheit sind die Menschenrechtserklärungen und -pakte nach 1945.

1 Bei der Erläuterung der ›Mehrdimensionalität‹ des Menschenrechtsbegriffs orientiere ich mich an: Lohmann, Georg: *Zur moralischen, juridischen und politischen Dimension der Menschenrechte*, in: Recht und Moral, hrsg. v. Hans Jörg Sandkühler, Hamburg 2010, S. 136.

2 Vgl. Ebenda, S. 139.

Rein moralische Rechte sind »schwache Rechte«, da sie im Falle der Rechtsverletzung nicht wie das positive Recht eingeklagt werden können.[3] Wer das moralische Recht eines anderen nicht beachtet, muss mit der Empörung der moralischen Gemeinschaft rechnen.[4] Korrelativ zur Empörung der anderen schämt sich die Person, die moralischem Recht zuwider gehandelt hat, sofern sie überhaupt der moralischen Gemeinschaft angehört. Sanktioniert werden moralische Rechte folglich durch das eigene Gewissen. Tugendhat spricht von einer »inneren Sanktion«. Das heißt aber nicht, dass jemand, der zum Beispiel einen Mord begeht, sich dadurch automatisch außerhalb der moralischen Gemeinschaft befindet. Denn dies würde bedeuten, dass der Mörder, der zwar eine Ausnahme von der Norm gemacht hat, auch der Ansicht sei, dass die Norm selbst, das »Niemand darf töten«, inakzeptabel ist.[5]

In der rechtlichen Dimension kommt es auf die rechtmäßige Anwendung der als Grundrechte kodifizierten Menschenrechte im konkreten Fall an. Während der moralische Anspruch auf Achtung jedem Menschen abverlangt werden kann, richtet sich die Forderung nach der Einhaltung der Menschenrechte – von einem rein positiv-rechtlichen Standpunkt aus betrachtet – an den Staat und wenn dieser beim Schutz der Menschenrechte versagt, an alle Staaten.[6]

Positivierte Menschenrechte können mit den legitimen Zwangsmitteln des Staates durchgesetzt werden. Der Jurisdiktion kommt es auf die strikte Objektivität rechtlicher Urteile und deren allgemeine Verbindlichkeit an, so dass umstrittene moralische oder moralphilosophische Beurteilungen bei der systematischen und begrifflichen Durchdringung juristischer Texte eher störend erscheinen. Bereits Hegel betont, dass »die positive Rechtswissenschaft [...] eine historische Wissenschaft [ist], welche die Autorität zu ihrem Prinzip hat.«[7] Die Frage, ob die rechtswissenschaftlichen Beweise auch »vernünftig« sind – das heißt, moralischen Prinzipien genügen – sei eine »Querfrage«. Der Jurist muss davon ausgehen können, dass die Bedeutung der Menschenrechte in den geltenden Rechtsdokumenten enthalten ist und durch Auslegung und Anwendung konkretisiert wird.

Allein die Möglichkeit, dass ein bestimmtes moralisches Recht noch nicht in ein positives Menschenrecht transformiert wurde, zeigt aber, dass die Methoden der Rechtsdogmatik nicht ausreichen, um den Gehalt der Menschenrechtsidee vollständig zu erschließen. Darüber hinaus gilt allgemein für den Rechtsstaat, dass dieser auf das moralische Verhalten der Bürger angewiesen bleibt, gerade weil er nur durch Zwangsmittel Recht durchsetzen kann. Böckenförde hat zu diesem Sachverhalt das bekannte Diktum formuliert: »Der freiheitliche, säkularisierte Staat lebt von Voraussetzungen, die er selbst nicht garantieren kann. Das ist das große Wagnis, das er, um der Freiheit willen, eingegangen ist. Als freiheitlicher Staat kann er einerseits nur bestehen, wenn sich die Freiheit, die er seinen Bürgern gewährt, von innen her, aus der *moralischen Substanz des einzelnen* und der Homogenität der Gesellschaft, reguliert. Andererseits kann er diese inneren Regulierungskräfte nicht von sich aus, das heißt, mit den Mitteln des Rechtszwanges und autoritativen Gebots zu garantieren versuchen, ohne seine Freiheitlichkeit aufzugeben und – auf säkularisierter Ebene – in jenen Totalitätsanspruch zurückzufallen, aus dem er in den konfessionellen Bürgerkriegen herausgeführt hat.«[8]

Für die Grund- und Menschenrechte als Teil der Rechtsordnung bedeutet das, dass der Staat seinen Bürgern diese Rechte nicht aufzwingen kann, sondern vielmehr darauf angewiesen ist, dass die Bürger bereits über eine demokratische Gesinnung verfügen. Die Implementierung von Menschenrechten in die Verfassung eines Staates ist demnach kein »Selbstläu-

3 Vgl. Ebenda, S. 142.

4 Vgl. Tugendhat, Ernst: *Vorlesungen über Ethik*, Frankfurt/Main 1993, S. 59f.

5 Vgl. Tugendhat, Ernst: *Gerechtigkeit und Universalität in der Moral*, in: Ernst Tugendhat: Moralbegründung und Gerechtigkeit, hrsg. v. Marcus Willaschek, Münster 1997, S. 16f.

6 Vgl. Lohmann: *Zur moralischen, juridischen und politischen Dimension der Menschenrechte*, a. a. O., S. 144.

7 Hegel, Georg Wilhelm Friedrich: *Grundlinien der Philosophie des Rechts*, Stuttgart 1970, § 212, S. 353.

8 Böckenförde, Ernst-Wolfgang: *Staat, Gesellschaft, Freiheit*, Frankfurt/Main 1976, S. 60 (Hervorhebung: O. B.).

fer« zur Durchsetzung dieser, denn die Legitimität der Verfassung beruht zumindest teilweise darauf, dass sie mit den gesellschaftlich anerkannten Normen übereinstimmt, welche nicht unbedingt den Menschenrechten entsprechen müssen.

Bemerkenswert ist im Zusammenhang mit der Mehrdimensionalität des Menschenrechtsbegriffs, dass Böckenförde dort, wo der demokratische Rechtsstaat an seine Grenzen stößt, sofort auf die »moralische Substanz des einzelnen« überspringt. Über das Verhältnis von Moral und Recht ist damit gesagt, dass sich beides gegenseitig trägt. Ohne rechtliche Verankerung bleiben moralische Rechte schwach und ohne die moralische Substanz des einzelnen sowie der dazugehörigen inneren Sanktion fehlt dem Recht ein wesentliches Kriterium für juristische Gerechtigkeit. Der Hinweis Böckenfördes auf die »Homogenität der Gesellschaft« fügt dem nur hinzu, dass die Orientierung an den Werten der Aufklärung, das heißt an Demokratie und Menschenrechten, von der großen Mehrzahl der Gesellschaftsmitglieder geteilt werden muss.

Auf die Frage, wie sich moralische Ansprüche in Rechtsansprüche umwandeln lassen, wird häufig geantwortet, dass dies Aufgabe der Politik sei. Im Rahmen politischer Entscheidungsprozesse sollen die moralischen Ansprüche als Rechte *deklariert* werden.[9] Es ist offensichtlich, dass das Rechtssystem nicht aus sich heraus Grundrechte schaffen kann, und auch die moralische Empörung muss sich zunächst im öffentlichen Raum Gehör verschaffen, um zu entsprechenden politischen Entscheidungen zu drängen. Wenn sich die politische Dimension der Menschenrechte schon in diesen Funktionen erschöpfen würde, wäre Politik nur ein *Mittel* zur Umsetzung moralischer Ansprüche.

Der irreduzible Anteil des Politischen an der Mehrdimensionalität des Menschenrechtsbegriffs bliebe somit jedoch weitestgehend unberücksichtigt. Was genau damit gemeint ist, werde ich im III. Abschnitt erläutern. Vorab möchte ich lediglich anmerken, dass es auch Gründe gibt, weshalb die Bedeutung des Politischen für die Durchsetzung und Garantie von Menschenrechten gegenüber der moralischen Begründung sowie der rechtlichen Verankerung immer wieder unterschätzt wird. Bereits die gängigen Vorurteile gegen die Politik – zum Beispiel, dass Politiker eigennützig handeln und ihre eigentlichen Interessen verbergen – deuten an, dass dieses »Mittel« seinem Zweck häufig nicht gehorcht. Sind es nicht letztlich doch immer die politischen Verhältnisse in einem Land, die der Verwirklichung von Menschenrechten und das heißt auch, einer gerechteren Gesellschaft, im Wege stehen?

Während sich also Moral und Recht – zumindest nach Ansicht der Theoretiker, die über enger gesetzte Grenzen von Moralphilosophie und Rechtsdogmatik hinwegsehen – wie oben erwähnt, gegenseitig stützen, bleibt im Hinblick auf die Politik eine gewisse Skepsis bestehen. Einerseits richten sich moralische Forderungen an die politisch Handelnden, andererseits kommen politisch ebenso Interessen zur Geltung, die diesen Forderungen widersprechen können. Möglicherweise lässt sich die politische Dimension der Menschenrechte etwas deutlicher umreißen, wenn von der Frage ausgegangen wird, inwiefern das Politische zu dem, worauf die moralischen und rechtlichen Ansprüche eigentlich zielen – nämlich Gerechtigkeit – etwas beiträgt.

II. Gerechtigkeit als Zweck sozialer Institutionen bei Rawls

In der politischen Philosophie hat Rawls mit einer kontraktualistischen Gerechtigkeitstheorie den Versuch unternommen, unterschiedliche Gerechtigkeitsgrundsätze miteinander zu vereinbaren. Wie schon Platon und Aristoteles räumt er der Gerechtigkeit einen Vorrang gegenüber allen anderen »Tugenden« beziehungsweise Bewertungsmaßstäben von Institutionen ein. Er untersucht die Gerechtigkeit nicht als persönliche Eigenschaft, sondern ausschließlich als Kennzeichen sozialer Institutionen, der Verfassung und von Gesetzen. Diese

9 Vgl. Lohmann: *Zur moralischen, juridischen und politischen Dimension der Menschenrechte*, a. a. O., S. 145ff.

gesellschaftlichen Grundstrukturen haben laut Rawls die Aufgabe, sowohl die fundamentalen Rechte eines jeden gleichermaßen zu schützen als auch Pflichten und Güter gerecht unter allen zu verteilen. »Die Gerechtigkeit ist die erste Tugend sozialer Institutionen, so wie die Wahrheit bei Gedankensystemen.

Eine noch so elegante und mit sparsamen Mitteln arbeitende Theorie muß fallengelassen oder abgeändert werden, wenn sie nicht wahr ist; ebenso müssen noch so gut funktionierende und wohlabgestimmte Gesetze und Institutionen abgeändert oder abgeschafft werden, wenn sie ungerecht sind. Jeder Mensch besitzt eine aus der Gerechtigkeit entspringende Unverletzlichkeit, die auch im Namen des Wohles der ganzen Gesellschaft nicht aufgehoben werden kann. Daher läßt es die Gerechtigkeit nicht zu, daß der Verlust der Freiheit bei einigen durch ein größeres Wohl für andere wettgemacht wird.«[10] Gleich zu Beginn von *Eine Theorie der Gerechtigkeit* kündigt Rawls an, dass es ihm um eine kritische Auseinandersetzung mit utilitaristischen Theorien geht, die die Gerechtigkeit gesellschaftlicher Einrichtungen an der Maximierung des Nutzens für die größte Zahl von Menschen messen. Demnach dürfe der gesamtgesellschaftliche Nutzen auch zu Lasten der Freiheit und des Wohls einzelner erzielt werden, wenn dies die Nutzensumme maximiert.

Rawls konstruiert in seiner Vertragstheorie einen hypothetischen »Urzustand«, in dem vernünftige Menschen eine Entscheidung darüber treffen wollen, »was ihnen [eine für alle mal] als gerecht und ungerecht gelten soll.«[11] Diese Menschen verfügen ausschließlich über allgemeines Wissen, beispielsweise das der Wissenschaften. Kenntnisse bezüglich der Besonderheiten ihrer Person – im Hinblick auf die soziale Stellung, geistige Fähigkeiten, körperliche Eigenschaften oder psychische Veranlagungen – sind ihnen durch einen »Schleier des Nichtwissens« verborgen.[12] Sie wissen demnach nicht, ob sie zu einer gesellschaftlichen Minderheit gehören, ob sie Diskriminierungen ausgesetzt sind oder ob sie arm oder reich sind. Sie haben keine aufeinander gerichteten Interessen wie Liebe oder Haß, agieren aber auch nicht rein egoistisch. Als moralische Subjekte verfügen sie über eine Vorstellung von ihrem Wohl und einen Gerechtigkeitssinn. Der Urzustand ist so konzipiert, dass sich die Personen nur auf eine Verfassung einigen werden, die allen die fundamentalen Menschenrechte und gleiche politische Partizipationsrechte garantiert.

Was die Verteilung der materiellen Grundgüter betrifft, würde niemand einem Verteilungsprinzip zustimmen, das nur einer Gruppe Vorteile bringt, einige vom Genuss der Güter ausschließt oder deren Situation gar verschlechtert. Auch wenn die Menge der in einer Gesellschaft produzierten Güter durch eine ungleiche Verteilung vermehrt werden könnte, ist dennoch nur ein solches Verteilungsprinzip *für alle* akzeptabel, durch das auch der Schlechtestgestellte und am wenigsten Begünstigte unter der Bedingung der fairen Chancengleichheit profitiert.

Rawls unterstellt dabei, dass sich die Vorteile der Begünstigten auf die Situation der schlechter Gestellten positiv auswirken – dass es also zwischen den Begünstigungsverhältnissen auf allen Ebenen eine »Verkettung« gibt. »Wenn eine Bevorzugung zur Verbesserung der Aussichten der niedrigsten Position führt, dann wirkt sie ebenso auf alle Positionen dazwischen. Wenn etwa die besseren Aussichten der Unternehmer dem ungelernten Arbeiter Vorteile bringen, so auch dem angelernten.«[13]

Maßstab für die Gerechtigkeit von Verteilungsentscheidungen bleibt aber immer die Verbesserung der Situation des Schlechtestgestellten. Rawls gelingt es hiermit, den Anspruch auf Menschenrechte mit einer erlaubten sozioökonomischen Ungleichheit zu kombinieren. Wolfgang Kersting fasst diesen Zusammenhang prägnant zusammen: »So gleich wie mög-

10 Rawls, John: *Eine Theorie der Gerechtigkeit*, Frankfurt/Main 1975, S. 19f.
11 Vgl. Ebenda, S. 28.
12 Vgl. Ebenda, S. 29.
13 Vgl. Ebenda, S. 101.

lich, so ungleich wie nötig.«[14] Das politische System, das diesen Gerechtigkeitsprinzipien am ehesten entspricht ist laut Rawls die konstitutionelle Demokratie. Im zweiten Teil von *Eine Theorie der Gerechtigkeit* versucht er in einem »Vier-Stufen-Gang« zu zeigen, wie die im Urzustand vereinbarten Prinzipien politisch realisiert werden können.[15]

Der erste Schritt ist der Beschluss der Gerechtigkeitsgrundsätze. Es folgt eine Verfassungsgebung, die natürlich nach den vereinbarten Prinzipien, das heißt, unter Voraussetzung der persönlichen Freiheit, der politischen Gleichberechtigung usw. erfolgen muss. Gemäß der Verfassung werden Gesetze und politische Programme verabschiedet (3. Stufe), die vorgeben, wie die einzelnen Institutionen, also die Verwaltung, die Justiz usw. im konkreten Fall zu agieren haben (4. Stufe).

Offensichtlich ist, dass Rawls den Urzustand und die Vertragssituation so konstruiert, dass im Resultat nichts anderes als Menschenrechte, Demokratie und eine soziale Marktwirtschaft wünschenswert sind. Die Gerechtigkeitsprinzipien werden nicht durch den Vertrag legitimiert. Da ohnehin alle vernünftigen Personen über das gleiche, allgemeine Wissen verfügen, können sie nicht in Widerspruch zueinander geraten. Der Vertragsgedanke ist für Rawls folglich entbehrlich, wie auch Kersting betont.[16]

III. Politische Gerechtigkeit ist nicht absolut

Während ich oben zu zeigen versucht habe, inwiefern sich die moralische und die rechtliche Dimension der Menschenrechte gegenseitig stützen, konnte nun mit Hilfe der Theorie von Rawls deutlicher werden, dass sich diese Zusammengehörigkeit aus Gerechtigkeitsprinzipien ableiten lässt. Der Frage nach der politischen Dimension der Menschenrechte sind wir dadurch jedoch nicht wesentlich näher gekommen.

Die Frage, was das Politische ist, interessiert Rawls kaum, da es ihm im Wesentlichen um die Begründung der Gerechtigkeitsprinzipien geht. Politik wird dadurch auf das Aushandeln und Entscheiden von Auffassungen reduziert. »Man kann sich das politische Geschehen als eine Maschine denken, in die die Auffassungen von Volksvertretern und ihrer Wählerschaft hineingegeben werden und aus der gesellschaftliche Entscheidungen herauskommen.«[17] In dieser Vorstellung von Politik als »Maschine«, also als bloßes Mittel, wird das Politische unzureichend gedacht. Der tiefere Grund dafür ist, dass Rawls in der Tradition des politischen Denkens seit Platon von einem verabsolutierten, universellen Gerechtigkeitsverständnis ausgeht, das in der politischen Wirklichkeit nie zur Präsenz kommen kann.

Unabhängig davon, auf welchem Wege diese Verabsolutierungen in der Tradition begründet wurden, zwingen sie der Politik von Außen ein Sollen bzw. »Müssen«[18] auf, über das es vielleicht nach Vernunftgrundsätzen, aber nicht im zwischenmenschlichen Erfahrungsbereich absolute Gewissheit geben kann. Arendt notiert dazu: »[D]ie Gesetze [werden] am Masstab einer absoluten Gerechtigkeit gemessen, die es auf Erden schon darum nicht geben kann, weil niemand in das menschliche Herz schauen kann – oder mit anderen Worten, niemand je die ganze Wirklichkeit einer Tat oder eines Geschehens überblicken kann.«[19]

Da die wahren Beweggründe nicht eingesehen werden können, zu einer gerechten Handlung aber der »gute Wille« gehört, sah sich schon Platon dazu gezwungen, die Vorstellung von einem »jüngsten Gericht« einzuführen, das darüber entscheidet, ob eine Person wirklich gut oder schlecht ist. Als Grund dafür, dass eine genuin »politische Gerechtigkeit« immer *re-*

14 Kersting, Wolfgang: *John Rawls zur Einführung*, Hamburg 1993, S. 67.
15 Vgl. Rawls: *Eine Theorie der Gerechtigkeit*, a. a. O., S. 223ff.
16 Vgl. Kersting: *John Rawls zur Einführung*, a. a. O., S. 105, 110f.
17 Rawls: *Eine Theorie der Gerechtigkeit*, a. a. O., S. 223f.
18 Vgl. Tugendhat: *Vorlesungen über Ethik*, a. a. O.
19 Arendt, Hannah: *Denktagebuch*. 1950 bis 1973, Bd. 1, hrsg. v. Ursula Ludz; Ingeborg Nordmann, München 2002, S. 20.

lativ ist, gibt Arendt an, dass die Wirklichkeit einer Tat, von niemandem gänzlich überschaut werden könne. Dazu ist zunächst anzumerken, dass das Politische für Arendt keine Substanz ist, es lässt sich nicht im Wesen des Menschen als *Zoon politikon*, in adäquaten Institutionen oder moralischen Richtlinien verorten.

Das Politische ist für Arendt ein »Erscheinungsraum«, eine Öffentlichkeit, die nur solange besteht, wie sich das politische Handeln und Sprechen *de facto* in ihr ereignet. Auch wenn der politisch Handelnde sein Handeln moralisch begründet, ist die Bedingung des Handelns deshalb nicht die Moralität, sondern, so Arendt, die Möglichkeit einen Anfang zu machen (Natalität) sowie die Verschiedenheit der Menschen (Pluralität).[20]

Kein Anspruch bzw. Recht auf Freiheit kann sicherstellen, dass politisches Handeln tatsächlich initiiert wird. Freiheit und Gerechtigkeit sind demnach keine Qualitäten, die eine isolierte Person generell auszeichnen, sondern können nur durch die aktive Anteilnahme an einer Öffentlichkeit erfahren werden. »Ursprünglich erfahre ich Freiheit und Unfreiheit im Verkehr mit anderen und nicht im Verkehr mit mir selbst. Frei *sein* können Menschen nur in Bezug aufeinander, also nur im Bereich des Politischen und des Handelns; nur dort erfahren sie, was Freiheit positiv ist und daß sie mehr ist als ein Nicht-gezwungen-Werden.«[21]

Der »freiheitliche, säkulare Staat« kann seinen Bürgern durch die Garantie von Grundrechten die *Möglichkeit* zum politischen Handeln einräumen, aber er kann nicht sicherstellen, dass die Bürger tatsächlich frei sind, indem sie handeln. Nicht allein von der »moralischen Substanz« der Bürger oder deren gesellschaftlicher Homogenität hängt die Durchsetzung und Einhaltung der Menschenrechtsgarantien ab, sondern von einer politischen Öffentlichkeit, in der die Bürger ihre Unrechtserfahrungen artikulieren.

Weiterführende Literatur des Autors

Bruns, Oliver: Was heißt Menschenwürde?, in: Raum der Freiheit. Reflexionen über Idee und Wirklichkeit, hrsg. v. Waltraud Meints u.a., Bielefeld 2009 (323-339).

—: *Vorbemerkungen zur politischen Dimension der Menschenrechte,* in: Perspektiven politischen Denkens. Beiträge anläßlich des 100. Geburtstags von Hannah Arendt, hrsg. v. Antonia Grunenberg, Waltraud Meints, Oliver Bruns; Christine Harckensee, Frankfurt/ Main 2008 (133-152).

20 Vgl. Arendt, Hannah: *Vita activa oder Vom tätigen Leben*, Zürich 22003, S. 213ff.

21 Arendt, Hannah: *Freiheit und Politik*, in: Zwischen Vergangenheit und Zukunft. Übungen im politischen Denken I, hrsg. v. Ursula Ludz, 2. durchgesehene Aufl., Zürich 2000, S. 201.

Dieter Senghaas

Menschenrechte und Frieden

In nicht mehr traditionellen, folglich sozial mobilen, sich modernisierenden bzw. modernen Gesellschaften werden in den Auseinandersetzungen über individuelle, soziale, ökonomische und kulturelle Menschenrechte letztendlich ordnungspolitische Konflikte vor allem über inneren Frieden, aber auch, wo internationale Problemlagen berührt werden, über internationalen Frieden thematisiert. So betrachtet ist die Geschichte des aufhaltsamen Siegs der Menschenrechte in den vergangenen Jahrzehnten auch eine Geschichte der vielfältigen konfliktreichen Bemühungen um eine zeitgemäße Friedensgestaltung. Mit einem Rückblick auf die Geschichte der Menschenrechte seit dem zweiten Weltkrieg soll dieser thematische Bezug verdeutlicht werden.

Der aufhaltsame Sieg der Menschenrechte –ein mühsamer Weg zu innerem Frieden

Am 10. Dezember 1948, also vor nunmehr 65 Jahren, wurde mit der Resolution 217 (III) der Generalversammlung der Vereinten Nationen die *Allgemeine Erklärung der Menschenrechte* verabschiedet.[1] Schon die Vorgeschichte dieser Erklärung war durch erhebliche Kontroversen geprägt. Im Wesentlichen kollidierte damals das liberale und das realsozialistische Verständnis von Menschenrechten; einige islamische Staaten hatten vor allem Vorbehalte gegen den Artikel 18 der *Erklärung*, in dem das Recht jedes Menschen auf Gewissens- und Religionsfreiheit, auch die Freiheit, »seine Religion oder seine Überzeugung zu wechseln«, festgehalten wurde.

Diese Kontroversen setzten sich in den nachfolgenden achtzehn Jahren fort, während derer die Menschenrechtskommission an völkerrechtlich verbindlichen Übereinkommen arbeitete, die dann 1966 in Gestalt von zwei Menschenrechtskonventionen, dem *Bürgerrechtspakt* (über bürgerliche und politische Rechte) und dem *Sozialpakt* (über wirtschaftliche, soziale und kulturelle Rechte) verabschiedet wurden. Da die beiden Jahrzehnte nach 1948 in der internationalen Politik durch den Kampf um Dekolonisierung und also das Recht auf Selbstbestimmung der Völker sowie auf eine eigenständige wirtschaftliche, soziale und kulturelle Entwicklung geprägt wurden, fanden entsprechende Forderungen ebenfalls Eingang in die genannten Dokumente. Beide Pakte beginnen wortgleich in Artikel 1 mit der Feststellung: »Alle Völker haben das Recht auf Selbstbestimmung«. Neben vielen anderen Aussagen deutet allein schon dieser erste Satz darauf hin, daß Menschenrechte nicht nur eine individual-, sondern auch eine kollektivrechtliche Dimension haben.

Ausgehend von diesen frühen Kontroversen, die sich auch nach 1966 fortsetzten, lässt sich inzwischen der operative Stellenwert von Menschenrechten in politischen und gesellschaftlichen Prozessen innerhalb von Gesellschaften und auf internationaler Ebene wie folgt festhalten: Der Verweis auf Menschenrechte, insbesondere natürlich auf die bürgerlichen und politischen Rechte, hat zum Ziel, *staatliche Willkür abzuwehren.* Entsprechende Rechte dienen der Sicherung individueller Autonomie, letztendlich der Unantastbarkeit ›menschlicher Würde‹. In dieser Argumentationsfigur wird eine Rechtsgemeinschaft vorausgesetzt, weil vorgängig die potentielle Willkür von Privaten gegen Private durch die ›Herrschaft des Rechts‹ und damit in der Folge der Existenz eines *Gewaltmonopols* des Staates als beseitigt gilt.

1 Bundeszentrale für politische Bildung (Hg.): Menschenrechte. Dokumente und Deklarationen, Bonn 19952. In diesem Band finden sich auch die im folgenden zitierten Dokumente.

Die Herrschaft des Rechts und das Gewaltmonopol – eine der elementaren Bedingungen inneren Friedens – sind aber nur dann Inbegriff und Ausdruck einer Rechtsgemeinschaft, wenn Recht auf demokratischem Wege zustande kommt und es verfassungsmäßig festgelegte Vorkehrungen gibt, das einmal vorhandene Recht im Lichte neuer Bedürfnisse weiterzuentwickeln.[2] Die immer erneut erforderliche, wenngleich notwendigerweise kontrovers bleibende Verwirklichung von Menschenrechten ist damit auf die Existenz eines gewaltenteiligen *demokratischen Verfassungsstaates* angewiesen. Folglich ist der Kampf um Menschenrechte immer auch ein Kampf um die Institutionalisierung moderner Demokratie, die trotz identischer Prämissen (Gewaltenteilung, Prinzip der Öffentlichkeit, Versammlungsfreiheit, etc.) ganz unterschiedliche Ausprägungen kennt und innerer Frieden lässt sich in derzeitigen Ausprägungen von nicht fassadenhafter, sondern wirklicher Demokratie nicht ohne ständige Bemühungen um soziale Gerechtigkeit erreichen. Werden diese unter kapitalistischen-marktwirtschaftlichen Bedingungen vernachlässigt, werden mit guten Gründen die institutionalisierten Spielregeln der öffentlichen Ordnung als unfair empfunden: Die etablierten Institutionen und Regelwerke verlieren an Legitimität; die politische Kultur droht in ggf. militant gegnerische Strömungen auseinander zu driften.[3]

Neben dem Schutz vor staatlicher Willkür und der rechtsstaatlich geordneten Weiterentwicklung von Recht dient der Verweis auf Menschenrechte heute vor allem auch dazu, Diskriminierungen jeglicher Art zu identifizieren und zu überwinden. Der Menschenrechtsdiskurs ist in dieser Hinsicht, übrigens ganz im Sinne der *Erklärung* von 1948 und der beiden Pakte von 1966, zu einem *Antidiskriminierungsdiskurs* geworden. Dabei geht es nicht nur um politische Diskriminierung, sondern um die solcher zugrunde liegende soziale, ökonomische und kulturelle Benachteiligung: Ziel ist die Überwindung einer institutionell verfestigten Ordnung, die Ungleichheiten systematisch produziert und damit der Chancengleichheit von Menschen elementar zuwiderläuft. Damit wird in realen Lagen chronischer Benachteiligung der Verweis auf Menschenrechte zu einem Hebel des Protests und gegebenenfalls der Befreiung.[4] So legt beispielsweise der Artikel 27 des *Bürgerrechtspaktes* fest: »In Staaten mit ethnischen, religiösen oder sprachlichen Minderheiten darf Angehörigen solcher Minderheiten nicht das Recht vorenthalten werden, gemeinsam mit anderen Angehörigen ihrer Gruppe ihr eigenes kulturelles Leben zu pflegen, ihre eigene Religion zu bekennen und auszuüben oder sich ihrer eigenen Sprache zu bedienen.«

An Bestimmungen wie dieser hat man oft die ›kollektivistische‹ Orientierung kritisiert. Aber diese Kritik ist unzutreffend, denn wie die Geschichte lehrt, läßt sich wie im Falle von diskriminierten Minderheiten kollektive Diskriminierung in aller Regel nicht allein durch Individualmaßnahmen beheben. Vielmehr sind gerade dann gruppenrechtliche Vorkehrungen und Kollektivmaßnahmen erforderlich, um dem individualrechtlich orientierten Artikel 2 der *Erklärung* Genüge zu tun: »Jeder Mensch hat Anspruch auf die in dieser Erklärung verkündeten Rechte und Freiheiten, ohne irgendeine Unterscheidung, wie etwa nach Rasse, Farbe, Geschlecht, Sprache, Religion, politischer und sonstiger Überzeugung, nationaler oder sozialer Herkunft, nach Eigentum, Geburt oder sonstigen Umständen.«

Der Schutz des Individuums lässt sich rechtlich fixieren, so auch das Verbot von Diskriminierung. Diskriminierung kann überdies durch entsprechende Verfassungsregelungen (wie der Sicherung von Minderheitenrechten), aber auch durch allgemeine Fördermaßnahmen

2 Über den Zusammenhang von ›Rechtsunruhe‹ und ›Rechtsfortbildung‹ im Kontext einer die Rechtsfortbildung erlaubenden Rechtsordnung siehe die hellsichtigen Überlegungen von Sigmund Freud in seinem Brief vom September 1932 an Albert Einstein, wiederabgedruckt in Albert Einstein: Über den Frieden, Bern 1975, S. 208 ff.

3 Ich habe einschlägige historische und strukturelle Gesichtspunkte über die angesprochenen Sachverhalte im sog. ›Zivilisatorischen Hexagon‹ zusammengefaßt. S. Dieter Senghaas: Zum irdischen Frieden, Frankfurt/Main 2004, Kap. 2.

4 S. hierzu auch Norberto Bobbio: Das Zeitalter der Menschenrechte. Ist Toleranz durchsetzbar? Berlin 1998; S. auch (immer noch grundlegend) Thomas H. Marshall: Bürgerrechte und soziale Klassen, Frankfurt/Main 1992.

überwunden werden.[5] Jenseits dieser wichtigen und grundlegenden Orientierungspunkte stehen Menschenrechte im Allgemeinen für eine gesellschaftliche Ordnung, in der es gezielte Vorkehrungen dafür gibt, daß die Würde des Menschen in politischer, rechtlicher, ökonomischer, sozialer und kultureller Hinsicht überhaupt eine Chance hat. Die grundlegenden Menschenrechtsdokumente lassen keinen Zweifel darüber aufkommen, dass ihnen die Vorstellung einer ›menschenwürdigen Gesellschaft‹ zugrunde liegt. Schon in der *Erklärung* von 1948 ist von vielem, manche würden sagen von zu vielem, die Rede: so von der Freiheit der Eheschließung und dem Schutz der Familie, von sozialer Sicherheit und dem Recht auf Arbeit und gleichen Lohn, sogar vom »Anspruch auf Erholung und Freizeit sowie auf eine vernünftige Begrenzung der Arbeitszeit und auf periodischen, bezahlten Urlaub« (Art. 24). Schließlich finden sich Bestimmungen über die Freiheit des Kulturlebens, wenn es in Art. 27 heißt: »Jeder Mensch hat das Recht, am kulturellen Leben der Gemeinschaft frei teilzunehmen, sich der Künste zu erfreuen und am wissenschaftlichen Fortschritt und dessen Wohltaten teilzuhaben.«

Solche allgemeinen Festlegungen bedürfen natürlich der Konkretion. Dass es im Hinblick auf Vorstellungen über eine menschenrechtlich inspirierte ›menschenwürdige Gesellschaft‹ unendlich viele Kontroversen gibt, ist nun nicht von Nachteil, sondern erweist sich für die Idee der Menschenrechte geradewegs als Lebenselixier. Die Erweiterung und Vertiefung der Menschenrechtsidee – von den Rechten zum Schutze des Individuums und gegen die Diskriminierung von Gruppen bis hin zu den positiven Vorstellungen einer Gesellschaft, auch einer internationalen Ordnung auf der Höhe von Menschenrechten – wären niemals zustande gekommen, wenn es jemals eine in sich kohärente Blaupause für Menschenrechte gegeben hätte. Je länger der Menschenrechtsdiskurs anhält und je internationaler er wird, umso mehr konkretisieren sich Menschenrechte über die Kontroversen, die sie provozieren. Diese Entwicklung ist durchaus zu begrüßen.[6]

Rückblick

Nun hat man innerhalb des Westens, aber auch jenseits des Westens, dann allerdings mit antiwestlichem Affekt, Menschenrechte als ein typisches Gewächs europäischer Kultur interpretiert. Diese Selbstwahrnehmung und Interpretation von außen sind in der Tendenz korrekt, denn Menschenrechte, wie sie heute verstanden werden, sind ein Produkt europäischer Entwicklung. Aber was heißt hier ›europäische Kultur‹ oder ›europäische Entwicklung?‹ Lässt man die europäische Kultur mit der griechischen Antike beginnen, so wäre sie in etwa 2500 Jahre alt.

Aber nur in den letzten 250 Jahren spielte die Idee der Menschenrechte für die europäische Kulturentwicklung eine entscheidende Rolle. Auch der politische Kampf um die Durchsetzung von Menschenrechten ist auf diesen Zeitraum begrenzt. Und da es dabei um einen wirklichen Kampf ging, ist die These nicht abwegig, derzufolge die Menschenrechte *gegen die eigene Tradition*, die sich in den Jahrhunderten davor formiert hatte, durchgesetzt werden mussten. Was wir heute mit Menschenrechten inhaltlich verbinden, ist also ganz offensichtlich nicht in die ursprünglichen ›Kulturgene‹ Europas eingepflanzt gewesen.

Der größte Teil europäischer Geschichte, auch der Kulturgeschichte, dokumentiert keine besonderen Sympathien für das, wofür Menschenrechte heute prinzipiell und in operativer Hinsicht, was die Ausgestaltung der öffentlichen Ordnung angeht, stehen. Und es ist auch ziemlich abwegig zu unterstellen, die europäische Geschichte hätte aus innerer Logik zwangsläufig in einen Sieg der Idee der Menschenrechte und damit in ihre heutigen institutionellen und mentalen Ausprägungen inneren Friedens münden müssen.

5 S: hierzu Ulrich Schneckener: Auswege aus dem Bürgerkrieg, Frankfurt/Main 2002.
6 S. hierzu Johan Galtung: Menschenrechte – anders gesehen, Frankfurt/Main 1994.

Allein schon die Geschichte der Menschenrechte selbst dokumentiert, dass dem nicht so ist. So sprechen die Menschenrechtserklärungen des späten 18. Jahrhunderts zwar von *dem* Menschen. Aber in Wirklichkeit wurde mit diesem Begriff immer nur ein Ausschnitt der Menschheit gemeint: Lange Zeit war nicht gemeint, wer nicht über Bildung und Eigentum verfügte; nicht gemeint waren die Frauen, auch nicht die Kinder, schon gar nicht Farbige oder Sklaven. Ohne Skrupel blieben sie alle einfach ausgegrenzt; manchmal gab es jedoch in Philosophie und politischer Theorie besonders aufwendige Begründungen für solche Ausgrenzung, an die man sich ebenfalls als einen Ausdruck europäischen Kulturgutes erinnern sollte.[7] Und was ausgrenzend einsetzte, wurde nicht inklusiv, weil es von Ausgrenzung zur Inklusion eine innere Logik gibt, sondern weil im Laufe der Zeit die Ausgeschlossenen nicht länger bereit waren, ausgeschlossen zu bleiben, und sie vielmehr gleiche Rechte einforderten – bis schließlich die Idee obsiegte, dass bei einem Verweis auf Menschenrechte *alle* Menschen ungeachtet ihrer konkreten Ausprägungen gemeint sind.

Was für uns heute also für selbstverständlich gilt und was durch Verweis auf die christliche Vorstellung von der Gottesebenbildlichkeit des Menschen für die europäische Geschichte als immer schon selbstverständlich geltend behauptet wird, war während neunzig Prozent dieser Geschichte überhaupt nicht geschichtsbestimmend: Die alteuropäische öffentliche Ordnung Europas war autokratisch-ständisch geprägt, überdies korporatistisch-kollektivistisch;[8] über viele Jahrhunderte hinweg sucht man in ihr vergebens das ›autonome Individuum‹, wie es in modernen Menschenrechtsdokumenten Eingang gefunden hat.[9] Und noch weit in das 19. Jahrhundert hinein waren viele europäische Gesellschaften trotz der Revolutionen am Ende des 18. Jahrhunderts durch eine standesmäßige Gliederung mit jeweils nach Ständen unterschiedlich definierten Rechten und Pflichten der Individuen gekennzeichnet.

Das *abstrakte Individuum* des Art. 1 der *Erklärung* von 1948 (»Alle Menschen sind frei und gleich an Würde und Rechten geboren«), also das Individuum ungeachtet von Geschlecht, Alter, Hautfarbe usf., existierte im größten Teil europäischer Geschichte überhaupt nicht. Die Idee eines solchen Individuums *qua Rechtsfigur* entstand erst in Auseinandersetzung mit unerträglich werdenden gesellschaftlichen Verhältnissen der Ungleichheit, angesichts von krasser Privilegierung und krasser Ausbeutung, von protzigem Reichtum und Armut, aber auch angesichts neuer allermeist bürgerlicher Schichten, die die überkommene ständisch-feudale Ordnung, das *ancien régime,* als mit den eigenen Aspirationen unvereinbar empfanden. Aus solcher Konstellation erwuchs jene kulturelle und politische Sprengkraft *wider die eigene europäische Tradition*, die schließlich und endlich die Menschenrechtsidee als geschichtsmächtig werdende *politische Kraft* auf den Weg brachte.

Natürlich hat jede weitreichende Idee punktuelle geistige Vorläufer. Aber erst in einer relativ späten Phase europäischer Entwicklung gelang es, in Geist und danach in politischer Realität den standesmäßig verorteten Menschen, der nur eine standesmäßig vorgezeichnete *ungleich* definierte Freiheit und Würde besaß, zum Menschen per se zu befreien. Erst dann, und wie gesagt, in völligem Kontrast zur langen Geschichte Europas wurden alle Menschen als *prinzipiell* gleich und frei begriffen.[10]

7 Eine diesbezügliche Fundgrube über die merkwürdigsten Konzeptualisierungen der Rechtsstellung von Frauen in europäischen Gesellschaften, auch der skandalös-langsamen und widerborstigen Zugeständnisse im Hinblick auf die rechtliche Emanzipation von Frauen ist Ute Gerhard (Hg.): Frauen in der Geschichte des Rechts. Von der Frühen Neuzeit bis zur Gegenwart, München 1997.

8 S. zusammenfassend den eindrucksvollen Artikel von Thomas Nipperdey: Der Umbruch zur Bürgerlichen Gesellschaft seit der Amerikanischen und Französischen Revolution, in Klaus W. Hempfer und Alexander Schwan (Hg.): Grundlagen der politischen Kultur des Westens, Berlin 1997, S. 169-189.

9 S. hierzu die Beiträge von Thomas Göller und Matthias Kaufmann in Thomas Göller (Hg.): Philosophie der Menschenrechte, Göttingen 1999.

10 S. hierzu Hans Maier: Wie universal sind die Menschenrechte?, Freiburg 1997.

Die Menschenrechtsidee bezeichnet damit auch in der europäischen Geschichte eine tiefgreifende Zäsur. Sie ist viel tiefgreifender, als in jenen Argumenten unterstellt wird, die die Menschenrechte – ihre Verankerung in Verfassungsordnungen und in Gesellschaftspolitik – als Ausdruck immerwährender europäischer Kultur, ja geradewegs als finales Ergebnis immer schon uranfänglich angelegter Kulturmerkmale beschreiben. Demgegenüber ist festzuhalten: Die Menschenrechte waren Europa nicht in die Wiege gelegt, so dass nur zu warten war, bis irgendwann einmal Europa das Stadium des Erwachsenseins erreicht haben würde. Sie waren vielmehr in Zeiten eines tiefgreifenden Umbruchs das Ergebnis öffentlicher Erregungen *auf Massenbasis*: das Werk von Umstürzlern in Geist und Tat und von sozialrevolutionären Bewegungen, einst des Bürgertums, dann der Arbeiterbewegung an ihrer Spitze. Frauen und Randgruppen folgten. Sie waren das Ergebnis einer Kulturrevolution im Kontext dramatisch sich verändernder Gesellschaften.

Das also ist die wirkliche Geschichte der Menschenrechtsidee und ihrer Übersetzung in eine öffentliche Ordnung, die wir heute als »typisch europäisch-westliche« begreifen.[11] Diese Ordnung hat sich im Bereich der OECD-Gesellschaften erst nach 1945 stabilisiert, und sie ist erst danach samt der ihr zugrunde liegenden politischen Kultur zu einer Selbstverständlichkeit geworden. *Davor hat jede der westlichen Gesellschaften auf je eigene Art einen Kampf gegen die eigene Tradition durchfochten.*[12]

Eigentlich müsste es gerade in Deutschland leicht fallen, sich dieses Tatbestandes zu erinnern, da es doch hier bis in die 1950er Jahre markante Geistesströmungen und politische Bewegungen gab, die sich ausdrücklich gegen die Errungenschaften einer politischen Kultur aussprachen, die wir heute als ›westlich‹ begreifen. So war beispielsweise Thomas Mann kein Exzentriker, sondern ziemlich repräsentativ für eine heute anachronistisch anmutende vorherrschende Geistesströmung in Deutschland, wenn er 1918 über den Gegensatz Deutschlands zum Westen schrieb, dass Demokratie dem deutschen Wesen ›fremd und giftig sei‹: »Ich bekenne mich tiefüberzeugt, daß das deutsche Volk die politische Demokratie niemals wird lieben können, und daß der vielverschrieene ›Obrigkeitsstaat‹ die dem deutschen Volk angemessene, zukömmliche und von ihm im Grunde gewollte Staatsform ist und bleibt.« Und weiterhin heißt es bei diesem damals schon weltberühmten Schriftsteller dieses Landes: »Wessen Bestreben es wäre, aus Deutschland einfach eine bürgerliche Demokratie im römisch-westlichen Sinne und Geiste zu machen, der würde ihm sein Bestes und Schwerstes, seine Problematik nehmen wollen, in der seine Nationalität ganz eigentlich besteht. Der würde es langweilig, klar, dumm und undeutsch machen wollen und also ein Anti-Nationalist sein, der darauf bestünde, daß Deutschland eine Nation in fremdem Sinne und Geiste würde.«[13] Das war vor etwas mehr als 90 Jahren so geschrieben – von einem der angesehensten Vertreter ›deutschen Geistes‹, und selbst in den 1950er und 1960er Jahren hatte eine solche Argumentation immer noch eine gewisse, dann glücklicherweise allmählich versiegende Resonanz.

Ausblick

Eine realistische Betrachtung der europäischen Entwicklung, die den europäischen Konflikt um Menschenrechte gegen die eigene Tradition wahrnimmt, ist auch für ein Verständnis der Menschenrechtsproblematik außerhalb Europas und des Westens von Bedeutung. Dort wie-

11 S. hierzu auch die eindrucksvolle Monographie von Heiner Bielefeldt: Philosophie der Menschenrechte. Grundlagen eines weltweiten Freiheitsethos, Darmstadt 1998.

12 S. Dieter Senghaas: Zivilisierung wider Willen. Der Konflikt der Kulturen mit sich selbst, Frankfurt/Main 1998².

13 Thomas Mann: Betrachtungen eines Unpolitischen (1918), Frankfurt/Main 1956, S. 29, 46f.

derholen sich nämlich die aus der jüngsten europäischen Geschichte bekannten Auseinandersetzungen. Alle außereuropäischen Gesellschaften befinden sich heute in einem tiefgreifenden Umbruch.

Darüber pluralisieren sie sich intern. Die Folge davon ist, dass Traditionen wegbrechen und Neuorientierungen überfällig werden. Es entstehen innere Kulturkonflikte, bei denen es letztlich um die Zukunft der öffentlichen Ordnung geht. Die Menschenrechtsproblematik gewinnt darin eine besondere politische Brisanz. Innerer Frieden wird unter der Bedingung sozial mobil werdender und sich folglich politisierender Gesellschaften zu einer existentiellen Grundproblematik.

Die Konfliktfronten liegen dabei relativ klar: Manche wollen Europa imitieren, andere die alte Tradition revitalisieren. Wieder andere glauben, moderne Technologien mit alten Werten kombinieren zu können. Auf wenig erstaunliche Weise wiederholen sich auch die Argumentationsfronten, die im späten 18. und während des 19. Jh. in Europa zu beobachten waren: Individuelle Menschenrechte werden als eine Bedrohung überkommener Werte, eigener Kultur und Tradition, vor allem aber auch von gängiger Wohlanständigkeit begriffen. Demgegenüber sind die Verfechter von Menschenrechten nicht mehr bereit, sich autokratischen oder despotischen Regimen, ökonomischer Ausbeutung oder auch sozialer und kultureller Diskriminierung zu beugen.

Es sind Mißstände gravierender Art, die die Idee der Menschenrechte jeweils vor Ort auf die Tagesordnung bringen, und darüber geraten auch außerhalb Europas die althergebrachten Ordnungen und Kulturen mit sich selbst in Konflikt. In Ostasien, Südostasien, Südasien und im weiten Bereich islamischen Einflusses werden Kulturen korporatistisch-kollektivistischer, patriarchaler und paternalistischer Ausrichtung fragwürdig. Hier wiederholt sich eine geschichtliche Erfahrung Europas.[14]

Der Vorgang ist nicht geschmeidig und schon gar nicht folgt er einer Linearität. Er lässt widerborstige fundamentalistische Bewegungen entstehen, denen Menschenrechte allermeist zuwider sind.[15] Aber gleichzeitig verbreiten sich auch politische Bewegungen, die sich die Verwirklichung von Menschenrechten, Rechtsstaatlichkeit und Demokratie zum Ziel gesetzt haben.[16] Natürlich sind in Gesellschaften mit relativem Entwicklungserfolg die Aussichten für Menschenrechte und Demokratie, folglich auch für inneren Frieden, größer als in Gesellschaften, die sich in einer chronischen Entwicklungskrise ohne derzeitige Aussicht auf Lösung befinden. Darin liegt der Unterschied, beispielhaft formuliert, zwischen Ostasien und Subsahara-Afrika.

Fazit

Noch bis in die Mitte des 20. Jahrhunderts wurden in Deutschland antiwestliche ›deutsche Werte‹ verfochten. Auch wurden nach 1917 und 1945 im Realsozialismus ›sozialistische Werte‹ gegen bürgerliche ausgespielt. In islamischen Gesellschaften werden heute ›islamische Werte‹ propagiert. Und die Autokraten Asiens, aber auch die fundamentalistischen Autoren im arabisch-islamischen Raum argumentieren heute genauso wie Thomas Mann einst. Bei letzteren gibt es überdies eine erstaunliche Übereinstimmung in der Argumentation mit der sogenannten ›theokratischen Konterrevolution‹ katholischer Provenienz, die sich in

14 Kulturell betrachtet sind die einschlägigen Problemlagen in den diversen Kulturbereichen durchaus unterschiedlich gelagert. S. hierzu meine Überlegungen in Teil I des in Anmerkung 12 zitierten Buches.

15 S. hierzu den vorzüglichen, weltweit beobachtbare Empirie aufarbeitenden Beitrag von Christoph Marx: Fundamentalismus und Nationalstaat, in: Geschichte und Gesellschaft, Bd. 27, 2001, S. 87-117. Ebenfalls Wolfgang Reinhard (Hg.): Die fundamentalistische Revolution. Partikularistische Bewegungen der Gegenwart und ihr Umgang mit der Geschichte, Freiburg 1995.

16 S. Rainer Tetzlaff (Hg.): Menschenrechte und Entwicklung, Bonn 1993; Thomas Risse u.a. (Hg.): The Power of Principles. International Human Rights Norms and Domestic Change, Cambridge 1999.

der ersten Hälfte des 19. Jh. heftig gegen das humanistische Geschichts-, Kultur- und Menschenbild der französischen Revolution und natürlich gegen jede Form des Liberalismus aussprach.[17]

Die weltweite Kulturkampfszene, zu dessen Kern heute der Menschenrechtsdiskurs gehört, ist also wohlvertraut. Ihr wirklicher Schauplatz sind einzelne Gesellschaften *innerhalb* der jeweiligen Kulturbereichen. In ihnen wird ein ›clash within civilizations‹ durchgefochten; der ›clash of civilizations‹, wie ihn Huntington prognostizierte, bleibt demgegenüber eine Chimäre.[18] Dieser Sachverhalt hat einen bemerkenswerten Seiteneffekt: Erleichtert wird der internationale Kulturdialog, weil in ihm nämlich nicht länger in sich stimmige, gewissermaßen monolithhafte oder homogene Kulturen aufeinander treffen, sondern Kulturen, die mit sich selbst in Konflikt geraten sind.

Ob schließlich und endlich an vielen Orten der Welt die Idee der Menschenrechte und damit zeitgemäße Vorstellungen über die Konstitutionsbedingungen inneren Friedens obsiegen und diese Ideen ihrerseits sich in erschütterungsfeste menschenrechtsfreundliche politische Ordnungen übersetzen werden, das sind Fragen, deren Antwort offen ist. Aber wie einst in Europa, so wird auch außerhalb Europas die Antwort nicht von uralten kulturellen Vorprägungen abhängen, die einen solchen Übergang vermeintlich erleichtern oder behindern. Entscheidend werden politische Kräftekonstellationen im Kontext von Entwicklungsprozessen sein, die erfolgreich sind oder aber misslingen – oder, was häufiger zu beobachten sein wird, die sich in der Spannung zwischen Erfolg und Misserfolg bewegen. Darin, nicht in der kulturellen Erblast, ist das unsichere weitere Schicksal der Menschenrechte und folglich auch der Chance für einen nachhaltigen, d.h. dauerhaften inneren Friedens begründet.

Weiterführende Literatur des Autors:

Senghaas, Dieter: *Zivilisierung wider Willen.* Der Konflikt der Kulturen mit sich selbst, Frankfurt/Main 1998.

—: *Weltordnungspolitik in einer zerklüfteten Welt,* Frankfurt/Main 2012.

17 S. hierzu Johann Baptist Müller: Religion und Politik, Berlin 1997, Teil IV.

18 S. hierzu auch Carl Gershman: The Clash Within Civilizations, in: Journal of Democracy, Bd. 8, Nr. 4, 1997, S. 165-170 – eine Kritik an Huntington, die mit meiner eigenen völlig in Übereinstimmung ist (s. Anm. 12, Kap. 7). Die diesbezüglichen Inkonsistenzen in den Publikationen von Samuel Huntington arbeitet Jacob Heilbrunn in dem Artikel The Clash of Samuel Huntingtons, in: The American Prospect, Nr. 39, 1998, S. 22-28 heraus.

Daniela Busse

Menschenrechte und Bildung

Was ist Menschenrechtsbildung?

Die Frage nach den Menschenrechten hängt unmittelbar mit der Bildungsfrage zusammen. Bildung selbst stellt die notwendige Grundlage für die persönliche und gesellschaftliche Entwicklung dar. Damit geht es grundsätzlich um das Recht jedes Individuums auf Bildung und eine zielgerichtete Erziehung, das international und national verankert und Grundlage für die Entwicklung von Konzepten der Menschenrechtsbildung ist.

Im deutschen Sprachgebrauch finden sich die beiden Begriffe Menschenrechtsbildung (MRB) und Menschenrechtserziehung (MRE), wobei sich mittlerweile in der jüngeren Fachliteratur der Begriff der Menschenrechtsbildung durchgesetzt hat.[1] Der Begriff MRB weist darauf hin, dass dieses Thema alle gesellschaftlichen Zielgruppen und Schichten betrifft und betont den lebenslangen Prozess, die eigene Position gegenüber anderen Menschen, Religionen und Kulturen immer wieder kritisch zu überprüfen. MRB will also nicht nur über Menschenrechte informieren, sondern eine ›Kultur der Menschenrechte‹[2] hervorbringen, die auf Demokratie, gegenseitiger Achtung und Toleranz beruht und zu Völkerverständigung führt.

Die Organisation Human Rights Education Associates (HREA) betont die Handlungsorientierung der MRB und auch die deutsche UNESCO-Kommission und das DIfM weisen darauf hin, dass Lernen *über*, *durch* und *für* die Menschenrechte Hand in Hand gehen müssen.[3] Der Aktionsplan für die Dekade der UN für MRE 1995-2005 erweitert die MRB dahingehend, dass die allseitige Entwicklung der menschlichen Persönlichkeit gefördert werden müsse. Auch wenn Sommer und Stellmacher diese breite Konzeption kritisieren[4], werde ich im Folgenden dafür plädieren, dass auch dieser Bereich Berücksichtigung finden muss, wenn MRB erfolgreich sein soll.

Im Folgenden wird von drei Dimensionen von MRB die Rede sein, die ich jeweils kurz beleuchten werde:

1. Bildung als Menschenrecht, d.h. jeder hat ein Recht auf Bildung. Hier werden die grundlegenden Feststellungen zum Recht auf Bildung in der Erklärung der Menschenrechte 1948 und der Kinderrechtskonvention 1989 sowie weitere Meilensteine der internationalen Politik vorgestellt.

2. Menschenrechte durch Bildung, d.h. Stärken des Bewusstseins über Menschenrechte in Lernprozessen als gesellschaftliche und politische Aufgabe. Hier liegt der Fokus auf der deutschen (Bildungs-) Politik, die auf Grundlage der UN-Erklärungen Festlegungen für MRB in Deutschland trifft.

1 Vgl. Veröffentlichungen des Instituts für Menschenrechte (DIfM), von Menschenrechtsorganisationen und der deutschsprachigen Veröffentlichungen der Vereinten Nationen (UN). Hier werden im Folgenden die im Original der Dokumente verwendeten Bezeichnungen beibehalten, in der Regel aber der Begriff Menschenrechtsbildung verwendet.

2 Vgl. Mihr, Anja/Rosemann, Nils, Bildungsziel Menschenrechte Standards und Perspektiven für Deutschland, Schwalbach/Ts 2004, S. 7.

3 Ebenda.

4 Sommer, Gert/Stellmacher, Jost, Menschenrechte und Menschenrechtsbildung. Eine psychologische Bestandsaufnahme, Wiesbaden 2009, S. 35.

3. Menschenrechte in der Bildung, i.e. pädagogische und didaktische Überlegungen, wie das Thema ›Menschenrechte‹ im Unterricht umgesetzt werden kann und wie Lernprozesse und das schulische Miteinander auf der Grundlage von Menschenrechten gestaltet werden (können oder müssten).

Bildung als Menschenrecht

Die Allgemeine Erklärung der Menschenrechte (AEMR) von 1948 verweist auf das Recht jedes Menschen auf Bildung. Nach Art. 26 muss diese als grundlegende Bildung kostenlos sein und allen Menschen nach ihren Fähigkeiten zur Verfügung stehen. Betont wird auch das Recht der Eltern, die Art der Bildung ihres Kindes festzulegen. Bildung soll der Entfaltung der Persönlichkeit dienlich sein und zu tolerantem und friedvollem Denken führen.[5]

Im Internationalen Pakt von 1966 über wirtschaftliche, soziale und kulturelle Rechte wird MRB zwar noch nicht explizit erwähnt, die Zielrichtung ist hier aber schon deutlich, wenn auf die Persönlichkeitsentfaltung sowie die Entwicklung von Verständnis, Toleranz und Freundschaft unter allen Völkern, Rassen und ethnischen sowie religiösen Gruppen verwiesen wird.[6]

Die ›Empfehlung über Erziehung für internationale Verständigung, Zusammenarbeit und Frieden‹ von 1974 betont ebenfalls die Wichtigkeit der Persönlichkeitsentwicklung aller Altersgruppen, die von Bildungsarbeit in den Ländern geleistet werden muss, um die Grundsätze der AEMR bekannt zu machen und Diskriminierung zu verhindern. Die Kinderrechtskonvention 1989 spezifiziert die Vorgaben für die kindliche Bildung in Art. 29 dahingehend, dass »dem Kind Achtung vor den Menschenrechten und Grundfreiheiten und den in der Charta der Vereinten Nationen verankerten Grundsätzen zu vermitteln« seien sowie »das Kind auf ein verantwortungsbewusstes Leben in einer freien Gesellschaft im Geist der Verständigung, des Friedens, der Toleranz, der Gleichberechtigung der Geschlechter und der Freundschaft zwischen allen Völkern sowie ethnischen, nationalen und religiösen Gruppen und gegenüber Ureinwohnern vorzubereiten« sei.[7]

Im Jahre 1993 wurde vom internationalen Bildungskongress der UNESCO in Montreal ein Weltaktionsplan für Erziehung zu Menschenrechten und Demokratie verabschiedet, was der MRB einen hohen politischen Stellenwert einräumte. Diesen bekräftigte die Wiener Weltmenschenrechtskonferenz noch im gleichen Jahr. 1995 riefen die Vereinten Nationen die Dekade für Menschenrechtsbildung (1995-2004) aus, welche seit 2005 durch das Weltaktionsprogramm für Menschenrechtsbildung fortgesetzt wird. Das Programm betont die MRB als wesentliche Voraussetzung für die Verwirklichung der Menschenrechte und stellt Vorgaben auf, die in den einzelnen Ländern von den Bildungsministerien umgesetzt werden sollen.

Als zum Ende der UN-Dekade deutlich wurde, dass die Erfolgsbilanz eher als durchwachsen zu betrachten sei, entschied sich die UN dafür, das Weltprogramm für Menschenrechtsbildung zu initiieren (bis 2015), bei dem der Sicherstellung von Bildung eine zentrale Rolle zukommt.[8] In der ersten Phase (2005-2007) wurden politische Maßnahmen in den Ländern eingefordert: Bildungspolitik, Ausbildung von Lehrkräften sowie das Curriculum sollen auf den Menschenrechten aufbauen. Ebenso muss das Schulumfeld Menschenrechte und Grundfreiheiten achten und fördern. Auch Lehr- und Lernprozesse sollen auf den Menschenrechten aufbauen, was die Aus- und Weiterbildung von Lehrkräften erforderlich macht.

5 Bundeszentrale für politische Bildung, Hrsg., Menschenrechte. Dokumente und Deklarationen, Bonn 2004.
6 Bundesgesetzblatt Teil II vom 28.11.1973, S. 1569.
7 Bundesgesetzblatt Teil II vom 10.07.1992, S. 990.
8 Vgl. dazu die kritische Betrachtung von: Bösl, Anton/Jastrzembski, Tania, ›Menschenrechtsbildung. Globale Herausforderung und internationaler Auftrag‹, in: KAS-AI 12/05, S. 4-30.

Die UN betonen in ihrer Erklärung vom Dezember 2011 noch einmal das gemeinsame Interesse aller Staaten an der Durchsetzung der MRB sowie die Verantwortung der einzelnen Staaten, diese zu implementieren und verweisen dabei in Art. 5 darauf, dass MRB auf den Prinzipien von Gleichheit (v. a. zwischen Jungen und Mädchen und Frauen und Männern), menschlicher Würde, Inklusion und Nichtdiskriminierung beruhen müsse.[9]

Menschenrechte durch Bildung

In Deutschland hat die Kultusministerkonferenz (KMK) schon 1980 eine ›Empfehlung zur Förderung der Menschenrechtserziehung in der Schule‹ formuliert. Darin benennt sie drei Hauptziele, die zu verfolgen seien: Vermittlung von Wissen, Beurteilung von politischen Verhältnissen in Deutschland und anderen Ländern auf Grundlage des erworbenen Wissens sowie Handlungsbereitschaft wecken und stärken, für die Einhaltung von Menschenrechten einzutreten.

Diese Empfehlung wurde 2000 nochmals bekräftigt und betont ein umfassendes Verständnis von MRB. Danach ist nicht nur staatliches Handeln sondern das Engagement des Einzelnen gefordert, was die Schule durch eine entsprechende Persönlichkeitsbildung fördern muss. MRE ist deshalb in allen Landesverfassungen und Schulgesetzen als ›oberstes Bildungsziel‹ festgelegt und soll alle Felder schulischen Handelns erfassen. Die KMK fordert alle Fächer auf, zur MRE beizutragen, ebenso sollen die Schulbücher dem Rechnung tragen. Auch weist sie explizit auf das Schulleben hin, in dem die Jugendlichen die Achtung der Mitmenschen im täglichen Umgang in der Schule erleben und üben sollen.[10]

Aufgrund der Bildungshoheit der Länder gibt es für Deutschland allerdings keinen nationalen Aktionsplan für MRB. Ein Überblick der KMK über die Verankerung der MRB in den einzelnen Schulgesetzen und Lehrplänen zeigt denn auch, wie unterschiedlich der Stellenwert der MRB in den einzelnen Ländern ist. Die Studie untersucht die Bildungsstandards bzw. die kompetenzorientierten Lehrpläne der Länder und kommt zu dem Schluss, dass die Bildungsverwaltungen und die Schulen ihrer Verantwortung für die MRB durch ein vielfältiges Engagement gerecht zu werden versuchen und einen guten Weg beschreiten.

Sommer und Stellmacher stellen allerdings 2009 in ihrer Auswertung verschiedener Studien fest, dass die UN-Dekade zur MRB in Deutschland nicht umgesetzt wurde, keine koordinierende Vernetzung von Aktivitäten stattgefunden habe, die Empfehlung der KMK nur mangelhaft umgesetzt wurde und Menschenrechtsverletzungen in der Öffentlichkeit kaum wahrgenommen werden. Sie konstatieren, dass die Verwirklichung von Menschenrechten zwar übereinstimmend als sehr wichtig angesehen wird, das konkrete Wissen, was Menschenrechte sind, aber sehr gering und ungenau ist.[11]

Menschenrechte in der Bildung

Hier sind die drei Bereiche Kognition (Wissen über Menschenrechte), Problembewusstsein/Emotion (das eigene Betroffensein über Menschenrechtsverletzungen im eigenen Umfeld/in der Welt) und Handlungsmotivation (daran etwas verändern zu wollen) zu berücksichtigen.[12]

9 United Nations General Assembly, A/RES/66/137 vom 16.02.2012.

10 Sekretariat der Ständigen KMK der Länder in der Bundesrepublik Deutschland, ›Empfehlung der KMK zur Förderung der MRE in der Schule‹, Bonn 2000, S. 4 und 6.

11 Sommer/Stellmacher, ebd., 2009, S. 43 und 65.

12 Vgl. Wentzel, Jens, Methodenpool für die Menschenrechtsbildung, Amnesty International, Chemnitz 2007.

Lernen *über* Menschenrechte – aber wie?

Es geht also darum, Kenntnisse über die Menschenrechte zu vermitteln. Mögliche Themen für den Unterricht sind z. Bsp.: Rechte im Alltag (speziell Kinderrechte), Schutz vor Diskriminierung, Gleichberechtigung, Todesstrafe, Folter, Flüchtlingsproblematik oder wirtschaftliche, soziale und kulturelle Menschenrechte. Amnesty International, das DIfM, die Friedrich-Ebert-Stiftung, das Forum Menschenrechte und andere NGOs und kirchliche Organisationen wie Misereor oder Brot für die Welt bieten eine Fülle von Material zu den unterschiedlichsten Themen an.

Die Implementierung des Themas in Schulbüchern allerdings steckt eher noch in den Kinderschuhen. Druba kommt in seiner Untersuchung von 95 Schulbüchern auf die Behandlung von Menschenrechtsthemen hin zu dem Ergebnis, dass sowohl die Bildungspläne der Länder als auch Schulbücher teilweise sachliche Fehler enthalten und weit hinter den Leitlinien der KMK 1980/2000 zurückbleiben.[13] Sommer und Stellmacher werten Drubas und ältere Studien aus und bleiben doch etwas ratlos zurück, warum zwischen den Vorgaben der KMK und den Schulbüchern eine derartige Diskrepanz besteht. Sie betonen aber auch, dass aufgrund des reichhaltigen Fundus außerhalb von Schulbüchern keine Begründung für das Nichtberücksichtigen der MRB im Unterricht vorliege.[14]

Verschiedene Stiftungen und Organisationen wie die Bundeszentrale für Politische Bildung (BpB) setzen sich für die Bewusstseinsbildung von Menschenrechtsverletzungen ein. Die Stiftung ›Erinnerung, Verantwortung und Zukunft‹ beispielsweise förderte in den letzten Jahren viele nationale und internationale Bildungsprojekte, die die MRB mit historischem Lernen verbinden. Der Ansatz geht davon aus, dass die Verabschiedung der AEMR nicht zuletzt eine Antwort auf die Erfahrungen des Zweiten Weltkriegs, der Zwangsarbeit und des Holocausts war. In der Auseinandersetzung mit der Geschichte des 20. Jahrhunderts soll Völkerverbindendes herausgearbeitet und deutlich gemacht werden, dass konkrete Bespiele aus Geschichte und Gegenwart als Beispiel dienen können, sich für die Menschenrechte weltweit einzusetzen.

Aus der eigenen schulischen Praxis heraus ist jedoch anzumerken, dass es die Arbeit vereinfachen würde, wenn die Themen in den Schulbüchern präsenter wären. Das projektartige Arbeiten hebt die MRB heraus, sie sollte aber doch in den normalen Kanon der Themen gehören.

Lernen *für* Menschenrechte – aber wie?

Durch die Kenntnis der Menschenrechte und der Verletzungen dieser in vielen Ländern der Welt sollen die Lernenden befähigt werden, ihre eigenen Einstellungen und Werte zu überprüfen und gegebenenfalls zu ändern (›Empowerment‹). Bielefeldt fordert in diesem Zusammenhang, dass Missachtungen der Menschenrechte als ›Skandalon‹ anzusehen seien, bei dessen Überwindung jeder Einzelne einen Beitrag leisten kann.[15] Dafür ist es wichtig, emotionale Zugänge zu den Themen zu schaffen, was den nächsten Teilaspekt aufwirft:

13 Druba, Volker, Menschenrechte in Schulbüchern, Heidelberger Studien zur Erziehungswissenschaft, Frankfurt/Main 2006.

14 Sommer/Stellmacher, ebenda, S. 47ff.

15 Bielefeldt, Heiner, ebenda, S. 27.

Lernen *durch* Menschenrechte – aber wie?

Hier sind für mich zwei Punkte wichtig: zum einen, bezogen auf das Schaffen von Wissen über Menschenrechte, die Methodik des Lernens. Zum anderen, ganz eng damit verknüpft ist für mich die Frage des Umgangs miteinander. Denn: wie kann ich den Schülern Wissen und Empathie über massive Menschenrechtsverletzungen in der Welt beibringen, wenn im Alltag in der Schule kein/oder nur bedingtes humanes Miteinander vorherrscht?

Zum ersten Bereich seien exemplarisch einige didaktische und methodische Anregungen benannt: Arbeit am konkreten Beispiel (Lebenslauf von Todeskandidaten, Folteropfern etc.), Erfahrungslernen, Empathie fördernder Unterricht, ganzheitliches Lernen, handlungsorientierter Unterricht, kooperatives Lernen, Lebensweltorientierung, Lehren und Lernen als dialogischer Prozess, Partizipation, Problem lösendes Lernen, selbst gewählte Schwerpunkte, selbständige Auseinandersetzung mit den Themen, u.v.m.

Es lassen sich viele Wege finden, diese Vorgaben umzusetzen: eine Umfrage durchführen, Pro/Kontra-Debatten oder das Problem der Öffentlichkeit darstellen und zu Engagement anregen (Bsp. Stand zum Elterntag mit fair gehandelten Produkten und selbst gestalteten Infoplakaten zu Kinderarbeit), etc.[16] Hier gibt es unendlich viele Möglichkeiten fächerübergreifend oder -verbindend tätig zu werden und nachhaltiges Lernen zu ermöglichen. Im *Kompass-Handbuch Menschenrechte* wird z.B. der Ansatz des Erfahrungslernens in einem Schema dargestellt, was gut veranschaulicht, wie erfolgreiches Lernen strukturiert sein könnte.[17]

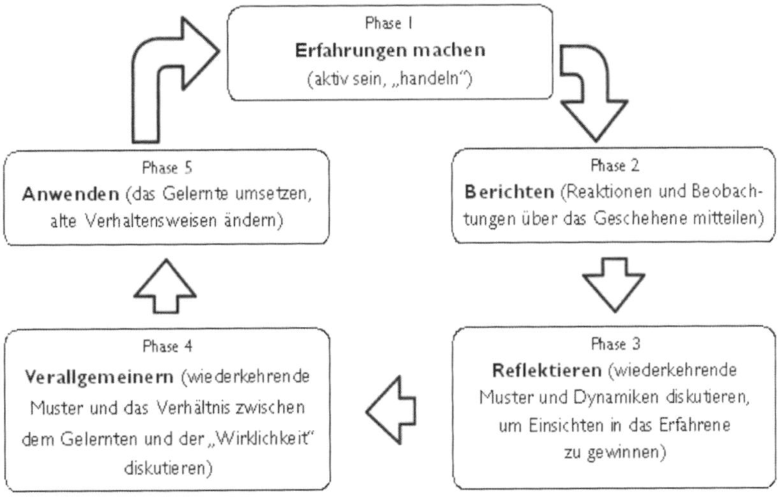

Wichtig ist aber meines Erachtens auch der zweite Bereich: der Umgang miteinander an der Schule. Der Aktionsplan zum Weltprogramm für MRB weist eindeutig darauf hin, dass auch das Lernumfeld auf den Menschenrechten aufbauen muss. Darunter fallen Aspekte wie: ein Verhaltenskodex für die Schule, die frei von Gewalt zu sein hat, die Verfahren zur Konfliktlösung und Bewältigung von Mobbing vorsieht, die Maßnahmen zur Nicht-Diskriminierung vornimmt, etc. Auch für das Lehren und Lernen werden Vorgaben gemacht, die auf den Men-

16 Vgl. dazu: Lohrenscheidt, Claudia, Hrsg., Unterrichtsmaterialien für die Menschenrechtsbildung an Schulen. Für Schülerinnen und Schüler ab Klasse 8, Deutsches Institut für Menschenrechte, Berlin [2]2009.

17 Lohrenscheidt, Claudia, Hrsg., Kompass: Handbuch zur Menschenrechtsbildung für die schulische und außerschulische Bildungsarbeit, BPB/DIfM, Bonn 2005.

schenrechten gründen: die Chancengleichheit achtender Unterrichtsstil, schülerzentrierte Methoden, Berücksichtigung der individuellen Voraussetzungen der Schüler, experimentelle Lernmethoden, bei denen der Lehrer Helfer und Berater ist, etc.[18]

In diesem Zusammenhang kritisiert Singer mit Recht, dass durch die PISA-Studie und andere (internationale) Vergleiche immer mehr Druck auf Lehrer wie Schüler ausgeübt wird und dass Raum und Zeit geschaffen werden müsste, ein humaneres Miteinander an der Schule zu gestalten. Seine Forderungen reichen von gewaltfreier Erziehung, dem Bewusstmachen von Lehrersprache und -verhalten, die seelisch und psychosomatisch verletzten können über ein Lernklima der gegenseitigen Rücksichtnahme sowie Differenzierungsmaßnahmen, um auf die Lernbedürfnisse des einzelnen Schülers einzugehen bis hin zu Zivilcourage zeigen und Demokratie in der Schule einzuführen oder durchzusetzen. Auch Bielefeldt schließt sich dem an, wenn er die ›Würde als Maßstab‹ für Bildung einfordert. Er weist darauf hin, dass Achtung vor dem Mitmenschen/der Umwelt nicht erzwungen, sondern lediglich ›geweckt‹ werden kann, was »wiederum nur geschehen [kann] in einer Bildungspraxis, die ihrerseits die Achtung vor der sich entfaltenden Mündigkeit der Menschen zur leitenden Maxime erhebt.«[19]

Einige gute Ansätze, diese Forderungen zu erfüllen gibt es schon, hier seien exemplarisch drei Projekte vorgestellt:

A. Seit 1995 gibt es das in Belgien entwickelte parteiunabhängige Projekt ›Schule ohne Rassismus – Schule mit Courage‹ von und für Schülerinnen und Schüler, das von der BpB sowie dem Bündnis für Demokratie und Toleranz gefördert wird. Der Titel ist inzwischen an 1133 Schulen bundesweit verliehen worden, setzt voraus, dass sich 70% der Schulangehörigen mit ihrer Unterschrift für das Projekt einsetzen und beinhaltet eine Selbstverpflichtung für die Gegenwart und die Zukunft, Verantwortung für das Miteinander an der Schule zu übernehmen und Rassismus und Diskriminierung jeglicher Art zu vermeiden. Unterstützt werden die Schulen von Paten aus Politik und Gesellschaft wie Iris Berben, Herbert Grönemeyer, Henning Scherf, Dorothee Sölle und vielen anderen.[20]

B. ›Lernen durch Engagement‹ (LdE), auch bekannt als »Service-Learning«, ist nach Seifert/Zentner und Nagy eine Lehr- und Lernform, die gesellschaftliches Engagement von Schülern mit fachlichem Lernen verbindet.[21] Gesellschaftliches Engagement soll im Schulalltag verankert werden und die gemachten Erfahrungen der Schüler im Unterricht aufgegriffen, reflektiert und mit Unterrichtsinhalten verknüpft werden. Auf diese Weise lernen die Jugendlichen, dass es sich lohnt, sich zu engagieren und Verantwortung zu übernehmen und trainieren so soziale und demokratische Kompetenzen, die grundlegend dafür sind, auch Verständnis für die Menschen ›hinter dem Tellerrand‹ zu entwickeln. Ein mögliches Projekt wäre z. Bsp. die Arbeit im Alten- oder Pflegeheim, wo mit Demenz- oder Alzheimerpatienten gearbeitet werden könnte. Das Thema würde parallel im Biologieunterricht aufgenommen und Wissen über Ursachen, Verlauf, Symptome etc. vermittelt. Studien haben gezeigt, dass LdE die Motivation für bürgerliches Engagement fördern und die Herausbildung einer politischen Identität unterstützen kann.

C. Ein Beispiel aus dem eigenen Unterricht: Die Teilnahme am Wettbewerb ›Schokolade macht glücklich!?‹ der BpB mit meiner Klasse 5 zeigt, dass die Schüler empathiefähig und bereit sind, sich für Kinder in der Welt einzusetzen. Exkursionen in den Eine-Weltladen und in einen Supermarkt machten den Kindern deutlich, dass der Erwerb fair produzierter Schokolade nicht komplizierter und viel teurer ist als konventionell hergestellte Schokolade.

18 UN General Assembly, 59/525/Rev.1 am 02.03.2005.

19 Bielefeldt, Heiner, ebenda, S. 26.

20 Vgl. Müller, Fabian/Stemler, Lukas, Schule ohne Rassismus – Schule mit Courage: Aufgemerkt! Courage macht an!, LpB Rheinland-Pfalz, Mainz ^{3}2011.

21 Seifert, Anne/Zentner, Sandra/Nagy, Franziska, Praxisbuch Service-Learning ›Lernen durch Engagement‹ an Schulen, Weinheim 2012.

Ein Smartmob auf dem Schulhof, bei dem mit selbst verfassten Slogans wie ›Stoppt Kinderhandel, kauft faire Schokolade‹ und ›Kinder dürfen keine Sklaven sein, das ist nämlich ganz gemein. Sie brauchen ihre Freiheit, sonst ist das eine Gemeinheit.‹ mit selbst gemalten Plakaten für faire Produkte geworben wurde, schloss das Projekt ab, das hoffentlich nachhaltige Wirkung zeigt.

Ausblick

Aus den Ausführungen sollte deutlich geworden sein, dass auf den verschiedenen Ebenen, die an Bildung beteiligt sind, ›Hausaufgaben‹ gemacht werden müssen, um alle Dimensionen der MRB umsetzen zu können.

Der erste bundesweite Leistungsvergleich von Grundschulen, der 2011 im Auftrag der KMK vom Institut für Qualitätsentwicklung im Bildungswesen durchgeführt wurde, konnte nachweisen, dass es in den Fächern Deutsch und Mathematik noch immer geschlechtsbezogene Kompetenzunterschiede gibt. Auch der soziale Status spielt für den Bildungserfolg eine große Rolle: je niedriger der soziale Status, desto geringer sind die Kompetenzen. In Bezug auf zuwanderungsbezogene Disparitäten sind die Ergebnisse in den verschiedenen Kompetenzbereichen in den einzelnen Bundesländern recht unterschiedlich. Festzustellen sind aber signifikante Unterschiede zwischen Kindern ohne Zuwanderungshintergrund und Kindern mit zwei im Ausland geborenen Elternteilen. Viele Kinder mit Migrationshintergrund hängen ein ganzes Jahr in ihrer Kompetenzentwicklung hinterher.[22] Es geht also in Deutschland nicht primär um die Rechtsgewährung von Schulzugang und -verbleib (Recht auf Bildung), sondern es muss auch auf die Qualität der Lernergebnisse geschaut werden und ob diese von allen Kindern erreicht werden können, völlig unabhängig von Geschlecht, Herkunft und sozialem Status.

Aufgabe muss also sein, den Schülerinnen und Schülern nicht nur Wissen über Menschenrechte beizubringen und sie zu lehren sich für ihre Durchsetzung einzusetzen, sondern die Menschenrechte an sich für alle Kinder in Deutschland durchzusetzen, um sie dann in den Kompetenzen zu schulen, die sie brauchen, um sich für die Rechte anderer stark machen zu können. Diskussionen über Bildungsgerechtigkeit und Chancengleichheit, Inklusion sowie über die Organisation des dreigliedrigen Schulsystems sind also notwendiger denn je und müssen von politischer und pädagogischer Seite vorangetrieben werden.

Hinzu kommt die Aufgabe für jede Schulleitung und jede Lehrkraft, ihr eigenes Verhalten in der Schule und gegenüber den Kindern und Jugendlichen zu überprüfen, demokratische Strukturen in Schule und Unterricht zu ermöglichen und lebensweltorientiert und differenziert zu unterrichten. Dies sind Aspekte, die jede Lehrkraft individuell umsetzen kann, trotz aller strukturellen Widrigkeiten. Aktionen wie das ›Schokoladenprojekt‹ sind denn auch Sternstunden im Leben von Lehrern wie Schülern, bleiben im Gedächtnis haften und prägen hoffentlich zukünftiges Verhalten.

22 Stanat, Petra/Pant, Hans Anand et.al., Hrsg., Kompetenzen von Schülerinnen und Schülern am Ende der vierten Jahrgangsstufe in den Fächern Deutsch und Mathematik. Ergebnisse des IQB-Ländervergleichs 2011, Münster 2012, S. 9ff.

Yahya Hassan Bajwa

Menschenrechte und Gesellschaft

Das Thema des vorliegenden Beitrags ist die Beschreibung des Spannungsfelds zwischen Menschenrechte und Gesellschaft am Fallbeispiel von Pakistan und Bangladesch anhand der Anti-Ahmadiyya- und der Blasphemie-Gesetzgebung.

Wie kann man einen Bevölkerungsteil gesetzlich zum Schweigen bringen? Das Beispiel der Anti-Ahmadi- und der Blasphemiegesetzgebung in Pakistan zeigt die schrittweise Entwicklung zu einer intoleranten Gesellschaft. Zuerst sind es gewalttätige Übergriffe privater Personen, die vom Staat toleriert werden. Später werden die Angriffe planmässig durch religiöse Gruppen und Parteien durchgeführt, um die Regierung unter Druck zu setzen.

Teile der Provinz- und Zentralregierung schliessen sich aus opportunistischen Gründen den Forderungen der Fundamentalisten an, in der Hoffnung ihre Macht stärken zu können. Aber auch die Rolle der Diktaturen Pakistans und die Rolle des Westens sind wesentlich, damit die erwähnten Gesetze umgesetzt werden können. Das Endresultat ist die Verwahrlosung der Bürger, die das Gesetz in die eigene Hand nehmen, um im Namen der Religion private Angelegenheiten zu lösen.

Leidtragende sind in der Regel nicht nur die religiösen Minderheiten im Staat, sondern auch sehr bald jede Person, die es wagt eine andere Meinung als die der religiösen Führung zu vertreten. Noch schlimmer: Niemand im Staat traut sich heute, auch nur eine Gesetzesänderung zu fordern. Wer es trotzdem wagt, bezahlt es mit dem Leben. Keine gute Aussicht für demokratische Prozesse. In diesem Sinne ist der Weg Bangladeschs wegweisend: Dort wurden diese Gesetze abgelehnt als die Fundamentalisten sie einführen wollten und der Rechtsstaat gestärkt.

Rückblick

Nachdem die Briten fast 90 Jahre lang Indien beherrscht hatten, entliess das ›British Raj‹ 1947 Indien in die Unabhängigkeit. Es entstanden zwei unabhängige Länder – Indien und Pakistan. Gebiete mit muslimischer Bevölkerung wurden Pakistan zugeschlagen, solche mit hinduistischer, Indien. So entstanden am Schluss nach blutigen Kämpfen und einem Exodus von Millionen von Menschen und rund 750.000 Toten West- und Ost-Pakistan, beide Teile durch die Landmasse Indiens getrennt.

West-Pakistan benachteiligte Ost-Pakistan nicht nur finanziell und politisch, sondern auch die bengalische Kultur, insbesondere deren Sprache wurde bekämpft. In den Wahlen von 1970 gewann die separatistische Partei der Awami League (Volksliga) unter Mujib ur Rehman die Wahlen und weil die Bevölkerungsmehrheit in Ost-Pakistan lag, auch die absolute Mehrheit des gesamtpakistanischen Parlaments. Der damalige Militärdiktator Yahya Khan, erklärte die Wahl für ungültig, liess die gesamte Führung der Awami League festnehmen. Es kam zum Bürgerkrieg, der mit der Niederlage West-Pakistans und der Gründung Bangladeschs endete. 1971, nach dem Rücktritt des Diktators, wurde Zulifkar Ali Bhutto, der Vater der späteren zweimaligen Premiermisterin Benazir Bhutto, zum Premier gewählt.

Religion und Gesellschaft

Interessant ist die Tatsache, dass 1947 die religiöse Führung vehement gegen die Trennung war. Der Gründer Pakistans, Qaid-e-Azam (der größte Führer) Muhammad Ali Jinnah, war ein in London säkular ausgebildeter Anwalt, der keinerlei Affinitäten zum islamischen Fundamentalismus hatte. Zu Beginn versuchte er als Vorsitzender der Muslimliga einen Kompromiss mit der hinduistischen Kongress Partei auszuhandeln.

Erst als dieser Versuch scheiterte, machte er sich für die Zwei-Nationen-Lösung stark: Ein Land für Muslime und eines für die Hindus. Jinnah erklärt als Präsident in der konstituierenden Versammlung am 11. August 1947: »Ob jemand sich mit einer Religion oder Kaste oder Weltanschauung verbunden fühlt, hat mit den Aufgaben des Staates nichts zu tun. [...]. Es gibt keine Diskriminierung, keine Unterscheidung zwischen einer Kaste oder einer Weltanschauung und einer anderen. Wir gehen von dem Grundprinzip aus, dass wir alle Bürger sind, gleichberechtigte Bürger eines einzigen Staates. Mit der Zeit werden die Hindus keine Hindus mehr sein und die Muslime keine Muslime – nicht im religiösen Sinne, denn das ist der persönliche Glaube jedes Einzelnen, sondern im politischen Sinne, als Bürger des Staates.«[1]

Erstes Pogrom der Ahmadiyya Muslime und Richter Munir Bericht

Ab 1953 kam es zur ersten Verfolgung der Ahmadis, die sich als Muslime betrachten, aber damals von einigen Ulema (Religionsgelehrten) abgelehnt wurden. Um die Regierung im Punjab, der bevölkerungsreichsten Provinz, unter Druck zu setzen, wurde direkt Gewalt gegen die Ahmadi Bevölkerung eingesetzt – den Mördern wurde das Paradies versprochen. Der Ausnahmezustand wurde ausgerufen. Der damalige Ministerpräsident Punjabs, Mumtaz Daultana, der um sein politisches Überleben kämpfte, nutze die Gunst der Stunde und unterstützte die fundamentalistischen Parteien Majlis Ahrar i Islam und Jamaat-e-Islami finanziell, publizistisch und auch logistisch. Buchpublikationen wichtiger Gelehrter und Zeitungsartikel führten zu Anschlägen und Ermordungen von Ahmadi-Muslimen. Einige Gottesgelehrte wurden später angeklagt und zum Tod bzw. Gefängnisstrafen verurteilt.

Der wichtigste Verurteilte war Maulana Maududi, der auch eine wichtige Rolle bei den Muslimbrüdern in Ägypten spielte, der zuerst zum Tod verurteilt und schlussendlich begnadigt wurde. Die Regierung Daultanas und auch die Zentralregierung überlebten beide nicht die Unruhen und mussten abtreten. 1953 setzte die Regierung die Richter des Obersten pakistanischen Gerichts, M. Munir und M. Kayani ein, um die Ausschreitungen zu untersuchen. Das Resultat zeigte, dass sowohl die Provinz- als auch die Zentralregierung die Angriffe auf die Ahmadi-Muslime unterstützt hatten. In diesem Prozess wurden die verschiedenen Religionsführer und Gelehrten aufgefordert, eine Definition eines Muslims zu geben. Im Bericht wurde festgehalten, dass jede Definition nur jeweils diejenige Gruppe als Muslime anerkannte, die sie formuliert hatte.

Jede andere islamische Glaubensgruppe hingegen wurde als ungläubig erklärt. Zum guten Schluss sollen die Geistlichen die Richter gefragt haben, wie sie denn einen Muslim definieren würden. Die Antwort lautete: Es liegt nicht am Gericht darüber zu entscheiden, wenn sie nach 1600 Jahren noch immer nicht wissen, wer ein Muslim ist. Der Bericht endet mit den Worten: »Wenn aber Demokratie die Unterordnung von Recht und Ordnung zu politischen Zwecken bedeutet, dann weiss wirklich nur Gott was das Beste ist und somit enden wir unseren Bericht.«[2]

1 In: Verdrängung und Vielfalt – Pakistan vor dem Zerfall, Band 16 der Reihe Demokratie, Heinrich-Böll-Stiftung, 2010, S. 18.

2 Report of the court of inquiry constituted under Punjab Act II of 1954 to enquire into the Punjab Disturbances of 1953, Lahore, Printed by the Superintendent, Government printing, Punjab, 1954.

Die Rolle der Menschenrechte, Gesellschaft und Religion

Der Munir / Kayani Bericht, der als eine juristische Meisterleistung angesehen wird, sollte sich in der pakistanischen Geschichte bis heute nicht wiederholen. Die Situation verschlimmerte sich und der Einfluss der Fundamentalisten nahm in den kommenden Jahren stetig zu. Zwar gewährt Artikel 20 der pakistanischen Verfassung:

a) Jeder Bürger soll das Recht haben, seine Religion zu bekennen, zu praktizieren und zu propagieren.

b) Jede religiöse Sekte[3] und jede Richtung soll das Recht haben, religiöse Einrichtungen zu errichten, zu unterhalten und zu handhaben.[4]

Doch 1974 wiederholt sich diese Situation unter dem Premier Zulfikar Ali Bhutto, der damals als Führer der Pakistanischen Volkspartei (PPP) an die Macht kam. Pakistan wurde damals durch Saudi Arabien stark finanziell unterstützt. Um dem damaligen König Ibn Saud zu schmeicheln, schlug Bhutto vor, dass man Saud zum ›Amir-ul-Momenin‹ (zum Führer aller Muslime – zum Kalifen) ausruft. Nun gab es da aber ein Problem: Die Ahmadiyya Muslim Gemeinde, die Hazrat Mirza Ghulam Ahmad 1889 in Qadian, im heutigen Indien, gründete, hatte bereits ein Kalifenamt. Nach dem Tod von Hazrat Ghulam Ahmad wurde die Nachfolge durch dieses Amt geregelt. Nach der Auffassung der Ahmadis, ist die Wiedereinführung des Kalifenamts auch ein Zeichen der Wahrhaftigkeit ihrer Glaubensgemeinschaft, da dies durch den Heiligen Propheten für ›unsere Zeit‹ vorausgesagt wurde.

Der damalige dritte Nachfolger, Hazrat Mirza Nasir Ahmad, wurde aufgefordert, das Amt abzugeben, damit Saud als Oberhaupt aller Muslime ausgerufen werden konnte. Die Antwort des Ahmadiyya Oberhaupts war eine klare Ablehnung eines solchen Ansinnens mit der Begründung, dass sie dieses Amt als gottgegeben erachten und es nicht in der Kompetenz einer weltlichen Macht liege, ihnen dieses Amt wegzunehmen. Somit war für die Politik und die Geistlichkeit klar, man musste die Frage neu überdenken: Wie kann man nun die Ahmadis aus dem Islam ausschliessen? Das Verfahren aus dem Jahre 1953 zeigte, dass es nicht möglich war, eine klare Definition eines Muslims zu formulieren und so entschied die Regierung eine negative Definition für einen Muslim aufzusetzen.

Das Resultat lautet: »Der folgende Absatz wird dem Artikel 260 der pakistanischen Verfassung zugefügt: Eine Person, die nicht an die absolute und uneingeschränkte Endgültigkeit des Prophetentums durch Muhammad (Friede sei auf ihn), dem letzten Propheten, glaubt oder behauptet, dass er ein Prophet sei, in irgendeiner Weise in Wort oder Beschreibung nach Muhammad (Friede sei auf ihn), oder eine solche Person als Prophet oder als religiösen Reformator bezeichnet, ist gemäss Bestimmung durch die Verfassung oder Gesetz kein Muslim.«[5]

Somit ist es seit 1974 in Pakistan gesetzlich verankert, dass Ahmadis, keine Muslime mehr sind. Auch ist es gesetzlich festgehalten, dass Gott weder einen Propheten, noch einen Reformer schicken kann – und dies, obwohl die islamische Welt auf den Imam Mahdi (einem Reformator) und auch auf die Wiederkunft von Jesus wartet bzw. wartete. Bhutto wollte damit die Fundamentalisten auf seine Seite bringen, was ihm jedoch nicht gelang. Doch mit dieser Gesetzgebung wurde ein Geschwür in die pakistanische Gesellschaft eingepflanzt, das noch weiteres Unheil bringen sollte.

3 Sekte (aus dem Englischen) hier im Sinne von religiösen Richtungen.

4 M. Backhausen / I. Gill: *Die Opfer sind schuld.* Machtmissbrauch in Pakistan, Akropolis, 1993 (132-136).

5 Sämtliche Gesetzestexte siehe: Pakistan Penal Code (Act XLV of 1860).

Diktatur, Menschenrechte und Gesellschaft

Zulfikar Ali Bhutto wurde 1977 durch General Zia ul Haq gestürzt. Gleich nach der Machtübernahme wurde das Kriegsrecht ausgerufen. Er führte die islamische Gesetzgebung, die Scharia, ein und verbot die politischen Parteien mit der Begründung, Parteien seien etwas Unislamisches. 1979 liess er, trotz weltweitem Protest, Bhutto hinrichten. Im gleichen Jahr erfolgte der Einmarsch der UdSSR in Afghanistan. Dies kam Zia wie gerufen und er wurde zum besten Verbündeten des Westens. Man überlegte sich damals, ›wer der grösste Antikommunist sei‹ und kam zum Schluss: ›ein Muslim‹, dem man klarmacht, dass die gottlosen Kommunisten den Islam vernichten wollen. Aus der ganzen islamischen Welt wurden Mujaheddin, Freiheitskämpfer, rekrutiert – so auch Osama bin Laden, um für Freiheit, Demokratie und gegen den Kommunismus zu kämpfen und ein Diktator war der beste Garant für den Erfolg! Schritt für Schritt unterwanderten die Islamisten die pakistanische Gesellschaft. 1984 verschärfte Zia die Anti-Ahmadi Gesetze.

3. (Auszugsweise): Ergänzung nach § 298 A:

§ 298 B. Missbrauch von Beiworten, Beschreibungen und Titeln etc., die ausschließlich gebraucht werden für heilige Persönlichkeiten oder Plätze:

1. Jeder Anhänger der Qadiani Gruppe, Lahori Gruppe und Ahmadis, der durch Worte, gesprochen oder geschrieben, oder durch äußere Zeichen [...] wird bestraft mit Gefängnis jeder Art bis zu 3 Jahren und mit Geldstrafe. [Ab sofort war es z.B. den Ahmadis verboten ihre Moschee Masjid zu nennen.]

2. Jeder Anhänger der Qadiani Gruppe, Lahori Gruppe und Ahmadis, der durch Worte, geschrieben oder gesprochen, durch äußere Zeichen sich auf die Art oder Form zum Gebetsaufruf bezieht wie die Moslem oder die Worte des Azans [Gebetsruf] gebraucht wie die Moslems, wird bestraft mit Gefängnis jeder Art bis zu 3 Jahren und mit Geldstrafe: »298-C.: Personen der Qadiani Gruppe, Lahori Gruppe und Ahmadis, die sich Moslems nennen oder ihren Glauben verbreiten, jeder Anhänger der Qadiani Gruppe, Lahori Gruppe und Ahmadis, der direkt oder indirekt wie ein Moslem auftritt oder seinen Glauben lslam nennt, seinen Glauben predigt oder verbreitet oder andere anhält, seinen Glauben anzunehmen, durch Worte, gesprochen oder geschrieben, durch äußere Zeichen oder in irgendeiner Weise die religiösen Gefühle eines Moslems gröblich beleidigt, wird bestraft mit Gefängnis jeder Art bis zu 3 Jahren und mit Geldstrafe.«[6]

Bis anhin konnten die Ahmadis mehr oder weniger dem täglichen Leben nachgehen. Doch mit der Gesetzesverschärfung änderte sich alles – Ahmadis werden ›vogelfrei‹. Die Anzeigen gegen Ahmadis, aber auch gegen Christen und kritische Muslime zeigen, dass mehrheitlich die Gründe gar nicht religiös bedingt sind, sondern private Interessen haben. Weil ein Ahmadi Ladenbesitzer erfolgreicher ist, wird ihm vorgeworfen, dass er für seine Glaubensrichtung geworben hat und das genügt, um ihn hinter Gitter zu bringen und einen lästigen Konkurrenten loszuwerden. 1986 wird ein weiteres Gesetz, das Blasphemiegesetz, hinzugefügt: »295-C.: Wer in Worten, schriftlich oder mündlich, oder durch sichtbare Übung, oder durch Beschuldigungen, Andeutungen oder Beleidigungen jeder Art, unmittelbar oder mittelbar den geheiligten Namen des heiligen Propheten Mohammad (Friede sei mit ihm) verunglimpft, wird mit dem Tode bestraft.«[7]

Unter Zia wurden Ahmadis unter Artikel 298-B/C angezeigt und die Richter haben aus eigenem Ermessen noch Artikel 295-C hinzugefügt: »Unglücklicherweise haben wir über all die Jahre nur die Religion benutzt, um diesen Staat zu rechtfertigen. Wann immer etwas

6 Pakistan Penal Code (Act XLV of 1860).
7 Pakistan Penal Code (Act XLV of 1860).

schief geht, dann muss es die Religion ›ausbaden‹... Das menschliche Denken wird somit ganz ausgeschaltet. Das hat grosse Probleme geschaffen. Wir haben es mit der Souveränität Gottes und der Souveränität des Staates zu tun. Das hat dazu geführt, dass die Leute das Gesetz in die eigene Hand genommen haben. Ein Mord geschieht und er wird im Namen der Religion legitimiert. Die Situation der Menschenrechte wird sich von schlecht zum Schlimmsten entwickeln, es sei denn, dieser Fehler wird korrigiert.«[8]

Oft werden Menschen, denen Blasphemie vorgeworfen wird, auf offener Strasse getötet – ohne dass der Staat eingreift. Am 28. April 2010 wurden in Lahore zwei Ahmadi Moscheen durch die Taliban angegriffen. Rund 86 Personen kamen bei den Anschlägen ums Leben. Zwei Angreifer wurden überwältigt und der Polizei ausgehändigt. Ein Zeuge, der beim Anschlag 2010 in der Moschee dabei war, berichtet wie sie den Angreifer entwaffnet und ihn mit Krawatten gefesselt hatten. Als sie seine Jacke abgezogen hatten, entdeckten sie eine Bombe an seinem Leib, die sie aber erst einmal nicht entschärfen konnten. Er habe gehört, dass die Regierung keine Anklage erhoben habe, obwohl dies doch von Staats wegen bei einem Terroranschlag hätte geschehen müssen. Aber alle Zeugen seien so eingeschüchtert und zum Teil von den Taliban mit dem Tod bedroht worden, dass niemand bereit war, vor Gericht auszusagen.

Dieser Mann war äußerst deprimiert darüber, dass die Mörder vermutlich freigesprochen und nicht zur Rechenschaft gezogen würden, es offensichtlich kein Gesetz gäbe, um die Mörder zu belangen und wohl auch kein Gericht, das den Fall untersuchen wolle.[9] Das Problem ist nicht nur, dass es keine Zeugen gibt, sondern, dass nun die Polizei auch politisch missbraucht wird. Das hat dazu geführt, dass dieser und ähnliche Fälle nicht mehr weiter behandelt werden, wie es eigentlich verlangt wird: »Die Polizei sympathisiert mit den Attentätern und mit den Kriminellen! Niemand sympathisiert mit den Ahmadis und ich muss sagen, ich glaube auch nicht, dass Richter gegenüber den Ahmadis ›Recht sprechen‹ werden. Es gibt keinen fairen Prozess. Die Polizei hat Angst, solche Fälle anzuhören. Sie hat Angst, wenn sie solche Fälle untersuchen müssen.«[10]

Sich auch nur schon für Minderheiten einzusetzen oder für einen klareren Gesetzesartikel, damit der Missbrauch eingeschränkt wird, endet mit dem Tod. So wurde am 4. Januar 2011 der Gouverneur Punjabs, Salman Taseer, in der Hauptstadt Islamabad durch seinen Bodyguard erschossen. Er setzte sich für die Christin Asia Bibi ein, die wegen Blasphemie im Gefängnis sitzt. Damals und auch heute gehen Anwälte auf die Strasse und bieten dem Mörder kostenfreie Vertretung im Gericht an! Nicht für den Ermordeten, sondern für den Mörder wird demonstriert. Selbst gemässigte religiöse Führer meinten, dass dies das Schicksal eines jeden sein muss, der das Blasphemiegesetz ändern will. Am 2. März 2011 wird der Minister für Minderheiten in Pakistan, Shabaz Bhatti – der einzige Christ im Kabinett –, durch die Taliban in seinem Dienstwagen erschossen. Sein Vergehen: Er setzte sich für die Freilassung von Asia Bibi ein. Am 1. Oktober 2011 wurde der Mörder, Mumtaz Hussain Qadri, zwar zum Tod verurteilt, doch die Regierung wird sich davor hüten, das Urteil zu vollstrecken, denn damit würde sie den Zorn der Fundamentalisten auf sich ziehen.

Der Unterschied zwischen Bangladesch und Pakistan in der Frage ›Menschenrechte und Gesellschaft‹

Im März 2012 bereiste ich Bangladesch und hatte die Möglichkeit diese Frage mit verschiedenen Personen in Dhaka zu diskutieren. So meinten Shibli und Khan, Begründer der Abteilung für Banken an der Universität Dhaka, dass vor zwanzig Jahren der Begriff der

8 Interview mit dem Generalsekretär, I.A. Rehman, Human Rights Commission of Pakistan, Lahore, April 2012.
9 Interview mit Nabeel Ahmad, Ahmadi aus Lahore, Lahore, April 2012.
10 I.A. Rehman, hrcp.

Menschenrechte keine Rolle spielte und auch von einer Zivilgesellschaft habe man nichts bemerkt. Die Leute müssen erst einmal wissen, welche Rechte ihnen zustehen. Nichts stehe bei ihnen darüber in den Schulbüchern. Sie hätten zum Beispiel auch keine unabhängigen Gerichte.

Dies würde jetzt in der Öffentlichkeit kritisiert. Die Ausbildung spielt eine grosse Rolle! Ahmad Tabshir, der Präsident der Ahmadiyya Gemeinde sagte, dass Bangladesch kulturell ohne Fundamentalismus sei. Es gäbe gewaltsame Auseinandersetzungen. Gründe für Konflikte seien bei der Jamaat-e-Islami und der Khatam-e-Nabuwwat [Anti-Ahmadi Organisation] zu suchen. Diese Gruppierungen kämen aus Pakistan und würden auch von dort unterstützt. Heute würde eine Unterwanderung der Gesellschaft durch die J.I. stattfinden. Doch die Leute hätten Zivilcourage und würden sich gegen die Fundamentalisten wehren.

Pater Timm antwortete auf die Frage, welchen Einfluss ein Anti-Ahmadiyya bzw. Blasphemiegesetz in Bangladesch haben könnte wie folgt: »2004 versuchten die Fundamentalisten auch in Bangladesch ein Anti-Ahmadiyya Gesetz einzuführen, doch dies wurde durch die Regierung klar abgelehnt. Die damalige Premierministerin Frau Hasina lehnte diesen Vorschlag mit den Worten ab, dass es nicht an ihr läge zu entscheiden, wer nun Muslim bzw. nicht Muslim sei. In Bangladesch sind die Leute tolerant.«[11]

Fazit

Der pakistanische Nationaldichter Ilama Iqbal sagte einst, dass in einer Demokratie die Leute gezählt und nicht gewogen würden! Armut und Analphabetentum sind die grössten Probleme. Saeed Malik, meint: [Die Taliban] ist eine kleine, hässliche Minderheit. Es ist ein Unglück, dass eine so kleine, hässliche Minderheit einen so grossen Einfluss auf unsere Gesellschaft haben kann. Die Mehrheit ist moderat. Für ihn steht fest, die Lösung ist: »Bildung. Nur Bildung! Ich glaube, wir müssen dieses Problem verstehen. Wir müssen verstehen, wie schön diese Welt ist und wie schön es ist, wenn wir verschiedene Religionen und Meinungen haben.«

Ob die erwähnten Gesetze abgeschafft werden, wollte ich von Paul Bhatti, Bruder des ermordeten Shabaz Bhatti, Minister für Minderheiten, wissen: »Es ist nicht die Regierung oder eine Partei, sondern diese Änderung muss von den Leuten erfolgen. Unsere Gesellschaft muss diese Änderung einbringen. Sie muss verstehen, dass dies nicht gut für die Religionen, für die verschieden Gruppen ist, dann wird es eine Änderung geben. Eine radikale Änderung wird das Problem nicht lösen.«[12] Der beste Weg, ein Volk zu unterdrücken ist, indem man den Menschen Bildung vorenthält. Solange Bildung nicht prioritär in einem Land behandelt wird, wird ein solches Land untergehen.

Weiterführende Literatur des Autors:

Bajwa, Yahya Hassan: *Was interkultureller Dialog mit dem Islam bedeuten könnte,* in: Soziale Folgen der Globalisierung, hrsg. v. Ueli Mäder und Claus-Heinrich Daub, Basel 2004.

—: *Menschen leben mit Fragen.* Menschen leben in Traditionen. Was Menschen heilig ist, Zürich 2000.

11 Interview mit Pater Timm, Theologe, Dozent für Menschenrechte und Betreiber der Hotline Human Rights Bangladesh, Dhaka, März 2012.

12 Interview mit dem Minister für Nationale Harmonie und Minderheiten, Shabaz Bhatti, Islamabad, April 2012.

Elisabeth Zissler

Menschenrechte und Kommunikation

Einführung

Der Begriff der Menschenrechte ist für den moralischen als auch politisch-rechtlichen Diskurs auf internationaler Ebene unerlässlich geworden. Menschenrechte werden vor allem dort zum Thema, wo konkret erfahrenes Unrecht gegenüber Menschen wahrgenommen wird oder wo es um globale Wertediskurse geht. Welche Gestalt die Menschenrechte dabei im Konkreten annehmen, ist je nach kulturellem Kontext verschieden. Auf formaler Ebene herrscht zumindest weitgehend ein grundlegendes Verständnis über die Idee der Menschenrechte als schützenswertes Gedankengut.

Mittlerweile ist das Reden über Menschenrechte angesichts weltweit divergierender Menschenrechtskonzeptionen zu einer höchst komplexen und konfliktreichen Angelegenheit geworden. Nach wie vor sind der normative Gehalt der Menschenrechte, ihre universelle Geltung und die Frage ihrer institutionellen Ausgestaltung umstritten.[1] Zunehmend wird auch Kritik an verschiedenen Facetten des globalen Menschenrechtsdiskurses formuliert. Dabei werden vielfältige Formen der Instrumentalisierung der Menschenrechte zur Sprache gebracht.[2] Diskutiert wird etwa, ob das Programm der Menschenrechte militärische Interventionen legitimiert oder wirtschaftliche Großmachtinteressen verfolgt, anstatt ihren humanen und sozialen Ansprüchen nachzukommen.

Vor diesem Hintergrund wird der Beitrag der Menschenrechtsdebatte zur Sicherung einer friedlichen Koexistenz und zur Förderung eines lebenswerten menschlichen Zusammenlebens mitunter in Frage gestellt. Die fatalen Fehlschläge der Menschenrechtspolitik bieten jedoch »keinen ausreichenden Grund dafür, die Menschenrechte selbst ihres moralischen Mehrwerts zu berauben«[3]. Damit der Menschenrechtsdiskurs weiterhin ein sinnvolles Instrument zum Schutze menschlicher Interessen und zur Förderung eines friedvollen Miteinanders in einer globalisierten Welt darstellt, muss er von Okkupationen jeglicher Art befreit werden. So etwa auch von kulturellen Vereinnahmungen, denn nur auf diese Weise kann er sein ganzes Potential entfalten und sich positiv auf die Völkerverständigung auswirken.

Der vorliegende Aufsatz zeigt exemplarisch zwei Problemhorizonte auf, die einen gelingenden interkulturellen Kommunikationsprozess innerhalb des Menschenrechtsdiskurses am massivsten beeinträchtigen: Die weitgehende Ausblendung außereuropäischer Entstehungsorte der Menschenrechte (1) und kulturalistische Vereinnahmungsversuche der Menschenrechtsidee (2). Die Einbeziehung außereuropäischer Menschenrechtsverständnisse sowie die Überwindung von kulturalistischen Vereinnahmungen der Menschenrechtsidee stellen jedoch innerhalb der globalen Menschenrechtsdebatte wesentliche Bausteine der Völkerverständigung dar. Um jene zu fördern, ist es nicht nur wichtig, sondern sogar notwendig, den divergierenden Theorien der Menschenrechte im Weltkontext Beachtung zu schenken und den Menschenrechtsdiskurs von jenen kulturellen Faktoren zu befreien, die ihn an der Entfaltung seines Potentials hindern.

1 Zu diesen Streitfragen vgl. Gosepath, Stefan und Georg Lohmann (Hrsg.): *Philosophie der Menschenrechte*, Frankfurt/Main 1998.

2 Zur Problematik des Missbrauchs der Menschenrechtspolitik vgl. Habermas, Jürgen: *Zur Verfassung Europas*. Ein Essay, Berlin 2011, S. 34 f.

3 Ebenda, S. 36.

1. Zur weitgehenden Ausblendung außereuropäischer Entstehungsorte

Weit über ein europäisches Verständnis der Menschenrechte hinaus, gibt es alternative afrikanische und asiatische sowie orientalische und (latein-)amerikanische Menschenrechtskonzeptionen. Die Idee der Menschenrechte kennt somit in vielen Kulturen und Religionen Wurzeln, die sich allerdings unterschiedlich entwickelt und von einander abweichende Ausprägungen angenommen haben. Ein umfassendes Verständnis der Menschenrechtsidee und deren Ausformungen kann nur unter Einbeziehung der verschiedenen Entstehungsorte gewonnen werden. Zudem ist die Frage nach der Universalität der Menschenrechte gegenwärtig nur mehr unter Berücksichtigung dieser kulturellen Vielfalt zu diskutieren.[4]

Die weltweit divergierenden Menschenrechtsentwürfe sind maßgeblich von historischen Ereignissen bzw. Prozessen beeinflusst worden und basieren zudem auf verschiedenen kulturell und/oder religiös geprägten Weltanschauungen. Dass es plurale Ausformungen gibt, zeigt sich allerdings nicht erst im Vergleich weltweiter Entstehungsorte, sondern bereits in der Betrachtung eines bestimmten kulturellen Kontextes. Warum auch innerhalb der pluralen Entstehungsorte der Menschenrechte keine homogenen Menschenrechtsverständnisse hervorgebracht wurden, erschließt sich vor dem Hintergrund der postkolonialen Kategorie der Hybridität[5], die darauf verweist, dass ›Kultur‹ nicht homogen zu denken ist, da sie stets Differenz impliziert.[6]

Da die vielfältigen Ausformungen innerhalb eines Entstehungsortes allerdings auch eng an ein gemeinsames kulturelles Erbe an Wertvorstellungen und Erfahrungen gekoppelt sind, kann im Folgenden durchaus auf ein grundlegendes europäisches oder afrikanisches Menschenrechtsanliegen Bezug genommen werden.[7] Erst wenn die Beweggründe und Entwicklungsverläufe der verschiedenen Entstehungsorte der Menschenrechte nachgezeichnet werden, können die jeweiligen Endkonzeptionen hinreichend verstanden werden. Zudem könnte das Wissen um diese historischen Prozesse auch dazu beitragen, das menschenrechtliche Anliegen noch tiefer in den Einstellungen der Menschen zu verankern und die eurozentrische Perspektive des internationalen Menschenrechtsdiskurses zu überwinden. Paradigmatisch wird nun kurz auf zwei Entstehungsorte der Menschenrechte eingegangen, um sie danach im Kontext unserer Problemstellung zu diskutieren.

Menschenrechte im europäischen Kontext

Der Kodifizierungsprozess der Menschenrechtsidee hat in Europa im 18. Jahrhundert begonnen. Sein historischer Ursprung liegt allerdings nicht, wie lange Zeit angenommen, in der französischen *Déclaration des droits de l'homme et du citoyen* aus dem Jahre 1789, sondern in den menschenrechtlichen Konstitutionen, der sich als unabhängig erklärenden nordamerikanischen Staaten.[8] Die Motive, die zur Entstehung der verschiedenen amerikanischen *Bills of Rights* und der amerikanischen Unabhängigkeitserklärung von 1776 geführt haben,

4 Dazu jüngst erschienen: Leuprecht, Peter: *Reason, Justice and Dignity:* A Journey to Some Unexplored Sources of Human Rights, Leiden 2012.

5 Zum differenzorientierten Kulturkonzept (Hybriditätstheorie) vgl. Bhabha, Homi K.: *The Location of Culture*, New York 1994.

6 Hybridität zeigt sich »nicht erst zwischen den (verschiedenen) Kulturen, sondern bereits als innere Differenzierung einer Kultur, ja der Subjekte selbst«, siehe Bachmann-Medick, Doris: *Cultural Turns.* Neuorientierungen in den Kulturwissenschaften, Reinbek 42010, S. 206 f.

7 Neuere Kulturkonzepte, wie etwa der Transkulturalität, weisen auf ein Verschwinden der ›Einzelkulturen‹ hin, brauchen das essentialistische Kulturkonzept aber auch als Bezugspunkt, um ihre eigene Theorie entfalten zu können. Vgl. dazu die Ausführungen in Fußnote 25 bei Welsch, Wolfgang: *Transkulturalität.* Zur veränderten Verfassung heutiger Kulturen, in: *Hybridkultur.* Medien, Netze, Künste, hrsg. v. Imrela Schneider und Christian Thomsen, Köln 1997 (67-90), hier S. 85 f.

8 Zu dieser Begründung vgl. Jellinek, Georg: *Die Erklärung der Menschen- und Bürgerrechte.* Ein Beitrag zur modernen Verfassungsgeschichte, Leipzig 1895.

sind wiederum vielfältig. Innerhalb der Forschung wurden dabei immer wieder säkulare und religiöse Begründungen gegeneinander ausgespielt.[9] Am plausibelsten scheint jedoch ein Zusammenspiel zwischen verschiedenen Faktoren zu sein, die gemeinsam einen günstigen Rahmen für die Institutionalisierung der Menschenrechte geschaffen haben.

Um ein umfassendes europäisches Menschenrechtsverständnis zu gewinnen, müssen sowohl der (jüdisch-) christliche Kontext als auch massive Einflüsse von Humanismus, Aufklärung und Revolution berücksichtigt werden. Zudem ist der europäische Kodifizierungsprozess der Menschenrechte von einer gesteigerten Sensibilität gegenüber Gewaltanwendung begleitet worden, sodass ein Reformprozess des Strafrechts in Gang gesetzt wurde, der mitunter zur Abschaffung der Folter und generell zu einer Humanisierung der Strafpraxis geführt hat.[10]

Will man also ein umfassendes europäisches Menschenrechtsverständnis abbilden, muss man Ursache und Genese des europäischen Entwurfs berücksichtigen und ihn vor dem Hintergrund einer Jahrhunderte langen Tradition europäischer Ideen- und Geistesgeschichte betrachten, die maßgeblich von Konzepten der Personalität und Menschenwürde, Autonomie und Vernunft, Solidarität und Gerechtigkeit, getragen wird. Demgemäß ist auch die europäische Grundrechtscharta, die *European Convention on Human Rights* (ECHR) von 1950, in diesen Kontext eingebettet. Wie ihrer Präambel allerdings entnommen werden kann, scheint die *Universal Declaration on Human Rights* von 1948 (UDHR) eine entscheidende Rolle für ihre konkrete Ausformulierung gespielt zu haben.

Die UDHR ist wiederum als direkte Antwort auf die im zweiten Weltkrieg verübten Gräueltaten des Nationalsozialismus zu sehen. Ihr Anliegen war es, menschenrechtliche Standards auf einer metarechtlichen Ebene festzulegen, um sie einer nationalstaatlichen Verfügungsgewalt zu entziehen[11] und damit weltweit ein friedliches Zusammenleben zu gewährleisten. Schließlich muss aber auch die UDHR viel umfassender und vor dem Hintergrund geschichtlich gewachsener Leitwerte gesehen werden, deren starker europäischer Einfluss nicht übersehen werden kann.

Menschenrechte im afrikanischen Kontext

Ein umfassendes afrikanisches Menschenrechtsverständnis ist nur im Kontext von Kolonialismuserfahrung und Rassendiskriminierung sowie eines Staatenbildungs- und Demokratisierungsprozesses zu gewinnen. Vor diesem Hintergrund ist auch die ›African Charta on Human and Peoples' Rights‹ (ACHPR), die ›Banjul-Charta‹, zu sehen. Diese wurde von den Staats- und Regierungschefs der ›Organisation of African Unity‹ (OAU) im Jahr 1981 einstimmig verabschiedet und fünf Jahre später ratifiziert. Sie sollte in einem besonderen Maße die Eigenart des afrikanischen Kontinents berücksichtigen und auf dessen speziellen Bedürfnisse und den Schwierigkeiten vor Ort eingehen. Dieses Anliegen wird bereits in der Präambel der Menschenrechtscharta explizit zum Ausdruck gebracht.

9 Vgl. Joas, Hans: *Die Sakralität der Person.* Eine neue Genealogie der Menschenrechte, Berlin 2011, S. 40-54.

10 Zu diesen Ausführungen vgl. ebenda, S. 63-75.

11 Davon profitieren seither die verschiedenen Menschenrechtsorganisationen: Völkerrechtlich verbindliche Abkommen und politische Erklärungen, wie etwa der United Nations, dienen *Amnesty International* und *Human Rights Watch*, aber auch vielen regionalen NGO's weltweit als Arbeitsbasis, um gegen schwerwiegende Übergriffe auf Menschen vorgehen zu können. Aktivistinnen und Aktivisten sowie Einzelpersonen finden idealerweise Gehör, wenn sie von ihren Regierungen oder auf internationaler Ebene Schutz vor Menschenrechtsverletzungen einfordern, weil sie sich auf offizielle Positionen und ein weltweit anerkanntes menschenrechtliches Ideal berufen können.

Die *Banjul-Charta* beinhaltet neben den Menschenrechten der ersten und zweiten Generation[12] auch die so genannten kollektiven Rechte als Rechte der dritten Generation, womit in besonderer Weise auf die Erfahrungen Afrikas Rücksicht genommen wird. Zudem ist sie von den traditionellen Werten afrikanischer Kulturen inspiriert, indem etwa die privilegierte Stellung der Familie bzw. Gemeinschaft und die Rede von den Menschenpflichten hervorgehoben werden. Die afrikanischen Gesellschaften basieren nicht auf Recht und Gesetzen in dem Maße wie es im Westen mit seinem rechtsstaatlichen Verständnis der Fall ist. Das harmonische Zusammenleben und der Erhalt der Ordnung werden in der afrikanischen Tradition vielmehr durch »personal interaction« bestimmt.[13]

Da die Charta die Besonderheiten afrikanischer Traditionen und die Erfahrungen des afrikanischen Kontinents als grundsätzliches Anliegen mit einfließen lässt, ist sie in erster Linie als eigenständige Menschenrechtskomposition[14] zu verstehen. Als offizielle Menschenrechtscharta, die den zur Zeit ihrer Entstehung aktuellen Stand der Menschenrechtstheorie berücksichtigt[15], fügt sie sich darüber hinaus in das weltweit bestehende Regelwerk zum Schutze und zur Förderung individueller (und kollektiver) Rechte ein.

Schlussfolgerungen

Die exemplarische Gegenüberstellung der europäischen und afrikanischen Menschenrechtskonzeption zeigt zunächst auf, dass die Vielfalt der uns heute vorliegenden Menschenrechtsverständnisse von kulturellen und/oder religiösen Anschauungen sowie historischen Ereignissen und kulturspezifischen Erfahrungen geprägt ist. Innerhalb des globalen Menschenrechtsdiskurses kommt es jedoch zu einer weitgehenden Ausblendung dieser Vielfalt, d.h. der außereuropäischen Entstehungsorte der Menschenrechte, obwohl jene nachweislich existieren. Indem man sich etwa auf internationaler Ebene primär auf die UDHR beruft, wird man dem weltweiten menschenrechtlichen Anliegen und seinen alternativen Ausformungen nicht gerecht. Allen Kulturen, die aus ihrer jeweiligen Tradition heraus menschenrechtliches Gedankengut hervorgebracht haben, ist die Kompetenz zu zusprechen, einen positiven Beitrag zur globalen Menschenrechtsdebatte aus ihrem jeweiligen Kontext zu leisten.

Daher sind Wertschätzung und Anerkennung gegenüber regional unterschiedlich geprägter Menschenrechtsverständnisse innerhalb des internationalen Diskurses unerlässlich. Indem man die verschiedenen Menschenrechtskonzeptionen so konkret wie möglich aus ihren jeweiligen Entstehungskontexten heraus zu verstehen versucht, wird erstmals auch das Menschenrechtsanliegen in seiner pluralen historischen Verankerung wahr- und ernst genommen; und indem außereuropäische Entstehungsorte der Menschenrechte stärker in den internationalen Diskurs einbezogen werden, ergibt sich die Möglichkeit, bisher gesetzte Priorisierungen, wie etwa jene der UDHR, zu hinterfragen und den potentiellen Mehrwert anderer Auffassungen in den Blick zu nehmen. Schließlich gilt es auf internationaler Ebene

12 Im völkerrechtlichen Sprachgebrauch versteht man unter Menschenrechten der ersten Generation die klassischen Grundrechte (liberale Freiheitsrechte und politische Teilnahmerechte), der zweiten Generation die wirtschaftlichen, sozialen und kulturellen Rechte und der dritten Generation die kollektive Rechte, wie z.B. das Recht von Gesellschaften und Völkern auf nachhaltige Entwicklung.

13 Vgl. Bennett, Tom: *Human Rights and the African Cultural Tradition,* in: Human Rights and Cultural Diversity. Europe – Arabic-Islamic World – Africa – China, hrsg. v. Wolfgang Schmale, Goldbach 1993 (269-280), hier besonders S. 270.

14 Die afrikanische Menschenrechtsbewegung ist kein Duplikat des westlichen Menschenrechtsdiskurses. Zur Notwendigkeit dieses Standpunktes vgl. Pityana, Barney N.: *The challenge of culture for human rigths in Africa:* The African Charter in a comparative context, in: The African Charter on Human and People's Rights. The System in Practice, 1986–2000, hrsg. v. Malcom Evans und Rachel Murray, Cambridge 2002 (219-245), hier S. 226 f.

15 Die ACHPR lehnt sich der Struktur nach der UDHR an und nennt Menschenrechte der ersten und zweiten Generation.

die Fähigkeit zu erlangen, die Weiterentwicklung von menschenrechtlichem Gedankengut zu fördern und weltweit neu gewonnene Dimensionen der Menschenrechtsidee in die globale Debatte einzubinden.

Denn wie bereits aufgezeigt wurde, ist das inhaltliche Profil der Menschenrechte nicht in Stein gemeißelt, sondern offen für neue Interpretationen. So stellen etwa die kollektiven Rechte, wie sie in die ACHPR Eingang gefunden haben, eine notwendige Fortentwicklung innerhalb der afrikanischen Menschenrechtsbewegung dar. Darüber hinaus besitzt die Rede von den kollektiven Menschenrechten aber auch internationale Relevanz, wenn etwa die afrikanische Anfrage an den westlichen Individualismus und sein Rechtsverständnis als positive Herausforderung für eine westliche Menschenrechtskonzeption wahrgenommen wird.

Im Sinne der Völkerverständigung müssen bisher mangelhafte Darstellungen sowie weitgehende Ausblendungen diverser Menschenrechtskonzeptionen aufgedeckt und überwunden werden. Wenn der internationale Menschenrechtsdiskurs zudem als interkultureller Austauschprozess genutzt wird, können mitunter Defizite diverser Menschenrechtsentwürfe eruiert und etwaige kulturspezifische Engführungen[16] thematisiert werden. Die Bereitschaft, das eigene Menschenrechtsverständnis angesichts einer Fülle von weltweiten Menschenrechtskonzeptionen zu relativieren, hätte dann ebenso eine positive Auswirkung auf die Völkerverständigung. Darüber hinaus könnte die Einbindung außereuropäischer Entstehungsorte als Zeichen der Zurückdrängung kulturalistischer Vereinnahmungen der Menschenrechtsidee verstanden werden, wie nun im Folgenden thematisiert wird.

2. Kulturalistische Vereinnahmungen der Menschenrechtsidee

Im Zuge der Postcolonial Studies wird immer wieder auf »das Weiterwirken kolonialistischer Strukturen in anderen Formen«[17] und insbesondere auf die »diskursprägende Gewalt hegemonialer Kulturen«[18] hingewiesen. Während die postkolonialen Theoretiker der ersten Generation, wie etwa Frantz Fanon (1925-1961), noch radikale Kolonialismuskritik betrieben haben, versuchen die postkolonialen Kritiker der zweiten Generation, so zum Beispiel Edward W. Said, Homi K. Bhabha und Gayatri Chakravorty Spivak, westliche Machtstrukturen als solche aufzudecken. Dabei verweisen sie auf ein anhaltendes hierarchisches Verhältnis des Westens gegenüber anderen Regionen und kritisieren die Etablierung einer ›weißen‹ Dominanzkultur, die ihre koloniale Macht diskursiv ausübt.[19]

Vor diesem Hintergrund werden Teile des Westens verdächtigt, mit ihrem menschenrechtlichen Ansatz eine versteckte ideologische Hegemonie geltend zu machen. Betrachtet man den Menschenrechtsdiskurs im Kontext der kolonialen Geschichte und einer postkolonialen Gegenwart, ist zunehmend Kritik an dessen Eurozentrismus zu formulieren. Berechtigterweise werden auch Vorwürfe hinsichtlich der europäischen Ignoranz gegenüber historischen Befunden erhoben; so blieb etwa der zentrale Einfluss der amerikanischen Revolution auf die europäische Konstitutionalisierung der Menschenrechte lange Zeit unberücksichtigt. Und so werden gegenwärtig außereuropäische Konzeptionen der Menschenrechte innerhalb der globalen Debatte ausgeblendet, obwohl jene nachweislich existieren.

Der universale Anspruch der UDHR ist hinsichtlich dieser postkolonialen Analysen kritisch zu betrachten. Gefragt wird, ob die stark von europäischen Leitwerten geprägte und eng mit dem westlichen Liberalismus verbundene UDHR überhaupt als Basis für die Wahrung und Weiterentwicklung der Menschenrechte und Grundfreiheiten aller Menschen dienen kann. Zur Diskussion stehen zudem ihre Fixierung auf ein autonomes Individuum und die

16 Menschenrechte dienen auch als Instrument, um sich gegen totalitäre Ansprüche eines Regimes oder der eigenen Kultur zu schützen (vgl. dazu die Problematik der weiblichen Genitalverstümmelung in Afrika).

17 Bachmann-Medick, *Cultural Turns,* S. 185.

18 Ebenda.

19 Vgl. dazu das Kapitel ›Postcolonial Turn‹, in: ebenda, S. 184-237, hier besonders S. 187.

Ausblendung kultureller Differenzen. Ebenso wird darauf hingewiesen, dass die Inhalte der Erklärung nicht problemlos in andere Kulturen und Gesellschaften übertragen werden können, ohne die dort gewachsenen kulturellen Strukturen zu bedenken und mit einzubeziehen.[20] Deswegen muss innerhalb der globalen Menschenrechtsdebatte auch die Problematik von transkulturellen Übersetzungen[21] thematisiert werden. Das Wissen und in weiterer Folge die Überwindung von transkulturellen Übersetzungsproblemen bildet dann einen wesentlichen Baustein der Völkerverständigung.

Indem die UDHR als völkerrechtliches Menschenrechtsdokument eine Monopolstellung gegenüber alternativen Konzeptionen einnimmt, wird die Anerkennung eines weltweit gemeinsamen menschenrechtlichen Erbes erschwert und die positive Wirkung auf die Völkerverständigung verhindert, sowie sie die Rede von den Menschenrechten als Kern eines interkulturellen »overlapping consensus«[22] haben könnte.

Als direkte Antwort auf die ›okzidentalistischen‹ Vereinnahmungsversuche der Menschenrechte sind seit einigen Jahrzehnten vermehrt alternative Menschenrechtskonzeptionen entworfen worden. In diesem Sinne grenzen sich etwa muslimische Menschenrechtserklärungen gegen ein rein eurozentriertes Menschenrechtsverständnis ab, indem sie sich besonders »auf ›nicht-westliche‹ kulturelle oder religiöse Quellen berufen«[23]. In diesen Kontext sind islamische Menschenrechtsübereinkommen wie die *Universal Islamic Declaration of Human Rights* des Islamrats für Europa von 1981 und die *Islamic Decleration on Human Rights* der Organisation der Islamkonferenz im Jahr 1990 (Kairoer Erklärung) eingebettet. Ihr grundsätzliches Anliegen ist es, den Ursprung der Menschenrechte im Islam aufzuzeigen und speziell muslimische Erfahrungen mit einzubeziehen. Hier zeichnet sich eine Parallele zur afrikanischen Menschenrechtskonzeption; auch von islamischer Seite wird der Versuch unternommen, einen eigenständigen menschenrechtlichen Ansatz zu entwerfen, indem man eigene Erfahrungen mit einfließen lässt und sich explizit auf die islamische Religion und Tradition bezieht. Menschenrechtliches Gedankengut wird dabei unmittelbar in den Quellen des Islams (Koran und Sunna) verankert und eröffnet sich vor dem Hintergrund des islamischen Gesetzes, der Scharia.[24] Demzufolge müssen muslimische Menschenrechtsübereinkommen stets im Kontext der religiösen bzw. kulturellen Besonderheiten der islamischen Tradition gesehen werden. Trotz ihres klaren Abgrenzungsversuches gegenüber einer rein ›westlichen‹ Menschenrechtskonzeption, nähern sie sich als offizielle Menschenrechtsdokumente gleichsam der internationalen Menschenrechtsterminologie an.

Schlussfolgerungen

Obwohl kulturelle Differenzen in der konkreten Ausgestaltung der Menschenrechtsidee bestehen und die Menschenrechte auf internationaler Ebene unterschiedlich gewichtet sind, scheint das prinzipielle Anliegen der Menschenrechte transkulturell verständlich und verankert zu sein. Daher darf im Sinne der Völkerverständigung die Menschenrechtsidee nicht durch eine »kulturalistische Identitätspolitik, in denen die Menschenrechte als das besondere

20 Vgl. Bachmann-Medick, Doris: *Menschenrechte als Übersetzungsproblem,* in: Geschichte und Gesellschaft 38/H. 2, 2012 (331-359), hier S. 340.

21 ›Menschenrechte entfalten ihr Potential als ein Übersetzungsproblem‹, siehe ebenda, S. 331.

22 Siehe Rawls, John: *Political Liberalism*, New York 1993 (133-172).

23 Bielefeldt, Heiner: *›Westliche‹ versus ›islamische‹ Menschenrechte?* Zur Kritik an kulturalistischen Vereinnahmungen der Menschenrechtsidee, in: Facetten islamischer Welten. Geschlechtsordnungen, Frauen- und Menschenrechte in der Diskussion, hrsg. v. Mechthild Rumpf u.a., Bielefeld 2003 (123-142), hier S. 132.

24 Vgl. Aldeeb Abu-Sahlieh, Sami A.: *Muslims and Human Rigths:* Challenges and Perspectives, in: Human Rights and Cultural Diversity. Europe – Arabic-Islamic World – Africa – China, hrsg. v. Wolfgang Schmale, Goldbach 1993 (239-268), hier S. 241 ff.

Erbe einer bestimmten Kultur oder Religion in Anspruch genommen werden«[25], vereinnahmt werden. Kulturalistische Okkupationen der Menschenrechtsidee verschleiern zudem die Tatsache, dass die Idee der Menschenrechte weltweit viele Wurzeln kennt.

Allen Entstehungsorten muss somit ihre Berechtigung zugesprochen werden. Demgemäß sollte im Rahmen des internationalen Menschenrechtsdiskurses die kulturell und religiös bedingte Verschiedenheit der Menschenrechtserklärungen zunächst als solche akzeptiert und in weiterer Folge in die Debatte mit einbezogen werden. Bestehende Unterschiede sind dabei allerdings nicht harmonisierend zu überspielen; vielmehr müssen vorhandene Widersprüche analysiert, diskutiert und danach für deren Umsetzung politisch gelöst werden, um interkulturalistischen Vereinnahmungsversuchen der Menschenrechtsidee – nicht nur von europäischer Seite – entgegenzuwirken. Erst wenn diese wechselseitige Anerkennung stattfindet, kann verstärkt nach gemeinsamen inhaltlichen Ausformungen der Menschenrechtsidee gesucht werden.

25 Bielefeldt, Menschenrechte, S. 123.

Heiner Bielefeldt

Menschenrechte und Interkulturalität

Zum Universalitätsanspruch der Menschenrechte angesichts des kulturellen Pluralismus

1. Zum Einstieg: Unterschiedliche Bedeutungsebenen von ›Universalität‹

Die Debatte über die Universalität der Menschenrechte währt schon seit Generationen und sorgt doch immer noch für teils erregte Auseinandersetzungen. Ging es in der berühmten ›Jellinek-Kontroverse‹ an der Wende des 19. zum 20. Jahrhundert darum, ob die Menschenrechtsidee ein Erbe der Französischen Revolution sei oder – auf dem Umweg über die protestantisch geprägten Vereinigten Staaten von Amerika – auf die Reformation (und damit ihr deutsches Ursprungsland!) zurückgeführt werden könnte[1], so bildeten in den 1990er Jahren ›asiatische Werte‹ das Gegenprogramm gegen den Anspruch universaler Menschenrechte, die vielfach schlichtweg mit einem ›Western way of life‹ assoziiert wurden. Um die gleiche Zeit entstanden verschiedene halboffizielle ›islamische‹ Menschenrechtserklärungen, die – wie etwa die Kairoer Erklärung der Organisation der Islamischen Konferenz vom August 1990 – menschenrechtliche Gehalte dem Primat der Scharia, d.h. der islamischen Rechtstradition, unterstellen und deshalb – auch von liberalen Muslimen – kritisiert worden sind.

Um der Gefahr heilloser Verwirrung entgegenzuwirken, empfiehlt es sich, unterschiedliche Bedeutungsebenen von ›Universalität‹ auseinander zu halten. Dies lässt sich in einem ersten Anlauf dadurch erreichen, dass man die Frage aufwirft, was denn eigentlich das ›Gegenteil von Universalität‹ sei. Eine Antwort lautet ›Partikularität‹. Das heißt: Im Unterschied zu solchen Rechten, die an partikularen Merkmale – z.B. erworbene Statuspositionen, gesellschaftliche Rollen und Funktionen, Mitgliedschaften in Verbänden, eine bestimmte Staatsangehörigkeit usw. – anknüpfen, repräsentieren die universalen Menschenrechte jene grundlegenden Rechte, die dem Menschen allein aufgrund seiner Menschenwürde zukommen. Die Universalität der Menschenrechte bezeichnet in diesem Sprachgebrauch die ›innere Qualität einer Kategorie grundlegender Rechte, die mit dem Menschsein des Menschen‹ gegeben sind und deshalb jedem Menschen ›gleichermaßen‹ zustehen. An diesem Verständnis von Universalität werde ich mich im Folgenden primär orientieren.

Auf der anderen Seite werden die universalen Menschenrechte häufig von ›regionalen‹ Menschenrechten abgegrenzt. Dies ist ein zweiter Sprachgebrauch von Universalität, der vor allem in der völkerrechtlichen Literatur über Menschenrechte anzutreffen ist und dort zu dominieren scheint. Universalität steht in diesem Kontext für das Projekt der ›globalen‹ (im Unterschied zur regionalen oder nationalen) Normierung und Institutionalisierung bestimmter Rechte auf der Ebene der Vereinten Nationen.

Zwischen beiden Verwendungsweisen des Begriffs Universalität besteht zweifellos ein Zusammenhang. Geht man davon aus, dass bestimmte grundlegende Rechte mit dem Menschsein des Menschen gegeben (und insofern universal im Gegensatz zu partikular) sind, dann liegt es nahe, diese Rechte nicht nur in nationalen Verfassungen und regionalen Abkommen, sondern – ergänzend dazu und diese übergreifend – auch in globalen Konventionen festzuschreiben. Gleichwohl scheint es mir unverzichtbar zu sein, zwischen beiden Verständ-

1 Zur Jellinek-Kontroverse vgl. die Textsammlung von Roman Schnur (Hrsg.): Zur Geschichte der Erklärung der Menschenrechte, Darmstadt [2]1974.

nissen von Universalität zu unterscheiden. Andernfalls müsste man zu der (wohl kaum sinnvollen) Feststellung kommen, dass regionale Rechtsinstrumente wie die 1950 vom Europarat verabschiedete Europäische Menschenrechtskonvention (EMRK) ›weniger universalistisch‹ seien als das global ausgerichtete menschenrechtliche Schutzsystem der Vereinten Nationen. Richtig ist zwar, dass die EMRK nicht umfassende territoriale Reichweite beansprucht wie das Menschenrechtsschutzsystem der Vereinten Nationen. Aber auch sie knüpft bei der Gewährleistung der grundlegenden Rechte schlicht an das ›Menschsein des Menschen‹ an und ist insofern der Idee des menschenrechtlichen Universalismus verpflichtet. Dasselbe gilt für einzelstaatliche Menschenrechtsverbürgungen, wie sie etwa im Grundrechtsabschnitt des Grundgesetzes enthalten sind.

Gelegentlich wird der Universalismus der Menschenrechte auch am ›Ratifikationsverhalten der Staaten‹ bemessen. Von einem solchen ausschließlich ›positivistischen Verständnis‹ menschenrechtlicher Universalität her müsste man dann zum Ergebnis kommen, dass derzeit streng genommen keine einzige Menschenrechtskonvention wirklich universal gilt. Die UN-Kinderrechtskonvention von 1989 käme dem so verstandenen Universalismus immerhin am nächsten, weil es nur zwei Staaten in der Welt gibt (Somalia und die USA), die sie noch nicht ratifiziert haben. Sinnvoll scheint mir eine solche positivistische Verwendung des Universalitätsbegriffs keinesfalls zu sein. Die Universalität der Menschenrechte gerät dabei völlig in Abhängigkeit davon, ob die letzte Diktatur oder das letzte reaktionäre Fürstentum es gerade einmal für opportun halten, einschlägige völkerrechtliche Dokumente des Menschenrechtsschutzes zu ratifizieren.

Eine wichtige Rolle in der Universalitätsdiskussion spielt schließlich die Frage, ob die Menschenrechte aus der ›Perspektive unterschiedlicher Kulturen‹ anerkannt werden können oder – so die Gegenthese – exklusiver Ausdruck einer bestimmten, ›westlichen‹ Kulturentwicklung seien. Diese Debatte hat, wie bereits angedeutet, eine lange Tradition, deren Anfänge man bis ins 18. Jahrhundert zurückverfolgen kann. Sie ist relevant nicht nur für die faktischen Durchsetzungschancen der Menschenrechte, sondern berührt auch die Legitimität der Idee universaler Menschenrechte. Dies ist deshalb der Fall, weil die Pluralität kultureller Weltsichten und Lebensformen ihrerseits einen Anspruch auf Anerkennung geltend macht. Der Anspruch universaler Menschenrechte gerät dann leicht in den Verdacht, ein illegitimes ›kulturimperialistisches‹ Projekt – oder innenpolitisch gewendet: ein Versuch leitkultureller Hegemonie – darzustellen.

Fassen wir das bislang Gesagte zusammen, lassen sich demnach mindestens folgende vier Bedeutungsebenen von Universalität der Menschenrechte voneinander unterscheiden:

a. der Anspruch der in der Menschenwürde begründeten Geltung gleicher grundlegender Rechte für jeden Menschen (= die Idee des menschenrechtlichen Universalismus);
b. das mit Gründung der Vereinten Nationen einsetzende Projekt weltweiter Normierung und Durchsetzung der grundlegenden Rechte (= die globale Institutionalisierung der Menschenrechte);
c. die positive Anerkennung internationaler Menschenrechtskonventionen durch die – d.h. alle oder jedenfalls fast alle – Staaten per Ratifizierung (= die weltweite Ratifizierung von Menschenrechtskonventionen);
d. die zumindest *mögliche* interkulturelle bzw. interreligiöse Rezeption der Menschenrechtsidee (= mögliche interkulturelle/ interreligiöse Beheimatung der Menschenrechte).

Im vorliegenden Aufsatz konzentriere ich mich auf die letzte dieser vier Bedeutungsebenen von Universalität. Zuvor soll die Idee des menschenrechtlichen Universalismus allerdings kurz umrissen werden.

2. Die Idee des menschenrechtlichen Universalismus

Im Unterschied zu solchen Rechtskategorien, die an partikulare Rollen oder Funktionen eines Menschen in der Gesellschaft anknüpfen sind die Menschenrechte schon ›mit dem Menschsein‹ des Menschen gegeben. Der Grund für die Gewährleistung fundamentaler Rechte für alle Menschen liegt in der ›Würde des Menschen‹. Die Allgemeine Erklärung der Menschenrechte der Vereinten Nationen von 1948 stellt in der Präambel fest, dass »die Anerkennung der innewohnenden Würde und der gleichen und unveräußerlichen Rechte aller Mitglieder der menschlichen Familie die Grundlage der Freiheit, der Gerechtigkeit und des Friedens in der Welt« bildet.
Was aber ist unter der Würde des Menschen inhaltlich zu verstehen? Die Antwort auf diese Frage wird in einer weltanschaulich pluralistischen Gesellschaft immer vielstimmig ausfallen. Auf der Ebene der Vereinten Nationen zeigte sich dies bei der Diskussion um die Allgemeine Erklärung der Menschenrechte von 1948. Ein vom brasilianischen Delegierten eingebrachter und von einigen lateinamerikanischen Staaten unterstützter Vorschlag, das Bekenntnis zur Würde des Menschen mit dem biblischen Gedanken der Ebenbildlichkeit Gottes zu untermauern, stieß damals auf Widerspruch und wurde mit großer Mehrheit abgelehnt.

Das u.a. vom chinesischen Delegierten vorgebrachte Gegenargument lautete, dass die Menschenwürde durch den Verweis auf das biblische Motiv der Gottesebenbildlichkeit des Menschen in eine jüdisch-christliche Traditionslinie vereinnahmt werden würde. Um der Vielfalt der religiösen, weltanschaulichen und kulturellen Traditionen gerecht zu werden, müsse man von einer umfassenden religiös-weltanschaulichen Begründung der Menschenwürde deshalb abstrahieren. Dieser Einwand fand Zustimmung. Denn im Kontext der Menschenrechte kann es nicht darum gehen, ein umfassendes ›weltanschauliches‹ Verständnis von Menschenwürde festzulegen. Vielmehr besteht das Ziel darin, ungeachtet der bleibenden Unterschiede in den weltanschaulichen Deutungen gleichwohl grundlegende ›politisch-rechtliche Konsequenzen‹ der gebotenen Anerkennung der Menschenwürde zu normieren.

Bei einer solchen Konzentration auf die Ebene politisch-rechtlicher Gerechtigkeit – d.h. unter bewusster Abstraktion von umfassenden religiös-weltanschaulichen Deutungen – wird der Begriff der Menschenwürde keineswegs inhaltslos. Zum einen dient er dazu, die ›Unveräußerlichkeit grundlegender Rechte des Menschen‹ zu begründen. Schon in den ersten Menschenrechtsdokumenten des ausgehenden 18. Jahrhunderts findet sich die Formulierung ›inalienable rights‹, die auch in die Allgemeine Erklärung der Menschenrechte von 1948 Eingang gefunden hat. Durch das Postulat ihrer Unveräußerlichkeit unterscheiden sich Menschenrechte von solchen Rechtspositionen, über die der Mensch nach eigenem Ermessen verfügen – und auf die eben auch verzichten – kann.

Zum anderen steht der Begriff der Menschenwürde für die wesentliche ›Gleichheit aller Menschen‹. Es ist kein Zufall, dass der Begriff der Würde in den einschlägigen menschenrechtlichen Dokumenten stets im Singular vorkommt. Diese Feststellung ist keineswegs trivial. Bedenkt man, dass der Begriff der Würde im vormodernen Sprachgebrauch vor allem die gestuften ›dignitates‹ (im Plural!) innerhalb einer hierarchischen Ämter- oder Ständeordnung bezeichnete, zeigt sich hier ein bemerkenswerter Bedeutungswandel: Die Würde des Menschen unterscheidet sich von den spezifischen ›Würdigkeiten‹ innerhalb der hierarchischen Ständegesellschaft gerade durch ihre egalitäre Ausrichtung; von der Würde kann deshalb heute nur im Singular die Rede sein.

Gleichheit meint im Kontext der Menschenrechte freilich keine abstrakte Gleichförmigkeit, und es geht dabei gerade nicht um eine ressentimentgeladene »Verkleinerung des Menschen zum vollkommenen Herdentiere«, wie Nietzsche gemeint hat.[2] Denn die Universalität der Würde impliziert die Anerkennung eines jeden Individuums in ›unvertretbarer Besonderheit‹ und verlangt zugleich, dass diese Anerkennung in jeweiliger Besonderheit nicht auf

2 Nietzsche, Friedrich: *Jenseits von Gut und Böse,* Aphorismus 203, Kröner-Ausgabe Stuttgart 1976, S. 117.

einen partikularen Kreis privilegierter Individuen beschränkt wird. Im Horizont der Menschenwürde sind Gleichheit und Besonderheit nicht nur keine unüberwindlichen Gegensätze, wie dies oft behauptet wurde, sondern setzen einander wechselseitig voraus. Die in der Inkommensurabilität der Menschenwürde begründete Gleichheit ist immer darauf gerichtet, das Selbstsein des Menschen in Freiheit zur Anerkennung zu bringen, aber eben so, dass es kein Privileg begünstigter Individuen bleibt. Deshalb sind die Menschenrechte als Gleichheitsrechte genauer ›Rechte gleicher Freiheit‹.

Die Zielsetzung der Menschenrechte – die Ermöglichung menschenwürdigen Zusammenlebens durch die Gewährleistung gleicher Grundfreiheiten für alle – ist zwar sicherlich hoch gesteckt; sie ist gleichwohl aber ›inhaltlich von vornherein begrenzt‹. Im Unterschied zu den Religionen oder anderen umfassenden Weltsichten geben die Menschenrechte keine Antworten auf die Fragen nach dem Sinn des Lebens, nach dem Urgrund der Welt, nach den Bedingungen gelungenen Menschseins, nach den Ursachen des Bösen und den Möglichkeiten seiner Überwindung, nach dem Ort des Menschen im Gesamt des Lebendigen oder nach einem etwaigen Fortleben der Verstorbenen. Menschenrechte sind weder eine Weltanschauung noch eine Erlösungslehre. Sie formulieren auch keinen umfassenden Verhaltenskodex für Individuen und Gemeinschaften, sondern enthalten lediglich rechtliche Mindeststandards für menschenwürdige Koexistenz. Die Akzeptanzchancen der Menschenrechte sowohl auf internationaler Ebene wie in den multikulturell, multireligiös und weltanschaulich pluralistisch gewordenen Einzelgesellschaften hängen nicht zuletzt davon ab, dass diese immanenten Grenzen des Anspruchs der Menschenrechte gegen immer wieder anzutreffende inhaltliche Überziehungen klargestellt werden.

3. Die Aufgabe: Überwindung eurozentrischer Verengungen

Der universale Geltungs*anspruch* der Menschenrechte besteht unabhängig von der faktischen Akzeptanz der Menschenrechte – sei es durch die Staaten, sei es auch durch kulturelle oder religiöse Gemeinschaften. Gleichwohl kommt der Frage, ob und ggf. wie sich dieser Anspruch mit unterschiedlichen kulturellen Selbstverständnissen vermitteln lässt, eine entscheidende Rolle zu – nicht nur für die Durchsetzungschance der Menschenrechte, sondern indirekt auch für ihre Legitimität. Denn sollte sich herausstellen, dass – wie immer wieder kritisch eingeworfen wird – Menschenrechte nur innerhalb eines bestimmten ›westlichen‹ kulturellen Horizonts überhaupt denkbar sind, dann stünde der Menschenrechtsanspruch in unüberwindlichem Konflikt zu dem ebenfalls oft mit emanzipatorischer Emphase vorgetragenen Anspruch auf Anerkennung kultureller Vielfalt.

Einfache Antworten auf diese Herausforderung sind nicht möglich. Dies gilt schon deshalb, weil den Menschenrechten zweifellos eine ›kulturkritische Komponente‹ innewohnt. Mit einem Kulturromantizismus, der die Vielfalt der Kulturen und Religionen ohne kritische Vorbehalte als Wert an sich betrachtet oder sie gar gegen die vermeintlich nivellierenden Tendenzen der Moderne abschotten will, haben Menschenrechte daher nichts gemein. Vielmehr enthält der emanzipatorische Anspruch der Menschenrechte ein ›emanzipatorisches Potenzial‹, das es Menschen ermöglicht, kulturelle Plausibilitäten zu verändern und sich von kulturellen Bindungen, so sie dies möchten, auch zu lösen. Schon die Lerngeschichte der Menschenrechte in Europa hat gezeigt, dass beispielsweise die Anerkennung der Religionsfreiheit durch die christlichen Kirchen oder die allmähliche Durchsetzung der Gleichberechtigung der Geschlechter nur im Rahmen durchgreifender kultureller Wandlungsprozesse gelingen konnten bzw. können.

Die hier aufgeworfene Frage kann daher nicht lauten, ob Menschenrechte sich den bestehenden kulturellen Selbstverständnissen einfach einfügen lassen; dies ist offenkundig ›nicht‹ der Fall. Vielmehr geht es darum, ob und unter welchen Bedingungen der emanzipatorische Anspruch universaler Menschenrechte mit kulturellen Weltsichten und Lebensformen außerhalb dessen, was man seit Mitte des 20. Jahrhunderts als die ›westliche Welt‹ bezeichnet, rezipiert werden kann. Eine umfassende Antwort auf diese – so bereits modifizierte – Frage kann im Folgenden nicht geleistet werden. Vielmehr beschränke ich mich auf eine Auseinandersetzung mit einem beinahe schon ›klassisch‹ gewordenen Einwand, der lautet, dass die Menschenrechte aufgrund ihrer historischen Genese in Westeuropa und Nordamerika an den kulturellen Horizont des Westens konstitutiv gebunden seien.

4. Kulturgenetische Vereinnahmungen der Menschenrechtsidee

Dieser Einwand findet durch die typischen ideengeschichtlichen Darstellungen der Menschenrechte immer wieder Nahrung. Sie folgen in aller Regel einem chronologischen *Entwicklungsschema*, das sich wie folgt skizzieren lässt[3]: Die Darstellung beginnt zumeist mit ersten Ansätzen menschenrechtlichen Denkens, die in den biblischen Büchern von Judentum und Christentum bzw. in den antiken Philosophenschulen aufgespürt werden. Sodann wird die ›Vorgeschichte‹ der Menschenrechte in der Magna Charta von 1215, in der Reformation, in den englischen Verfassungskämpfen und in der Philosophie der europäischen Aufklärung beschrieben. Schließlich kulminiert die Geschichte den ersten förmlichen Menschenrechtserklärungen in den demokratischen Revolutionen des 18. Jahrhunderts in Nordamerika und Frankreich. Möglicherweise folgen dann noch Hinweise auf die sukzessive Erweiterung menschenrechtlicher Gewährleistungen um wirtschaftliche und soziale Rechte. Die Darlegung endet in der Regel mit einem Ausblick auf die globale Normierung von Menschenrechtsstandards im Rahmen der Vereinten Nationen.

Man sollte sich zunächst vergegenwärtigen, dass es sich bei einer solchen schematischen Geschichtskonstruktion um eine ›retrospektive Teleologie‹ handelt: Vom ›Ergebnis‹ (›Telos‹) *her* betrachtet – also ausgehend von den heute anerkannten Menschenrechten – werden bestimmte geschichtliche Dokumente, Ideen, Ereignisse und Auseinandersetzungen ›rückwirkend in eine systematische Linie gebracht‹. Sie werden gleichsam als Stationen eines gesamthistorischen Fahrplans verortet, der auf die Formulierung universaler Menschenrechte abzielt. Eine solche teleologische Konstruktion der Geschichte birgt aber das Risiko von historischen und systematischen Fehlinterpretationen.

Historische Fehlinterpretationen unterlaufen dann, wenn Plausibilitäten der Gegenwart in Dokumente oder Ereignisse der Vergangenheit hineingelesen werden, ›ohne dass man sich über diesen interpretatorischen Vorgang Rechenschaft gibt‹. Wer erste Ansätze menschenrechtlichen Denkens in der Bibel sucht, sollte sich klar machen, dass er damit eine Fragestellung an die biblischen Schriften heranträgt, die den Zeitgenossen der altisraelitischen Propheten oder den Adressaten der Paulusbriefe völlig unbekannt war. Sklavenrechtliche Bestimmungen in den fünf Büchern Moses, aber auch der neutestamentliche Philemonbrief, zeigen etwa, dass die Sklaverei, die in den modernen Menschenrechtsdokumenten einhellig geächtet wird, in biblischen Zeiten als selbstverständliche gesellschaftliche Institution vorausgesetzt war.

Für den Umgang mit den Texten antiker Philosophenschulen gilt ebenfalls, dass deren Auswertung unter dem Gesichtspunkt der Menschenrechte leicht anachronistischen Fehldeutungen Vorschub leistet. So zielt etwa Seneca, wenn er die moralische Gleichheit zwischen allen Menschen herausstellt, keineswegs auf die Abschaffung der rechtlichen Differenz zwischen Freien und Sklaven ab, sondern beschränkt sich auf Appelle, deren inhumane Konsequenzen zu mildern. Auch zwischen der in der Magna Charta gesicherten feudalen Privilegienordnung

3 Als eine lange Zeit einflussreiche Abhandlung sei nur exemplarisch genannt. Vgl. Kühnhardt, Ludger: *Die Universalität der Menschenrechte*. Studie zur ideengeschichtlichen Bestimmung eines politischen Schlüsselbegriffs, München 1987.

und der egalitären und universalistischen Konzeption moderner Menschenrechte bestehen derart fundamentale Differenzen, dass es bei näherem Hinschen zweifelhaft erscheint, ob es viel Sinn macht, zwischen beiden überhaupt eine historische Kontinuität zu konstruieren.

Das ideengeschichtliche Entwicklungsschema beinhaltet nicht nur das Risiko historischer Fehlinterpretationen. Es führt leicht auch zu ›systematischen Verkürzungen‹ im Verständnis der Menschenrechte, die in der Gefahr stehen, auf diese Weise als das exklusive Produkt einer bestimmten, nämlich der abendländischen kulturellen Entwicklung in Beschlag genommen zu werden. Ich nenne dieses Problem die Gefahr einer ›kulturgenetischen Vereinnahmung der Menschenrechtsidee‹. Dass sich daraus Schwierigkeiten für die Anerkennungschancen der Menschenrechte in einer kulturell pluralistischen Gesellschaft bzw. in der pluralistischen Weltgesellschaft ergeben, liegt auf der Hand.

Charakteristisch für teleologische Konstruktionen in der Ideengeschichte sind ›biologische Metaphern‹. Es fällt in der Tat auf, wie häufig in einschlägigen ideengeschichtlichen Darstellungen von den kulturellen ›Wurzeln‹ der Menschenrechte die Rede ist. Ganz gleich, ob man solche Wurzeln primär in der Bibel oder eher in der heidnischen Antike sieht – die biologische Metaphorik impliziert in jedem Fall, dass das Produkt, also die Idee der Menschenrechte im Grunde bereits in den Wurzeln angelegt sei. Die Ideengeschichte der Menschenrechte erscheint damit als ›Entwicklung‹ im ursprünglichen Wortsinne, nämlich als mehr oder weniger ›organische Entfaltung‹ eines von Anfang an festgelegten kulturgenetischen Programms. Oder, vom anderen Ende her gedacht: Die Menschenrechte bilden somit scheinbar die ›Frucht‹ eines historischen Reifeprozesses, der sich angeblich nur in Kenntnis der Wurzeln her angemessen begreifen lässt.

Die Metapher der Wurzeln impliziert außerdem ein bestimmtes Territorium, in dem der Entwicklungsprozess stattfindet. Als kultureller ›Wurzelboden‹ der Menschenrechte gilt in den einschlägigen Darstellungen in aller Regel unbefragt der Kulturraum, den man seit dem 20. Jahrhundert als den ›Westen‹ bezeichnet, nämlich das von Christentum und antiker Philosophie geprägte Abendland. Die Menschenrechte kommen in dieser Sichtweise folglich als gleichsam natürliche Frucht der abendländischen Kultur ins Blickfeld. Sofern sie heute auch außerhalb des Westens Anerkennung finden und Wirksamkeit entfalten, scheint dies einem globalen Prozess kultureller Verwestlichung geschuldet zu sein, in dessen Verlauf – um weiter in der Linie der kulturbiologischen Metaphorik zu sprechen – die Menschenrechte anderen Kulturen ›aufgepfropft‹ worden seien.

5. Die alternative Sicht: eine unabgeschlossene Lerngeschichte

Um der kulturgenetischen Vereinnahmung etwas entgegenzusetzen, möchte ich eine anders akzentuierte Deutung der Entstehung der Menschenrechte vorschlagen und diese als das Ergebnis von ›konflikthaft verlaufenen gesellschaftlichen Lernprozessen‹ verstehen. Dass die Menschenrechtsidee, soweit wir wissen, zunächst in Westeuropa und Nordamerika politisch wirksam geworden und von westlichen kulturellen Traditionen geprägt ist, bleibt dabei zunächst unbenommen. Wichtiger als der partikulare kulturelle Raum, in dem die Ausformulierung des Menschenrechtskonzepts erstmals stattgefunden hat, sind allerdings die menschenrechtlichen ›Lernprozesse und Lernergebnisse‹, deren Sachgehalte über den Horizont der europäischen Kultur hinausweisen und zum Bezugspunkt produktiver interkultureller Auseinandersetzungen werden können.

Menschenrechte sind Antworten auf Erfahrungen strukturellen Unrechts. Unrechtserfahrungen durchziehen zwar die Geschichte der Menschheit; sie finden sich schon in den ältesten Zeugnissen menschlicher Literatur. Die Menschenrechte geben allerdings eine ›spezifisch moderne Antwort‹ auf solche Erfahrungen, indem sie einklagbare Rechtspositionen schaffen, die in Anerkennung der Würde und Freiheit jedes Menschen Möglichkeiten zur effektiven Abhilfe gegen drohendes oder geschehenes Unrecht bereitstellen sollen. Im Hintergrund steht die Einsicht, dass in modernen Gesellschaften der Rekurs auf traditionelle, oftmals religiös fundierte lebensweltliche Ethosformen *allein* nicht mehr ausreicht, um Gerechtigkeit wirksam einzufordern. Weder lassen sich die Gefahren der Unterdrückung durch den modernen Staat und die ihm zur Verfügung stehenden Machtmittel durch religiös-moralische Appelle in der Linie der vormodernen Fürstenspiegelliteratur bannen, noch reicht das traditionelle paternalistische Feudalethos dazu aus, die inhumanen Folgewirkungen des modernen Kapitalismus einzudämmen.

Außerdem besteht die Aufgabe, normative Prinzipien und Institutionen modernen gesellschaftlichen Zusammenlebens so zu formulieren und auszugestalten, dass sie dem irreversiblen ›Pluralismus‹ der Religionen, Weltanschauungen und Lebensformen in der Gesellschaft gerecht werden können. Auch deshalb kommt der ›alleinige‹ Rückgriff auf ein in bestimmten religiösen Traditionen oder geschlossenen kulturellen Narrationen gegründetes lebensweltliches Ethos in modernen Gesellschaften nicht in Frage; er könnte sogar zu einem Element von Ausgrenzung und Spaltung – und damit zur Quelle neuen politischen Unrechts – werden. Der Menschenrechtsansatz eröffnet demgegenüber die Chance, den irreversiblen Pluralismus moderner Gesellschaften dadurch zu gestalten, dass er – gleichsam durch die Vielfalt der Lebensformen, Prägungen, Überzeugungen und Orientierungen der Menschen hindurch – die Verantwortungssubjektivität des Menschen als normativen Angelpunkt eines freiheitlichen und egalitären Rechtskonsenses begreift.

Menschenrechte bilden somit einen spezifisch ›modernen Ansatz‹, politische Gerechtigkeit zu artikulieren und institutionell wirksam auszugestalten. Sie orientieren sich an der Würde des Menschen, die – deutlicher als in vormodernen Vorstellungen von menschenwürdigem Leben – nun systematisch als Anspruch auf Anerkennung der ›Mündigkeit des Menschen‹ verstanden wird. Die Menschenrechte zielen darauf ab, die in der Würde eines jeden Menschen dadurch gesellschaftlich wirksam zur Geltung zu bringen, dass jedem Menschen die gleichen Grundfreiheiten rechtlich garantiert werden. Alle Menschenrechtsverbürgungen sind in diesem Sinne Manifestationen des Respekts vor der Würde des Menschen als eines zur Selbstbestimmung befähigten Subjekts; das macht ihren ethischen Gehalt als ›unveräußerliche‹ Rechte aus.

Die allmähliche Durchsetzung der Menschenrechte – zunächst im ›Westen‹ – geschieht in lang anhaltenden politischen Auseinandersetzungen. Von Anfang an stoßen die Menschenrechte nicht nur auf Zustimmung, sondern zugleich auf Widerstand. Die Ideengeschichte der Menschenrechte in Europa enthält dementsprechend neben menschenrechts*förderndem* auch menschenrechts*kritisches* Gedankengut, dessen systematische Darlegung spätestens mit Edmund Burkes Abhandlung zur Französischen Revolution (1790) und den Kampfschriften der katholischen Gegenrevolution einsetzt. Darin werden Menschenrechte als eine abstrakte rationalistische Konstruktion dargestellt, durch die alle historisch gewachsenen Rechte aufgelöst werden – mit den Folgen gesellschaftlicher Nivellierung und kultureller Barbarei. Ähnliche skeptische Gedanken finden sich auch bei Hegel, Schopenhauer, Nietzsche, Carl Schmitt oder Arnold Gehlen. Zu den entschiedenen Gegnern der Menschenrechte in Europa zählen bis ins 20. Jahrhundert hinein nicht zuletzt die christlichen Kirchen. Die katholische Kirche macht offiziell erst auf dem Zweiten Vatikanischen Konzil (1962-1965) ihren Frieden mit der Religionsfreiheit, die in mehreren päpstlichen Dokumenten des 19. Jahrhunderts als Weg in den Atheismus und in religiöse Beliebigkeit verurteilt worden war.

In vielen ideengeschichtlichen Darstellungen kommen die prinzipiellen ›Vorbehalte und Widerstände‹, die lange Zeit in Europa gegen die Menschenrechte vorgebracht worden waren, allenfalls am Rande vor. Auch sie gehören aber zur westlichen Ideengeschichte der Menschenrechte. Vergegenwärtigt man sich die heftigen politischen Konflikte, die auf dem Wege der Anerkennung von Menschenrechten auch in Europa notwendig waren (und sind), wird einmal mehr deutlich, dass die Geschichte der Menschenrechte nicht angemessen als organische ›Entfaltung‹ eines in den Grunddokumenten des Abendlands gleichsam schon angelegten kulturellen Potenzials beschrieben werden kann.

Dass dieser gesellschaftliche Lernprozess nicht in einem kulturellen Vakuum stattgefunden hat, versteht sich von selbst. In die Argumente und Begründungen, mit denen der Anspruch der Menschenrechte im 18. Jahrhundert erstmals formuliert worden ist, haben Plausibilitäten des europäischen Naturrechtsdenkens, Motive der christlichen Tradition oder die Begriffe verschiedener europäischer philosophischer Schultraditionen Eingang gefunden. Sie gehören gleichsam zu den *kulturellen Medien*, in denen die Menschenrechtsidee erstmals artikuliert worden ist. Der universale Geltungsanspruch der Menschenrechte weist zugleich aber über die kulturell-spezifischen Formen hinaus, in denen er erstmals historisch wirksam geworden ist. Der normative Universalismus steht zwar keineswegs für jene geschichts- und kulturlose ›Abstraktheit‹, die ihm konservative Kritiker von de Maistre über Hegel bis zu Carl Schmitt immer wieder vorgeworfen haben. Tatsächlich aber verlangt er insofern ›Abstraktionsbereitschaft‹, als er die je spezifischen kulturellen Kontexte, in denen normative Ideen jeweils konkrete Wirksamkeit entfalten, als zuletzt immer nur ›exemplarisch‹ begreift.

6. Interkulturelle Anschlussfähigkeit der Menschenrechtsidee

Der den Menschenrechten inhärente Universalismus gründet nicht in der globalen Expansion bestimmter Errungenschaften der westlichen Kultur, sondern in der ›normativen Überzeugungskraft der Menschenrechtsidee‹ als einer modernen Konzeption politisch-rechtlicher Gerechtigkeit. Versteht man die zunächst westliche Ideengeschichte der Menschenrechte wesentlich als unabgeschlossene Lerngeschichte, dann erhält sie produktive Relevanz auch für einen ›interkulturellen Menschenrechtsdiskurs‹. Sie beinhaltet dann gerade nicht den imaginären historischen Fahrplan, den alle Gesellschaften gleichermaßen durchlaufen müssen, um schließlich zu den Menschenrechten zu gelangen. Und noch viel weniger impliziert sie die Forderung nach schlichter kultureller Konversion zu ›westlichen Werten‹ als Voraussetzung der Anerkennung von Menschenrechten.

Vielmehr bietet die Lerngeschichte der Menschenrechte in Europa Beispiele für den ›Problemdruck‹, der hinter den ersten Menschenrechtsforderungen stand, für gesellschaftliche und kulturelle Hindernisse, die in Europa die Durchsetzung der Menschenrechte lange Zeit erschwert haben und die teilweise auch heute noch fortbestehen, und für ›Argumente‹, die dazu beigetragen haben, solche Hindernisse auszuräumen und neuen kulturellen Selbstverständnissen und gesellschaftlichen Konsensen den Weg zu bereiten. Die zunächst ›westlichen‹ Lernerfahrungen in der Konzeptualisierung und institutionellen Ausgestaltung der Menschenrechte gewinnen somit ›exemplarische Bedeutung‹ für das Verständnis von Lernprozessen, die auch in anderen kulturellen Kontexten möglich sind und faktisch stattfinden.

Man kann die den Menschenrechten vorausgehenden und die sie begleitenden Lernprozesse auch als ›Aufklärung‹ bezeichnen. Ohne Aufklärung sind Menschenrechte nicht möglich. Es wäre indessen verfehlt, den Begriff der Aufklärung auf eine bestimmte Epoche der europäischen Geschichte – auf das ›siècle des lumières‹ – zu verkürzen, generell mit der westlich-modernen Zivilisation gleichzusetzen oder mit bestimmten westlichen Philosophien abschließend zu identifizieren. Denn in derart verdinglichender Gestalt geraten die Begriffe von europäischer Aufklärung und westlicher Moderne leicht entweder zum Programm einer imperialistischen Zivilisationsmission oder zu Ausgrenzungskategorien, die dazu herhalten, Menschen nicht-westlicher Herkunft (z.B. Muslime) pauschal als ›unaufgeklärt‹ zu diskreditieren und von der Mitgestaltung der modernen pluralistischen Gesellschaft auszuschließen. Bedenkt man dagegen, dass selbst die europäische Aufklärung des 18. Jahrhunderts ein in sich sehr pluralistisches Unterfangen darstellt (zwischen Hume, Kant und den französischen Enzyklopädisten bestehen nicht nur marginale Differenzen!), dann öffnet sich der Raum dafür, auch andere Wege geschehener oder zukünftiger Aufklärung zur Kenntnis zu nehmen bzw. zumindest für möglich zu halten. Der Gehalt von Aufklärung kann nicht in der Wahrung und Nachahmung eines vorweg definierten ›westlichen Modells‹ bestehen.

Menschenrechte stellen den Versuch dar, den religiösen, weltanschaulichen und kulturellen Pluralismus der modernen Gesellschaft dadurch ›aufklärerisch‹ zu bewältigen, dass sie ihn an die Befähigung des Menschen zu mündiger Verantwortung zurückbinden, die ihrerseits politische Anerkennung in Gestalt durchsetzbarer Rechtspositionen findet. In dieser Weise innerlich auf den Pluralismus als Ausdruck menschlicher Würde und Freiheit bezogen, sind Menschenrechte selbst mit einer Vielzahl philosophischer und weltanschaulicher Deutungen vereinbar, einschließlich solcher Deutungen, die sich aus religiösen Traditionen speisen. Jedenfalls gibt es keine Rechtfertigung dafür, die legitimen Interpretationen von Menschenrechten von vornherein auf die Religionen und Philosophien europäischen Ursprungs zu beschränken.

Die zu Beginn dieses Abschnitts formulierten kritischen Bemerkungen zum ideengeschichtlichen Entwicklungsschema der Menschenrechte hatten keineswegs die Absicht, ideengeschichtliche Ansätze per se als ideologisch zu verwerfen oder als sinnlos abzutun. Ideengeschichtliche Studien können zum Verständnis der Menschenrechte wesentlich beitragen. Es kommt allerdings darauf an, dass man sich über den ›rekonstruktiven‹ Charakter aller ideengeschichtlichen Bemühungen Klarheit verschafft: Menschenrechte sind nicht aus bestimmten ideengeschichtlichen Motiven genetisch zu erklären, sondern lassen sich nur ›rückblickend‹ mit ihnen in Verbindung bringen. Wer dies tut, sollte deshalb wissen, dass er nicht gleichsam organisch verlaufene Entwicklungsprozesse beschreibt, sondern – von heute aus – Brücken zurück in die Geschichte schlägt.

Solche Brückenschläge sind in vieler Hinsicht möglich. Sie können auch außerhalb eines ›westlichen‹ kulturellen Kontextes stattfinden. Es spricht nichts dagegen, beispielsweise auf Affinitäten zwischen modernen Menschenrechten und bestimmten ethischen Lehren des Konfuzius oder dem Gerechtigkeitspathos des Korans hinzuweisen. Wiederum ist Vorsicht angezeigt, damit es nicht zu Geschichtsklitterungen und kulturalistischen oder religiösen Vereinnahmungen kommt. In den Dokumenten des alten China oder in den Traditionen afrikanischer Völker unmittelbar nach Menschenrechten zu suchen, wäre ein problematisches Unterfangen.

Die im zeitgenössischen islamischen Schrifttum häufig zu findende Behauptung, Menschenrechte seien bereits im Koran enthalten, ist nicht weniger anachronistisch als der Versuch, die Menschenrechte unmittelbar in der Bibel zu verorten. Muslime mögen darauf verweisen, dass der Koran dem Menschen als Statthalter Gottes auf Erden einen hohen Rang zuweist, aus dem sich – analog zum biblischen Motiv der Gottesebenbildlichkeit – die Menschenwürde religiös begründen lässt. Dies ändert aber nichts daran, dass der Koran sowenig wie die Bibel bereits menschenrechtliche Ansprüche in einem prägnanten Sinne enthält. Auch wenn zeitgenössische Muslime die koranische Aussage, dass es keinen Zwang in der Religion gibt, als islamische Begründung der Religionsfreiheit anführen, gehen sie offenkundig von den Plausibilitäten des modernen Menschenrechtsdenkens aus, das sie weniger aus dem Koran ›heraus‹ entwickeln, als dass sie es in den Koran *hineinlesen*. Wiederum geschieht der Brückenschlag vom Standpunkt der Gegenwart aus, und es ist gut, sich dies klar zu machen.

Die hermeneutische Einsicht, dass jede Ideengeschichte der Menschenrechte nur ›von rückwärts erzählt‹ werden kann, hat praktische Relevanz. Sie kann dazu beitragen, exklusive Vereinnahmungen der Menschenrechte in bestimmte Kulturtraditionen kritisch aufzubrechen und deutlich zu machen, dass jede einzelne ideengeschichtliche Linie – auch die westliche Linie – zuletzt nur ein ›Beispiel‹ für die vielfältigen ideengeschichtlichen Rückbezüge bietet, die sich um die Menschenrechte weben lassen. Dies wiederum macht es möglich, dass die spezifischen historischen Hintergründe, Erfahrungen und Motive, die zunächst in Europa und Nordamerika zum Postulat von Menschenrechten geführt haben, in den Zusammenhang einer ›unabgeschlossenen menschenrechtlichen Lerngeschichte‹ gestellt werden, die für interkulturelle Anknüpfungen ausdrücklich offen bleibt.

Weiterführende Literatur des Autors:

Bielefeldt, Heiner: *Menschenrechte in der Einwanderungsgesellschaft.* Plädoyer für einen aufgeklärten Multikulturalismus, Bielefeld 2007.

—: *Auslaufmodell Menschenwürde?* Warum sie in Frage steht und warum wir sie verteidigen müssen, Freiburg 2011.

Peter G. Kirchschläger

Menschenrechte und Politik

Einleitung

Politische Auseinandersetzungen, die sich um Ungerechtigkeit und Verletzungen von elementaren Aspekten und Bereichen der menschlichen Existenz drehen, werden meist in der Sprache der Menschenrechte geführt.[1] Akteurinnen und Akteure von Reform- und Widerstandsbewegungen in Diktaturen und absolutistisch regierten Staaten wehren sich unter Bezugnahme auf die Menschenrechte und tragen so ihren Einsatz für Menschenwürde, mehr Freiheit, Gerechtigkeit und Gleichheit voran.

Denn »offenbar sprechen die Menschenrechte, trotz der anhaltenden interkulturellen Auseinandersetzungen über ihre richtige Interpretation, eine Sprache, in der die Dissidenten ausdrücken können, was sie erleiden, und was sie von ihren repressiven Regimen fordern – in Asien, Südamerika und Afrika nicht weniger als in Europa und den Vereinigten Staaten.«[2] Und sie führen zu einem friedlichen Zusammenleben aller Menschen – im Interesse von allen Menschen: »Menschenrechte sind für Arm und Reich von gleichermassen grundlegender Bedeutung, und ihr Schutz ist für die Sicherheit und Prosperität der entwickelten Länder ebenso wichtig wie für die der Entwicklungsländer. Es wäre falsch, die Menschenrechte so zu behandeln, als müssten sie gegen andere Ziele wie Sicherheit oder Entwicklung aufgewogen werden.«[3]

Menschenrechte bilden jedoch nicht ›nur‹ den Inhalt politischer Kämpfe für Menschenwürde, mehr Freiheit, Gerechtigkeit und Gleichheit. Sie besitzen eine politische Dimension, die darüber hinausgeht: Sie erweisen sich als Ergebnis eines politischen Diskurses. Zudem laufen sie als politisches Argument auch Gefahr, für andere Zwecke instrumentalisiert zu werden. Des Weiteren ist Politik als solche unter ihren besonderen Schutz gestellt. Schliesslich stellen Menschenrechte stets eine politische Aufgabe dar und dienen Politik als rechtlicher und ethischer Referenzrahmen. Auf diese Aspekte des Verhältnisses von Politik und Menschenrechte möchte ich im Folgenden eingehen.

Die politische Dimension der Menschenrechte

Die politische Dimension als Teil der Vierdimensionalität der Menschenrechte

Menschenrechte weisen eine moralische, eine rechtliche, eine historische und eine politische Dimension auf. Menschenrechte in ihrer moralischen Dimension gehen auf eine Rechtfertigung aus einer unparteilichen Perspektive zurück und werden von der moralischen Gemeinschaft verliehen. Aus ihnen ergeht ein Netz gegenseitiger Verpflichtungen hinsichtlich schutzwürdiger Interessen und Bedürfnissen der Menschen. Diese Rechte sind als ›schwach‹ zu bezeichnen, da es ihnen an Einklagbarkeit mangelt, ihre Durchsetzung nur in Form von

1 Z.B. standen die Anfänge des Aufstandes in Ägypten im Zeichen der Forderung nach einer Realisierung der Menschenrechte, wie u. a. N. Corbel in ihrem Vortrag am Workshop »Democracy and participation in the face of global changes. The role of citizenship and human rights education« des Networking European Citizenship Education am 28.-30. Juni 2012 in Madrid berichtet.

2 Habermas J., Konzeptionen der Moderne. Ein Rückblick auf zwei Traditionen, in: ders., Die postnationale Konstellation. Politische Essays, Frankfurt/Main 1998, 195-231, 221.

3 Annan K., In grösserer Freiheit: Auf dem Weg zu Entwicklung, Sicherheit und Menschenrechte für alle, UN-Dok. A/59/2005, New York 2005.

Appellen eingefordert werden kann und sich korrespondierende Sanktionen auf interne moralische Sanktionen – beispielsweise öffentliche Empörung – beschränken. Menschenrechte in ihrer moralischen Dimension beinhalten auch die Begründung, warum Menschen Trägerinnen und Träger von Menschenrechten sind, und warum der Mensch gerade diese Menschenrechte besitzt.

Ihre Institutionalisierung erfahren die Menschenrechte in der rechtlichen Dimension der Menschenrechte, in erster Linie als legale ›subjektive‹ Rechte eines positivierten Rechtssystems.[4] Sie formulieren subjektive Rechtsansprüche auf negative und positive Handlungen, rechtliche Freiheiten und Kompetenzen.[5] »Verpflichtet sind zuerst der Staat und die staatlichen Institutionen (insbesondere bei der klassischen Auffassung der subjektiven Rechte als Abwehrrechte), aber auch die Bürger untereinander.«[6] In zweiter Linie bilden völkerrechtliche Vereinbarungen (Menschenrechtspakte der UN) und zwischenstaatliche regionale Abkommen (z.B. Europäische Konvention zum Schutz der Menschenrechte und Grundfreiheiten von 1950) Gefässe für legale Menschenrechte auf einer transnationalen Ebene. Bei besonders schweren Verletzungen bestimmter Menschenrechte können durch das Römer Statut des Internationalen Strafgerichtshofs Einzelpersonen zur Verantwortung gezogen werden.

Menschenrechte sind nicht ›vom Himmel gefallen‹, sondern sie stellen eine Einigung der internationalen Gemeinschaft dar. Die historische Dimension der Menschenrechte umfasst die ideengeschichtliche Entwicklung der Menschenrechte und die Entstehung des politischen Konsenses ›Menschenrechte‹. Damit ist der öffentliche Meinungs- und Willensbildungsprozess angesprochen, der zur Transformation von moralisch begründbaren Menschenrechten in positives, legales Recht führt.

Menschenrechte als politisches Argument

Menschenrechte werden nicht nur im Kampf für Menschenwürde, Gerechtigkeit, Freiheit, Gleichheit, [...] als Argument im politischen Diskurs aufgeführt. Auch andere politische Themen werden mit den Menschenrechten in Bezug gebracht. Dabei besteht auch die Gefahr, dass Menschenrechte zweckentfremdet werden. So werden oftmals politische Programme unter den Schirm der Menschenrechte gestellt, auch wenn es eigentlich um andere Themen und Ziele geht. Z.B. werden militärische Interventionen mit einem vermeintlichen Einsatz für die Menschenrechte legitimiert, auch wenn sie eigentlich anderen Zielen wie Territorialgewinn, Zugang zu Rohstoffen, Macht, [...] dienen.

Menschenrechte als politischer Konsens

Menschenrechte bilden einen politischen Konsens der internationalen Gemeinschaft. Die Allgemeine Erklärung der Menschenrechte von 1948 bildet das erste Beispiel internationaler politischer Einigung darauf, Menschenrechte von einer deklamatorischen Ebene zu einem gemeinsamen politischen Programm zu erhöhen. Dieser Konsens lässt sich auf verschiedene Arten begründen (moralisch, rechtlich, historisch, politisch).

4 »Legale Rechte sind mit individueller Klagebefugnis bewehrt, haben eine reale Durchsetzungschance, und als verfassungsmässige Grundrechte sind sie Rechte erster Ordnung, die andere Rechte (zweiter Ordnung) dominieren.« (Lohmann G.: *Die Menschenrechte: unteilbar und gleichgewichtig?* Eine Skizze, in: Die Menschenrechte: unteilbar und gleichgewichtig?, hrsg. v. G. Lohmann u.a., Studien zu Grund- und Menschenrechten 11, Potsdam 2005. (5-20) hier S. 7).

5 Vgl. dazu Alexy R., Theorie der Grundrechte, Frankfurt/Main ^{2}1994, 171-223.

6 Lohmann, G.: *Die Menschenrechte: unteilbar und gleichgewichtig?* 2005, S. 7.

Eine mögliche Verbindung zwischen der Allgemeinen Erklärung der Menschenrechte von 1948 und der Verletzung und den Versuch der Verneinung der Menschenwürde im Holocaust kann gesehen werden. Generell können die Menschenrechte als zunächst politische Reaktionen auf Verletzungen und Unrechtserfahrungen in essentiellen Elementen und Bereichen der menschlichen Existenz verstanden werden. Dabei ist jedoch Vorsicht geboten, eine bestimmte Unrechtserfahrung nicht als Ursprung der Menschenrechte zu ›adeln‹. Denn dies wäre verbunden mit der impliziten Priorisierung der historischen Unrechtserfahrung gegenüber anderen historischen Verletzungsereignissen. ›Vergessene Geschichten‹ würden so ein weiteres Mal marginalisiert. Denn Geschichtsschreibung kann vergessen – bewusst oder unbewusst. Eine Abstützung der Begründung der Menschenrechte auf eine Geschichtsschreibung, die z.B. die afrikanische Perspektive auf die Schrecken und Horrortaten des 2. Weltkrieges mit der europäischen Dimension zudeckt, würde genau dies bewirken.

Zweifel ergeben sich zudem, ob eine Idee und ein Konzept mit universellem Geltungsanspruch auf singuläre historische Ereignisse zurückzuführen ist. Singuläre historische Ereignisse können nur eine partikulare Strahlkraft auslösen. An dieser Stelle erweist sich eine Differenzierung als wichtig: die historische Kontingenz der Entstehung der Menschenrechte, die politische Diskurse geprägt haben, zeigt auf, *wie* die Menschenrechte entstanden sind (Genese). Die Begründung der Menschenrechte, *warum* Menschen Trägerinnen und Träger *überhaupt* von und von *genau diesen* Menschenrechten sind (Geltung), muss in einer anderen, nämlich *moralischen* Dimension vollzogen werden, um der Universalität der Menschenrechte, ihrem Gegenwartsbezug und ihrer Nachhaltigkeit gerecht werden zu können[7], was bei einer rechtlichen, politischen oder historischen Begründung der Menschenrechte nur bedingt bzw. eingeschränkt der Fall wäre. Der politische Prozess kann durch die spezifische Betrachtung von Zusammenhängen und Prozessen aus einer historischen Perspektive besser nachskizziert werden[8], und dabei können auch Verständniselemente der Menschenrechte freigelegt werden.

Am aktuellen Beispiel der UN-Deklaration über Menschenrechtsbildung und -training kann gezeigt werden, wie der Entstehung spezifischer Menschenrechte ein intensiver politischer Diskurs vorausgeht, der schließlich in einem politischen Konsens mündet und Realität wird.[9] Menschenrechtsbildung kam auf die Agenda der internationalen Gemeinschaft durch verschiedene Initiativen im Bereich der Menschenrechtsbildung. Der politische Prozess hin zu einer spezifischen UN-Deklaration über Menschenrechtsbildung und -training nährte sich vom bereits bestehenden internationalen Recht, das bereits ein Recht auf Menschenrechtsbildung umfasste. Zugleich bereicherte den Diskurs, der zunehmend die Notwendigkeit einer UN-Deklaration über Menschenrechtsbildung und -training anerkannte, die Bestätigung des Rechts auf Menschenrechtsbildung in zahlreichen Menschenrechtstexten, u.a. in der UN-Konvention gegen Rassendiskriminierung von 1965, Artikel 5, in der UN-Konvention gegen die Diskriminierung der Frauen von 1979, Artikel 14, in der UN-Konvention gegen die Folter von 1984, Artikel 10, und in der UN-Kinderrechtskonvention von 1989.

Der Vorbereitungsprozess stand im Zeichen der Berücksichtigung von Konzepten, des Standes der Forschung und praktischem Knowhow im Bereich der Menschenrechtsbildung und der Einbettung der Deklaration zu bestehenden internationalem Recht und existierenden UN-Dokumenten, die Menschenrechtsbildung thematisierten, und von politischen Partikularinteressen der UN-Mitgliedstaaten. Am aktuellen Beispiel der UN-Deklaration über

7 Vgl. Salmon W. S., Logik, Stuttgart 1983, 25-32.

8 Vgl. z.B. Gut W., Eine Sternstunde der Menschheit. Die Allgemeine Erklärung der Menschenrechte von 1948; in: Schweizerische Kirchenzeitung 176 (2008) 816-819); Bobbio N., Das Zeitalter der Menschenrechte. Ist Toleranz durchsetzbar?, Berlin 1998.

9 Der Autor hat von Beginn an der Vorbereitung der UN-Deklaration über Menschenrechtsbildung und -training als Experte mitgearbeitet.

Menschenrechtsbildung und -training werden die historische Kontingenz und die politische Dimension der Entstehung von Menschenrechten deutlich. Umso mehr besteht daher die Notwendigkeit einer moralischen Begründung der Menschenrechte.

Menschenrechtlicher Schutz für politische Meinungsbildungs- und Entscheidungsfindungsprozesse

Die Möglichkeit, sich politisch zu verstehen und politisch aktiv zu werden, wird durch die Menschenrechte geschützt, da die Teilnahme an politischen Meinungsbildungs- und Entscheidungsfindungsprozessen als wesentliche Elemente der menschlichen Existenz anerkannt sind. Mehrere Menschenrechte, die den Menschen in seinem politischen Engagement schützen, bilden die Kategorie der politischen Teilnahmerechte, die neben der Kategorie der Freiheitsrechte und individuellen Schutzrechte und der Kategorie der sozialen Teilhaberrechte den Katalog der Menschenrechte bilden.[10] Zu den politischen Teilnahmerechten zählen die folgenden Artikel der Allgemeinen Erklärung der Menschenrechte von 1948: Art. 6, 7, 8, 9, 10, 11: Gleicher Rechtsschutz, Art. 15: Recht auf Staatsangehörigkeit, Art. 19: Recht auf Meinungsfreiheit, Art. 20: Recht auf Versammlungsfreiheit (Artikel 20), Art. 21: Politische Mitwirkung und Wahlrecht, Art. 28: Recht auf eine den Menschenrechten entsprechende internationale Ordnung.

Politische Mitbestimmung, Gerechtigkeit im Sinne von Gleichbehandlung und Fairness, Gleichheit vor dem Gesetz und der Zuspruch von Macht und Verantwortung werden durch die politischen Teilnahmerechte geschützt. Zu ihnen korrespondieren negative wie positive Pflichten des Staates im Bezug auf den Beitrag der BürgerInnen zur Schaffung eines durch Recht kontrollierten Staates, ihre gegenseitige rechtliche Anerkennung und die ihn prägende Rechtsordnung.

Menschenrechte als politische Aufgabe

Menschenrechte beschreiben keine Realität, sondern formulieren Maximen humanen Zusammenlebens auf globaler Ebene mit lokaler, nationaler, regionaler und universeller Relevanz. Zudem stellen Menschenrechte in ihrer moralischen Dimension keine natürlichen Eigenschaften des Menschen dar, sondern menschliche Konstruktionen. Zu den Menschenrechten korrespondieren wie oben erwähnt Verpflichtungen (wechselseitige, asymmetrische, bedingte, unbedingte). Diese alleine machen Menschen jedoch noch nicht zu Trägerinnen und Träger von Menschenrechten. Es bedarf zur Verrechtlichung einer willentlichen Entscheidung, die politischer Natur ist.

Aufbauend auf ihrem moralischen Ausgangspunkt und orientiert an einer kritischen normativen Überprüfung werden die Menschenrechte in ihrer rechtlichen Dimension in positives Recht überführt. Zur Positivierung der moralischen Menschenrechte in legale Menschenrechte besteht keine moralische Pflicht, weil die Moral selbst in ihrem Geltungsanspruch genügt und nicht eine Erweiterung ausserhalb ihrer selbst, nämlich im Recht oder in der Politik, sucht. In ihrer Wirkung, d.h. z.B. in der Durchsetzung der Menschenrechte, ist sie auf Recht und Politik angewiesen. Für die Durchsetzung der Menschenrechte gibt sie jedoch nur vor, dass diese im Einklang mit den Menschenrechten geschehen muss. Dies beinhaltet auch Vorstellungen vom politischen und rechtlichen System. Das demokratische System ist

10 Vgl. Lohmann G., ›Kollektive‹ Menschenrechte zum Schutz ethnischer Minderheiten?, in: Rentsch T. (Hg.), Anthropologie, Ethik, Politik. Grundfragen der praktischen Philosophie der Gegenwart, Dresden 2004, 92-108. Die Einteilung der Menschenrechte in drei Kategorien bildet eine Alternative zur Einteilung der Menschenrechte in drei Generationen.

hier zu favorisieren, da es im Einklang mit den Menschenrechten der einzelnen Bürgerin und dem einzelnen Bürger eines demokratischen Rechtsstaates die Möglichkeit der politischen Mitwirkung garantiert und jedem Menschen rechtsstaatliche Verfahrensgarantien eröffnet.

Die Positivierung der moralischen zu legalen Menschenrechten vollzieht sich in einem politischen Prozess, der von moralischen Verpflichtungen oder von rationalem Eigeninteresse der Beteiligten vorangetrieben wird.[11] Dieser zweckrationale politische Akt verbindet damit die Hoffnung auf verbesserte Durchsetzungschancen der Menschenrechte, strukturierte Prozesse der Positivierung (z.B. politischer Meinungsbildungs- und Entscheidungsfindungsprozess über die Aufnahme in den Kanon der Menschenrechte) und der Schaffung von korrespondierenden Durchsetzungsmechanismen und die Überwachung und allfällige Sanktionierung in den Händen staatlicher Obrigkeit, was den einzelnen Menschen entlastet.

Im Zuge der Positivierung kann es zu einer Partikularisierung der Menschenrechte kommen, wenn zwischen Bürgerinnen und Bürgern eines demokratischen Rechtsstaates und anderen Menschen unterschieden wird, indem die Menschenrechte als Teil einer nationalen Rechtsordnung als Grundrechte nur für die Mitglieder dieser Rechtsgemeinschaft gelten. Eine solche Partikularisierung der Geltung der Menschenrechte widerspricht der Universalität der Menschenrechte. Ansatzweise ausgeglichen wird diese Partikularisierung durch die Schaffung von internationalen, regionalen und globalen Institutionen zur rechtlichen Durchsetzung der Menschenrechte – gleichsam einer ›globalen Positivierung‹. Dabei sind zwischen der nationalen und der globalen Positivierung Unterschiede in der rechtlichen Verbindlichkeit zu vermerken, was es im politischen Menschenrechtsdiskurs zu beachten und auszugleichen gilt.

Damit die Menschenrechte nicht leblose Vertragsdokumente bleiben, sondern die essentiellen Elemente und Bereiche der menschlichen Existenz aller Menschen in der Realität konkret diesen Schutz erfahren, gilt es in politischen Auseinandersetzungen dafür zu sorgen, dass diese auf eine Durchsetzung der Menschenrechte hinauslaufen. Für Letztere haben die Staaten die primäre Verantwortung. Die Staaten müssen auch dafür sorgen, die nichtstaatlichen AkteurInnen zu aktivieren und zur Wahrnehmung ihrer Verantwortung zu bewegen. In diesem Zusammenhang ist der Beitrag der Zivilgesellschaft zur Förderung und Durchsetzung der Menschenrechte vorbildlich. Im Bezug auf den Beitrag beispielsweise von Unternehmen zur Durchsetzung der Menschenrechte besteht sicherlich noch Handlungsbedarf – seitens der Unternehmen aber auch seitens der Staaten. Es bildet eine politische Aufgabe, diese spezifische Verantwortung der Unternehmen einzufordern und dafür zu sorgen, dass Unternehmen sich entsprechend einbringen.

Menschenrechte als rechtlicher und ethischer Referenzrahmen für politisches Entscheiden und Handeln

Menschenrechte dienen politischem Entscheiden und Handeln als Orientierungshilfe. Zugleich geben sie diesem ebenfalls Rahmen und Fundament, auf bzw. in dem politische Meinungsbildungs- und Entscheidungsprozesse geführt werden können. Dieser Rahmen beinhaltet auch die Möglichkeit, dass sich demokratisch verstehende politische Diskurse und Entscheidungen die Menschenrechte respektieren müssen. Dies bedeutet in letzter Konsequenz auch, dass über gewisse Fragen nicht abgestimmt werden kann, z.B. wenn die zur Entscheidung vorliegende politische Forderung die Menschenrechte verletzt. Diese Rahmung basiert auf den folgenden Gründen: Zum einen beinhalten die Menschenrechte auch den Schutz von demokratischen Meinungsbildungs- und Entscheidungsfindungsprozessen. Im Sinne des Prinzips der Unteilbarkeit der Menschenrechte geht mit der Inanspruchnahme des

11 Vgl. Lohmann G., Menschenrechte zwischen Moral und Recht, in: Gosepath S./Lohmann G. (Hg.), Philosophie der Menschenrechte, Frankfurt/Main [2]1999, 62-95, 90-92.

menschenrechtlich geschützten ›Demokratieprinzips‹ einher, dass gleichzeitig auch die anderen Menschenrechte in optimaler Weise durchgesetzt werden müssen. Dies bedeutet, dass die Ausübung der politischen Teilnahmerechte z.B. das Diskriminierungsverbot respektieren muss.

Zum anderen müssen demokratische Meinungsbildungs- und Entscheidungsprozesse das Fundament achten, das sie ermöglicht – die Menschenrechte. Politische Prozesse, welche die Menschenrechte bzw. einzelne Menschenrechte nicht achten und durchsetzen, berauben sich selbst ihrer Legitimation.

Weiterführende Literatur des Autors:

Kirchschläger, Peter G.: *Rights of the Child and Human Rights*. Swiss Human Rights Book II, in: Realizing the Rights of the Child, Swiss Human Rights Book Vol. II, hrsg. v. Carole Bellamy u.a., Zürich 2007 (23-27).

—: Das ethische Charakteristikum der Universalisierung im Zusammenhang des Universalitätsanspruchs der Menschenrechte, in: Gleichheit und Universalität, hrsg. v. Stephan Ast u.a., ARSP-Beihefte, Bd. 128, Stuttgart 2012 (301-312).

Herausgeber, Autorinnen und Autoren

Bajwa, Yahya Hassan ist Doktor der Philologie an der Universität Zürich. Sein Interessengebiet umfasst interkulturelle Kommunikation, interreligiöser Dialog, Islamforschung und Menschenrechts und, Integrationsfragen sowie Schule und Bildung.

Bielefeldt, Heiner ist Professor für Menschenrechte und Menschenrechtspolitik am Institut für Politische Wissenschaft der Universität Erlangen-Nürnberg. Seine Forschungsschwerpunkte sind unter anderem Theorie und Praxis der Menschenrechte, politische Ideengeschichte, philosophische Ethik, Rechtsphilosophie, interkulturelle Philosophie.

Bordat, Josef ist als Wirtschaftsingenieur derzeit Wissenschaftlicher Mitarbeiter am Institut für Ethnologie der Freien Universalität Berlin tätig. Seine Forschungsgebiete sind vor allem die Philosophiegeschichte, die Ethik sowie das Verhältnis von Religion und Wissenschaft.

Bruns, Oliver ist am Institut für Philosophie der Carl von Ossietzky Universität Oldenburg beschäftigt. Seine Forschungsbereiche sind die politische Theorie Hannah Arendts, Geschichte der Menschenrechte und das Denken Martin Heideggers.

Busse, Daniela ist Doktor der Philosophie der Universität Osnabrück und beschäftigt am Landesgymnasium August-Hermann-Francke in Halle/Saale und erteilt dort katholischen Religionsunterricht. Ihre Arbeitsbereiche liegen vor allem in der Kirchengeschichte, der Religionspädagogik und der Betreuung der Schulpraktika der Lehramtstudierenden.

Dustdar, Farah ist Doktor der Politikwissenschaft an der Universität Trier. Studium der Politikwissenschaft, Soziologie und Sozialpsychologie an der Universität Trier. Ihre Forschungsgebiete sind vor allem Demokratieforschung, Kant-Forschung und Frauenforschung.

Frick, Marie-Luisa ist Assistenzprofessorin am Institut für Philosophie der Universität Innsbruck. Ihre Forschungsbereiche umfassen Ethik, Rechts- und politische Philosophie sowie Religionsphilosophie.

Estermann, Josef ist Professor für Philosophie, Religionswissenschaft und Interkulturelle Theologie am ISEAT (Ökumenische theologische Hochschule der Anden), an der Katholischen Universität ›San Pablo‹ und der Staatsuniversität UMSA in La Paz-Bolivien. Koordinator der Bethlehem Mission Immensee (BMI) in Bolivien. Seine Schwerpunkte sind vor allem Andine Philosophie und Theologie, Interkulturelle Philosophie und Theologie, Befreiungstheologie, Religionsethnologie.

Gerdsen, Peter ist emeritierter Professor für theoretische Nachrichtentechnik, digitale Signalverarbeitung und -übertragung sowie für Kommunikationssysteme an der Hochschule für angewandte Wissenschaften Hamburg. Er beschäftigt sich seit Jahren mit theologischen, soziologischen, kulturwissenschaftlichen und philosophischen Fragestellungen an der Grenzlinie zwischen Natur- und Geisteswissenschaften.

Grün, Klaus-Jürgen ist Professor für Philosophie an der Johann Wolfgang Goethe-Universität Frankfurt am Main. Er ist Gründer und Leiter des ›Philosophischen Kollegs für Führungskräfte‹. Seine Forschungsschwerpunkte in der Forschung liegen auf dem Gebiet der Aufklärung, des Materialismus, der Neuro Philosophie sowie der Wirtschaftsethik und der Geschichte der Philosophie.

Hamm, Bernd ist emeritierter Professor für Soziologie an der Universität Trier, Schwerpunkte seiner Arbeit sind Nachhaltige Entwicklung, Sozialstruktur, Stadt- und Regionalentwicklung und die Suche nach lokalen Lösungen für globale Probleme.

Hanaoka (-Kawamura), Eiko ist emeritierte Professorin für Philosophie an der Osaka Präfektur-Universität und der Nara Sangyo Universität. Ihre Forschungsgebiete sind Religionsphilosophie Zen Meisterin, Vize-Präsidentin und Chefredakteurin der Japanischen Gesellschaft für Prozessphilosophie und Direktorin von vier anderen wissenschaftlichen Gesellschaften.

Hrzán, Daniela promoviert an der Humboldt-Universität Berlin und der Universität Konstanz. In ihrer Forschung befasst sie sich kritisch mit dem gegenwärtigen Menschenrechtsdiskurs in und über Afrika.

Hübsch, Khola Maryam ist als freie Journalistin in Frankfurt am Main tätig. Sie ist die bundesweite Beauftragte für den Interreligiösen Dialog bei der Frauenorganisation der Ahmadiyya Muslim Jamaat. Ihre Forschungsschwerpunkte sind Islam in den Medien, Emanzipation und Geschlechterordnung im Islam, Friedenskonzepte sowie Integration.

Kirchschläger, Peter G. ist Doktor der Theologe und Co-Leiter des Zentrums für Menschenrechtsbildung (ZMRB) an der pädagogischen Hochschule Zentralschweiz Luzern und Mitglied des Direktoriums des schweizerischen Kompetenzzentrums für Menschenrechte. Seine Forschungsbereiche sind vor allem Philosophie der Menschenrechte, Begründungsfragen der Menschenrechte und Kinderrechte und Menschenrechtsbildung.

Kizilhan, Jan Ilhan ist Professor Psychologie an der Universität Freiburg. Seine Forschungsschwerpunkte umfassen transkulturelle Psychiatrie, Konflikt- und Friedensforschung. Sozialisation im Krieg, Kurden und Yeziden, Islam sowie Migrationsforschung.

König, Götz ist Dr. phil. (Iranistik) am Institut für Iranistik der FU Berlin. Seine Forschungsbereiche sind vor allem Arbeiten zur Literatur- und Religionsgeschichte des älteren Iran.

Luh, Jing-Jong ist Professor an der Chung-Yuan Christian University in Taiwan. Seine Forschungsbereiche sind Hermeneutik, klassische deutsche Philosophie, Religionsphilosophie, interkulturelle Sino-Philosophie und Sino-Theologie. Er ist Leiter des ›cross-university integrative NSC-project of Contemporary Western Hermeneutics and Eastern Sino-Philosophy‹.

Mittwede, Martin ist Professor für Indologe und Religionswissenschaftler mit den Schwerpunkten Hinduismus und Buddhismus. Seine Arbeitsgebiete umfassen interdisziplinäre Forschung über traditionelle indische Medizin (Ayurveda). Zudem ist er Studienleiter für die Middlesex University London, personal Coach und Berater, sowie Chefredakteur einer Gesundheitszeitschrift.

Müller, Rabeya ist diplomierte Islamwissenschaftlerin und Leiterin des Instituts für Interreligiöse Pädagogik und Didaktik in Köln. Ihre Forschungsbereiche sind unter anderem interreligiöse Pädagogik und Didaktik im islamischen Kontext.

Ntep, Mathias Victorien ist Journalist und derzeit Doktorand an der Leiden Universität Leiden in Holland. Seine Forschungsschwerpunkte sind vor allem germanistische Bereiche, Allgemeine und Vergleichende Literaturwissenschaft, Linguistik und Deutsche Geschichte.

Sander, Sabine ist promoviert in Kulturwissenschaften an der Universität Leipzig. Ihre Forschungsbereiche umfassen vor allem Sprachdenken und politische Theorie.

Senghaas, Dieter ist emeritierter Professor für Konflikt- und Entwicklungsforschung an der Universität Bremen. Er ist spezialisiert auf Abrüstungsforschung, Politikwissenschaften und interkulturelle Philosophie.

Seubert, Harald lehrt als Ordinarius an der Adam Mickiewicz-Universität Poznan/Polen, sowie als Professor in Bamberg, München und Eichstätt. Forschungsschwerpunkte unter anderem Antike Philosophie, Philosophie der Moderne, Praktische Philosophie, insbesondere Politische Philosophie, Religionsphilosophie, sowie Ästhetik und interkulturelle Philosophie.

Singh, Dharam ist ein Nihang Singh. Er ist der Begründer der ›*Sach Khoj Academy*‹, die sich insbesondere ausgehend vom ›*Adi Guru Granth Sahib*‹ und dem ›*Dasam Granth*‹ um ein ganzheitliches Verständnis von Spiritualität in der Religion widmet. Khushwant Singh ist Sozialanthropologe und Erziehungswissenschaftler. Neben der Sikh-Religion befasst sich Singh mit Migration und Interkulturalität.

Singh, Khushwant arbeitet in der Entwicklungszusammenarbeit und ist Doktorand der Sozialanthropologie. Zu seinen fachlichen Interessen zählt Migration, Interkulturalität und die Sikh-Religion. Singh ist Vorstandsmitglied im ›Rat der Religionen Frankfurt‹, engagiert in der Jugendarbeit und Produzent des Films ›Musafer‹.

Strutynski, Peter ist Dr. phil. in Kassel. Er ist Politikwissenschaftler und Friedensforscher; Leiter der Arbeitsgruppe Friedensforschung. Seine Forschungsschwerpunkte sind vor allem Militärinterventionen, Völkerrecht, Rüstung und Abrüstung.

Özoguz, Yavuz ist promovierter Ingenieur der Verfahrenstechnik und hat sich als deutscher Laienprediger einen Namen nicht nur unter deutschsprachigen Muslimen gemacht. Als wissenschaftlicher Leiter der ›Enzyklopädie des Islam‹ und Verlagsleiter bringt er zusammen mit seinem Bruder regelmäßig islamische Schriften heraus.

Yoshida, Kikuko ist Professorin für Kulturvergleich und Vergleichende japanische Geisteswissenschaft an der University of Human Environment, Okazaki. Ihre Arbeitsgebiete sind Religionsphilosophie und Komparatistische Philosophie.

Yousefi, Hamid Reza ist Privatdozent für interkulturelle Philosophie und Geschichte der Philosophie an der Universität Koblenz-Landau (Campus Koblenz) und Leiter des Instituts zur Förderung der Interkulturalität. Seine Forschungsbereiche sind unter andrem Kulturwissenschaft, moderne Theorien der Toleranz, Ethik und Hermeneutik sowie angewandte Konzepte der Religionswissenschaft und diskurshistorische Kommunikationsforschung.

Zissler, Elisabeth ist Universitätsassistentin am Institut für Moraltheologie mit dem Schwerpunkt Bioethik an der Karl-Franzens-Universität Graz und Dozentin für Medizinethik an der Medizinischen Universität Graz. Ihre Forschungsinteressen sind insbesondere Transkulturelle Ethik sowie Ethik in den Kulturwissenschaften.

Printed by Printforce, the Netherlands